新时代北外文库

语言和外语教育研究
春华秋实二十载

Fruits Collected in the Past 20 Years of Research on
Languages and Foreign Language Education

王文斌　著

人民出版社

作者简介
ABOUT THE AUTHOR

　　王文斌　北京外国语大学教育部人文社科重点研究基地"中国外语与教育研究中心"主任、国家语言文字工作委员会科研机构"国家语言能力发展研究中心"主任，教授、博士生导师，国家社科基金会议评审专家，教育部高等学校英语专业教学指导分委员会副主任委员，中国英汉语比较研究会外语教育技术专业委员会会长，中国英汉语比较研究会认知语言学专业委员会副会长，中国英汉语比较研究会常务理事，国务院政府特殊津贴专家。曾就读于北京外国语大学、上海外国语大学、复旦大学、英国牛津大学（Oxford University）和加拿大麦吉尔大学（McGill University）。主要研究方向为认知语言学、语言对比与语言教育教学、词汇语义学。先后主持并完成国家社科基金项目两项、省部级课题 8 项，目前正在主持国家社科基金重点课题 1 项，已在国内外发表学术论文 213 篇，出版《英语词汇语义学》《隐喻的认知构建与解读》《英语词法概论》《词汇学十讲》《论英汉的时空性差异》等专著 8 部，出版《认识媒介文化》《话语与译者》《后现代地理学——重申批判社会理论中的空间》等学术译著 5 部。

内 容 提 要
EXECUTIVE SUMMARY

　　本文选系"新时代北外文库"中的一集，裒辑了作者自2000 年以来在多家学术杂志发表的 37 篇论文，内容主要涉及语言和外语教育研究，包括语言认知研究、语言对比研究、英汉二语习得研究和外语教育教学研究。这四个维度的探究在此统称为"语言和外语教育研究"，具有一定的包举性。这些内容是作者二十多年来用心于语言研究与外语教育教学探索的部分成果，也是作者二十多年来基本学术历程的一个回望和见证。在新时代，不论是语言研究抑或语言的教育教学研究，我国的学者都应在世界的相关研究格局中审视我们自己的研究，更应在我们自己的研究中增强理论自信，提升理论自觉，挖掘新材料、发现新问题、提出新观点，构建切合我国实际的理论与实践新体系，突显当代中国哲学社会科学研究的特色性、主体性和原创性。本文选期待在吸收外来、不忘本来、面向未来的新时代学术研究中，能给外语研究者、外语教育教学研究者和实践者带来一定的参酌价值。

出版说明

　　2021年是中国共产党成立100周年,也是北京外国语大学建校80周年。作为中国共产党创办的第一所外国语高等学校,北外紧密结合国家战略发展需要,秉承"外、特、精、通"的办学理念和"兼容并蓄、博学笃行"的校训精神,培养了一大批外交、翻译、教育、经贸、新闻、法律、金融等涉外高素质人才,也涌现了一批学术名家与精品力作。王佐良、许国璋、纳忠等学术大师,为学人所熟知,奠定了北外的学术传统。他们的经典作品被收录到2011年北外70年校庆期间出版的《北外学者选集》,代表了北外自建校以来在外国语言文学研究领域的杰出成果。

　　进入21世纪尤其是新时代以来,北外主动响应国家号召,加大非通用语建设力度,现获批开设101种外国语言,致力复合型人才培养,优化学科布局,逐步形成了以外国语言文学学科为主体,多学科协调发展的格局。植根在外国语言文学的肥沃土地上,徜徉在开放多元的学术氛围里,一大批北外学者追随先辈脚步,着眼中外比较,潜心学术研究,在国家语言政策、经济社会发展、中华文化传播、国别区域研究等领域颇有建树。这些思想观点往往以论文散见于期刊,而汇编为文集,整理成文库,更能相得益彰,蔚为大观,既便于研读查考,又利于学术传承。"新时代北外文库"之编纂,其意正在于此,冀切磋琢磨,交锋碰撞,助力培育北外学派,形成新时代北外发展的新气象。

　　"新时代北外文库"共收录32本,每本选编一位北外教授的论文,均系进入21世纪以来在重要刊物上发表的高质量学术论文。既展现北外学者在外国文学、外国语言学及应用语言学、翻译学、比较文学与跨文化研究、国别与区域研究等外国语言文学研究最新进展,也涵盖北外学者在政治学、经济学、教育学、新闻传播学、法学、哲学等领域发挥外语优势，开展比较研究的创新成果。希望能为校内外、国内外的同行和师生提供学术借鉴。

北京外国语大学将以此次文库出版为新的起点，进一步贯彻落实习近平新时代中国特色社会主义思想和党中央关于教育的重要部署，秉承传统，追求卓越，精益求精，促进学校平稳较快发展，致力于培养国家急需，富有社会责任感、创新精神和实践能力，具有中国情怀、国际视野、思辨能力和跨文化能力的复合型、复语型、高层次国际化人才，加快中国特色、世界一流外国语大学的建设步伐。

谨以此书，

献给中国共产党成立100周年。

献给北京外国语大学建校80周年。

文库编委会

庚子年秋于北外

目 录

语言对比与英汉二语习得研究

外语教育教学研究

自　序

本文选收录的 37 篇论文,是自 2000 年以来我发表于《心理学报》《外语教学与研究》《外国语》《现代外语》《外语与外语教学》《中国外语》《外语教学》《中国翻译》《外语学刊》《外语教学理论与实践》《外语研究》《外国语文》等 CSSCI 来源期刊上的学术论文,其中的小部分论文经过修改融入了业已出版的《隐喻的认知构建与解读》和《论英汉的时空性差异》等专著中,已成为这些专著的有机组成内容。这小部分论文在此作为单篇衰辑,是便于本文选能较完整地形成既相互联系又彼此相对独立的三编。借此机会,作者首先非常感谢以上这些学术杂志的编辑部以及上海外语教育出版社和外语教学与研究出版社长期以来对我的护惜和提携!同时,也想借此机会,向以上部分论文发表时作为第二作者的熊学亮、罗思明、于善志、刘晓林、李民、周慈波、柳鑫淼、姚俊、毛智慧、徐睿、林波等学者深表谢意!

本文选之所以名为《语言和外语教育研究春华秋实二十载》,主要是出于三大方面的考虑:一是本文选所收入的论文涉及语言和外语教育研究,包括语言认知研究、语言对比研究、英汉二语习得研究和外语教育教学研究。这四个维度的探究在此统称为"语言和外语教育研究",具有一定的包举性。二是名为"春华秋实",是指本文选是对自己前期文献阅读、理论究索、实践探究的一个收成,即前期耕耘、播种,后期收获果实。三是名为"二十载",是指 2000 年至今二十多年以来,虽在国内外已发表了 213 篇论文,但辑集于这一文选的37 篇论文,大致能反映作者二十多年以来用心于语言研究和外语教育教学探索的部分成果,也是作者这二十多年来基本学术历程的一个回望和见证。发表于 21 世纪初的一些论文,从当下的学术眼光看,显然有些稚嫩,之所以依然辑录于此,是因为这些论文毕竟真实地记录了我个人的学术成长历程。

　　本文选分为三编。第一编名为"语言认知心理研究",共收录16篇论文,内容含纳英汉语言的认知心理和翻译认知研究。第二编名为"语言对比与英汉二语习得研究",共收录13篇论文,内容包括语言对比探究、英汉对比究考和英汉二语习得探索。第三编名为"外语教育教学研究",共收录8篇论文,内容涵盖对我国英语教学现状的考察、对外语教育教学的思考以及外语教育学的构建。虽然新近几年,作者的研究主要聚焦于认知语言学、英汉对比、外语教育教学和词汇语义等方面,对翻译已几乎鲜有涉足,但三编所包含的诸方面内容,是作者二十多年来所做的学术思索的一个较为全面的反映。

　　二十多年以来,我国在经济、政治、文化、科学、军事、外交等方面已取得举世瞩目的成就,并已成为仅次于美国的世界第二大经济体。我国的语言研究和外语教育教学探索也突飞猛进,已为国家的改革开放和国际化培养了大批的语言人才,科学研究也已取得十分可喜的成就。但是,在这些成绩的背后,依然潜隐着某些问题,如在学术研究和实践探索中,有些研究照搬西方理论,套用西方语言学分析框架,不是在旧坑上挥舞铁锹,就是散点式地刨挖浅坑,其结果就是至今尚未构建起一套符合我国实际的语言理论体系,也尚未形成一套独具我国特色的外语教育教学实践体系。本文选中的许多论文就是旨在突破现有的某些研究范式,弘扬中国元素,吸纳国外合理的理论要素,开展"中国的"语言研究和外语教育教学研究,而不是语言研究和外语教育教学研究"在中国";增强理论自信,提升理论自觉,挖掘新材料、发现新问题、提出新观点,创建我国自主研发和自主创新的语言研究和外语教育理论与实践体系,突显当代中国哲学社会科学研究的特色性、主体性和原创性。

　　本文选得到"北京外国语大学北京高校高精尖学科'外语教育学'建设"项目的支持。同时,本文选也承蒙北京外国语大学中国外语与教育研究中心的资助,在此谨致谢忱!

王文斌

北京外国语大学

中国外语与教育研究中心

语言认知心理研究

词及词义心理研究:对心理词典论的考察

一、引言

词是语言的构筑成分,词义是语言意义形成的要素,这已是一个不争的事实。历代语言学家对词及词义的研究作出了不可磨灭的贡献。然而,对此的探究远未终结,语言学家始终被词及词义的复杂性所困扰。近些年来,学者们愈益认识到,单纯从形式主义、结构主义或逻辑的角度来考察词及词义,并不能完全昭显它们的本质特性或揭示词与词之间的诸种词义关系。因而他们将研究目光转向词与心理的关系问题,以期探求词及词义的心理表征和组织、人对储存于心理中的词的搜索以及词与词之间在心理上的词义联结等。本文拟以心理语言学为视野探寻词及词义的心理词典论(the mental lexicon theory)的同时,对其各种研究方法作出客观的分析和评说。

二、心理词典论

所谓"心理词典",是指"永久性储存于记忆中的词及词义的心理表征"①。心理词典论就是指以心理语言学为立足点,研究词及词义的心理表征的构建与特性。"心理词典"这一术语,国内有人称之为"心理词库""大脑词

① D.Carrol.*Psychology of Language*.New York:Brooks/Cole Publishing Company,1999,p.102.

库"或"心理词汇",我们在比称其为"心理词典",是因为许多学者①认为,"mental lexicon"就是"mental dictionary",因为储存于记忆的词汇大致类似于一本词典。诚然,不论称谓如何,大凡与此相关的研究均离不开对人类大脑中的词的组织及特性的探索。这种组织和特性包括词的词义、形态、语音以及词与词之间的联系。为紧扣本文的主旨,我们在此仅讨论心理词典中词及词义、词与词之间的相互联结,以及为了识别或生产词而从记忆中提取词的心理机制。我们讨论的范围将集中于目前心理词典研究中的三个热点:词的知识、心理词典的组织和词的通达。

三、词的知识

词的知识包括词的形态知识、语音知识、词义知识及句法知识。如上所述,我们在此仅聚焦于词及词义知识。

何谓词? 何谓词义? 词义的形成在心理上是一个怎样的过程? 在心理上又是如何表征的?

词就是词的拼写结构或音位结构,它与词义之间不具备必然的联系,否则就难以解释"雪"一词缘何英语是"snow",法语是"neige",德语是"schnee",汉语拼音则是"xuě"。所以,词与词义之间的关系是任意的,无一一对应的关系。依据 Levelt 的观点②,存储于心理词典中的词具有图 1 这一模型。

根据这一模型,词由两个层面组成:一是词的标义词位(lemma),即词义,二是词的形态—音位形式,即词形。这两者的关系通过词汇指示物起作用:每一个标义词位均指向与其相对应的形态—音位形式,而所有这一切均来自与

---

① J.Caron.*Psycholinguistics*.Toronto:University of Toronto Press,1992,p.45;A.Radford,M.Atkinson,D.Britain,H.Clahsen and A.Spencer.*Linguistics:An Introduction*.Cambridge:Cambridge University Press,1999,p.233;T.Harley.*The Psychology of Language*.New York:Psychology Press Ltd,2001,p.7.

② A.Radford,M.Atkinson,D.Britain,H.Clahsen and A.Spencer.*Linguistics:An Introduction*.Cambridge:Cambridge University Press,1999,p.233,我们在此略作了修改。

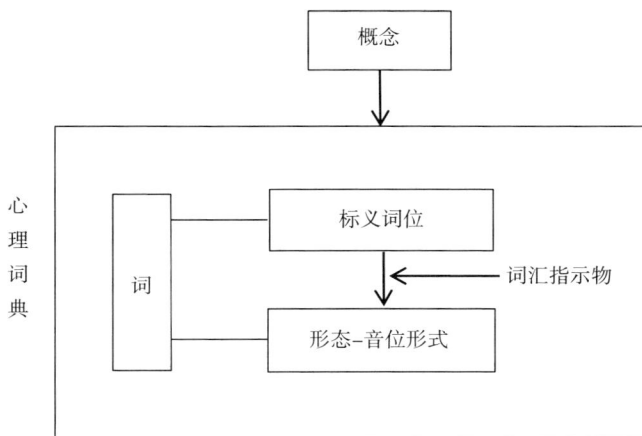

图 1

概念的联系。

　　当然,词义在心理词典的处理全过程,还涉及词义与词义所指对象之间的关系。概念是词的真实内容,而词是概念的符号。两者联系在一起时,词代表了两个方面:词义和词形。词义大体上属于概念,而概念则依附于词形得到反映。概言之,词所承载的这两个方面,具有词的内部与外部的关系。人们听到或看到一个词,是借助这一词的词形来把握其词义,这是一种由外及内的心理过程。如果人们在内心想要借助词表达某一概念,那么就需依凭词形来实现,这是一种由内及外的心理过程。但是,如果说词义大体上是概念在语言上的反映,那么概念又是什么呢? 概念是指人们对客观世界中某一事物或人类精神世界中某一抽象事物的本质特征的总体认识。人的思维不是单一的,既能形象思维,又能抽象思维,同时也能将形象与抽象结合起来进行思维。人们使用"street,road,wall"等词来表达概念时,这是形象思维,因为这些词所表达的具体事物看得见摸得着。如果人们借助"abstraction,hate,recognition"等词来表达概念,他们所凭借的思维手段则是抽象思维,因为这些词所表达的概念是抽象的,看不见摸不着,纯然存乎于人的心理世界。的确,人们也能融形象与抽象于一体进行思维,如在借用"minotaur,goblin,faun"等词来表达概念时,其思维手段是既抽象又形象的,因为这些词所代表的事物看似具体,实则抽象,仅存在于人们的想象之中。在此,人们自然产生的疑问是我们怎能知道词所表达的词义是否正确?若回答这一问题,需要看词所表达的词义是否真实。试看句(1):

(1)There is a red bird twittering in the green tree.

要了解句(1)的意思是否真实,我们会对句中各个词所表达的客观世界中的各个事物进行判断。我们知道有一只红色的鸟和有一棵绿色的树,知道鸟在树中啁啾,所以句(1)的意思是真实的。倘若我们断定这些事物在客观世界中并不存在,那么这些词的词义就不是真实的。

其实,单单知道一个词的概念意义,这远未足够。在心理词典中我们还需掌握词除概念意义之外的意义,即词的内涵意义。譬如说,汉语中的"春",其概念意义是指一年中的第一个季节,但除此之外,还具有"美好、欢乐"的内涵意义,另外还有"男女欲望"之意,如"春心""春情""春梦""怀春"等。如果不了解"春"的这些内涵意义,就不能说已全面掌握了这一词的词义。

因此,心理词典中的词义知识,应包括大脑记忆中词的概念意义和内涵意义。当然,词义知识还应涉及语境意义,可语境意义往往随语境的变化而变化,具有很大的游移性,需在语用学中探讨,在此恕不论述。

四、心理词典的组织

"当有人让患失语症病人朗读一系列单词时,部分患者会找其他词来代替所列单词,替代词又常常与单子上所列词近义或有联系。"[①]由此可见,人脑中实际储存的是词义,而不是词形,而且词的储存不是无序零散的,而是有关联有组织的。在此的问题是,词及词义在心理词典中到底表现为怎样一种组织或结构?心理语言学家们为寻求问题的答案,进行了各种心理实验,以探视藏匿于心理的这一奥秘。种种实验表明,心理词典中的词及词义的组织往往与词的通达或词的提取的便捷性有关。其实,"便捷性"这一概

---

① 何兆熊、梅德明:《现代语言学》,外语教学与研究出版社 1999 年版,第 243—244 页。

念印证了 Chomsky①"经济原则"(economy principles)中的"表征经济"(economy of representation),即语言表征结构的简约性。关于词的通达问题,我们将在下一部分讨论,在此先简要介绍目前在心理语言学界较为流行的关于心理词典中词的组织的三种假设:一是原型理论,二是层次网络模型,三是激活扩散模型。

(一) 原型理论(the prototype theory)

为揭示词及词义在心理上的组织和结构,学者们②提出了原型理论,旨在反映词在心理上的典型结构及词义在心理上的典型表征。所谓原型理论,就是认为词或概念是以原型的方式存储于大脑,这个词或概念的原型一经掌握,便能被理解。同属于一个概念的各个成员的典型性彼此相异,典型性最强者为原型,处于范畴的中心位置,人们以此来鉴别其他成员;其他成员则按其与原型的相似程度处于从典型到最不典型的某一位置上,最不典型者处于这个概念与其他概念的边界上。③ 这一理论的依据有两点:一是一个类别的成员具有家族相似性(family resemblance);二是大千世界中的诸种事物属于大小不同的范畴,而每一范畴都可能具有一个典型的代表,即原型。词及词义是客观事物的反映,它们应该与客观事物相对应,具有不同的范畴和典型代表。Rosch 认为,每个范畴都由原型组织起来,原型是一系列典型特征,其中一些特征较其他特征更重要,如果某个物体的特征与范畴的原型特征匹配,该物体

---

① N.Chomsky."A Minimalist Program for Linguistic Theory".*The View from Building* 20:*Essays in Linguistics in Honor of Sylvain Bromberger*,Kenneth Hale and Samuel Jay Keyser,ed.Cambridge,Mass.:The MIT Press,1993,p.1-52;N.Chomsky."Categories and Transformation".*The Minimalist Program*.Cambridge,Mass.:The MIT Press,1995,pp.219-394.

② E.Rosch."Cognitive Representations of Semantic Categories".*Journal of Experimental Psychology:General*,1975,No.104;E.Rosch."Principles of Categorization".*Cognition and Categorization*.E.Rosch & B.Lloyd,ed.Hillsdale."Lawrence Erlbaum",1978,p.27-48;R.Jackendoff.*Semantics and Cognition Cambridge*,Mass.:MIT Press,1983;R.W.Langacker.*Foundations of Cognitive Grammar:Theoretical Prerequisites*.Stanford:Stanford University Press.1987;D.Geeraerts."Introduction:Prospects and Problems of Prototype Theory".*Linguistics*,1989,No.27;J.R.Taylor.*Linguistic Categorization*.Oxford:Clarendon Press,1995.

③ 杨亦鸣、曹明、沈兴安:《国外大脑词库研究概观》,《当代语言学》2001 年第 2 期。

就被看作是该范畴的一个成员。

许多研究表明,某一特定范畴里的某一个词可以得到激活的速度,能相对昭示某一个词典型性的程度。譬如说,在句子验证测试里,有这样三句话:

（2）A robin is a bird.

（3）A canary is a bird.

（4）An ostrich is a bird.

该实验表明,句(2)的反应时最快,句(3)的反应时居于句(2)和句(4)之间。究其原因,是因为在大多英美人的心目中,"robin"是"鸟类"的典型代表,而"ostrich"与这一典型的距离相对而言最远。Rosch① 在实验中还发现,所有常见的鸟类离"robin"这一典型的距离是不一样的,"sparrow, canary, blackbird, dove, lark"这些鸟类离"robin"最近,"owl, parrot, albatross, toucan, pheasant"则次之,"flamingo, duck, peacock"则离得更远,"ostrich, penguin"则离得还要远,离"robin"最远的要数"bat"。

这一实验的发现,至少能说明三个问题。一是词及词义的心理表征具有普遍性。"鸟"一词的词义不可能是指界定"鸟"之所以为"鸟"的一些具体特征,而是对典型的"鸟"某种特定的心理表征。所以,"典型性"这一概念不局限于某种具体的对象,其实可以扩展到某种抽象的概念。二是原型理论能说明词的诸种词义不能被还原为精确或泾渭分明的概念,恰恰相反,词的诸种词义是通过具有相互关系并具有家族相似性的词得到昭示的,这些词从表面上看往往属于不同的客体,其实具有某种内在的联系,而这种联系又往往是以某种典型为代表。三是词在大脑中的储存是有组织的,或者说是有序的,而不是一种杂乱无章的堆砌,唯有如此,在使用某一个词时才可以更便捷更经济地从记忆中激活,搜寻,并提取。由此可见,原型理论能在某种程度上解释缘何人的大脑能储存如此多的词汇,它们以各种大小不等的范畴而类聚,而又以某一个词或一群词为这一范畴的典型代表。这一典型代表具有统率的作用,只消作为典型的词在记忆中被激活,它必将会带动一连串属于同一范畴

---

① E. Rosch. "Cognitive Representations of Semantic Categories". *Journal of Experimental Psychology: General*, 1975, No. 104.

的词的激活。

原型理论对词及词义的研究最具价值的贡献在于它把注意力集中于范畴的内部结构上,使范畴具有"核心"和"边缘"这一事实变得清晰可见。[①] 但是,原型理论目前尚处于描写性阶段,其确切的心理现实仍有待进一步的检视。Aitchison 指出,由于人脑记忆中所储存的知识错综复杂,由此给识别标准的设定带来很大的困难,要准确地分析一个典型是很困难的。[②] 同样道理,若想根据典型特征的重要性和次要性对各种特征作出合理有序的安排,也是一件难为之事。再说,人对每一个词的信息理解是无限的,在把握每一个词及词义时往往会调动所有相关的知识,如是,那么到底怎样的典型才是典型,看来难以盖棺论定。譬如说,被克隆的人到底是属于人的范畴还是属于人工制品的范畴? 恐怕两者都兼而有之,其界限不可能畛域分明。Hanpton[③] 对抽象范畴作了探究,发现原型理论具有一个局限性。一些抽象范畴,如科学和艺术作品等,似乎与具体范畴具有相同的原型,但是,其他的抽象范畴,如信仰和规则等,却没有原型。信仰和规则的数量可能是无限的,缺乏具体范畴所具有的结构。Geeraerts[④] 也指出,如果说"apple, orange, banana"是"水果"的典型,而"pineapple, water - melon, pomegranate"则是非典型的,那么我们就需考虑"olive"是不是也属于"水果"这一范畴? 由此可见,范畴界限的不确定性和模糊性(fuzziness)给原型理论分析事物的属性带来了难题,有时会使这种理论处于两难的境地:如果人们一致认为"olive"不是水果,那么我们在分析水果时不应包括"olive",但是,如果认为"olive"不具备水果的明显特征,处于边缘状态,那么在分析时就应该加以包容。因此,由于客观事物的复杂性,若要将范畴和典型性这两个问题搞得楚河汉界分明,往往是十分困难的。Löbner 指出,原型理论没有顾及范畴成员之所以成为范畴成员的内在必要条件,而往往

---

① 汪榕培:《九十年代国外语言学的新天地》,辽宁教育出版社 1997 年版,第 62 页。

② J. Aitchison. *Words in the Mind*. Oxford:Basil Blackwell,1987,pp.60-62.

③ [英]艾森克:《心理学——一条整合的途径》,阎巩固译,华东师范大学出版社 2001 年版,第 343 页。

④ D. Geeraerts. *Diachronic Prototype Semantics:A Contribution to Historical Lexicology*. Oxford:Clarendon Press,1975,pp.11-15.

仅注重事物外在或表象上的相似性。①

（二）层次网络模型（hierarchical network models）

如果说原型理论是建基于事物的范畴化这一概念，那么层次网络模型和激活扩散模型则均以词义网络这一概念为基点。那么，何谓词义网络呢？它是指各个具有彼此联系的词在心理词典中形成具有网络状的一种词及词义组织，在很大程度上建基于词与词之间的词义关系。在这一网络中，各个节点代表词或词所携载的概念，这些节点通过各种网络连接在一起。我们先来看看层次网络模型。

所谓层次网络，就是指在心理词典中，具有相互关联的各个词，在词义网络上有些词处于同一层次上，而有些词的所处位置却高于其他的词，或低于其他的词。词与词之间的这种词义关系具有明显的层次性，如图2。

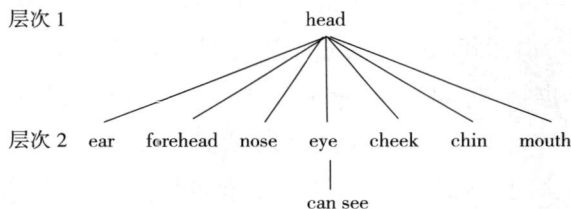

图 2

显然，图2只是词义层次网络图的一个片段，我们在此仅考察"eye"这一词与"head""forehead""nose""cheek""chin""mouth"和"ear"等词在心理词典中的词义关系。在了解这一词义关系网的同时，我们也能知道"eye"的词义特性：能看见东西。那么，能看东西的必定是有灵的，而无灵的事物是看不见东西的。试看句（5）和句（6）：

（5）The cat saw a sparrow sitting on a branch.

（6）The tree saw a sparrow sitting on a branch.

句（5）具有意义，是因为人们从储存于心理词典中的信息中提取了这样

---

① S.Löbner.*Understanding Semantics*.London：Arnold，2002，pp.186-191.

的知识："猫"是动物，有头，头上长着鼻子、耳朵和眼睛等，而眼睛能看东西。但是，人们也能从心理词典中得知，"树"既没有头也没有眼睛，它不可能观察事物，所以句（6）没有意义。

然而，层次网络模型最大的难题，是无法解释处于同一层次的词通达速度不一致的情况。譬如说，"forehead""nose""cheek""chin""mouth"和"ear"这六个词从图2可看出，均属同一层次，与"head"具有部分与整体的关系。按理说，这些词的通达速度应是一样的，但实验发现，这些词的通达速度并不一致，这说明层次网络模型更多的是建立于逻辑推理原则而不是真正的心理原则，因为词义记忆的结构较之层次网络模型往往复杂得多。

（三）激活扩散模型（spreading activation models）

为了走出层次网络模型所遇到的困境，学者们在研究中提出了激活扩散模型，试图从另一角度揭示词及词义在大脑中的组织结构。这一模型表明，心理词典中的词及词义的组织也类似一张网，由各个节点相互联结而成。但词义信息的提取过程不是交叉的搜索，而是通过激活的扩展。激活了的节点扩散到其他概念（尤其是那些在词义上有密切联系的概念），牵动整个网络，以致人们想到一个概念时，词义记忆中相应的节点就会被激活。

虽然激活扩散模型与层次网络模型均认为词及词义的组织在心理词典中呈网络状，但激活扩散模型较层次网络模型前进了一步，相信许多词义的记忆任务有赖于词义间的相关性而不是概念在网络中的层次性，同时还认为各个词因受词频和典型性等因素的影响而导致通达速度的差异。此外，这一模型还认为，在词的激活扩展过程中，激活首先始于某一单一的节点，而后扩展到整个网络。这近乎一石抛入静池，激起层层的涟漪，涟漪扩展的中心便是石头的掉入处，其波面却受到石头掉入的强度、水池各部位离涟漪中心的位置及石头掉入以后的时间等因素的影响。譬如，从"fire"这一词可以扩展性地激活许多与此相关的其他词（见图3）①。

然而，激活扩散模型也不是没有缺陷，它在很大程度上仅考虑概念，而忽

---

① D.Carrol.*Psychology of Language*.New York：Brooks/Cole Publishing Company，1999，p.115.

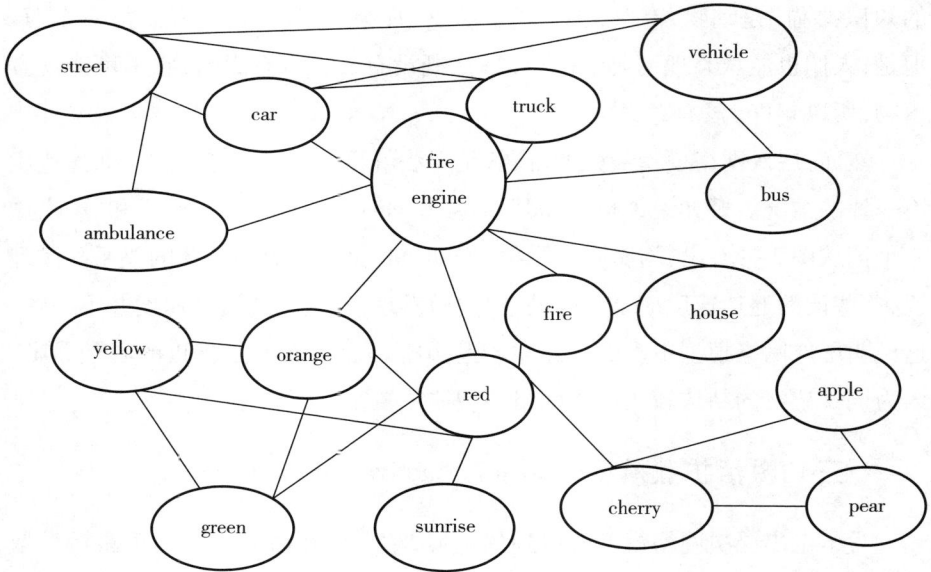

图 3

视了词本身。如上所述,词除词义特性之外,还有音位特性、形态特性和句法特性,而所有这些特性在激活扩散模型中却均未涉及。再者,概念位置有时会依存于语境,具有不稳定性,况且概念彼此之间以一种复杂的方式相互联系,词义相关性只是其中的一种。

需指出的是,不论层次网络模型抑或激活扩散模型,均忽视了人们在提取心理词典中的词汇时,百科知识所起到的作用。所谓的百科知识,是指人们对客观世界和人类生活诸方面的知识。同样两个人,因各自百科知识的差异,对同一个词的通达或激活情况可能会有所不同。所以在下一部分,我们将谈谈词的通达问题。

五、词的通达

所谓词的通达,就是指人提取或识别心理词典中已经结构化的词汇过程。我们在上文已讨论了词及词义在心理词典中的各种组织模型,但是,词及词义在语言的使用过程中到底是如何被提取和识别的？即词及词义是怎样通达的？关于这一问题,目前众说纷呈,但至少有三种彼此对峙的观点:一是词汇生成模型,二是序列检索模型,三是群集模型。由于篇幅所限,在此姑且不考虑集理论模型(set-theoretic model)和特征比较模型(feature comparison model)。下面我们将分别介绍以上这三种模型。

(一) 词汇生成模型(logogen model)

词汇生成模型是指人的心理中有一个词汇生成(logogen)机制,其作用是对一个词产生意识表征,因为对心理词典中的每一个词来说,都存在着一个相应的生成机制,表征词的诸种特性,包括词的语音、形态、句法和词义。

这一模型发端于 Morton,其主要论点是,词及词义产生于词汇生成机制所提供的信息的激活。[1] 这些信息包容性强,包括听觉信息、视觉信息、语境信息等。所有这些信息往往同时激活,达到一定程度,词汇生成机制便被引发,相应的词及词义便随之产生,其整个过程见图4。

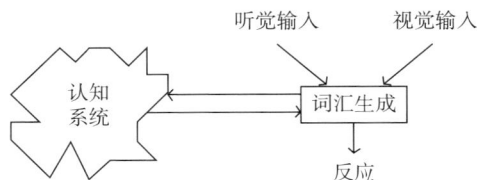

图4

那么,词及词义是怎样激活的呢？它与语境密切相关。一个词所在的语篇语境对某一特定的词及词义的激活起不可忽视的作用,试看句(7):

(7)The hall is large enough to house over three hundred students.

只消从全句的语境,便可预知"house"一词的大致意思。根据常识,大厅

---

① J.Morton."Interaction of Information in Word Recognition".*Psychological Review*,1969,No.76;J.Morton."Word Recognition".*Psycholinguistics* 2:*Structure and Process*,J.Morton & J.C.Marshal,ed.Cambridge,MA:MIT Press,1979,pp.108-156;J.Morten."Disintegrating the Lexicon:An Information Processing Approach".*Perspectives on Mebtal Representation*,Mehler,Walker & Garrett,ed.1982,pp.89-109.

对人数而言一般情况下不外乎容纳量问题,所以从这一句子语境,我们可以得知,句(7)中的"house"具有"容纳"之意。诚然,假若"house"这一词单独出现,其词义的激活速度就会慢得多。

但是,词汇生成模型具有明显的不足之处。一是这一模型强调外部信息(听觉和视觉输入均是外部信息)和语境在词的激活过程中的双重作用,那么到底何者作用更大? 是外部信息作用大于语境? 还是语境作用大于外部输入? 抑或两者同样重要? 如在句(7),即便"house"不出现,人们大概也可猜出这一个词。另外即便这一词出现了,如果人们不认识它,大概同样也可猜出这一词的词义。二是依据词汇生成模型,同音异义词,如"air"和"heir"或"threw"和"through",应具有同样的听觉输入而产生同样的词义。若产生的词义不一样,那么是借助怎样一种语境才能分辨出其差异呢? 三是这一模型只是强调外部因素对心理词典中词及词义的激活的影响,却未曾顾及某一个人在思索某一问题时因需要表达某一概念而搜寻某一恰切的词及词义这一情况。在这种情况下,往往既没有听觉输入,也没有视觉输入,即没有任何的外部信息,只能调动心理词典中的内部储备搜索自己想要寻找的词及词义。那么这一过程是怎样发生的呢? 对以上这些问题,这一模型显然未能作出答复。

(二) 序列检索模型(sequential search model)

序列检索模型,可顾名思义,指词的检索在心理词典中按序列进行。这一模型滥觞于Forster[①]。依照这一模型,词的识别系统的各组成部分均按词的使用频率状况依序进行。高频词的检索先于低频词。当输入与某一个词的形态或语音吻合,心理词典中的这一词便会被提取。与此同时,相关的句法特性或词义特性便会随之得到通达,详细过程见图5。

Forster 相信,语言加工由一系列具有自主性的加工机制组成,每一机制均从前一机制获取加工信息,随后便将自己处理好的信息输送给下一机制。如

---

① K.I.Forster. "Accessing the Mental Lexicon". *New Approaches to Language Mechanisms*, R.J. Wales & E. Walker, ed. Amsterdan: North-Holland, 1976, pp. 257-287; K.I.Forster. "Levels of Processing and the Structure of the Language Processor". *Sentence Processing: Psycholinguistic Studies Presented to Merrill Garrett*, W.E.Cooper & E.C.T.Walker, ed.Hillsdale, NJ: Erlbaum, 1979, pp.27-85.

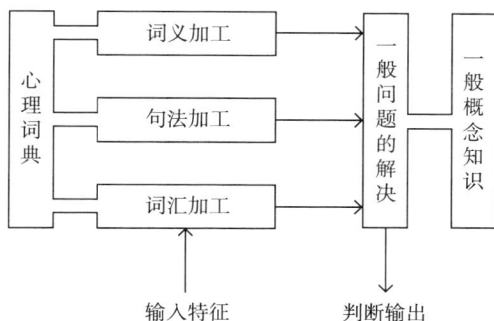

图 5

图 5 所示,心理词典由三个层面组成:词汇加工机制、句法加工机制和词义加工机制。词汇加工机制从词的语音或形态分析得到结果,从中识别词语,再将结果输送给句法加工机制,而句法加工机制也将自己的处理结果传送给词义加工机制。与此同时,这三个加工机制均将自己的处理结果输送给一般问题的解决机制,而这一机制将会调动储存于记忆中的一般概念知识,最后决定对词的处理结果,即判断输出。

　　这一模型同样也有缺陷。一是忽视了语义启动(semantic priming)的各种不同情况。与词汇生成模型一样,它未曾顾及人有时是先有某种意义需要表达,之后再搜寻恰当的词语。在文学创作,如诗歌创作,这种情形尤其如此。二是漠视词的语境情况,光从词的语音和形态来考虑信息的输入特征。其实,语境有时对记忆中词的激活起着不可小视的作用,譬如说,在会话中,一个听者倾听某一个人的叙述,叙述者在讲述过程中突然想不出一个恰当的词来表达自己的思想而卡壳,在此种情况下,他会求助于听者,问某一个意思该如何表达。听者根据当时当地以及叙述者已经叙述的事情的整个经过,判断其想要表达的确切意思,然后给叙述者提供某一个贴切的词语。在这种情况里,听者提供某一个恰切的词,唯一能得到的输入便是语境,而不是这个词的语音输入或这个词的形态输入。

(三) 群集模型(cohort model)

　　所谓群集模型,就是指在心理词典中词及词义的通达过程具有互动的特性。这一模型的开先河者为 Marslen-Wilson①。他认为,语言各层面的加工以复杂的方式发生交互作用,信息并不总是朝着一个单一的方向流动,词及词义的通达需要诸种过程的互动,其中语境起着重要作用。其实,这一模型主要用来解释口头词的识别,尽管在表面上并未承认这一点。

Marslen-Wilson 在实验中发现以下三个结果:(1)在一个连贯性的语境中,词及词义的识别非常快速,往往在整个词尚未说完前,词及词义的识别便告完成;(2)句子语境和词义语境会影响词及词义的识别。任何句子信息或词义信息的变化均会导致词及词义的不同识别时间;(3)词及词义的识别与心理词典中的词汇构建有关。一旦信息的聚集足以辨别一个词及词义与其他词及词义的差异,词的识别马上便可完成。Marslen-Wilson 通过一项词汇判断测试证实了以上三种情况。譬如说,在两个非词(non-words)"sthoidik"和"trenker"中,被试一旦听到"sthoidik"的第二个音位"θ",就可作出这是一个非词的判断,因为英语里没有任何一个单词是以"sθ"这两个音位开始的,或以"sth"这三个字母作为一个词的首字母。对第二个非词"trenker",被试听完第五个音位以后才能作出"trenker"是一个非词的判断。情况之所以如此,是因为英语中有好些词是以"tren"开头的,如"trent""trend"和"trendy"等等。为解释这一现象,Marslen-Wilson 提出了语言加工的互动作用观点。对一个句子的感知一启动,与语音、词汇、句法和词义相关的各加工层面就会同时起作用,并产生交互影响。换言之,参与加工的每一个层面均会受到各种信息的影响,不仅受到较低层面的信息的影响,也会受到来自较高层面的影响。这样,整个加工系统才会发挥最佳的效能,相关的信息一旦被接收即刻就会被解读。

在通达过程中,词及词义的识别不是靠一个单一的词汇生成机制的选择性激活,而是通过一个渐进的"排除"过程。人们一听到一个词,一连串与接

---

① W.Marslen-Wilson."Funetion and Process in Spoken Word Recognition:A Tutorial Review". *Attention and Performance X:Control of Language Processes*,H.Bouma & D.G.Bouwhuis,ed.Hillsdale,NJ:Erlbaum,1984,pp.152-150;W Marslen-Wilson."Functional Parallelism in Spoken Word Recognition".*Cognition*,1987,No.25;W.Marslen-Wilson."Activation,Competition,and Frequency in Lexical Access".*Cognitive Models of Speech Processing:Psycholinguistic and Computational Perspectives*,G.T.M.Altmann,ed.Cambridge,MA:MIT Fress,1990.

收到的信息相关的各个词马上便会从记忆中被激活。随着相关信息量的增加,可能会被激活的候选词的数量就会随之减少,直至最终出现最需要的词。当然,词及词义的通达速度不会像我们现在描述起来那样缓慢,其心理加工实际上是极为神速的。

群集模型在相当程度上能体现序列检索模型和词汇生成模型的最佳特征。一方面,这一模型虽与序列检索模型不同,但与词汇生成模型类似,认为许多候选词的加工是同步进行的。在另一方面,它不同于词汇生成模型而与序列搜索模型相似的是,认为词及词义的通达,其起始阶段是严格按照自下而上的顺序进行的。再者,与前两种模型都不同的是,这一模型在关注口头词识别的同时,更加注意言语自左向右的特性。因而,这一模型最有可能解释在类似于"telecinematography"(电视传送电影术)这样一个长词说完之前,人们对此的识别过程。其次,这一模型认为,词义的启动在词的通达的起始阶段能缩小候选词的范围。最后,这一模型能更好地说明一个词中各个语音处于不同的位置可能会影响词的通达这一情况。

但是,群集模型也不是完美无缺。一是对于同形异义词未能作出说明。譬如这样一句话:"He went to the bank just for a look"。句中的"bank"一词可能是指"河岸",也可能是指"银行"。在词的通达过程中,其确切的词义是怎样得到识别的? 对这一问题,群集模型未曾作出解释,尽管已经注意到在词及词义的通达过程中语境的作用,可这种语境是指句法语境和词义语境,而不是指大的会话语境。二是未曾注意百科知识或背景知识在词及词义的通达过程中的作用。譬如说,"Pollyanna"是美国女作家 Porter(1868—1920)所著小说中一个一贯乐观的女角色的名字,其名现演绎为"过分乐观者"之意。如果不了解这一背景知识,那就难以知道"Perhaps it was only the pathological Pollyanna in his nature that kept him going"这一句中"Pollyanna"一词的词义。三是与词汇生成模型同样的问题是,语境能在多大程度上发挥作用? 是以何种方式发挥作用? 这一模型对此未作出具体的说明。

以上讨论了词及词义通达的三种模型。其实,影响通达的因素除词的音位结构、句法结构和词义结构之外,还有其他一些因素,如词频,歧义的存在,词的搭配,词的特质性组合,词义的透明度(transparency)等。许多研究表明,带有词缀的词,尤其是带有后缀的词,是以其词干的形式储存于心理词典的。① 基于这些研究,Taft 和 Forster 对附有前缀的词作了实验。② 他们发现,在进行词汇判断时,将附有前缀的词分解为成分词素这一过程先于词的通达的发生。其结论是,词素分析先于词汇搜索。以此为基础,他们对研究作了进一步的延伸,③就类似于"textbook""blackboard"和"unlucky"这样的多词素词和多音节词的储存和提取进行了五项实验,从中得出了两个结论:一是多音节多词素词和多音节单词素词的通达方式是一致的;二是对一个合成词的搜索目标是第一个成分,第二成分无关紧要。王文斌尽管没有以英语词汇为实验材料对这两个结论进行验证,但以"危险""骨肉""贵重"等汉语并列式合成词为实验材料进行了一项实验,发现并列式合成词的特质性组合在词的通达过程中起关键作用。④ 同时他还发现,在对这些词的词汇判断过程中,并不是第一成分总是起决定作用,第二成分无关紧要。其实,各种成分有时会起互动作用。再者,词义透明度对并列式合成词的通达起重要作用。另外,对并列式合成词的通达需要一个证实原则,即对储存于记忆中的整个并列式合成词的词义提取或激活,第一成分的词义则需要第二成分的词义的证实。徐彩华和张必隐对现代汉语单音节词通达的复杂性作了研究,发现单音词的词频和词素频率的相对关系决定单音词的词义提取,较高的词素频率对于单音词的词义提取有一定的干扰作用。⑤

总之,心理词典中词及词义的通达是一个极其复杂的过程,牵涉面很广,需要我们作出不断的努力,以接近或揭示这一深潜于心理的黑洞。

---

① W. Kintsch. "Abstract nouns: Imagery Versus Lexical Complexity". *Journal of Verbal Learning and Verbal Behavior*, 1972, No. 11; E. J. Gibson & I. Guinet. "Perceptions of Inflections in Brief Visual Presentations of Words". *Journal of Verbal Learning and Verbal Behavior*, 1971, No. 10.

② M. Taft & K. I. Forster. "Lexical Storage and Retrieval of Prefixed Words". *Journal of Verbal Learning and Verbal Behavior*, 1975, No. 14.

③ M. Taft & K. I. Forster. "Lexical Storage and Retrieval of Polymorphemic and Polysyllabic Words". *Journal of Verbal Learning and Verbal Behavior*, 1976, No. 15.

④ 王文斌:《汉语并列式合成词的词的通达》,《心理学报》2001 年第 2 期。

⑤ 徐彩华、张必隐:《现代谚语单音节词通达的复杂性》,《语言文字学》2002 年第 3 期。

六、结语

以上探讨了词及词义的各种心理研究，我们从中至少可以得到这一启示：客观世界不仅错综复杂，而且处于恒变，难以用某种单一模型或结构去框定。词及词义是人们对客观世界的心理反映，如同 Sweetser 所说，词义的内部结构并不是自主的，其存在是以人们对客观世界的总体假定为前提。① 所以，若要对词及词义进行模型化或结构化，首先是要对大千世界进行模型化或结构化，而这显然是十分困难的。因此，词及词义的心理研究任重而道远，需要我们付出更多的努力。但是，将语言研究与人的心理研究结合起来加以考察，这无疑是一条正确的学术思路，因为语言终究是人的语言，在人与语言这两者的关系中，心理显然起着至关重要的作用。

（本文原载《现代外语》2002 年第 4 期）

---

① E.Sweetser.*From Etymology to Pragmatics*.Cambridge：Cambridge University Press，1990.

汉语并列式合成词的词汇通达

一、引言

根据 Lieber 关于合成词内部结构取决于中心词的观点，[①]汉语合成词大致上可分为以下三种类型：

（1）双中心词（biheaded）：如，灰尘、选择、奇怪等。

（2）左偏正词[②]（left-headed）：如，洗脸、提高、推翻等。

（3）右偏正词（right-headed）：如，铁路、白菜、滚烫等。

对汉语合成词分类的问题尽管颇有争议，但有一点却可以肯定：汉语中存在着双中心合成词。在这类合成结构中，每个成分均充当中心词，而在左偏正抑或右偏正的合成结构中，唯有一个成分充当中心词。

本文仅聚焦于对双中心合成词的讨论。依据 Zhang 和 Peng[③] 和 Chen[④] 的观点，本文拟将这类合成词称作并列式合成词（coordinative words），因为其直接成分属并列结构。

在通过实验手段探讨心理词典里的汉语合成词时，Zhang 和 Peng 以及

---

① R.Lieber.*Deconstructing Morphology*.Chicago：University of Chicago Press，1992.

② 对这类合成词的分类，汉语言学界颇有争议，因这类合成词还牵涉到好些子类型，但这一问题并非本文所考虑的范围。

③ B.Y.Zhang，D.L.Peng."Decomposed Storage in the Chinese Lexicon".*Language Processing in Chinese*.H.C.Chen，O.J.L.Tzeng，ed Amsterdam：North-Holland，1992，p.131-148.

④ D.Chen.*Priming of Chinese Compounds：Implications for Decompositional Hypothesis*.Ms.Montreal：McGill University，1994.

Chen 尽管涉及了并列式合成词，可他们对此均未展开详细的讨论。同时，对汉语并列式合成词的心理研究，相关的文献也似乎极为少见。我们认为，并列式合成词在汉语里极为丰富，可以说是俯拾皆是，关于对这类词的探究，在心理词典研究领域应该得到应有的重视。本文拟以 Taft 和 Forster[1] 和 Zhang 和 Peng 所提供的理论视野为依据，考察汉语并列式合成词的词汇表征，以期探视汉语并列式合成词在心理词典里的词汇通达过程。

二、理论背景

在心理词典中，词是以何种方式得到储存和提取的，这始终是心理词典研究者所关注的一个问题。许多研究表明，附有词缀的词，尤其是附有后缀的词，是以其词干的形式储存于心理词典的。[2] 基于这些研究，Taft 和 Forster 拓展了考察范围，对附有前缀的词作了探索。他们发现，在进行词汇判断时，将附有前缀的词分解为成分词素这一过程先于词汇通达的发生。其结论是，词素分析先于词汇搜索。以此为基础，Taft 和 Forster 对研究作了进一步的延伸，就多词素词和多音节词的储存和提取这些问题进行了五次实验，针对这些词的词汇通达问题，他们从中得出了两个结论：

（1）多音节多词素词和多音节单词素词的通达方式是一致的。

（2）对一个合成词的搜索目标是第一个成分，第二个成分无关紧要。

这两个结论的实质，就是认为对多词素词的识别牵涉到词素分解过程，而且第一个成分是进行词汇判断的唯一重要因素。

为了从跨语言的角度对这一假说进行验证，Zhang 和 Peng 对汉语合成词进行了实验。其实验结果表明，汉语合成词的表征以词素分解的形式储存于

---

① M.Taft & K.I.Forster. "Lexical Storage and Retrieval of Prefixed Words". *Journal of Verbal Learning and Verbal Behavior*, 1975, No.14; M.Taft & K.I.Forster. "Lexical Storage and Retrieval of Polymorphemic and Polysyllabic Words". *Journal of Verbal Learning and Verbal Behavior*, 1976, No.15.

② W.Kintsch. "Abstract Nouns: Imagery Versus Lexical Complexity". *Journal of Verbal Learning and Verbal Behavior*, 1972, No.11; E.J.Gibson, I.Guinet. "Perceptions of Inflections in Brief Visual Presentations of Words". *Journal of Verbal Learning and Verbal Behavior*, 1971, No.10.

心理词典,这因此证实了 Taft 和 Forster 的观察结果。然而,Zhang 和 Peng 发现,尽管汉语并列式合成词的词汇判断受到词素分解的影响,可并列式合成词的第一成分和第二成分均同样重要,这说明第一成分和第二成分在词汇识别过程中同样具有举足轻重的作用。Chen 对汉语中多词素词的识别也做了一项实验。她发现,Taft 和 Forster 关于多词素词中的第一成分是决定词汇判断的唯一因素的观点,并不能适用于对汉语合成词的识别。她的结论与 Zhang 和 Peng 的看法一致:汉语多词素词的内部词素结构对汉语心理词典的表征产生作用。

诚然,不论 Taft 和 Forster 的看法是否正确,他们在讨论多词素词的词汇储存和提取时,研究的范围仅仅包含了英语中的右偏正合成词,譬如"daydream"和"textbook"等。Zhang 和 Peng 在调查汉语心理词典中多词素词的分解式储存时,的确涉及了汉语中的并列式合成词,如"俊秀"和"考究"等,但他们忽视了汉语中存在着不同类型的并列式合成词这一现象。虽然 Chen 也论及了汉语的并列式合成词,如"勇敢"和"学习"等,但对汉语心理词典表征中并列式合成词的不同内部结构未作具体的探讨。

我们认为,在考察汉语心理词典中合成词的词汇判断时,必须考虑并列式合成词的不同组合形式,因为不同的内部词素组合可能会影响词汇识别的反应时,而这又可能意味着不同的词汇通达诸过程。虽然 Taft 和 Forster 关于合成词的通达取决于第一成分而不是第二成分的看法有待于考证,但 Zhang 和 Peng 关于汉语并列式合成词的两个成分在词汇判断中具有同样重要性的结论也有些仓促。其实,汉语中的并列式合成词具有三种不同的子类型,其表现如下:

子类型 1:第一成分与第二成分的语义相同,组合在一起产生一个并列式合成词,如:学习、道路、语言、朋友、泥土、帮助、危险、秘密等。

子类型 2:在语义场上两个相关的词结成一个并列式合成词,形成一种新的语义,如:骨肉、笔墨、领袖、山水、尺寸、矛盾、条件、大小等。

子类型 3:在语义场上两个相关的词组合成一个并列式合成词,但仅保留一个成分的语义,如:窗户、忘记、国家、干净、时光、贵重、痛快、响亮等。

以上所举的例词在汉语中均是双词素词,并属并列式结构。本文主要探讨以下三个问题：

（1）Taft 和 Forster 认为,对词进行识别之前,英语中的多词素词被分解,那么,在汉语中的并列式合成词的词汇通达方面是否也会出现类似情况?

（2）Taft 和 Forster 认为,词汇通达过程取决于多词素词中的第一成分,那么,汉语并列式合成词中的第一成分是否也起决定性作用?

（3）Zhang 和 Peng 发现,汉语并列式合成词中的两个成分在词汇通达时具有同样的重要性,那么,情况是否果真如此?

不论 Taft 和 Forster 以及 Zhang 和 Peng 的结论是否正确,如果我们接受他们当中的任何一种观点,我们似可作出以下假定:对以上汉语并列式合成词的三种子类型的词汇通达速度应该没有多少差异。让人感兴趣的是,倘若汉语并列式合成词的这三种子类型在心理词典的词汇搜索中需要不同的反应时,那么有些问题就需要我们进行探讨和研究。

在本课题的研究中,我们的假设是:汉语并列式合成词的词汇通达过程有赖于并列式合成词内部词素组合的特质性。词素分解过程的确存在于汉语并列式合成词的词汇通达,但是,唯有在第一子类型中,并列式合成词的第一成分在进行词汇通达时才起决定作用,而在第二和第三子类型中,并列式合成词的两个成分在词汇通达过程中均起作用。

三、实验研究

1. 被试　有 30 位在加拿大麦吉尔大学进修的中国人参加了本课题的实验,其中有 18 位为男性,12 位为女性,其年龄均在 25 岁至 40 岁之间。他们在中国时均受过高等教育。去麦吉尔大学的不同院系进修之前,他们均已获得硕士学位,其中有一些已获得博士学位。他们都习惯于用右手操作事物。

2. 材料和设计　本测试由 64 个汉语并列式合成词(在此指实验词)、64 个填充词和 100 个无关词组成。

在 64 个实验词当中,24 个属于汉语并列式合成词第一子类型,24 个属于第二子类型,16 个属于第三子类型。属于第一子类型的 24 个实验词,分为名词、动词和形容词三类,每一类均有 8 个;属于第二子类型的 24 个实验词,分为名词、形容词和混合型①三类,每一类也均有 8 个;属于第三子类型的 16 个实验词,分为名词和形容词两类,同样,每一类也有 8 个。

除 64 个实验词之外,还有 64 个填充词。所有这些填充词均是汉语合成词,但它们都不是并列式合成词,有一些是左偏正词,而另一些则是右偏正词。值得一提的是,每一个实验词和填充词的每一个成分在实验中仅出现一次。其次,实验词中第一子类型每一成分的平均笔画数是 8.9,第二子类型每一成分的平均笔画数是 8.479,第三子类型每一成分的平均笔画数是 8.853。其次,实验中的所有词汇,包括并列式合成词和填充词,均以《现代汉语词频词典》②为依据,控制在常用的词汇范围之内(词频是 2)。实验前,我们对所有的实验词和填充词中的每一成分作了一次词频调查。有三位受过高等教育的中国人参加了这一项实验。实验的选择项有三个:非常常用、常用、不常用。实验的结果是,有 95.5% 的成分被认为"非常常用",4.5% 的成分被认为"常用",没有一个成分被认为是"不常用"。这说明实验中的绝大多数词汇均是高频率词汇。

至于 100 个无关词,它们均以双词素的形式出现。每一个成分在汉语中均可单独使用,但两个成分的组合并不能构成一个合成词。在这 100 个无关词中,50 个无关词是这样构成的:每一个无关词其中的一个成分均从实验词中随意选取,而另一个成分则是从《现代汉语词典》③中任意选用的。在另外 50 个无关词当中,每一个成分都是从《现代汉语词典》中选入。同样,这 100 个无关词中的每一个成分也均以《现代汉语词频词典》为依据,控制在常用的词汇范围之内(词频也是 2)。

另外,测试中有两个无关词和七个合成词作为测试前练习词,有两个无关

---

① 称为"混合型",是因为这些词由同一词类成分组成的并列式合成词,在句法上却变成不同的词类,如"大小"这一并列式合成词是由"形容词+形容词"组合而成,可在句法功能上却是"名词"。再如"买卖"这一并列式合成词是由"动词+动词"组合而成,可在句法功能上却是"名词"。

② 北京语言学院语言教学研究所:《现代汉语词频词典》,北京语言学院出版社 1986 年版。

③ 中国社会科学院语言研究所:《现代汉语词典》,商务印书馆 1988 年版。

词和三个合成词作为预试词,以便被试熟悉测试要求。并列式合成词的三种子类型、所有的填充词和无关词的顺序均任意排列。

3. 实验仪器与程序　　实验是采用 Power Macintosh 上的 Psyscope1.1 进行的。所有的并列式合成词、填充词、无关词、练习词和预试词均输入到 Microsoft Excel 5.0。实验材料全在电脑显示器上显示。有专用的反应盒,供被试按键,该设备以毫秒为单位,记录被试的按键反应时。开始实验之前,均要求被试仔细阅读应试说明:"在电脑显示器上将会出现作为注视点的三个星号' ＊＊＊ ',紧接着注视点的消失,会在同一位置上呈现两个汉语单词,如果您认为这两个单词的组合能构成一个合成词,请按反应盒右边的'YES'键,否则就按左边的'NO'键;您的判断需要既快速又准确。"注视点与目标词之间的时间间隔为200毫秒。所有的被试均单独进行实验。刺激呈现顺序对每个被试都进行随机化。实验进行之前,有一位中国人作了试验性测试。

本实验采用 Excel 5.0 对实验结果作了计算。

4. 实验结果　　只有实验词的数据参与了分析。下列反应时数据未参与分析:(1)高于800毫秒或低于400毫秒的数据;(2)错误反应的反应时数据。

如在本文第一部分所述,第一子类型中的第一成分与第二成分基本上同义,它们组合在一起构成并列式合成词;第二子类型中的第一成分和第二成分在语义场上相关,它们组合在一起产生新的语义;第三子类型中,两个在语义场上彼此相关的词结合在一起构成一个并列式合成词,可只有其中的一个词才保留其语义。从图1可看出,被试在词汇识别时对第一子类型的反应最快,对第二子类型的反应最慢,对第三子类型的反应速度则居于前两者之间。

我们对这三种子类型的平均累积反应时数据进行了统计学上的方差分析(analysis of variance),由此得知,就反应时而言,对并列式合成词的这三种不同子类型的词汇通达存在显著性差异:$F(2,24) = 3.715, p<0.05$。第一子类型与第二子类型之间的反应时也有显著性差异:$F(1,16) = 7.291, p<0.05$。然而,尽管第二子类型与第三子类型之间的反应时有差异,但在统计学上没有显著性:$F(1,16) = 1.696, p = 0.21$;第一子类型与第三子类型之间的反应时也没有显著性差异:$F(1,16) = 2.081, p = 0.17$。为何第一子类型与第三子

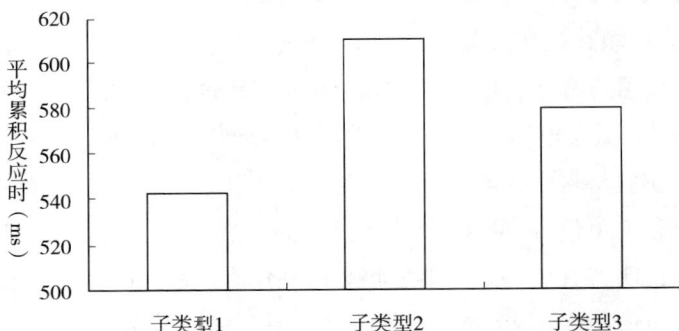

图1　对三种子类型的平均累积反应时

类型以及第二子类型与第三子类型之间的差异在统计学上没有显著性,其原因可能是如同在上文已提到的,第三子类型的反应时介乎第一子类型和第二子类型之间。

四、讨论

　　Taft和Forster声称,合成词中的第一成分在词汇判断时起关键作用。假若这一观点正确,那么汉语中这三个并列式合成词子类型的通达速度应该是大致相同的,因为所有这些词均是合成词,可如同前文所示,实验结果的统计分析并不能证实这一观点。Zhang和Peng认为,汉语并列式合成词中的两个成分在词汇识别时同样重要,这一观点也得不到本实验的证明。如果说并列式合成词中的两个成分在词汇通达时起同样的作用,那么对这些词的反应时也应该是大致类似,可本实验的结果并不能说明这一点。这表现了汉语并列式合成词中的两个成分并不都是同样重要,尽管在某些情况下可能如此。

　　汉语并列式合成词的这三种子类型的内部词素组合显然不一样,而不同的内部词素组合则导致了在心理词典中进行词汇判断的不同反应时。下文我们将讨论其原因之所在。

　　汉语并列式合成词的第一子类型中的两个成分在语义上基本同义,而且整词的语义与各成分的语义相同。根据 Taft 和 Forster 的观点,合成词是以词素分解形式存储于通达表征中,又依照 Taft 的实验报告,合成词的词汇判断需要依次经过词素层和整词层,那么,词素与整词在词汇通达的表征中必然具有密切的联系。① 由于这一子类型中的第一成分与第二成分的语义相同,而且这种语义信息与整词的语义相符,故而其语义透明度②高。被试在提取了存储于记忆中的第一成分的语义以后,即刻便得到了第二成分的语义的证实,由此迅速地推知了整词的语义,况且整词的语义的确相同于各成分词素的语义,从而对这一子类型的词汇通达的反应时最快。在判断属于第二子类型的并列式合成词时,情形却大不一样,因为在这一子类型中,两个成分尽管在语义场上彼此相关,可它们却具有不同的语义,组合在一起构建出一个新的整词语义。换言之,这一子类型的语义透明度低,因为整词的语义不可能通过两个成分的个体语义的简单整合而获得。被试对第一成分进行识别并在提取储存于记忆中的语义时得不到第二成分的证实。此时此刻,被试就得判断这两个成分的组合能不能构成一个合成词。如果这是一个无关词,被试就得按"NO"键,而如果是一个合成词,那就得按"YES"键。踌躇不决时,被试通过心理词典中的记忆搜索和词汇识别,突然意识到这两个成分的结合产生了一个既不同于第一成分又不同于第二成分的特殊整词语义,据此被试作出了这是一个合成词的判断,因此,对这一子类型的词汇判断需要相对较长时间的语义加工。这就是为何对这一子类型的并列式合成词进行加工处理时所需要的时间最长。通过实验,我们发现,在心理词典中汉语并列式合成词的词汇通达需要一个起作用的证实原则。

证实原则:对汉语并列式合成词进行词汇通达时,第一成分的语义需要得到第二成分的语义的证实。若第二成分的语义相应于第一成分的语义,而且整词的语义相同于各成分词素的语义,那么词汇通达所需的时间就会快一些,

---

① M.Taft."Interactive-activation as a Framework for Understanding Morphological Processing". *Language and Cognitive Processes*.1994,No.9.

② 所谓语义透明度,是指合成词的整词语义可从其成分词素的语义推知的程度,其操作性定义为整词与其成分词素的语义相关程度。参见王春茂,彭聃龄:《合成词加工中的词频、词素词频及语义透明度》,《心理学报》1999 年第 3 期。

否则,所需的时间就会慢一些。

这一原则表明,从储存于记忆中的对整个并列式合成词的语义的提取或激活,第一成分的语义则需要第二成分的语义的证实。本实验中对第一子类型和第二子类型的词汇通达,佐证了我们通过实验所发现的这一证实原则。其实,这一原则同样适用于对属于第三子类型的并列式合成词的词汇通达。

在第三子类型中,两个在语义场上彼此相关的成分结合在一起构成一个并列式合成词,可唯有其中的一个成分才保留其语义,这与两个成分都具有同样意义的第一子类型不同。因而,对第三子类型的反应时就要较第一子类型更长,因为在这一子类型中,有时候只有第一成分的语义才得以保留,如"时光"中的"时"和"窗户"中的"窗"等,而有时候只有第二成分的语义才得以保留,如"干净"中的"净"和"痛快"中的"快"等。被试在识别这一子类型时,先是将储存于记忆中的第一成分的语义提取出来,可如同证实原则所要求的那样,第一成分的语义需要得到第二成分的语义的证实。诚然,在此的第二成分的语义并不能证实第一成分的语义,被试因此就得考虑这两个词能否构成一个合成词。但是,这种并列式合成词中至少有一个成分的语义被保留了下来,被试依凭对这一成分语义的通达以及对这种并列式合成词构词方式的表征,激活了储存于记忆中的整个并列式合成词的语义,然后识别出这是一个合成词。问题是,缘何对第三子类型的反应时要较之第一子类型更长而较之第二子类型更短?问题其实不难回答。在对第一子类型作词汇判断时,第一成分的语义即刻就能得到第二成分的语义的证实,词汇通达的速度就因此要快一些,可在对第三子类型进行词汇判断时,第一成分的语义并不能得到第二成分的证实,从而在心理词典中就需更长的时间去加工并判断这是否是一个合成词。在对第二子类型作词汇判断时,简单地观察两个成分中的任何一个单独成分均不能从记忆中激活整个合成词的语义。换言之,从两个单独的成分无法获知整词的语义。因此,被试就需花相对比较长的时间来思忖这两个成分组合在一起而产生的特殊语义。然而,第三子类型的语义透明度尽管低于第一子类型,但却高于第二子类型。所以,在对这一子类型进行词汇判断时,整词的语义至少可从并列式其中的一个成分得到通达,因而被试在心理词典中能较为容易地对整个合成词进行加工和词汇识别,所需的时间也就因此比第二子类型的要快一些。

五、结论

通过以上讨论，我们可以发现：

（1）词素分解在汉语并列式合成词词汇通达过程中的确发生，但并列式合成词的特质性组合在这一过程中起关键作用；

（2）Peng 和 Zhang 认为的并列式合成词中的两个成分均同样重要的看法并不完全准确；

（3）语义透明度对并列式合成词的词汇通达起重要作用；

（4）对并列式合成词的这三种子类型的词汇通达，需要一个证实原则。

需要指出的是，由于在本实验中使用了假词（可能符合组间规则），这可能迫使被试需要更多地凭借语义加工来完成词汇通达。这一问题需要我们在今后的研究中继续加以考虑。

（本文原载《心理学报》2001 年第 2 期）

论汉语"心"的空间隐喻的结构化

一、引言

隐喻在语言中无处不在,无孔不入。只需稍加留意,便会发现,语言中处处都有隐喻的影子,如"山顶、山头、山脊、山腰、山脚"等。我们运用这些词语时,显然已把"山"喻为一个人体,有顶、有头、有脊、有腰,也有脚。

自古希腊的亚里士多德时代起,人们就视隐喻为语言修辞中的一种辞格,认为隐喻是凭借语言的转义而实现,其关键是本体与喻体彼此所代表的事物之间存在着相似点,其具体的表达形式常常是缩略的或暗含的比较,如"秋波""情网"和"鱼水情"等。根据传统修辞学的观点,使用隐喻是为了寻求语言表达的生动性,为了达到这一目的,需要新奇的语言,而新奇的语言则自然会偏离正常的语言。所以,隐喻在传统的修辞学里又常常被看作是对正常语言的偏离或违背。①

20世纪80年代,一场隐喻革命勃然兴起。莱考夫和约翰逊②、莱考夫③和兰盖克④以经验主义现实论(empiricism)为视角,相继发表了足以震撼语言学界的三本学术专著:《我们赖以生存的隐喻》《女人、火和危险事物》和《认知语法基础》。尽管这场革命最终改变了传统的语言修辞观,可其直接动因却

---

① Radman,Z.Metaphors.*Figures of the Mind*.Dordrecht:Kluwer Academic Publishers,1997.

② G.Lakoff & M.Johnson.*Metaphors we Live by*.Chicago:The University of Chicago Press,1980.

③ G.Lakoff.*Women,Fire,and Dangerous Things*.Chicago:The University of Chicago Press,1987.

④ R.W.Langacker.*Foundations of Cognitive Grammar*:*Vols.I & II*.Stanford:Stanford University Press,1987.

并非想要推翻统治西方 2000 多年的修辞学研究传统。诱发这场革命的主导
思想,是反对自 17 世纪笛卡尔的哲学体系诞生以后统治西方 3 个多世纪的理
性主义和以这一哲学理论为基础的西方语言学"客观主义范式"(objectivist
paradigm)和形式主义方法论。理性主义声言,理性是认识唯一可靠的源泉,
人的一般观念不是来自经验,而是潜藏于人的心灵,同时还认为,人的认识对
象是自然界规律的客观性。理性主义的这些思想在深层次上构筑了以乔姆斯
基的生成语法为代表的客观主义范式和形式主义语言学理论。乔姆斯基认
为,人类的语言能力存在于心灵,是与生俱来的;语言的结构受制于语言的内
部因素,语言理论的科学意义就在于根据事实去揭示其内在的规律及支配性
原理,因此,语法问题纯粹是形式的问题。① 再者,大脑思维的核心是逻辑,而
类似于数理逻辑的形式化体系能准确地构建思维的模式。因此,为探索人脑
语言机制的奥秘,40 多年来,乔姆斯基及其追随者致力于研制一套高度形式
化的模式,用以表现人类的普遍语法。然而,莱考夫和约翰逊、兰盖克等人发
现,人类心智中的真实世界并非完全是数理逻辑世界或客观物质世界,生成语
法忽略了人类认知的一个重要方面:在形成有意义的概念和推理的过程中,人
类的身体经验和社会经验起到了不可或缺的作用;再者,人类的概念并不像生
成语法所认定的那样是抽象符号与客观物质世界直接对应的产物,而是体现
于图式结构和心理意象等方面的人类想象能力的结果。他们在研究中还发
现,人类的概念形成往往借助于"意象图式"(image-schema)来实现,包括"容
器图式"(container schema)和"部分—整体图式"(part-whole schema)等。所
有这些图式均产生于人类的感觉—运动(sensory-motor)经验并由此获得意
义,其本身就都是有意义的符号,而这类符号无法纳入算法操作的数学化概
括。他们因此提出,概念结构来自人类将身体经验和社会经验投射为抽象事
物的认知能力,而理性思维正是一般认知过程作用于这种概念结构的结果。
正因为强调语言是人类认知的一个重要方面,所以这批学者的语言研究被称
为认知语言学。他们认为,"语言不完全是形式的东西,不是一套规则系统,

---

① N.Chomsky.*Language and Mind*.New York:Harcourt,1968,N.Chomsky.*Reflections on Language*.New York:Pantheon,1975;N.Chomsky.*Knowledge of Language:Its Use,Origins,and Use*.New York:Praeger,1986.

不能用生成和转换以及对形式描述的方法来对语言共性进行解释"①。

概言之,认知语言学主要描述概念的意象图式,强调意义不是来自与外在客观世界的对应,而是源于人类的身体经验和社会经验。

莱考夫在其"理想化认知模式"(idealized cognitive models)中提出,人类往往通过结构来组织知识和衰征现实;每一种理想化认知模式都是一个复杂的结构化整体,即一种完形,而且每一种理想化认知模式都能建构一个心理空间。②本文拟从理想化认知模式的角度,探讨汉语对"心"的空间隐喻的结构化特征。

二、汉语对"心"的多维空间隐喻

根据认知语言学的观点,隐喻是从一个概念域向另一个概念域的结构映射,其认知立足点是"意象图式",这些图式均产生于人类的基本经验,来源于人类的日常生活并由此获得意义。"空间隐喻是一种意象图式隐喻,即以空间概念为原始域(source domain),构建其他非空间性的目标域(target domain)。由于人类的许多抽象概念都必须通过空间隐喻来构建,因此空间隐喻在人类的认知活动中扮演了不可或缺的角色。"③

"心"除指身体内推动血液循环的器官外,还因常常被人认为是人的"灵魂"之所在(如"心灵"等词吾),所以也往往指"思想""情感""性格""态度"等,如下面英语句(1)(2)、法语句(3)(4)和汉语句(5)(6)。

(1)She knew all the secrets of my heart.(情感)

(2)He's got a very soft heart.(性格)

(3)Il a le coeur serré.(情感)

(4)Il a un coeur de pierre.(性格)

(5)这件事让我心寒。(情感)

---

① 赵艳芳:《认知语言学的理论基础及形成过程》,《外国语》2000 年第 1 期。

② G. Lakoff. *Women, Fire, and Dangerous Things*. Chicago: The University of Chicago Press, 1987, pp.68-76.

③ 蓝纯:《从认知角度看汉语的空间隐喻》,《外语教学与研究》1999 年第 4 期。

（6）他心地善良。（性格）

我们在此仅聚焦于对汉语"心"的探讨。当"心"意为"思想""情感""性格"或"态度"时，汉语对"心"的隐喻主要体现于空间意象，这种意象既可以是三维空间、二维空间，也可以是一维空间。根据莱考夫①关于理想化认知模型的观点，人类常常借助于结构来建构知识和表征现实。汉语对"心"的空间隐喻是结构化的，并以此来组织知识，表达与"心"有关的各种抽象概念。

（一）"心"的三维空间隐喻

汉语常常将"心"隐喻为一个容器，即三维空间，可以容纳东西，如"心房""心窝""心室""心间"等。例如：

（7）连接两颗心房的，那条花蛇般的小路，很泥泞。

（8）我宽阔的心室里没有忧郁。

莱考夫②发现，在人类认知的意象图式中，"一个容器图式，即一个具有界限的图式，是内和外之分的"。正因为汉语将"心"概念化为一个容器，所以有"心中""心里"和"心外"的表达，显然有内外之分，如：

（9）啊太阳，我心中的太阳。

（10）王阳明说："无心外之物。"

也正因为"心"被隐喻为一个容器，所以有"心虚""心窄""心宽"等表达，仿佛"心"的空间可宽，可窄，可虚，可实，譬如："虚心接受""心胸狭窄""心宽体胖""心里充实"等。不仅如此，"心"还似乎可以"贮存"东西，如"心满意足""满心欢喜"等。再如：

（11）你心中也充满了感激。

（12）他心里藏着一股巨大的力量。

（13）……就是在这样的时刻里还不肯说出久藏在心里的秘密。

（14）心里空荡荡的。

---

① G.Lakoff.*Women,Fire,and Dangerous Things*.Chicago:The University of Chicago Press,1987, pp.68-76.

② G.Lakoff.*Women,Fire,and Dangerous Things*.Chicago:The University of Chicago Press,1987, p.271.

从关于"心"的一些词语来看,汉语不仅将"心"概念化为一个三维空间,而且还使这个空间更像一所封闭性的房子,可"关",可"开",如"关心""开心"等。如:

(15)石墙后的小镇,低首的思想已经昂起,一幢幢越过不开放的心灵。

(16)曾经把心灵之门紧紧关闭。

这所"房子"有"壁",如:

(17)眷恋铺满老人心壁,感情不能自已。

这所"房子"还有"窗""孔",如"心窍""心窗""心扉""心孔"等,如:

(18)学童们的心窗与回观的父老乡亲们的嘱托,也一起闪亮着。

"心"不仅隐喻为一个"空心"的三维空间,还被当作一个三维的实心体,如"心硬""心软""一颗心"等。如:

(19)看他把孩子骂哭的时候,我总会心软。

从以上例子可以看出,汉语常常以三维空间为原始域,构建有关"心"的非空间性的目标域,将三维空间映射到"心"上,使"心"仿佛成为某种可触、可摸和可视的三维实体。

(二)"心"的二维空间隐喻

汉语在将"心"认知为三维空间的同时,也常常把它概念化为一个二维空间,即一个平面空间,如"一片心"。既然"心"被认知为片状或平面状的,那么说"心叶"就顺理成章了。例如:

(20)一滴滴的鲜血从痛裂的心叶上滴流下来。

(21)叶叶心心,舒卷有余情。

(22)每个人的心版上刻进了毛毛的名字。

(23)我曾经得到刻骨铭心的爱。

(24)在月亮下的事情却总是深深地刻在我心里。

句(20)和(22)中的"心叶"和"心版",无疑是将"心"视为一个平面。如句(23)和(24)所示,也只有在一个平面上,才能"铭"和"镌刻"。

正因为"心"被隐喻为一个二维空间,即一个平面,所以"心"往往与"地"或"田"联系起来,有"心地""心田""心的原野"等词语。如:

（25）他的一席话，滋润了我的心田。

（26）无数猛兽狂奔在我心上。

（27）车轮声，一声声催着别离从心上驶过。

我们可以想象，"心田"和"心的原野"是可以播种万物、生长万物和孕育果实的。如：

（28）心是一片荒芜的原野，没有播种的愿望，没有收获的喜悦。

（29）美丽的花朵，盛开在心的原野。

（30）心里滋生出一股傻气。

（31）开花的记忆，还在我的心里孕育着果实。

（32）有些花树将会永远长在我的心中。

（33）就是那样的一种月色，从此深植进她的心中。

如上所列，既然"心"可以被概念为片状或平面状，那么自然就有"心海"和"心潮"等表达，如同一片汪洋，而且常常会是激荡起伏、汹涌澎湃，如"心潮澎湃"等。再如：

（34）我坐在车上，心儿激荡。

（35）我站在岸上，心潮和海潮一起汹涌。

（36）他的内心正翻腾着波澜。

（37）我心里翻腾起感情的万丈巨浪，汹涌澎湃。

（38）一股严肃与崇敬的心情，又不禁从我心里激荡起来，久久不能平复。

（39）父母亲任何一点关怀，都将激起子女心中感激的浪花。

（40）我是天空里的一片云，偶尔投影在你的波心。

（41）不会有人知道你心里起伏的波涛。

（三）"心"的一维空间隐喻

汉语在将"心"隐喻为三维空间和二维空间的同时，还常常将"心"概念为一维空间，即如同"一条线"。如：

（42）他横下一条心，打算将此事一查到底。

既然对"心"有"一条线"的认知空间，那么这条线自然有长短之分、粗细之分，如：

"寸心""一寸丹心""细心""粗心大意""语重心长""发短心长""发长心短"。如：

（43）仅借此物，聊表寸心。

（44）我难以忘记父亲生前的语重心长。

（45）他发短心长，诡计多端。

"路"如同一条线，可以绵延不断，所以有"心路历程"。

既然"心"被认知为线状，那么"扣人心弦""心乱如麻"和下面的例句（46）（47）（48）和（49）便很好理解了。

（46）它是贝多芬心弦崩断前的最后一个音符。

（47）如果不是爱上你，心里怎会打结？

（48）我嘴上说谢谢她过来打招呼，但心里乱成一团麻。

（49）他心系家乡，表达了绵绵的赤子之心。

三、结语

汉语根据各种不同情况，可以将"心"隐喻为三维空间、二维空间或一维空间，并以此为心理基点，将各种空间意象映射到有关"心"的种种抽象概念之上。由此衍生的各种语言表达，明显地表现出空间隐喻的结构化特征。产生这种现象的原因，大致有三：一是每一种理想化认知模式都是一个复杂的结构化整体，而且都能建构一个心理空间；二是通过空间隐喻，能够形象和具体地表达与"心"有关的种种抽象概念；三是把对客观事物的认识有序化、结构化，这是人类认识客观事物的基本手段。人类数学中的抽象概念、对无限的时间进行计时的方法等，均是人类将认识和概念结构化的有力佐证。况且，抽象和概念本身，就是为了使客观事物有序化、结构化。"认知模型（cognitive model）建构我们的思想，并用于推理和形成范畴。具有认知模型特征的概念是通过模式的体现而得到理解的。"①

———————

① G. Lakoff. *Women*, *Fire*, *and Dangerous Things*. Chicago：The University of Chicago Press，1987，p.13.

　　值得注意的是,汉语缘何既能将"心"概念化为三维空间,又能概念化为二维空间和一维空间呢? 究其原因,一是因为空间知觉是人类在实践活动中,当种种不同感觉,特别是视觉和运动觉发生时,在大脑皮层中形成复杂的暂时性神经联系的产物;二是因为人类往往会从不同的角度去看待同一个事物,因而思维是多维的,对某一个问题可能是立体思维即三维思维,也可能是平面思维即二维思维,又可能是单向思维即一维思维。简而言之,人类可以从三维空间到二维空间来认知事物,也可以从二维空间到一维空间来认知事物。如:

　　(50)他心比天高。

　　(51)他心比海宽。

　　(52)他语重心长。

　　三是因为概念化的空间只是一种阐述的方式,是人们头脑中的产物,本身并不是一种真实的存在。我们可以引证佛教典籍中的一段话:"那过去,未来,具体的空间……以及各种个体,只是名称,是思维的形式,是通用的言语,只是实在的表面形式。"①莱考夫也认为:"理想化认知模式既是认知的又是理想化的。说是认知的,是因为这种模式的特征与人类的心理经验相关;说是理想化的,是因为这种模式并不一定完全与客观世界相吻合。"②

　　由此可见,汉语对"心"的多维空间隐喻,反映了人们对"心"的既对立又统一的整体空间结构思维。

　　　　注:本文部分中文例句选自耿林莽:《中国当代优秀散文诗精选》;姜丰:《温柔尘缘》;三毛:《送你一匹马》;席慕蓉:《席慕蓉散文珍品集》;章含之:《风雨情》。

　　　　　　　　(本文原载《解放军外国语学院学报》2001 年第 1 期)

----

①　灌耕:《现代物理学与东方神秘主义》,四川人民出版社 1984 年版。

②　G.Lakoff.*Women*,*Fire*,*and Dangerous Things*.Chicago:The University of Chicago Press,1987,p.125.

隐喻性词义的生成和演变

一、词义的演变:仙人掌发展模型

若一个词具有多义性,这往往是词义发生变化使然,而词义之所以发生变化,在大多情况下缘起于隐喻的作用。Sweetser 提出,一个词的词义发展多半是隐喻使用的结果。① 李杰也指出,隐喻认知对多义词的形成起着不可取代的作用。② 在论及词义的演变过程时,王文斌指出,这一过程往往不是朝一个单一的方向发展,也不是以一种单一的方式演进,而往往是在辐射型(radiation)的变化中交织着连锁型变化,在连锁型(concatenation)的变化中又交叉着辐射型变化,呈现出你中有我、我中有你的发展态势。③ 基于词义变化的这些现象,我们在此提出隐喻性词义变化的仙人掌发展模型。在具体探讨这一模型之前,我们有必要对其作一些表述。

如图 1 所示,所谓仙人掌发展模型,就是指隐喻性词义的变化轨迹类似于仙人掌植物的叶茎生长方式,一个茎球连着一个茎球,并向多方向发展,中间既有辐射型的生长,又有连锁型的延伸。图中的每一个椭圆形均表示一个词的义项,宽泛地说,也就是某个词的一个词义。位于模型最底部的椭圆形就是

---

① E.Sweetser. *From Etymology to Pragmatics*:*Metaphorical and Cultural Aspects of Semantic Structure.*Cambridge:Cambridge University Press,1990,p.8.

② 李杰:《字面意义的疆域:隐喻、一词多义以及概念理论》,北京大学出版社 2004 年版,导读第 3 页。

③ 王文斌:《英语词汇语义学》,浙江教育出版社 2001 年版,第 255 页。

图 1

指一个词的初始意义,即基本义,其他的椭圆形均是以这一基础椭圆形为出发点发展而来,其发展方式中既有辐射型,又有连锁型,彼此交叉,交替推进。位于基础椭圆形下面的几根线段表示仙人掌的根须,意指任何一个词的隐喻性词义都是植根于特定的文化沃土,吸收特定文化的养分,因而在一个词的许多隐喻性词义中,有些词义往往具有与其他语言中所相应的词的词义共性,而有时却又具有独特的个性。之所以有共性,是因为人类所认知的对象往往是类同的客观世界;之所以有个性,是因为隐喻性词义又往往是在特定的文化中形成的,难以摆脱特定文化的印痕。Lakoff 和 Johnson 就曾指出,某一文化中最为基本的价值观是与这一文化中最为基本的概念隐喻结构相一致的,而且文化还包括一个人生活于其中的大文化、亚文化、群体文化和个人价值观。① 不同的文化对同一个认知客体有时会形成不同的概念。为便于讨论的集中,我们在此撇开文化因素在隐喻性词义变化中的作用,仅聚焦于隐喻性词义演变的共性。

　　如上所述,隐喻在词义的演变过程中往往起着十分重要的作用。Sweetser指出,在词义变化中,隐喻起主要的建构作用。② 赵艳芳也认为,一词多义现

----

① G.Lakoff & M. Johnson. *Metaphors We Live by*. Chicago: Chicago University Press, 1980, pp. 22-24.

② E.Sweetser. *From Etymology to Pragmatics*: *Metaphorical and Cultural Aspects of Semantic Structure*. Cambridge: Cambridge University Press, 1990, p.19.

象是人类借助隐喻认知手段由一个词的基本义向其他意义延伸的过程,是人类认知范畴和概念化的结果。① 一个词一经产生,语言使用者在大多情况下就会借用隐喻使得其基本义得到不断的扩展和延伸。我们似乎可以预见,一个词的词义发展可以是无限的,只要某一隐喻义被社会所接受,它就会在语言中固定下来,同时又在自身隐喻义的基础上发展出新的隐喻义,这可以说是词义演进的一个规律。我们可看一下英语中的"sponge"一词,其词义的发展方式大致上就是在隐喻认知的作用下的一种仙人掌发展模式。

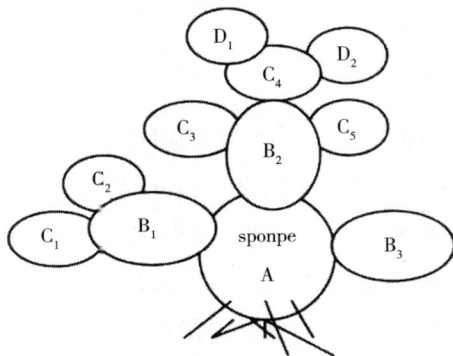

图 2

A:sponge:a sea animal.e.g.Sponges can grow to a very considerable size.(《英汉大词典》,第 1812 页)②

B1:substance of texture similar to a sponge,e.g.A sponge rubber soaks up much water.(《英汉大词典》,第 1812 页)

C1:cake,e.g.He'd made a chocolate sponge.(*Cambridge International Dictionary of English*,p.2482)③

C2:metal in a porous form,e.g.The platinum sponge is a useful metal.

B2:absorbent material,e.g.Sponges absorb liquid and are used for washing

① 赵艳芳:《认知语言学概论》,上海外语教育出版社 2001 年版,第 36 页。

② 《英汉大词典》,上海译文出版社 2001 年版。

③ *Cambridge International Dictionary of English*.上海外语教育出版社 2001 年版。

and cleaning.(*The New Oxford Dictionary of English*,p.1798)①

C3:material used in surgery,e.g.Sponge the wound with an anti-ceptic before bandaging it.(《英汉大词典》,第1812页)

C4:absorbing in a sponge-like manner,e.g.His active mind was a sponge, soaking up information.(《英汉大词典》,第1812页)

D1:act of cleaning or wiping,e.g.I'll go and sponge this juice off my dress. (*The New Oxford Dictionary of English*,p.1798)

D2:wiping off debts without payment,e.g.He edged closer,clearly intending to sponge money from her.(*The New Oxford Dictionary of English*,p.1798)

C5:a heavy drinker,e.g.He is a regular sponge.(《英汉大词典》,第1812页)

B3:a parasite living like a sponge,e.g.There must be a growing realization among younger people that sponging off the state is no longer possible.(*Cambridge International Dictionary of English*,p.2482)

从图 2 不难看出,"sponge"的基本义是"A:一种海洋动物",借助隐喻演变出许多其他的词义,如从"A"隐喻出"B2:吸水性强的材料",又从"B2"隐喻出"C3、C4、C5",分别表示"外科用的纱布""像海绵一样能吸收大量东西"和"大量饮酒的人"。在"C4"的基础上又隐喻出"D1、D2",分别表示"擦、揩"和"骗取"。由此可见,"B2、C3、C4、C5、D1、D2"这些词义均是从"sponge"的基本义出发借助隐喻一步一步发展而来的隐喻义,明显表现出仙人掌式的发展模型。在此我们提出两个观点:一是相似性在隐喻性词义变化中并不是一个唯一要素,其间还牵涉到人类的类比思维;二是隐喻性词义的变化往往以源域的概念场为中心。

（一） 隐喻性词义的生成和演变:从相似性到类比

相似性在隐喻性词义的变化中起着重要作用,因为隐喻赖以生存的基础就是相似性。早在 2000 多年以前,亚里士多德在论及隐喻时就曾指出,善于

---

① *The New Oxford Dictionary of English.*上海外语教育出版社 2001 年版。

驾驭隐喻就意味着能洞察事物之间的相似性。① 王文斌认为,隐喻无非就是施喻者对源域与目标域两者之间关系的一种认知确认,其真正的认知内容就是两者的相似性。② 换言之,相似性一旦被锁定,隐喻也就往往随之而立;若没有源域与目标域之间的相似性,任何隐喻均是无本之木、无源之水。我们在此探讨隐喻对词义变化的作用,在相当程度上也显然就是探讨相似性在词义发展中所起的作用。但是我们认为,相似性并不是一个唯一要素。在隐喻性词义的演变进程中,相似性是源域与目标域形成关系的基础,而类比则是这一关系形成的认知手段。亚里士多德认为"隐喻是对借来之词的使用,或者从种借来用于属,或者从属借来用于种,或者从属借来用于属,或者通过使用类比"。由此可见,亚氏十分看重类比在隐喻中的重要性。Fraser 在界定隐喻时说,隐喻就是对语言非字面意义使用的一个例证,其中所意想的命题内容必须取决于某一类比的建立。③ Glucksberg 也认为,一个隐喻就是一个名称或一个描写性词语或短语被转移到不同却又具有类比性的物体或行为上。④ Hintikka 指出,隐喻与类比紧密相连,在两个词语之间的类比的确立能生成出许多其他的类比,在本来没有联系的词汇之间建立各种联系。⑤ 马玉蕾和房红梅也提出,借助类比,一个概念可以转化为另一个概念。⑥ 从以上学者关于类比在隐喻中的作用的观点不难看出,类比的确是隐喻构建的一个认知要素,更确切地说,类比是隐喻相似性构建的认知手段,而相似性则是类比的认知基础,是类比认知思维的依据。那么何谓类比呢? 所谓类比,就是指人类往往会根据两个或两类对象在一系列属性上相同或相似,并且已经知道一个对象具有某种属性,从而推知另一对象也具有某种属性。若设 A、B 分别代表两个或两类对象,以 a、b、c、d 代表不同属性,类比法可表现为:

---

① [古希腊]亚里士多德:《修辞术·亚历山大修辞学·论诗》,颜一、崔延强译,中国人民大学出版社 2003 年版,第 343 页。

② 王文斌:《再论隐喻中的相似性》,《四川外语学院学报》2006 年第 2 期。

③ B.Fraser."The Interpretation of Novel Metaphor".A.Ortony,ed.*Metaphor and Thought*.Cambridge:Cambridge University Press,1993,p.332.

④ S.Glucksberg.*Understanding Figurative Language*.Oxford:Oxford University Press,2001,p.4.

⑤ J.Hintikka.*Aspects of Metaphor*.London:Kluwer Academic Publishers,1994,p.43.

⑥ 马玉蕾、房红梅:《类比和隐喻》,《外语学刊》2005 年第 5 期。

A 有 a、b、c、d,

B 有 a、b、c,所以,B 有属性 d。

现在来看一下词义通过类比而建立隐喻相似性的思维过程:

If B has a set of attributes as A does

And

If A is met aphorized as B

Then we can call B A

比如说,

If a flying toy has a similar image as a kite

And

If a kite is met aphorized as a flying toy

Then we can call a flying toy a kite[1]

由此我们可以看出,相似性是构成隐喻的基础,也是词义得以变化的依据,而类比则是施喻者的认知方式。这就是说,类比思维能发掘隐现于客观世界诸种物质中的各种相似性。周昌乐指出,只有对象之间的关系结构是相似的,才会有类比。[2] 类比存在于情形和描述,两者有很大的差异。类比情形共享对象结构,而类比描述之间共享概念结构。从周昌乐的观点可以看出,相似性的存在是类比思维得以进行的基础,而类比是一种推理思维方式,唯有对象之间的相似性才会带来类比的可及性(accessibility)。若没有人的类比思维,物质之间的相似性就难以被人所确认,而如果没有物质之间存在这样或那样的相似性,人的类比思维也就会失去依据。至于他所说的类比情形和类比描述,在很大程度上其实就是王文斌所提出的物理相似性和心理相似性,因为只有物理的相似性才会构就类比情形,是人们可视、可嗅、可听、可尝和可触的,需要对象之间的类比必须为真,需要具备"形似";而心理的相似性则会构就

---

[1]　赵彦春:《认知词典学探索》,上海外语教育出版社 2003 年版,第 181 页。

[2]　周昌乐:《隐喻、类比逻辑与可能世界》,《外国语言文学研究》2004 年第 2 期。

类比描述,是人们视、嗅、听、尝和触均不可及的心理描述,仅存在于心理,在大多情况下,只要心到,对象之间的相似性就到,所以对象之间的类比不必为真,仅存在于心中。其实,所谓类比描述不必为真,我们认为也只是指在物理相似性上不必为真,其真值条件仅在心理概念中得到满足,需要具备"神似"。譬如说,汉语中的"门",其原意是指房屋的出入口,如果我们说句(1):

(1)这扇窗户大得像门。

我们会发现,句(1)的类比情形是真,因为"门"与"窗"在形状上具有相似性。然而,如果我们说出句(2)和句(3):

(2)他懂得数学解题之门。

(3)他长期接受过儒门的熏陶。

那么我们从中就会知道,这两句中的"门"与实际上的"门"没有物理上的相似性,彼此难以满足类比情形的真值条件。可是,这两句中的"门"属于类比描述,其词义的演变是建立在心理相似性基础之上,其真值条件在心理概念中得到满足,所以具有类比描述的真值条件,句(2)中的"门"是"窍门"或"门径"之意,喻指能解决困难问题的好办法。句(3)中的"门"是"门派"之意,喻指学派上的"派别",在此显然是指儒家思想派别。

李醒民指出,相似是部分的等同,相似的对象的特征是部分等同和部分不等同,而类比则是更为根深蒂固的相似,即抽象的相似。① 从这一观点我们可以看出,类比更注重于认知思维,是对相似性的一种认知推理。张敏也提到,类比是一种很重要的抽象思维方法,是根据两个或两类对象在某些属性、特征、关系上的相同或相似,由已知其中的一个或一类具有某种属性、特征、关系,从而推出另一个或一类也具有该种属性、特征、关系的或然性推理。② 如果是一个对象类比一个对象,那就是从个别到个别;如果是一类对象类比一类对象,那就是从一般到一般。刘大为提出:"相似即同一。"③他解释说,通常认为相似是部分特征相同,同一是全部特征相同,所以相似与同一是完全不同的

---

① 李醒民:《隐喻:科学概念变革的助产士》,载李平等主编:《科学·认知·意识》,江西人民出版社2004版,第61页。

② 张敏:《思维与智慧》,机械工业出版社2003年版,第79—79页。

③ 刘大为:《比喻、近喻与自喻》,上海教育出版社2001年版,第89页。

概念,然而,相似与同一是相对的,原来的相似有可能会变为同一,而原来的同一也有可能会变为相似。我们在此认为,相似与同一存在于人的认知思维中,隐喻中的源域与目标域之间的关系通过相似性而得到建立,或者说是得到同一的确认,是借助类比推理的结果,或者说隐喻是以相似性为基础依凭类比求得同一。相似性的揭示仰赖于人的类比思维。就这一意义而言,隐喻中的相似性就是同一性。

（二）隐喻性词义的生成和演变:以源域的概念场为中心

我们在此提出的第二个观点是隐喻性词义的变化往往是以源域概念场为中心发展开来。我们在此所谓的源域概念场,是指隐喻中以源域的概念为中心而形成的大场,场内的子概念均相互联结并相互延展。Lakoff 和 Johnson 在论述隐喻时提出,人们构建隐喻概念具有系统性(systematicity),即我们谈论某一概念的某一方面所使用的隐喻具有系统性,如"TIME IS MONEY":

（4）You're wasting my time.

This gadget will save you time.

I don't have the time to give you.

How do you spend your time these days?

That flat tire cost me an hour.

I've invested a lot of time in her.

I don't have enough time to spare for that.

You're running out of time.

You need to budget your time.

Put aside some time for ping-pong.

Is that worth your while?

Do you have much time left?

He's living on borrowed time.

You don't use your time profitably.

I lost a lot of time when I got sick.

Lakoff 和 Johnson 进而指出,"时间是金钱""时间是资源"以及"时间是一种有价值的商品"等隐喻概念形成了一个建基于次范畴化(subcategorization)的单一系统,因为在我们的社会中,金钱是一种有限的资源,而有限的资源则是有价值的商品。① 这些次范畴化关系具体表征了各隐喻之间的蕴含(entailment)关系:"时间是金钱"蕴含"时间是一种有限的资源",而"时间是一种有限的资源"则蕴含"时间是一种有价值的商品"。根据 Lakoff 和 Johnson 的看法,从(4)的每一个句子中,我们均能看到"spend,invest,budget,profitably,cost"等词的使用均与"金钱"这一观念有关,"use,use up,have enough of,run out of"等词的使用均与"有限的资源"这一观念有关,而"have,give,lose"等词的使用则均与"有价值的商品"有关。从这些句例不难看出,隐喻性蕴含能够具体地表征各种隐喻概念的一种紧凑的系统。简而言之,隐喻的各种表达具有概念上的系统性。

我们认为,Lakoff 和 Johnson 在此提出的隐喻概念系统性无疑是正确的。但是,我们如果再作进一步的思考,便不难发现,在此的隐喻概念系统就是一种概念场,而"次范畴化"和"蕴含"这两个概念也显然就是概念场与子概念场之间的关系。关于"场"(field)的概念,原是一个物理学上的术语,表示物质存在的一种基本形式,具有能量、动量和质量,能实现实物间的相互作用,如电场、磁场和引力场等。在语言学研究领域,对这一物理学概念的应用首先见于语义学,被称作语义场(semantic field)。所谓语义场,就是指意义有关联的若干词出现在类似的语境中,或者说出现于同一个场中。关于这一理论,开其先河者是活跃于 20 世纪 30 年代的德国语言学家 Trier。Trier 认为,一种语言的词汇并不是一个个单独词语的集合,而是一个领域一个领域,或者说是一个场一个场地连结在一起。在这种场中,词与词之间以各种不同的方式互为联系并彼此界定。② 也就是说,一种语言的词汇是一个整体,在语义上相关的词组成了一个网络(network)或系统,而每一个词均处于一个词与词的关系网之中,正是这种关系网将一个词与其他的词在语义上连结起来。他指出,语义场是介乎单个的词和整体的词汇之间的一种活的现实,作为整体的一部分,各个

---

① G.Lakoff & M.Johnson.*Metaphors We Live by*.Chicago:Chicago University Press,1980,p.9.

② 王文斌:《英语词汇语义学》,浙江教育出版社 2001 年版,第 201 页。

语义场与各单个的词一样具有被并入一个更大的网络之中去的特性。然而，语义场又与词汇一样，具有被分成较小的单位的特性。

其实，作为隐喻性词义变化推进器的隐喻，也往往是场与场之间的推演。我们在此将一个源域的建立称之为一个概念场的建立，词义的变化就往往是以这一概念场出发，生成出许多其他的子概念场，并在各子概念场里分别生成出许多的子子概念场。换言之，词义的变化或发展往往是借助隐喻这一催化剂从一个概念场发展出另一个概念场，其联系的纽带在多半情况下往往就是隐喻，而且各概念场又会通过隐喻的作用生发出自己的子概念场。一个词的基本义若按这种方式得到变化或发展，其词义多义性的最后结果就是我们在上文所探讨的仙人掌式的发展模型。因此，Lakoff 和 Johnson 提出的隐喻概念的系统性其实就是以隐喻源域的概念场为中心而聚集起来的各个子概念场。我们可以说，"时间是金钱"中的"金钱"是一个隐喻源域概念场，施喻者以此为中心，聚集了诸如"时间是资源"和"时间是一种有价值的商品"等子概念场，并又以这些概念场和子概念场为中心形成了诸如"spend，invest，budget，profitably，cost""use，use up，have enough of，run out of"和"have，give，lose"等子概念场中的子子概念场。换言之，"金钱"是一个大概念场，以此为中心辐射出"资源"和"有价值的商品"这两个子概念场，而"spend，invest，budget，profitably，cost"等词则聚集于"金钱"这一概念场内，"use，use up，have enough of，run out of"聚集于"资源"这一概念场内，"have，give，lose"聚集于"有价值的商品"这一概念场内。隐喻中的源域概念场一旦产生，其子概念场就会根据人类的进一步类比能力而产生，而且子子概念也会紧跟而来，而这些子概念中的子子概念往往就是以某一概念的语义场为依据而集中在一起。我们似乎可以预见，如果我们说"男人如山"，那么围绕"山"这一源域概念场，就会形成一些与此相关的子概念场，在此基础上又会形成与这些子概念场有关的子子概念场，试看（5）：

（5）男人如山

有一种男人，如珠穆朗玛，给人高山仰止的感觉。

有一种男人，如同那连绵厚重的太行山脉，气象万千，内涵丰富。只要你有时间去发现，他们也有"云横秦岭"的险峻，也有"红叶香山"的秀丽，就像大兴安岭的林海,历经风霜刀剑的折磨,依然郁郁葱葱,安然故我。让人一走进去,就再也不想出来,因为里面有终其一生都看也看不完的景致,取也取不完的珍宝。

也有一种男人,就像那家乡屋后的小山,虽不是高大险峻,却也温和、质朴,乍看不怎么出奇,可如果哪一天他离开了,心里却会时时想起他来。①

从(5)不难看出,隐喻概念的系统性是以源域概念场"山"为中心发展而来,如"太行山脉"就是"山"这一源域概念场的一个子概念场。施喻者又围绕"太行山脉"这一子概念场使用了"气象万千、险峻、秀丽、林海、郁郁葱葱、景致"这些子概念场中的子子概念场。现在我们来看一下(6)和(7)是怎样以源域概念场为中心进行隐喻的。

(6)工作是船,业绩是帆,家是港湾,节日是岸,洗去征尘,绽开笑容,迎接开心每一天!(2005年"五一"国际劳动节手机短信贺语)

(7)It was like digging a tunnel.At first everything was work,sweat,and darkness.I had no idea when I would reach the light,or even if I would.But I persisted.I pounded and clawed and scraped,and finally I was rewarded.I saw a chink of light. And then the chink got bigger and the sun came pouring in and all was bright.②

在(6)中,施喻者显然是以"我们是船员"这一隐含的源域概念场为中心,使用了"船""帆""港湾""岸""征尘"等源域子概念场,表达了经过每天紧张的水上作业以后,我们"船员"应该回家喜迎"五一"国际劳动节并借此好好休息一番的祝愿。在(7)中,施喻者把如何帮助自己所钟爱的女同学学会逻辑思考这一事隐喻为"digging a tunnel"。以这一源域概念场为中心,从"digging a tunnel"的辛劳角度派生出"work,sweat,darkness,pound,claw,scrape,reward"等子概念场,进而又从"digging a tunnel"的进展角度派生出"light,a chink of light,the sun,bright"等子概念场。

在隐喻性词义的生成和变化过程中,隐喻义也往往是围绕概念场展开的,同样会从子概念场中隐喻出子子概念场词义,如英语中的"cloud"一词,其原

---

① "男人如山",http://apple.astday.com/midsky/A375011.htm。

② 张汉熙:《高级英语》,外语教学与研究出版社2004年版,第80页。

意是表示"a heap of rock"（一堆岩石），这一基本义恐怕已被人遗忘，殊不知，目前表示"a visible grey mass of watery vapor in the air"（云）的词义，其实就是一个隐喻义，是从"a heap of rock"隐喻而来的。在这一源域概念场的基础上，又发展出"a cloud-like thing"这一子概念场词义，如"a mushroom cloud"和"a cloud of birds"等，从中又隐喻出"a thing that obscures or overshadows with gloom"这一子子概念场词义，如"under the cloud of night""the war clouds"和"with a cloud on one's brow"等。由此可见，词义的变化也是依循着从概念场到子概念场再到子子概念场的发展历程。Lakoff 和 Johnson 提出的隐喻概念的系统性其实就是隐喻源域的概念场，而"次范畴化"和"蕴含"这两个概念也显然就是我们在此所讨论的子词义现象或子概念化现象。一词多义在多半情况下就是在基本义的基础上通过隐喻的作用发展而成的多义性，犹如核反应堆，隐喻源域的概念场一旦爆炸，它就会引起许多连锁反应。而这种连锁反应又是建立在隐喻源域与目标域的相似性基础之上，并且以相似性为基础，依仗类比思维求得源域与目标域两者之间的同一。再如汉语中的"火"一词，其原意是表示"物体的燃烧"，借助隐喻演变出许多其他的词义，如从"因失火会造成巨大损失"隐喻出"火造成的灾害"这一词义，如"火灾"；再从"火灾"隐喻出"紧急"这一词义，如"火急"；再又从此隐喻出"快速"这一词义，如"火速"。由此可见，"火灾、紧急、快速"这些词义均是"火"的隐喻义，或者严格地说，"火灾、紧急、快速"是"火"的子词义和子子词义。

现在回过头来看一看我们在本文第一部分所举的"sponge"的隐喻性词义演变，检验一下其仙人掌发展模式是否也是从相似性到类比，并以源域的概念场为中心，通过隐喻形成其多义性。"sponge"的基本义是指一种海洋软体生物，以吸取水中有机物质为食物。由此，凡是吸水性强的事物均被隐喻为"sponge"，这是因为"吸水性强"是"sponge"与被隐喻的事物所具有的相似性之所在。人们借助类比思维，发现凡是会吸水的事物就如同"sponge"，由此演变出图 2 中的 B2 之意。经过类似的认知过程，演变出 C3、C4、C5、D1、D2 等隐喻性词义。不难看出，"sponge"的其他词义"B1、B3、C1、C2"，也是经过这种认知方式得到生成和演变的。然而，如果我们再作细究的话，便可发现，这些隐喻性词义是以"sponge"这一源域的概念场为中心演变而来。隐喻性词义

"B1、B2、B3"是以"sponge"为中心辐射而来,B1 因具备与"sponge"类似的材料组织结构而生成,B2 因具备与"sponge"类似的吸水性而生成,B3 因具备与"sponge"相仿佛的仅索取而不奉献的寄生虫式生活方式而生成。同理,C1、C2 从 B1 辐射而来,C3、C4、C5 分别从 B2 辐射而来,而 D1、D2 却又从 C4 辐射而来。然而,如果从纵向的角度看,我们不难发现,D1 从 C4 连锁发展而来,而 C4 从 B2 连锁发展而来,而 B2 却又从 A 这一基本义连锁演变而成。所有这些隐喻性词义的生成和演变明显表现出辐射型交织着连锁型,而在连锁型中又交织着辐射型,并且均以隐喻为认知媒介,形成了一个以"sponge"这一隐喻源域为中心的概念场。

二、结语

我们在本文考察了隐喻性词义的生成和演进过程。我们同意 Sweetser 关于在大多情况下隐喻是词义发生变化的推进器的观点。但是,我们提出,词义的演变过程往往不是朝一个单一的方向发展,也不是以一种单一的方式而变化,而往往是辐射型变化交织着连锁型变化,而连锁型变化又交叉着辐射型变化。以此为基础,我们进而提出了隐喻性词义变化的一个新模型:仙人掌发展模型。我们认为,隐喻性词义的变化在多数情况下受作用于隐喻,发生仙人掌式的变化模式。我们在本文还指出了两点:一是相似性在隐喻性词义的变化中并不是一个唯一的要素,其间主要牵涉到人类的类比思维和类比作用;二是隐喻性词义的变化往往是以隐喻源域的概念场为中心发展开来的。

(本文原载《外语与外语教学》2007 年第 4 期)

从图形与背景的可逆性看一词多义的成因

——以汉语动词"吃"和英语动词"make"为例

一、引言

在认知语言学研究中,论及认知突显(prominence)时,常使用图形(figure)与背景(ground)这两个概念,并且通常一并使用。所谓图形,就是指某一客观对象在被人感知时得到突显的部分,[①]即注意的焦点;而所谓背景,就是指某一客观对象在被人感知时对图形起衬托作用的部分,即为突出图形的衬托部分。要而言之,图形就是突显,背景就是衬托。我们认为,图形与背景,两者的关系并非固定不变,常常会随着人的认知视角的变化会发生转换,即图形与背景两者之间的关系是可逆的,图形有可能变为背景,而背景也有可能变为图形。需要指出的是,在此所谓的可逆性,就是指可转换性。

一词多义(polysemy),从严格意义上讲,属于词汇语义学(lexical semantics)概念,是指一个词具有多种词义。[②] 我们认为,一个词,之所以会催生多种词义,其主因多半在于人们在观察客观事物时所发生的图形与背景的转换。我

---

① V. Evens & M. Green. *Cognitive Linguistics: An Introduction*. Edinburgh: Edinburgh University Press, 2006, p.16; F. Ungerer & H. Schmid. *An Introduction to Cognitive Linguistics*. Beijing: Foreign Language Teaching and Research Press, 2008, p.164.

② D. Cruse. *Lexical Semantics*. Cambridge: Cambridge University Press, 1986, p.80; M. Murphy. *Lexical Meaning*. Cambridge: Cambridge University Press, 2010, p.88.

们在本文将以汉语动词"吃"和英语动词"make"这两个多义词为例,试图证明这一观点。

二、图形与背景

图形—背景概念是一个基于图像视觉感知的突显认知观,源自格式塔心理学(Gestalt Psychology),其最为著名的例证就是由丹麦心理学家 Rubin 在 20 世纪 20 年代所描述的"人脸与花瓶幻觉图(face/vase illusion)"①,如图 1 所示:

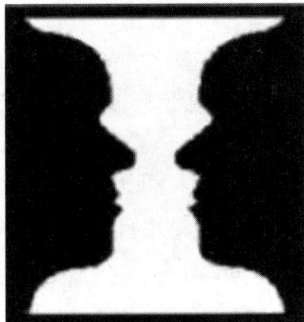

图 1

这是一个双关图形,一般情况下人们不可能在同一时刻既能看到人脸又能看到花瓶,要么以人脸为背景,才能看到一个白色的花瓶;要么就以白色的花瓶为背景,才能看到两张侧面的人脸。在此无所谓孰对孰错,只是图形与背景发生了转换,即两者之间具有可逆性。以人脸为背景,所看到的白色花瓶就是图形,即被突显的视觉图像;若以白色的花瓶为背景,所看到的两张侧面人脸就会成为图形,因此成为被突显的视觉图像。再如图 2,若将目光聚焦于图片中不同的部位,就会出现不同的图形。

这种因视角的转换所导致的不同视觉效果,其根由就是在于图形与背景

---

① E. Rubin. "Figure and Ground". *Visual Perception*, S. Yantis, ed. Philadelphia:Psychology Press,2001.

图 2

具有可逆性。美国语言学家 Talmy① 发现,图形与背景的这一关系可应用于对语言表征中语义的分析,在其博士论文中便借用了这一关系,从认知语言学角度探讨语义的突显方式,如:

(1)The cat is on the table.

在此,"the cat"是图形,"the table"是背景,即因空间视觉的感知,"the cat"因背景"the table"的衬托而成为图形,由此得到突显。这种图形与背景所表现出的关系也适用于语言对事件之间的关系(relations between events)描述,如:

(2)He read while she sewed.

在句(2)中,"he read"因"she sewed"这一背景的衬托而成为图形,由此得以突显。然而,图形与背景的这种关系并非不可逆转,而常因人的注意点不同会发生转换。若将注意力聚焦于"she sewed",那么"he read"就有可能成为背景,对"she sewed"则会因此起到突显的作用。如是,(2)就有可能被表述为(3):

(3)She sewed while he read.

其实,一个事件的发生可能会牵涉到多个背景,而且背景与背景之间会因视角的改变而发生相对的突显,如:

(4)Lisa walked out of the house past the pond into the park.

---

① I.Talmy.*Semantic Structures in English and Atsugewi*.Berkeley:University of California,1972.

（5）Lisa walked past the pond into the park out of the house.

（6）Lisa walked into the park out of the house past the pond.

从（4）（5）和（6）可看出，作为"Lisa walked"这一事件的背景有三个："the house""the pond"和"the park"，均对其起到衬托作用。但是，因视角的不同，这三个背景在语言表征中得到了不同的突显。

再者，不单背景与背景之间会发生不同的突显，而且语言表征中的任何一个成分均有可能因视角的不同而得到不同的突显，即得到不同的图形化，如：

（7）Bees were swarming all over the yard.

（8）The yard was swarming with bees.

（9）It was swarming with bees all over the yard.

（7）中，"bees"是图形；（8）中，原为背景的"the yard"在此成为图形；（9）中，表示行为的"swarming"是图形。

从上述可知，图形与背景之间的关系是相对的，在特定情况下，只要人的视角发生转换，图形与背景就有可能出现逆转，图形会变成背景，而背景也会变成图形，而且背景与背景之间不仅能得到不同程度的突显，而且有可能会获得彻底的突显，如（8）。为使背景图形化，（4）也可分别表述为以下句子：

（10）Out of the house Lisa walked past the barn into the garden.

（11）Past the barn Lisa walked out of the house into the garden.

（12）Into the garden Lisa walked out of the house past the barn.

（13）Out of the house into the garden past the barn Lisa walked.

（14）Past the barn out of the house Lisa walked into the garden.

由此可观，图形与背景之间并非楚河汉界、不可逾越。同理，背景与背景之间，也并不存在不可跨越的鸿沟。在特定情况下，图形与背景、背景与背景的转换，一切皆有可能，语言的表征方式也因此会千变万化。

三、一词多义

语言中，大多数的词均为多义词，即一词有多义。一个词在诞生之初，一般是一词一义,但随着在语言交际中的广泛使用,往往在原有词义的基础上产生新义,由此发生语义变化,原本的一词一义就有可能变为一词多义,而其原初的词义就是原始义(primary meaning)或本义(basic meaning),其新获得的词义就是引申义(extended meaning)。一个词一旦产生引申义,一词多义现象就随之出现。在此需要究问的是,一词多义到底是怎样产生的? 国内外许多学者曾对此作过较为深入的探讨,如蔡龙权①、廖光蓉②、林正军和杨忠③、李瑛和文旭④、Cruse⑤、Geeraerts⑥ 和 Murphy 等。这些学者的论述虽详略不一、各有侧重,意见也不完全一致,但对一词多义的成因阐述主要可归纳为三点:一是隐喻(metaphor),二是转喻(metonymy),三是范畴原型裂变(prototype split),如:

(15) The professor promised to prune the curriculum and the tests.

(16) William has his own wheels.

(17) Cultural exchange is by no means a process of losing one's own culture to a foreign culture.

(15)中,"prune"的本义是"to cut off some of the branches of a tree or bush so that it will grow better or look better",即"修剪"之意,但在此是隐喻表达,表示"to reduce something by removing parts that are not necessary or wanted",由此变成一词多义,表示"削减"之意。(16)中,"wheels"的本义是"the round parts underneath a car or wagon,etc.,that roll and allow something to move",即"轮子"之意,但在此是转喻用法,以部分替代整体,表示"车子",由此借助转喻而获得其新义。(17)中,"exchange"的本义是"the act of giving or taking one thing in return for another thing",即"交易"之意,在此由"交易"这一原型范畴裂变为"an

① 蔡龙权:《隐喻化作为一词多义的理据》,《上海师范大学学报(社科版)》2004 年第 5 期。
② 廖光蓉:《多义词意义关系模式研究》,《外语教学》2005 年第 3 期。廖光蓉:《多义词范畴原型裂变、次范畴化及相关问题研究》,《外语与外语教学》2005 年第 10 期。
③ 林正军、杨忠:《一词多义现象的历时和认知解析》,《外语教学与研究》2005 年第 5 期。
④ 李瑛、文旭:《从"头"认知——转喻、隐喻与一词多义现象研究》,《外语教学》2006 年第 3 期。
⑤ D.Cruse.*Meaning in Language*.Oxford:Oxford University Press,2000,pp.109-117.
⑥ D.Geeraerts.*Theories of Lexical Semantics*.Oxford:Oxford University Press,2010,pp.30-35.

occurrence in which people give information to each other"之意,即"交流"。

隐喻、转喻或范畴原型裂变导致一词多义这样的观点,从表象上看确乎其然。(15)中,"prune"一词的隐喻义"削减"的确源自其本意"修剪",因为"削减"与"修剪"两者之间具有相似性,均有"to cut off something that is not necessary or wanted"之意,这是从本意"修剪"到其隐喻义"削减"形成的基础。(16)中,"wheels"在此从其本意"轮子"到其转喻义"车子",两者之间确实存在转喻关系,因为这是以作为部分的"轮子"来替代作为整体的"车子",两者具有邻近性,这是转喻的一个典型表现手段之一。(17)中,"exchange"一词的原型义就是"act of reciproeal giving and receiving",这是"exchange"目前包括"交流、交换、互换、更换、交谈、对话、交易所、兑换"等多种词义的原型;在此从这一原型义衍生出"act of giving information to each other"之意,显然属于范畴原型裂变,因为其原型义主要用以表示"以物易物"或"物物交换",而在此是表示某种抽象东西的互换,即"文化交流",这是对范畴原型的一种变异。然而,我们认为,在这三种词义引申路径中,若撇开原型这一概念,那么前两种词义引申,不论是隐喻性引申抑或转喻性引申,均属于范畴裂变,其主要道理有二:一是词义的引申,若仅是从词的本义引申出第二种词义,那么的确有可能是范畴原型的引申,但是,许多多义词不仅仅是具有两种词义,而往往是具有三种或更多的词义,这些多义性的词义就再也不是对范畴原型的引申,而仅仅是对某种范畴的引申;二是如果说一种词义就是一种范畴的话,①那么不管是隐喻性词义引申抑或转喻性词义引申,均是从一种范畴到另一种范畴的引申,若按范畴裂变观点的话来说,这就是从一个范畴向另一个范畴的裂变,因此就这一意义而言,我们在此可以说,不论是隐喻性词义引申抑或转喻性词义引申,莫不属于范畴裂变。

在此需要进一步深究的是,隐喻、转喻或范畴原型裂变是否就是导致一词多义的根本缘由?我们认为,不论是隐喻和转喻均属于范畴裂变,还是隐喻、转喻和范畴裂变属于词义引申的三个不同推进器,这三者均尚未触及词义引

---

① 廖光蓉:《多义词范畴原型裂变、次范畴化及相关问题研究》,《外语与外语教学》2005年第10期。

申的深层缘由。这是因为隐喻和转喻只是聚焦于词的原义与引申义之间的关系及其词义的演变方式，而范畴裂变也不例外，基本上仅关注词义与词义之间的演化，也就是范畴与范畴之间的变异这样一些现象。简言之，从隐喻、转喻和范畴裂变这三个角度来审视词义演变，就实质而言，仅停滞于词义的内在或外在变化方式，尚未从认知的根本动因追问词形成多义的潜在原因。我们的观点是，一个词之所以会形成多种词义，其原因很大程度上在于人们在观察客观事物时所发生的图形与背景的转换。下文中，我们将分别以"吃"和"make"这两个多义词为例，陈述以上这一观点。

（一）汉语的动词"吃"

关于汉语的动词"吃"，其动宾搭配在语义方面的复杂性已引起学界高度关注，自20世纪末至今已结出丰硕的研究成果，为我们进一步开展这一方面的研究提供了许多有益的借鉴，如王占华①、姜先周②、聂亚宁③、张再红④等分别以认知语言学为视角，考察"吃"带非典型论元形成的隐喻或转喻机制，其中，姜先周还通过韩汉两种语言的对比，发现韩语"吃"带非典型论元的比率高于汉语，提出"吃"的这种语言表征是人类语言的普遍现象，反映出人类在认知上的某些共性；任鹰从语法转喻角度探讨了"吃食堂"这一动宾结构的形成机制及其相关的句法现象；⑤董粤章以认知语法为主要框架解释以"吃食堂"为代表的论元替换现象，提出其论元的替换是基于动词的概念潜能、突显度的变化、心理观照等的重要作用；⑥熊学亮使用单向推导模型揭示"吃"的诸种表达的认知固化过程，力图以一种全新的方案解释"吃+NP"这一语言

---

① 王占华：《"吃食堂"的认知考察》，《语言教学与研究》2000年第2期。
② 姜先周：《动词"吃"论元结构扩张的汉韩对比研究》，《中国社会科学院研究生院学报》2005年第4期。
③ 聂亚宁：《从体验论看汉语"吃"的转喻和隐喻认知模式及其特点》，《湖南大学学报（社科版）》2008年第2期。
④ 张再红：《"吃"的隐喻映现规律分析》，《语言研究》2010年第4期。
⑤ 任鹰：《"吃食堂"与语法转喻》，《中国社会科学院研究生院学报》2000年第3期。
⑥ 董粤章：《构式、域矩阵与心理观照——认知语法视角下的"吃食堂"》，《外国语》2012年第3期。

表达形式;①董为光、杨春生、谢晓明和左双菊等分别从汉民族的历史、文化心理和习惯考察"吃"的隐喻性词义演变及其词义类型;②黄洁从动词和名词的词汇语义表征出发,探究汉语动词"吃"及其非常规宾语搭配,提出动宾非常规搭配的工作机制是侧面匹配,是动词所指行为的某个侧面和名词所指事物的某个侧面相互匹配的结果;③陶红印主要从动词论元结构在本质上具有开放性和动态变化以及动词的高频性导致论元结构变化这一观点探讨"吃"的论元结构的动态性;④邹虹和王仰正建基于汉语动词"吃"的原型义项及其宾语名词的语义特征,检视"吃+非常规宾语"这一语言表征;⑤刘泽权和张丹丹以《红楼梦》中103例含有引申义的"吃"熟语及其四个英译本为例,讨论"吃"的汉英文学翻译。⑥

从以上关于汉语"吃"的研究成果看,视角相当多样,也具有相当的广度和深度,这足以说明学界对这一汉语动词的关注。就认知语言学这一角度而言,从以上研究成果看,关于"吃"的探究多半仅关注隐喻和转喻这些认知机制上。我们认为,汉语动词"吃"之所以会出现与非常规宾语搭配,其主因是语言使用者在使用"吃"时受到图形与背景转换的牵引。在大多情况下,任何一个行为的发生,除了其行为本身之外,往往都会牵涉到伴随这一行为发生的诸种外在和内在因素,如主体、情绪、处所、时间、环境、气氛、工具、因由、方式、结果、动机、程度、对象以及对象的来源和特性等。

"吃"这一行为也不例外。"吃"一旦发生,就会牵涉到与之相伴的各种因素,如"吃"的食物、处所、方式、餐具、时间、来源、情绪、经历、凭借手段等。再者,除了这些外在因素之外,还有"吃"行为的本身是"摄入食物",所以又会产

---

① 熊学亮:《"EAT/吃+NP"表达的语义拓扑假设》,《天津外国语大学学报》2011年第6期。

② 董为光:《汉语"吃~"类说法文化探源》,《语言研究》1995年第2期。杨春生:《英汉语中与"吃"有关的隐喻比较》,《外语与外语教学》2004年第12期。谢晓明、左双菊:《饮食义动词"吃"带宾情况的历史考察》,《古汉语研究》2007年第4期。

③ 黄洁:《论"吃"和宾语非常规搭配的工作机制》,《外语学刊》2012年第2期。

④ 陶红印:《从"吃"看动词论元结构的动态特征》,《语言研究》2000年第3期。

⑤ 邹虹、王仰正:《基于"吃"的原型义项及NP的语义分析谈汉语述题化的俄译》,《外语研究》2010年第2期。

⑥ 刘泽权、张丹丹:《基于平行语料库的汉英文学翻译研究与词典编纂——以〈红楼梦〉"吃"熟语及其英译为例》,《中国翻译》2012年第6期。

生"进入"这一背景义;因"吃"的食物会被消化掉,所以又会产生"吸收""领会"等背景义;因被"吃"的食物会在人的视野中消失,所以又会出现"消灭""消耗"等背景义;"吃"食物时,人有时会愿意吃,有时会不愿意吃,所以又会产生"接受"这一背景义。如:

（18）他<u>吃</u><u>烧饼</u>。（食物）

（19）他常<u>吃</u><u>馆子</u>。（处所）

（20）他<u>吃</u><u>烧烤</u>。（方式）

（21）他<u>吃</u><u>大碗</u>。（餐具）

（22）他<u>吃</u><u>晌午</u>。（时间）

（23）他<u>吃</u><u>房租</u>。（来源）

（24）他<u>吃</u>的不是面条,而是<u>寂寞</u>。（情绪）

（25）他<u>吃</u><u>批评了</u>。（经历）

（26）他靠<u>吃</u><u>粉笔灰</u>过日子。（手段）

（27）这犁子<u>吃</u><u>土</u>很深。（进入）

（28）这张纸不<u>吃</u><u>墨水</u>。（吸收）

（29）我<u>吃</u>不<u>透</u><u>原文</u>。（领会）

（30）部队很快就吃掉敌人<u>两个师</u>。（消灭）。

（31）这种车子很<u>吃</u><u>油</u>。（消耗）

（32）他<u>吃</u><u>软</u>不<u>吃</u><u>硬</u>。（接受）

"吃"的本义是"通过嘴嚼把食物摄入体内"①。在通常情况下,"吃"与其宾语的语义关系均是与食物的关系,即"吃"的本义是图形,是受突显的词义,其他与之相伴的因素,如"吃"的处所、方式、餐具、时间、来源等,则均潜隐于背景地位。然而,如同上文所述,图形与背景两者之间的关系并非固化不变,而是彼此可以逆转,句（4）、句（10）至（14）就昭示了这一点。若因特定表达的需要,即若说话人欲突显某一背景因素,那么就有可能将之图形化。其实不仅如此,隐潜于背景的任何一个因素均有可能走到前台而得到突显,由此与"吃"构成各种表达,如句（19）至（32）,"吃"的词义也因此发生相应的变化,

---

① 吕叔湘:《现代汉语八百词》,商务印书馆 1996 年版,第 96 页。

其在正常情况下常处于图形地位的本义"通过嘴嚼把食物摄入体内"在这种情况下退隐于背景位置,而说话人想要突显的背景义在此得到图形化。在此需要再次强调的是,图形与诸种背景均有可能发生逆转,这种情形可借用图3来表示(以"吃"为例)。

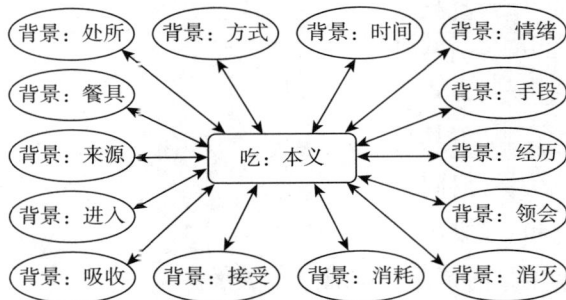

图3

需说明的是,图中的圆角矩形表示本文中的图形概念,各椭圆形表示各背景因素,双向箭头表示可逆性。从图3可知,各种背景因素与图形是可以转换的,即均有发生逆转的可能。

从图3可见,关于"吃"的诸种背景义,基本上是伴随着"吃"这一行为的发生而发生的。这些词义尽管以这样或那样的方式与隐喻或转喻产生联系,但归根结底还是与"吃"的这一行为紧密相连,是与"吃"这一行为相随相伴而产生的词义。这些词义一经使用并被人们所广为接受,就会成为"吃"的引申义。它们通常藏而不露,处于边缘地位,可一旦因突显的需要,就会脱颖而出,走上前台而得到图形化,成为核心义。因此,"吃"的隐喻或转喻,并非其词义延伸的真正认知动因,其真正的认知动力是语言使用者在表达特定的客观事物时对这一客观事物及其相随事物的认知聚焦和焦点的变换。换言之,"吃"的隐喻义或转喻义,仅是我们对其引申义的语义演变路径的分析,可并未揭示其真正的深层认知缘由。在此我们可以说,"吃"的多义产生的根本认知诱因是人们在认知客观事物时图形与背景的转换。其实,即便是"吃"的隐喻义或转喻义,也同样需要图形与背景的转换,因为在通常情况下,不可能所有的隐喻义或转喻义都能同时走上前台,处于图形地位,而多半情况下均隐匿于背景,只有在需要时,某个背景因素才会被图形化。

再者,隐喻和转喻并不能完全解释"吃"与各种非常规宾语的搭配现象,如"吃筷子",不能说"筷子"在此是隐喻或转喻,因为"吃筷子"就是表示"吃东西时使用筷子"。同理,"吃救济"就是表示"靠救济金来购买填饱肚子的食品",在此不含隐喻和转喻。因此,与"吃"有关的一些背景因素的突显还得需要借用图形与背景的可逆性来解释。

在此需要提及的是,人们常常将"吃软饭"(意即男人靠女人过日子)、"吃螃蟹"(意即敢为人先)、"吃豹子胆"(意即不惧危险)、"吃豆腐"(意即占便宜,尤指性骚扰)、"吃白食"(意即光吃不干)、"吃鸭蛋"(意即考试得零分)、"吃花生米"(意即被枪毙)等看作是"吃"的隐喻义。我们认为,这些词语的隐喻义并非源自"吃",而多半是来自"吃"的宾语的隐喻,如"吃软饭"中的"软饭",是隐喻"男人靠女人过日子"(如"软饭男""软饭哥"等);再说,"吃鸭蛋"中的"鸭蛋",是对"0"分这一形状的隐喻。这些宾语之所以能成为吃的宾语,就是因为这些宾语本身在字面上就是表示"食物",所以能与"吃"搭配。

(二) 英语的动词"make"

再以英语动词"make"为例,阐释图形与背景的可逆性现象及其在语言中的表现行为。根据 Onions 的观点,"make"在原始印欧语是"mag-",意即"knead"(揉面),在古英语里是表示"factitive and causative meaning",具有使役义。[①] 由此可见,"make"的本义是"bring sth.into existence",即"做成某物"之意。但是,在当代英语中,"make"却具有多种词义(见 *Oxford Advanced Learner's Dictionary*.Oxford University Press,2015),如"form sth.by putting parts together"(制作)、"compose,prepare or draw up(written or abstract)"(构思、拟定、起草)、"arrange bedclothes tidily on a bed ready for use"(整理床铺)、"carry out,perform,or produce a specific action"(做出某种行为)、"agree to an aim or purpose"(同意)、"ensure the success"(保证成功)、"serve as sth.through devel-

---

① C.Onions.*The Oxford Dictionary of English Etymology*.Oxford:The Clarendon Press,1966,p.547.

opment"（可发展为）、"estimates"（估计）、"decide on a specified arrangement"（确定具体安排）、"gain or earn money or profit"（赚得）、"become successful"（成功）等。如：

(33) Her mum made a dress for her.（制作）

(34) He made his will.（拟定）

(35) She does not make a bed every day.（整理床铺）

(36) Anyone can make a mistake.（做出某种行为）

(37) This grass can make a good house plant.（可发展为）

(38) He waited confidently for his band to make it.（成功）

(39) He has made a lot of money out of hardware.（赚得）

(40) How many are there? I make it sixteen.（估计）

(41) Let's make 8：30.（确定时间）

(42) They have made a deal.（同意）

(43) This work had really made his reputation.（保证成功）

英语动词"make"虽有这些不同的词义，但只消深入分析便可发现，这些词义无不与其本义"做成某物"相关。句(33)的"制作"之意就是使某物从无到有，这无疑包含了"bring sth. into existence"；句(34)的"拟定"之意就是草拟某种计划，因为要"做成某物"，一般得先有某些准备工作；(35)中，"整理床铺"显然包含着要"做成某物"时需要收拾东西、使其有条有理之意；(36)中，"做出某种行为"显然是"做成某物"所必然具有的行为表现；(37)中，"可发展为"体现了在"做成某物"时某物最终成物的过程；(38)中，"成功"是"做成某物"的顺利结果；(39)中，"赚得"是"做成某物"时所带来的效益。(40)至(43)表现了在"做成某物"之前，行为者对行为本身的各种态度及操作，如对"做成某物"的"估计""同意"做事、"确定"做事的时间并"保证"做事的成功。由此可见，(33)至(43)所表现出的"make"的各种词义，均反映了"做成某物"的不同侧面和不同维度，表现其行为的方式、过程、结果以及行为人的各种态度。这些原本处于背景状态的词义何时走上前台得到图形化，这主要取决于语言使用者对客观事物的认知以及图形与背景的转化。

更有意味的是，"make"作为名词使用时，其词义的多样性也基本与其动

词的本义紧密相关。作为名词的"make"可表示"构造""产品类型""品牌""制造方法""做工"等义,如:

(44) There are secondhand machines of various makes.(构造)

(45) These are pianos of different make.(产品类型)

(46) This is a car of another make.(制造方法)

(47) I've stopped using this brand of pen.It's a very poor make.(做工)

(48) What make of car do you have? It's Rolls Royce.(品牌)

"做成某物"必然会涉及"成物"之后需要让人们了解的产品"构造""类型""制造方法""做工"等,由此赋予"make"这些不同的词义,而这些词义是附加义,是伴随"make"这一行为产生的。这些附加义在英语中早已被人所接收,并已成为"make"多义的一部分。

从英语"make",我们可进一步发现,一词多义的形成,多半取决于图形与背景的转化。任何一个行为的发生,并不是孤立的,均会牵涉到与这一行为有关的许多方面,而这些方面就是背景。在描述行为本身时,人们往往仅聚焦于这一行为,使之图形化,而所关涉的诸方面仅作为背景因素潜伏于这一图形周围。但一旦人们转移视线,将目光聚焦于某一背景因素,这一背景因素就会得到突显,随之成为语言表述中的图形。

四、结语

根据唯物辩证法的观点,任何事物或过程都包含着多种矛盾,而各种矛盾的地位和作用是不平衡的。在事物或过程发展的任何阶段上,往往只有一种矛盾居于支配地位,对事物或过程的发展起规定或决定作用,这种矛盾就是主要矛盾,其他矛盾则是次要矛盾。然而,主要矛盾和次要矛盾,其地位并非一成不变,在一定条件下可相互转化,即主要矛盾在一定条件下可转化为次要矛盾,次要矛盾在一定条件下可上升为主要矛盾。我们在此所讨论的图形与背景的转化,就是基于主要矛盾与次要矛盾可相互转化的可能性,体现于词义,就是词的本义与引申义的关系,本义可作为主要矛盾而得到突显,而其引申义也可作为主要矛盾而得到强调。从认知语言学的眼光看,这就是图形与背景的关系,彼此可以相互转化,而只要一方被图形化,那么其他因素就会隐藏于后台,作为引申词义潜伏于背景。我们以上所陈述的汉语动词"吃"和英语动词"make"就是佐证。

(本文原载《外语与外语教学》2015 年第 5 期)

论理想化认知模型的本质、结构类型及其内在关系

一、引言

理想化认知模型（Idealized Cognitive Models，下简称 ICM）这一概念自 1987 年由 Lakoff 发轫，①至今虽已过去 26 年，但依然是当下认知语言学探究人类概念结构（conceptual structure）和语义范畴（semantic category）的一个重要认知分析切入口。然而，ICM 与认知模型（the Cognitive Models，下简称 CM）两者之间到底有何区别？ICM 到底由哪些类型构成并且这些类型之间到底存在何种内在关系？对此，学界或混淆不清，或意见歧出。我们在本文拟对此展开论述，提出个人管见，试图参透 ICM 的本质、其结构类型以及诸类型之间的内在关系。

二、ICM 与 CM

在论及人类知识的范畴结构（category structures）和原型效应（prototype effects）时，Lakoff 提出了 ICM 概念，②但他对此的界定却语焉不明，只是在论及 Fauconnier③ 的心理空间（mental space）这一概念时，才指出 ICM 既是认知

---

① G.Lakoff.*Women*,*Fire and Dangerous Things*.Chicago：The University of Chicago Press,1987.

② G.Lakoff. *Women*, *Fire and Dangerous Things*. Chicago：The University of Chicago Press, 1987, p.68.

③ G.Fauconnier.*Mental Spaces*.Cambridge,Mass.：MIT Press,1985.

的,又是理想化的。说其是认知的,是因为 ICM 的主要特征与人类的心理体验密切关联;说其是理想化的,是因为 ICM 并不一定准确无误地表征外在世界(the external world),只是以一种规约化的而且是过于简单的(oversimplified)方式来理解经验。① Croft 和 Cruse 也未曾对 ICM 作出直接的界定,只是在援引 Lakoff 的观点时从侧面解释了其要义,即 ICM 并不简单地包纳真实世界中的一切可能性,而是对世界的一种理想化(idealized)表征。② Evens 和 Green 在介述 ICM 时,虽同样未曾提供明确的定义,但在行文过程中间接地表达了 ICM 的内涵:ICM 是反映人类对世界诸种看法的稳定的心理表征(stable mental representations),类似于 Fillmore 提出的框架(frames)观,因为 ICM 和框架观均与相对复杂的知识结构(relatively complex knowledge structure)有关。③ ICM 之所以是"理想化的",是因为 ICM 是对一系列经验的抽象(abstract),而不是对某一特定经验的具体反映。Cienki④ 在诠释 ICM 时指出,ICM 所说明的是人类组织知识(organize knowledge)的一种方式,而不是对世界客观现实的一种直接反映。

从以上诸学者对 ICM 的诸种看法中,我们不难看出,所谓 ICM,就是人类对客观现实经过心理加工处理的抽象性认知模型,这种认知模型并不是对客观现实的简单拷贝,因而与客观现实中的诸种细节并不一一对应,而是经过认知调节的(cognitively adjusted)理想化概念范式。换言之,ICM 是指人类对客观现实的一种抽象表征,而这种表征并不涵盖客观对象的一切细节。

那么何谓 CM? 说来也怪,在认知语言学领域,CM 近乎是一个耳熟能详的术语,在谈及或论及人类认知客观世界的方式时势必言及 CM,但是,以上列举的几位国外认知语言学家及其研究成果,如 Lakoff、Croft 和 Cruse、Evens 和 Green、Cienki 等却均未曾提供过关于何谓 CM 的明确界定,倒是 Ungerer 和 Schmid 有一个较为粗略的界说:CM 是对某一领域所贮存的知识的一种认知

① G.Lakoff.*Women, Fire and Dangerous Things*.Chicago:The University of Chicago Press,1987,pp.125-126.

② W.Croft & D.Cruse.*Cognitive Linguistics*.Cambridge:CUP,2004,p.28.

③ V.Evens & M.Green. *Cognitive Linguistics: An Introduction*.Edinburgh:Edinburgh University Press,2006.

④ A.Cienki."Frames,Idealized Cognitive Models,and Domains".*The Oxford Handbook of Cognitive Linguistics*,D.Geeraerts & H.Cuyckens,eds.Oxford:Oxford University Press,2007,pp.170-187.

表征,而且基本上是一种心理表征。① 尽管国外学者未曾明确给出关于 CM 的定义,可国内学者却对此有明确的界定,如赵艳芳在归纳 Lakoff 观点的基础上对 CM 作了界定:CM 是人类与外部世界互动基础上所形成的认知方式,即人类对知识进行组织和表征的方式。② 王寅的界定更为详细:CM 是人类在认识事物以及理解世界过程中所形成的一种相对定型的心智结构,是组织和表征知识的模型,由概念及其相对固定的联系构成。③ 陈忠的界定十分简洁,认为 CM 是人类对知识进行组织和表征的方式。④ 由此我们可以看出,以上三种界定的核心之处在于:CM 是人类组织知识和表征知识的方式。诚然,CM 是人类在认知客观现实过程中出于处理或加工自己所获取的知识的需要而形成的一种心智结构,既然是一种结构,它无疑具有相对的稳定性,也正因为具有相对的稳定性,所以才称其为模型,否则就难以称为模型。

那么,ICM 与 CM 两者之间在本质上到底有无区别? 显而易见,从字面上看,两者的区别在于 ICM 中多了"idealized"(理想化的)一词,其他应是一致,均指"cognitive models"。因此,我们需要明了的就是"idealized"在此的真正含义。Evens 和 Green 指出,ICM 之所以是"idealized",是因为 ICM 是对一系列经验的抽象(abstract),而不是对某一特定经验的具体反映。⑤ Cienki 持有同样的观点,认为 ICM 之所以是理想化的,是因为 ICM 是依凭感知过程和概念过程对现实世界的复杂性进行抽象。他进而指出,ICM 之所以被称为 ICM,其原因在于作为一个认知模型,它必然忽略真实世界中许多可能的细节。⑥ 由此观之,ICM 中的"idealized",其实质就是指舍弃认知对象中诸种偶然的、具体的、繁杂的或零散的一些细枝末节而抽取其共同的和本质的属性,即抽象。

① F.Ungerer & H.J.Schmid. *An Introduction to Cognitive Linguistics*. Addison Wesley Longman Limited,1996,p.49.

② 赵艳芳:《认知语言学概论》,上海外语教育出版社 2001 年版,第 72 页。

③ 王寅:《认知语言学》,上海外语教育出版社 2007 年版,第 203 页。

④ 陈忠:《认知语言学研究》,山东教育出版社 2006 年版,第 105 页。

⑤ V.Evens & M.Green. *Cognitive Linguistics*: *An Introduction*. Edinburgh: Edinburgh University Press,2006.

⑥ A.Cienki. "Frames, Idealized Cognitive Models, and Domains". *The Oxford Handbook of Cognitive Linguistics*. D.Geeraerts & H.Cuyckens, eds. Oxford: Oxford University Press, 2007, p.177.

由此可知,在此所谓的 ICM,就是指人类在解读客观现实的过程中舍弃诸多可能存在的细节而对诸多复杂的现象进行抽象。简言之,抽象是 ICM 中"idealized"一词的真正内涵,或者说,在此的"理想化"在很大程度上就是指抽象化,而不是对客观事物的具象化。同时,我们进而发现,ICM 与 CM 的主要区别在于 ICM 带有抽象行为,而 CM 却似乎不具备这样的一种行为。在此值得我们思量的是,CM 是否真的不具备抽象行为? 在回答这一问题之前,我们需要把握何谓抽象。所谓抽象,就是指人类在对认知对象的本质属性进行分析、综合、比较的基础上,抽取出事物的本质属性,舍弃其非本质属性,使认识从感性的具体进入抽象的规定,由此形成概念。如上所述,CM 的核心意义是人类组织知识和表征知识的一种较为稳定的方式。我们认为,作为一种认知模型,不论是组织知识抑或表征知识,均会牵涉到人类这一认知主体的认知取舍和偏好,不可能是对客观现实这一认知对象进行简单的复制,也不可能与客观现实的诸种细节形成一一对应的匹配,而必然是从开放的要素中不断作出典型的选择,对其描述也因此具有高度的选择性(highly selective)。① 而这种高度的选择性就是对客观现实的一种抽象,因为 CM 这种抽象不可能做到无限精细,也不可能是对客观现实具象的完整复写。在很大程度上,抽象的过程是一个裁剪的过程,同时也是一个提炼的过程,这是人类任何认知抽象行为的一种必然表现形式,恰如毛泽东在《实践论》里所言,将丰富的感觉材料加以去粗取精、去伪存真、由此及彼、由表及里。这一番话是对人类抽象行为的最好诠释。因此,我们认为,凡是 CM,都摆脱不了抽象行为。也可以说,凡是 CM,均具有抽象化的特性。据此,我们认为,CM 与 ICM 两者之间不存在本质的区别,均具有抽象化的表现行为,而抽象化就是此处的理想化。换言之,ICM 从根本上讲就是 CM,而且此处的理想化就是抽象化,不论是 ICM 抑或 CM,均会牵涉到理想化问题,彼此之间的差异只是理想化的度的问题。② 在 ICM 中之所以多用了"idealized"一词,恐怕充其量只是对 CM 在认知抽象化方式上的一种凸

① F.Ungerer & H.J.Schmid. *An Introduction to Cognitive Linguistics*. Addison Wesley Longman Limited, 1996, p.48.

② F, Ungerer & H.J.Schmid. *An Introduction to Cognitive Linguistics*. Addison Wesley Longman Limited, 1996, p.50.

显、强调或强化,就实质意义而言,两者不存在大的区别,连 Lakoff[①] 本人有时也把 CM 与 ICM 相提并论,常借用"or"(或)来表述这两个概念,如"Each cognitive model(or ICM)is a structure consisting of symbols",[②]而且在某种程度上,Lakoff 是将 ICM 纳入于 CM 理论(the cognitive model theory)的总体框架下进行讨论的。[③] 无怪乎,Ungerer 和 Schmid 在 *An Introduction to Cognitive Linguistics* 一书中仅探讨了 CM,而未曾顾及 ICM。

国内有学者认为,ICM 是一种集束模型(cluster models)或认知模型集,由多个 CM 集合而成。也就是说,ICM 是由多个 CM 组成的,ICM 是属,而 CM 是种,两者之间具有属种关系。我们认为,这一观点的依据可能不是十分充分。如果 ICM 与 CM 两者之间具有属种关系,那么我们似乎可以得出这样的结论:ICM 能否成为 ICM,其主要因素是 CM。若离开 CM,ICM 就会失去其生存的基础。然而,情况并非如此。一是恰如 Rubba 所言:"需要注意的是,CM 储存我们的知识并不按照事物实际所发生的方式,而是根据理想化的方式来储存,即以各种不同的方式简化或调节这些事物。"[④]由此我们可以发现,ICM 只是对 CM 理想化储存知识的一种强调而已,两者之间并不存在本质上的差异,因此也就不存在属种关系。关于这一点,我们在上文已作过阐述。二是说 ICM 是集束模型,由许多 CM 集合而成,这一点同样缺少根据。Croft 和 Cruse 在介述 Lakoff[⑤]的 ICM 集束模型时,借用了"mother"这一例子来解说 ICM。他们说:"Lakoff 将 mother 这一 ICM 描述为涉及由几个不同的 ICM 组成的一个集束"(Lakoff describes the ICM for mother as involving a cluster of several different ICMs)。[⑥] 如:

———————

① G.Lakoff.*Women*,*Fire and Dangerous Things*.Chicago:The University of Chicago Press,1987,p.68.

② G.Lakoff.*Women*,*Fire and Dangerous Things*.Chicago:The University of Chicago Press,1987,p.284.

③ G.Lakoff.*Women*,*Fire and Dangerous Things*.Chicago:The University of Chicago Press,1987,pp.281-282.

④ J.Rubba."Alternate Grounds in the Interpretation of Deictic Expressions".*Spaces*,*Worlds*,*and Grammar*.G,Fauconnier & E.Sweetser,eds.Chicago:The University of Chicago Press,1996,p.240.

⑤ G.Lakoff.*Women*,*Fire and Dangerous Things*.Chicago:The University of Chicago Press,1987,pp.74-76.

⑥ W.Croft & D.Cruse.*Cognitive Linguistics*.Cambridge:CUP,2004,p.31.

BIRTH：the person giving birth is the mother

GENETIC：the female who contributed the genetic material is the mother

NURTURANCE：the female adult who nurtures and raises a child is the mother of the child

MARITAL：the wife of the father is the mother

MARITAL：the closest female ancestor is the mother

正因如此,Croft 和 Cruse 提出,ICM 集束模型在本质上就是一个母域(essentially a domain matrix)。① 但是,我们从中却可得出另一方面的结论,即组成 ICM 集束模型的并不是 CM,而实际上是子 ICM。正如 Evens 和 Green 所言,ICM 集束模型是由若干具有汇聚倾向的 ICM 组成。② 如果说 mother 是一个母 ICM,那么 BIRTH、GENETIC、NURTURANCE、MARITAL、MARITAL 等则是子 ICM。再者,Evens 和 Green 就是使用"propositional ICM""image schematic ICM""metaphoric ICM""metonymic ICM"和"symbolic ICM"这五个术语来指称 ICM 的五个组成类型的。③ 由此可见,国内学者关于 ICM 是由多个 CM 集合而成的观点是有待商榷的。如上文所述,就实质而言,ICM 与 CM 两者之间并无区别,ICM 充其量只是对 CM 理想化表现形式的一个强调,两者均指人类在认知客观现实过程中出于处理或加工自己所获取的知识的需要,突显认知对象的主要特征并撇开一些细枝末节而形成的一种心理结构。

三、ICM 的五种结构类型

国内学者④一般认为,ICM 主要是由四种结构组成:命题结构(propositional

---

① W.Croft & D.Cruse.*Cognitive Linguistics*.Cambridge：CUP,2004,p.31.

② V.Evens & M.Green.*Cognitive Linguistics：An Introduction*.Edinburgh：Edinburgh University Press,2006,p.271.

③ V.Evens & M.Green.*Cognitive Linguistics：An Introduction*.Edinburgh：Edinburgh University Press,2006,pp.280-281.

④ 赵艳芳:《认知语言学概论》,上海外语教育出版社 2001 年版,第 72—73 页;陈忠:《认知语言学研究》,山东教育出版社 2006 年版,第 105—107 页;王寅:《认知语言学》,上海外语教育出版社 2007 年版,第 207 页。

structure）、意象—图式结构（image-schematic structure）、隐喻映射（metaphoric mapping）和转喻映射（metonymic mapping）。Lakoff 本人对 ICM 的结构类型的表述并不统一。他①在 *Women*, *Fire*, *and Dangerous Things* 一书的第 4 章论及 ICM 时的确提出过这四种建构类型。然而，他在该书的第 17 章再次论及 ICM 的结构时却提出，ICM 可以分为五类：命题、意象—图式、隐喻、转喻和符号（symbolism）。Evens 和 Green 以及 Cienki②在探讨 ICM 时均采纳了 Lakoff 的最终五分法。我们在此也采用 Lakoff 的最终分类，窥探这五种类型的真正内涵。需要指出的是，Lakoff 本人使用了不同的术语来表达这五种类型，如"four kinds of structuring principles"（四种建构原则）、"propositional structure"（命题结构）、"propositional ICM"（命题理想化认知模型）、"metaphoric and metonymic models"（隐喻和转喻模型）③等。为保证术语使用的一致性，我们在本文一律使用"结构"这一术语。现在我们来看看这五种结构的含义。在此需要指出的是，不知为何 Lakoff 对这五种结构多半未曾给出明确的定义，我们也只能从其行文以及其他学者对其观点的解读或介述中抽取这五种结构的主要内涵。

（一）命题结构

所谓命题结构，就是指由具备诸种特性的诸成分以及表达这些成分之间的诸种关系组成的结构。④ 根据赵艳芳的定义，命题结构就是指表示概念与

---

① G.Lakoff.*Women*, *Fire and Dangerous Things*.Chicago：The University of Chicago Press,1987, p.68.

② V.Evens & M.Green.*Cognitive Linguistics*：*An Introduction*.Edinburgh：Edinburgh University Press,2006,pp.279-281；A.Cienki."Frames,Idealized Cognitive Models,and Domains".*The Oxford Handbook of Cognitive Linguistics*.D.Geeraerts & H.Cuyckens,eds.Oxford：Oxford University Press, 2007,pp.177-180.

③ G.Lakoff.*Women*, *Fire and Dangerous Things*.Chicago：The University of Chicago Press,1987, p.288.

④ V.Evens & M.Green.*Cognitive Linguistics*：*An Introduction*.Edinburgh：Edinburgh University Press,2006,p.280；A.Cienki."Frames,Idealized Cognitive Models,and Domains".*The Oxford Handbook of Cognitive Linguistics*.D.Geeraerts & H.Cuyckens,eds.Oxford：Oxford University Press,2007,p.177.

概念之间关系的结构。① 也就是说,命题结构是由命题知识和事实知识构成。按照 Lakoff 的观点,命题结构并不使用诸如隐喻、转喻或心理意象等想象性手段(imaginative devices),而是带有客观性,即命题结构包含具有诸种特性的诸种实体(entities)以及表达这些实体的诸种关系。② 但是,Lakoff 同时又提醒,命题结构属于认知性模型,不是现实的诸种细节(slices of reality)体现,所说的实体是心理实体(mental entities),不是真实的事物(real things)。③ 我们认为,所谓命题结构,就是指对概念与概念之间的关系作出判断的心理表征。如(1):

(1)人是动物。

(2)她的感情十分炽烈。

句(1)是一个命题,表明"人"与"动物"这两个概念之间具有某种关系,是对"人"的特性与"动物"的特性具有某些共性的一个判断。句(2)也是一个命题,表达"感情"与"火"这两个概念之间的关系,并由此对这两个概念的特性形成一个判断。

(二) 意象—图式结构

所谓意象—图式结构,就是指在大多情况下人类对空间的经验以及由此所形成的概念一般借助意象—图式而建构起来的心理表征,如容器、出发地—路径—目标、部分—整体、中心—边缘、上—下、前—后等。④ 这种结构能反映概念结构(conceptual structure)的特性⑤,同时也是概念结构形成的基础。⑥

---

① 赵艳芳:《认知语言学概论》,上海外语教育出版社 2001 年版,第 72 页。

② G.Lakoff.*Women*,*Fire and Dangerous Things*.Chicago:The University of Chicago Press,1987,p.285.

③ G.Lakoff.*Women*,*Fire and Dangerous Things*.Chicago:The University of Chicago Press,1987,p.285.

④ V.Evens & M.Green.*Cognitive Linguistics*:*An Introduction*.Edinburgh:Edinburgh University Press,2006,p.280;G.Lakoff.*Women*,*Fire and Dangerous Things*.Chicago:The University of Chicago Press,1987,pp.282-283.

⑤ G.Lakoff.*Women*,*Fire and Dangerous Things*.Chicago:The University of Chicago Press,1987,p.290.

⑥ V.Evens & M.Green.*Cognitive Linguistics*:*An Introduction*.Edinburgh:Edinburgh University Press,2006,p.280.

根据 Lakoff 的看法,意象—图式结构具有前概念性质(pre-conceptual),能反映概念的基本层次,是复杂认知模型赖以产生的基础。[①] Johnson 认为,意象图式是我们认知过程中反复出现的结构,这种结构构建我们理解和推理的模式。[②] 总之,意象—图式结构是人在与客观世界的互动中所形成的一种简单的、基本的认知结构,能反映人类的具体空间概念,是人类借助具体空间概念来理解抽象概念的有效认知手段。简言之,所谓意象—图式,就是对意象的图式性或心理习惯性解读,而意象是人类借助物体的具象来表征自己体验的认知对象。[③] 如(3)和(4):

(3)Her ego is fragile.

(4)His mind snapped.

显然,在句(3)和(4)中,"ego"和"mind"这两个抽象物均被图式性地认知为易碎的物体,以此为心理依据,"ego"被表述为"fragile";"mind"看作能"snap"。(5)和(6)是汉语例句,表明汉民族在心理习惯上将"精神"解读为"山体"这一意象,由此将其图式性地表述为"崩溃"或"垮塌"。

(5)他的精神一下子崩溃了。

(6)他的精神垮塌了。

(三) 隐喻结构

所谓隐喻结构,就是将源域(source domain)的 ICM 结构映射到目标域(target domain)的相应结构上。[④] 说得简单一些,隐喻结构就是将源域映射到目标域上的心理表征,借此达到表达或解读目标域的目的。如:

(7)This idea went out of style a few years ago.

(8)What she said left a good taste in his mouth.

---

① G.Lakoff.*Women*,*Fire and Dangerous Things*.Chicago:The University of Chicago Press,1987,p.278,p.282.

② M.Johnson.*The Body in the Mind*:*The Bodily Basis of Meaning*,*Reason and Imagination*.Chicago:The University of Chicago Press,1987,p.29.

③ W.Croft & D.Cruse.*Cognitive Linguistics*.Cambridge:CUP,2004,p.44.

④ G.Lakoff.*Women*,*Fire and Dangerous Things*.Chicago:The University of Chicago Press,1987,p.288.

在(7)中,源域"out of style"被映射到目标域"idea"上,从中可以看出,施喻者将"idea"看作是时尚,其隐喻结构表现为"IDEAS ARE FASHIONS"。英语类似的隐喻表达还有"Old-fashioned notions have no place in this society""That's an out-dated idea""These are the new trends in English criticism"等。①在(8)中,源域"a good taste in his mouth"被映射到目标域"what she said"上,在此的隐喻结构表现为"IDEAS ARE FOOD",类似的隐喻表达还有"That's food for thought""That idea has been fermenting for years""He's a voracious reader"等。

(四) 转喻结构

所谓转喻结构,就是指在由 ICM 建构的同一个概念域中,某个成分与另一成分之间或某一成分与整体之间构成替代关系("stands-for"relation)的心理表征。也就是说,在同一个概念域中,成分与成分之间或成分与整体之间发生某种联系,而且在特定的情景中某一成分得到认知上的侧显(profile)而被用来指称与其具有某种联系的另一成分,或者被用来指称其整体,反之亦然,即整体得到认知上的侧显而被用来指称其某一成分。② 如:

(9)The grey hat is staring at you.

(10)Canada won the silver medal in yesterday's skating.

在(9)中,"the grey hat"与戴着灰色帽子的那个人形成一个概念域,在这一概念域中,作为概念域成分的"the grey hat"得到认知侧显,被用来指称那个戴着灰色帽子的作为整体的人。在这一转喻结构中,是部分替代整体。在(10)中,"Canada"与代表加拿大这一国家的滑冰运动员构成一个概念域。应该说,"Canada"属于整体,而得银奖的某一滑冰运动员则属于部分,两者构成整体与部分的关系,其转喻结构表现为以整体指称部分。

---

① G.Lakoff & M.Johnson.*Metaphors We Live By*.Chicago:The University of Chicago Press.1980,p.48.

② V.Evens & M.Green.*Cognitive Linguistics:An Introduction*.Edinburgh:Edinburgh University Press,2006,p.281;W.Croft & D.Cruse.*Cognitive Linguistics*.Cambridge:CUP,2004,p.48;赵艳芳:《认知语言学概论》,上海外语教育出版社 2001 年版,第 72—73 页。

（五）符号结构

所谓符号结构,是指语言成分(linguistic elements)与 ICM 中的概念成分(conceptual elements)联系在一起的结果。[①] 其实,在此的符号结构,多半是指语言形式(linguistic forms),如词项(lexical items)、语法范畴(grammatical categories)和语法结构(grammatical constructions)等。人类对语言形式或语言符号的理解,得益于 ICM 的建构,如对语言符号与语言意义两者之间关系的解读,需要得到 ICM 的指引。Lakoff 之所以在 ICM 中设立符号结构这一类型,是因为他认为语言形式不能独立于对其他相关语言形式的理解,而对纯粹的概念性结构的理解却可以摆脱对语言形式的依存。[②] 也就是说,以上所探讨的命题结构、意象—图式结构、隐喻结构和转喻结构都是概念性结构,而唯独符号结构却是语言性结构,一个语言形式的意义倚重于与其他语言形式的关系。如:

(11)He gave umbrage to them by not sending an invitation.

(12)The ship knifed through the sea.

语言中存在典型性名词,主要是用来指称事物的名称,但也存在边缘性名词,如(11)中的"umbrage"。我们将其判断为名词这一语法范畴,其依据就是"umbrage"出现于"give sth.to sb."这一动词句法结构中,并与其中的各成分具有相互的联系,而"give sth.to sb."就是一种语法方面的 ICM。"knife"在通常情况下是名词,其词义是"刀",可在(12)中,由于出现于语法结构的谓词位置上,加之附有表示过去时的形态"-ed",由此我们可以推定在此的"knife"是一个动词,表示"像刀一样割划大海的水面"之意。我们从中可以看出,语言形式的意义有赖于该形式与其他语言形式的关系,同时受到语法结构这一 ICM 的牵引。

---

① G.Lakoff.*Women*,*Fire and Dangerous Things*.Chicago:The University of Chicago Press,1987,p.289

② G.Lakoff.*Women*,*Fire and Dangerous Things*.Chicago:The University of Chicago Press,1987,p.289-292.

四、ICM 的诸种内在关系

我们在上文分析了 ICM 五个结构类型的概念,现在需要明了它们彼此之间的诸种内在关系。从目前中外学者的论述来看,ICM 中的这五个结构类型似乎是彼此割裂而不太相关。我们不赞同这一观点。我们认为,ICM 中的这五个结构类型并不是彼此孤立的个体,而是一个有机的结合体,彼此之间相互联系、相互依存、不可分割。在这五个结构中,意象—图式结构是隐喻结构和转喻结构形成的基础,而隐喻结构与转喻结构是表达意象并实现图式的两种不同方式,命题结构是意象—图式结构的出发点,又是意象—图式结构的归宿,符号结构则是其他四类概念结构的语言表达工具。在下文,我们将阐述持这一观点的理由。

首先,意象—图式结构是隐喻结构和转喻结构得以形成的基础。可以说,人类对空间的经验以及由比所形成的概念一般都是借助特定的意象来建构,久而久之,这种表达客观事物的意象在人类的心理得到积淀或定型,逐渐成为具有固化特征的图式,如"近取诸身,远取诸物"就是人类依凭意象表达周围客观事物的最佳注脚。如:

(13)在现实社会中,能够真正敞开心扉的人不是太多。

(14)北部湾,千帆竞发,海阔天宽。

句(13)是借助"敞开心扉"这一隐喻来表示人类"把自己的情感毫不隐瞒地表现出来",而这一隐喻使用的立足点就是依仗于空间概念来构建的一个意象,即"心"是一所房子,"敞开心扉"就是"打开封闭的心门"。由此可见,"敞开心扉"这一隐喻源自"房子"这一空间意象,与此相关的许多其他隐喻表达有"心房、心室、心间、心壑、心窗"等。① 这一意象一经语言群体的流传和接受,便成为一个图式。在句(14)中,"千帆竞发"中的"帆"无疑是表示"船","千帆竞发"就是指"数不尽的船只竞相出发",在此显然是一个转喻,以部分

---

① 王文斌:《论汉语"心"的空间隐喻的结构化》,《解放军外国语学院学报》2001 年第 2 期。

指称整体。作为"船"的一部分的"帆"经过认知侧显而得到突显,用来表达"船"。也就是说,"船"这一整体是通过"帆"这一部分空间意象得到表达,与此相类似的图式化表达有"孤帆远影""直挂云帆""扬帆起航""碧月帆雪""随帆远航"等。

从以上例证,我们不难看出,意象—图式结构是隐喻结构和转喻结构赖以生成和发展的基础。

第二,隐喻结构与转喻结构是表达意象并实现图式的两种不同方式。随着认知语言学研究的不断掘深与拓展,学界越来越多的学者已认同这样一种观点:隐喻结构与转喻结构既是人类的语言表达方式,又是人类的思维方式。然而,就实质而言,这两种结构均是意象的不同表达手段,同时又是图式的实现手段。说其是意象的表达手段,是因为不论是隐喻抑或转喻,无不建基于意象;没有意象就没有隐喻或转喻的形成,因为意象是人类以空间为经验并由此所形成的概念,而隐喻或转喻的直接诉求对象往往就是意象。因此,意象的表达往往借助隐喻或转喻来达成。说其是实现图式的手段,是因为图式是意象在人类心理中的固化,而意象的固化并非一蹴而就,需要借助隐喻或转喻的表达而逐渐形成一个沉积的过程,一旦在人类的心理沉淀下来,这一意象就会因逐渐定型而图式化。因而,隐喻或转喻是图式得以实现的必要手段。如:

(15)The speaker puts his ideas into words.

(16)There are many good heads in the enterprise.

显然,在(15)中,我们可以发现,"ideas"被隐喻为物体(objects)这一意象,而"words"则被隐喻为容器(container),因为只有物体才能置放于容器。这句话可以表述为:"The speaker puts his objects(ideas)into his container(words)"。所以,语言交际中隐喻是传递意象的一个有效方法。而意象一旦被广为接受,就会产生图式化效应,由此会形成许多相类似的隐喻表达,如"He tried to pack more ideas into fewer words. He gave me that idea""We're really turning out new ideas""The idea needs to be refined""It's important how you package your ideas"等。所有这些例子均说明,"ideas"被隐喻为物体这一意象,而"words"则被隐喻为容器,以此达到有效表达意象的目的。

在(16)中,"head"被转喻为"a person of wisdom or intellect",即指称"有

才智的人",以部分替代整本。也就是说,"有才智的人"在此是通过"head"这一转喻来达到意象的突显和表达。这一意象经图式化后,被广泛用来指称"头脑、才智、天资、能力、理解力、想象力"等,如"He made up the story out of his own head.""She has a good head for business.""He always keeps a cool head in an emergency.""The boy has a wise head.""The young man has a good head on his shoulder.""The student is weak in the head."等。从这些例子我们可以发现,"head"是代表"人"的一个意象,通过以部分替代整体完成转喻的目的。这一转喻图式化后派生出许多相关的语言表达。

第三,命题结构是意象—图式结构的出发点,又是意象—图式结构的归宿。如前文所述,命题结构就是指对概念与概念之间的关系作出判断的心理表征。Lakoff 认为,命题结构并不使用诸如隐喻、转喻或心理意象等想象性手段。[1] 我们在此不认同这一观点。理由至少有三:一是如果对概念与概念之间的关系作出判断是命题结构的核心内涵,那么隐喻或转喻也不可能游离于概念与概念之间关系的判断,因为任何隐喻或转喻均牵涉到对两个事物特性或特征的审视;二是如果说对一个陈述句进行真假判断是命题结构的两个基本表现形式,那么隐喻或转喻也需涉及真与假的判断;三是正如 Lakoff 所言,隐喻结构和转喻结构均属于 ICM,[2]那么这两个结构也就天生带有对概念与概念之间关系的认知。综上所述,隐喻和转喻既是表达意象又是实现图式的方式,由此我们可以推断,隐喻和转喻是意象图式的两个不同表现形态,其共性就是意象图式本身。我们之所以认为命题结构是意象—图式结构的出发点,又是其归宿,就是因为意象—图式结构在人类认知结构中的出现,多半情况下就是为了履行对概念与概念之间关系的判断,即出于表达一个命题的需要。而意象—图式一旦完成建构,命题结构也就遂而达成。如:

(17)他的言辞很犀利。

(18)他不像一条狐狸。

句(17)明显是一个隐喻结构,将"言辞"形容为"犀利",同时也是一个意

---

[1]　G.Lakoff.*Women,Fire and Dangerous Things*.Chicago:The University of Chicago Press,1987, p.285.

[2]　G.Lakoff.*Women,Fire and Dangerous Things*.Chicago:The University of Chicago Press,1987.

象,表明"言辞"像"刀"一般的意象。正因有"思想是一把刀"这一意象,我们才有各种相关的图式化语言表达,如"他的思维够犀利的""记者的逻辑真犀利""如何让表达更犀利?""他是一名犀利的思想家,常能切中时弊"等。毋庸置疑,这些例证均是通过隐喻的表达来完成意象—图式的建构。然而,(17)又是一个命题结构,是对"言辞"与"犀利"这两个概念之间关系的一个判断。它既是"言辞犀利"这一意象—图式表达的出发点,又是这一出发点的最后归宿,即完成了一个命题的表述。(18)也是一个隐喻结构,将"他"隐喻为"狐狸"。虽然其认知特征与(17)相似,但这是一个否定命题。我们认为,(18)尽管是一个否定命题,可它在本质上还是一个命题,而这个命题显然是由隐喻构成的。

从上述分析中我们可以看出,命题结构是意象—图式结构的源发地,又是意象—图式建构完成之后的终点站。

第四,符号结构多半是指各种语言形式。对此,我们在上文已有交代。我们认为,符号结构是命题、意象—图式、隐喻和转喻这四种概念性结构的语言表达工具。在人类的交际系统里,语言无疑是一个重要工具。而命题、意象—图式、隐喻和转喻这些心理表征或认知结构一旦需要出现在人类的语言交际中,就须臾离不开语言符号或形式的使用。诚然,符号结构虽是这些认知结构的表达工具,但反过来却会对这些认知结构的语义产生影响。如:

(19)这人像狗。

(20)这狗像人。

(19)与(20)均是比喻,其表达工具就是语言符号。但是,由于其符号结构顺序的不同,其语义具有截然的差异。(19)的语义可能是指"这人"像"狗"一样翻脸不认人,(20)则可能是指"这狗"像"人",是通人性的。

综观上文的讨论,对于 ICM 这五种结构的内在关系,我们在此可以得出这样的结论:意象—图式结构是隐喻结构和转喻结构赖以形成的基础,而隐喻结构与转喻结构是传达意象并实现图式的两种不同方式,命题结构是意象—图式结构的源发地,又是意象—图式结构的终点站,符号结构则是其他四类概念性结构的语言表达手段。

五、结语

我们在本文考察并透视了 ICM 的本质、结构类型及其内在的诸种关系。全文的结论是:(1)ICM 与 CM 两者之间就根本意义而言并不存在差异,ICM 充其量只是对 CM 理想化表现形式的强调;(2)根据 Lakoff 本人的析述以及 Evens & Green 和 Cienki 的观点,ICM 应分为五种结构类型:命题、意象—图式、隐喻、转喻和符号;(3)这五种结构类型的内在关系表现为:意象—图式结构是隐喻结构和转喻结构得以形成的基础,而隐喻结构与转喻结构是表达意象并实现图式的两种不同方式,命题结构是意象—图式结构的出发点,又是意象—图式结构的归宿,符号结构则是其他四类概念性结构的语言表达方式。

(本文原载《外语教学理论与实践》2014 年第 3 期)

汉英隐喻习语 ICM 和 CB 的认知对比考察

——以汉语的四字格隐喻习语为基点

一、引言

汉语习语（idiom）俯拾皆是，且多半是四字格习语，①往往形象生动，言浅旨丰，意味隽永。汉语中的四字格隐喻习语常常借用两个源域（source domain）来映射同一个目标域（target domain），如借用"水"和"火"这两个源域来隐喻艰难困苦的生活这一目标域："水深火热"。英语中的习语也比比皆是，尽管结构灵活，可长可短，却也言简意赅，意味深长。但是，英语中的隐喻习语明显有异于汉语中的隐喻习语，常常依凭单源域来突显一个目标域，如借用出鞘的短剑这一源域来比喻一触即发的紧张形势这一目标域："at daggers drawn"。正因如此，与"水深火热"相应的英语隐喻习语是"in deep water"，而不是"in deep water and on hot fire"。同理，与"at daggers drawn"相应的汉语隐喻习语是"剑拔弩张"，而不单单是"剑拔"。

关于汉英习语之间的同与异，国内虽有许多学者②曾对此做过详细的研讨，但均未曾对汉英的隐喻习语的内在结构进行过细致的认知对比考察。本文拟

---

① 汉语中的"四字格习语"通称"四字格成语"，但就本质而言，成语就是习语，这无非是我们中国人的习惯说法而已。本文为便于对汉英两种语言进行对比时的表达，姑且称"四字格成语"为"四字格习语"。

② 陈文伯：《英语成语与汉语成语》，外语教学与研究出版社 1982 年版；杨自俭、栾雪梅：《汉英成语对比研究》，杨自俭、李瑞华编，《汉英对比研究论文集》，上海外语教育出版社 1990 年版，第 334—347 页；蒋磊：《英汉习语的文化观照与对比》，武汉大学出版社 2000 年版。

对汉英隐喻习语的表达方式及其内在的认知机制观同察异,而且以汉语中的四字格隐喻习语为基点,进行认知对比研究,其他类型的习语则不属本文考虑之列。"比较是人类研究事物和认识事物的一种基本方法,也是语言学研究的一种基本方法;而对比则是一种更侧重于不同之处的比较。"①本文将要展开的探讨显然属于对比语言学领域,因而"对比"这一手段的重要性就显得尤为突出。

思维认知方式是人们思维认知习惯的积淀。语言是思维认知的载体。因此,语言的表达方式反映了思维认知的方式。同理,不同的语言表达方式昭示出不同的思维认知方式。汉英两种语言里隐喻习语的不同表达方式无疑彰显了汉英民族的不同思维认知范式。我们认为,汉英隐喻习语表达形式的同与异需要到汉英民族的认知结构中去寻根究底。本文欲以 Lakoff 提出的"理想化认知模型"(Idealized Cognitive Models,下简称 ICM)②为视点来探求汉英隐喻习语构建存在同与异的成因,再以 Fauconnier③ 及 Fauconnier 和 Turner④ 提出的概念合成(Conceptual Blending,下简称 CB)为视角,探究汉英隐喻习语在内在认知机制方面的同与异。

二、ICM 概要

所谓认知模型(cognitive model),就是指人类对关于客观世界知识的心理构建。这种心理构建往往是模式化的,反映出以特定而固化的(entrenched)方式勾勒客观现象,表现出一种理想化了的思维定式。刘宓庆指出:"思维形态是一种历史的产物,又是一种共时的现象。它是无时无刻不在支配语言表现并模式化为语言表层结构样式的深层机制。"⑤正因如此,Lakoff 提出了 ICM

---

① 许余龙:《对比语言学》,上海外语教育出版社 2002 年版。

② G.Lakoff. *Women, Fire, and Dangerous Things*. Chicago: *The University of Chicago Press*, 1987.

③ G.Fauconnier. *Mappings in Thought and Language*. Cambridge: Cambridge University Press, 1997.

④ G.Fauconnier & M.Turner. *The Way We Think*. New York: Basic Books, 2002.

⑤ 刘宓庆:《汉英对比研究的理论问题》,李瑞华编,《汉英语言文化对比研究》,上海外语教育出版 1999 年版,第 34—44 頁。

这一人类认知模型。① 他认为,人类往往依凭结构来组织知识和表征现实,每一种 ICM 均是一个复杂的结构化整体,即一种格式塔(gestalt),而且每一种 ICM 均能构建一个心理空间。

依据结构型式的不同,ICM 表现为以下四个子模型:命题模型、意象—图式模型、隐喻模型和转喻模型。与本文所探讨的对象有密切关联的,主要是意象—图式模型和隐喻模型。所谓意象—图式模型,就是指人类对客观现实的知识是以形状等空间概念储存于大脑的,表现为图式性意象。而隐喻模型,是指一个意象—图式模型一旦从一个认知域映射到另一个认知域的相应结构上,由此形成的认知概念便是隐喻模型。但是,人类对客观世界的感知、体验和认识尽管有其共同之处,也同样有其相异的表现。Ungerer 和 Schmid 指出,认知模型理所当然不具备普遍性,其形成有赖于一个人成长和生活的文化语境,因而,特定认知域的认知模型最终会受制于文化模型(cultural model)。② Lakoff 所提出的 ICM 为我们认识人类借用语言来表达对客观世界的认知方式提供了一个可资借鉴的视点,与此同时,我们又应注意 ICM 的文化认知模型的个性差异。

本文意欲探讨的对象是汉英隐喻习语的同与异,因此在下面两部分我们将主要以 Lakoff 所提出的 ICM 中的"意象—图式模型"和"隐喻模型"为视点,究考汉英隐喻习语生成同与异的认知缘由。

三、汉英隐喻习语的同质性

人类的认知模型是在其与客观世界的互动中铸就的,具有特定和固化的特征。隐喻习语是语言的一种特殊表现形式,凝结着人类对客观世界诸事物的特有观照方式,呈现出理想化了的认知范式。然而,隐喻习语归根结底是语

---

① G.Lakoff.*Women*, *Fire*, *and Dangerous Things*.Chicago:The University of Chicago Press,1987,pp.68−76.

② F.Ungerer & H.J.Schmid.*An Introduction to Cognitive Linguistics*.Addison Wesley Longman Limited,1996,p.50.

言隐喻,是对客观世界的形象表征。正因如此,不论产生于何种文化背景下的隐喻习语也就自然具有共性和同质性,表现出相类似的 ICM。"既然语言扎根于人类的认知结构中,隐喻能反映出人类认知的心理基础,那么,跨文化的隐喻理应表现出某些相似性。"①由此可见,汉英中的隐喻习语也就合乎情理地具有相似的特征。

"心"除指身体内推动血液循环的器官外,还常常被人认知为人的"灵魂"之所在,因而常用来指"思想"或"情感"等。② 汉英隐喻习语也因此常借用"心"这一源域来表达"真情实感"这一目标域。汉语中的"推心置腹"③这一隐喻习语,就是借用"心"和"腹"这两个源域来表达待人充满诚心这样一种人类交往行为。英语也有类似的隐喻习语,如"to bare one's heart"等,也借用"心"来表示在人际交往中袒露心声。

"舌头"是人类说话的重要器官,因而被认知为具有"说话方式"或"措辞"之意,汉语有"油嘴滑舌"这一隐喻习语,英语则有"to oil one's tongue",形容说话油滑轻浮。汉语有'摇唇鼓舌",英语有"to set tongues wagging"。人在愤怒时往往会磨牙,这一状态被认知为痛恨到极点,汉语有"咬牙切齿"这一隐喻习语,英语也有"to grind one's teeth"。人在感到痛苦时往往会紧咬牙齿,这一状貌被认知为形容忍受痛苦或不安的样子,汉语有"咬紧牙关"这一隐喻习语,英语则有"to clench one's teeth"。人或动物在显露凶相时往往会张牙露齿,这一形象被认知为作威胁等姿态或表现敌意,汉语有"张牙舞爪"这一隐喻习语,而英语则有"to show one's teeth"。

在遇到艰难或危险形势时,需要众人同心协力,战胜困难。汉英民族对这种风雨同舟也有相似的认知,汉语有"同舟共济",英语则有"to sail in the same boat"。汉英民族都将在浑水中摸鱼这一行为隐喻为趁紊乱局面以攫取不正当利益,因而汉语有"浑水摸鱼"这一隐喻习语,英语则有"to fish in muddy wa-

---

① 王广成、王秀卿:《隐喻的认知基础与跨文化的相似性》,《外语教学》2000 年第 1 期。

② 王文斌:《论汉语"心"的空间隐喻的结构化》,《解放军外国语学院学报》2001 年第 1 期。

③ 汉民族常常将"心、肝、胆、肠、肺、腹、胸"这些人体器官观照为同一物:"心",均表示心情、情感、性格等,如"赤胆忠心、肝肠欲裂、肺腑之言、肝胆相照、心胸狭窄、心腹之患、铁石心肠"等。关于其历史成因,在此不作考究。

ters"。对才华出众的人,汉语借用"出类拔萃"这样的隐喻习语,英语也有类似的习语:"the flower of the flock"。对海中之"浪",汉英民族也有相似的隐喻习语,如汉语中有"兴风作浪",比喻挑起事端或进行破坏活动,英语有"to make waves",表示制造纠纷、打乱正常的进程或惯例。

从以上例子不难看出,汉英民族毕竟生活在同一个星球上,在几千年的文明演进和自身的发展过程中,对存在于客观世界中的诸多现象以及对人性的认识往往具有类同的认知方式。语言隐喻是人类思维的重要手段,直接参与了人类的认知过程,因此,尽管汉英民族远隔千山万水,可彼此的语言隐喻具有许多惊人的相似之处,这是不足为奇的。习语是语言中的精粹,是人类长期思想结晶的重要部分,所以汉英习语在隐喻方面也有许多共似之处,往往会借用同样的源域来隐喻同一目标域,这同样是极常见的。

四、汉英隐喻习语的异质性

"从某种意义上来说,对比语言学之间的共同点的研究,正是为了找出它们之间的不同之处。"①从上一部分,我们不难看出,尽管汉英隐喻习语有许多类似之处,但也有许多显而易见的差别。在了解汉英隐喻习语具有同质性的同时,我们更需要审视这两种语言隐喻习语的异质性、其内在的隐喻机制及其表达形式存在差异的成因。

思维方式往往因人而异,而来自不同文化背景的两个人之间,其差别就更大。由此产生的语言表达方式的差异更需要语言学家进行系统的对比分析。"文化现象因民族而异,具有鲜明的民族性,不同的民族文化也就因此呈现出独特的个性。这种文化形态上的特异性不可避免地会昭示在语言的具体表达上。"②习语是一个民族语言在漫长嬗进过程中累积而成的,因而不可规避地烙上这一民族文化特质的印痕,隐喻习语也显然毫不例外。在

---

① 许余龙:《对比语言学》,上海外语教育出版社 2002 年版,第 6 页。
② 王文斌:《从汉英对"死"的语言表看文化与语言的关系》,《宁波大学学报》2000 年第 3 期。

上文所探讨的汉英隐喻习语具有同质性的同时,我们不难发现,汉英往往借用类似的源域来表征相似的目标域。但是,汉语隐喻习语往往借用双源域来映射同一个目标域,而英语隐喻习语却往往仅用单源域来映射一个目标域。其实,汉英隐喻习语的这种差异可以说随处可见,在此再举若干例子,如:

汉隐喻习语	英隐喻习语	汉隐喻习语	英隐喻习语
心惊肉跳	to make flesh creep	交头接耳	to whisper into sb.'s ear
风驰电掣	as quick as lightning	撕心裂肺	to tear one's heart
如胶似漆	to remain glued to each other	烟消云散	to end up in smoke
吞云吐雾	to blow a cloud	街谈巷议	street gossip
翻云覆雨	to keep shifting like the clouds	如花似玉	as pretty as a flower
如火如荼	like a raging fire	云里雾里	to be in a fog
狼心狗肺	with a heart of a wolf	人山人海	a sea of people
鹅行鸭步	to waddle like a goose	舒眉展颜	a beaming face
捕风捉影	to run after shadows	面红耳赤	to be red in the face

形式的差异往往缘起于质的差别。在此需要究问的是,汉英隐喻习语的差异是怎样生成的? 如上所述,语言是思维的表达工具,而这一表达工具在形式上所表现出的差异,则是与这一语言赖以生存的文化认知模式密切相关。语言的产生和发展植根于文化这一沃土,而文化固有鲜明的民族性,不同的文化之间毫无疑问会呈现不同的文化形态。文化形态上的这种差异反映到语言层面上,则表现为各种语言表达形式的差异。习语与文化之间的关系也毫不例外,我们在这一部分所描述的关于汉英隐喻习语表达形式的差异就是一个佐证。在此需要特别指出的是,语言表达形式的根本性差异,肇始于文化思维的差异。"思维是共同的,语言是民族的。语言和思维方式都属于文化范畴。"①不同的民族有不同的哲学渊源、历史背景和自然环境,因而会形成不同的思维认知方式和表达这些思维认知方式的语言表达形式。换

① 曾剑平:《从词语看汉英民族的思维差异》,《外语与外语教学》2002 年第 5 期。

言之,不同的思维认知方式会折射出不同的语言图式。

"汉语的语言思维,是一种具象思维。"①这种具象思维,即形象思维,其特性表现在语言形式上,就是习惯于借用意象组合使语言的表达内容形象生动。"古代中国人注重观物取象,立象尽意,设象喻理,取象比类。形象思维通过自我体认形成心中的意象。"②然而,英民族却擅长抽象思维或逻辑思维。所谓抽象思维或逻辑思维,就是指以抽象概念为媒介进行逻辑思维,其特点就是工于将复杂的事物细分为单纯要素,有条不紊地进行条理化思维,具体表现为借助概念、判断、演绎和推理等思维方法。再者,汉民族偏爱平衡性和和谐性的思维,善于"合二为一",强调"天地合气,物偶自生"。这种物偶式思维极深刻地影响了汉语的语言表达形式,如对仗、对偶等。而英民族的思维方法却擅长把一切事物分为两个相对立的方面(dichotomy),所关注的是实体,所论断的是事物的属性,强调非此即彼的排中律,"明确区分主体与客体,排除主观因素,'物是物,我是我',物我二分。"③

汉英民族的这些思维差异,体现在隐喻习语上,就是汉语隐喻习语在形式上常常表现为四字格,对称偶化昭然,显示出"物生有两""二气感应"的特征,设双象而喻同理,表现出重直观和主观体验。而英语的隐喻习语在形式上不拘长短,往往以单象喻一理,表现出重客观思维,注重对客体属性或特征的判断。由此可见,ICM 不仅体现于系统性的隐喻图式,而且还体现于语言的表达形式。在汉语里,隐喻习语的 ICM 往往就是双源域建构,而在英语里,其隐喻习语的 ICM 则往往表现为单源域建构。

五、汉英隐喻习语的认知机制

如上所述,汉英隐喻习语的建构差异源乎不同的文化思维模式,并由此产生不同的 ICM。在此另一问题是,在解读汉英隐喻习语时,有何种不同的

---

① 申小龙:《中国文化语言学》,吉林教育出版社 1999 年版,第 46 页。
② 连淑能:《论中西思维方式》,《外语与外语教学》2002 年第 2 期。
③ 连淑能:《论中西思维方式》,《外语与外语教学》2002 年第 2 期。

认知机制？在这一部分，我们拟以 Fauconnier 和 Turner① 的研究为视角，探解汉英隐喻习语的认知过程。

Fauconnier 于 20 世纪 80 年代提出了一种虚拟的心理空间（mental space）概念来解释词际、句际之间的语义关系，并借此说明自然语言中意义的构建过程。② 在此所言的心理空间，是指我们思维和谈话时为了话语局部的理解和行为所构建的概念集合（conceptual packets）③。为进一步阐释这一过程，Fauconnier 本人在 20 世纪 90 年代后期，并在 21 世纪初与 Turner 一道又提出了 CB 理论，对语言意义的构建过程及心理空间之间映射过程中的心理机制进行了擘肌分理。他们发现，当人思考或语言交际时，意义的构建就会在概念空间内或在不同的概念空间之间进行心理操作。他们由此提出，在言语交际中意义的构建存在着一个概念整合的过程，来自两个或多个输入心理空间的结构被投射到一个新的空间，由此产生空间合成。"客观地说，整个组合活动原本是全新的，可由于大量来自所熟知的输入空间的投射而立即呈同一性和可及性。"④可见，CB 是来自一个或多个域的框架被组合的心理过程。它取决于语言使用者从框架中获取信息、以框架为基础进行推理，并根据信息的输入而转变框架的能力。况且，"整合会衍生一个在输入空间中并不存在的新显结构（emergent structure）。首先，来自各输入空间的构素使得那些原本在孤立的输入空间中并不存在的关系，在整合空间中成为可能"⑤。需要指出的是，在此的新显结构是指经整合后而产生的合成空间框架，即对言语意义的最终构建。

概念合成和新显结构概念能对语言理解过程中的概念聚合过程具有较

---

① G.Fauconnier.*Mappings in Thought and Language*.Cambridge：Cambridge University Press，1997；G.Fauconnier & M.Turner.*The Way We Think*.New York：Basic Books，2002，p.42.

② G.Fauconnier.*Mental Spaces：Aspects of Meaning Construction in Natural Language*.MIT Press，1985.

③ 张辉：《熟语及其理解的认知语义学研究》，博士学位论文，上海外国语大学 2002 年。

④ G.Fauconnier.*Mappings in Thought and Language*.Cambridge：Cambridge University Press，1997.

⑤ G.Fauconnier & M.Turner.*The Way We Think*.New York：Basic Books，2002，p.42.

强的解释力①。那么,汉英隐喻习语是怎样被理解的呢？在概念合成过程中到底存在着哪些差异？借助 CB 理论,我们似可对此作出回答。②

汉语隐喻习语常常借用双源域来表征同一个目标域。也就是说,在解读汉语隐喻习语时,首先发生的认知过程是两个源域之间的整合,在这业已整合的概念的基础上再与目标域整合,形成另一种概念合成。这种概念整合的结果就是产生一个新显结构,其心理认知过程可借助图 1 来表示。

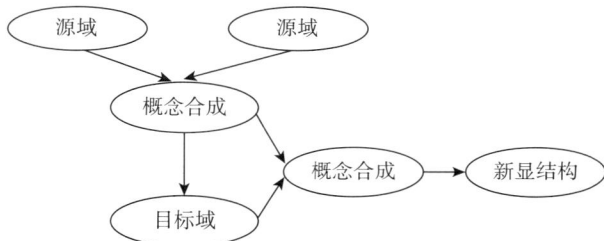

图 1

通过图 1 这一认知过程的表征,我们可以发现汉语中一些双源域隐喻习语的理解程序,如"铁石心肠"这一隐喻习语,人们通过"铁"和"石"这两个源域的概念合成,清楚地了解到"铁"和"石"均是坚硬之物,两者相加,无疑是异常坚硬。将这一业已整合的概念映射到目标域"心肠",经过概念合成便能得知,心肠犹如铁石,非常坚硬,从这一整合的概念,便产生一个新显结构:某人的心肠冷酷无比。然而,问题其实并非如此简单。只要仔细观察,我们便不难发现,汉语隐喻习语中有时并不出现目标域,如在"如胶似漆"这一隐喻习语中,我们只看到"胶"和"漆"这两个源域,至于目标域,却没有在习语中出现。那么,汉民族是如何将两个源域映射到目标域上去的？大家知道,"胶"和"漆"均具有粘附力,两者结合起来无疑表示很强的粘固性。但是,粘附必然会牵涉到两个事物之间的关系:粘与被粘。换言之,既然有粘的事物,就必然具有被粘的事物,两者之间的关系是相辅相成的。再说,这一成语中

① 王文斌、林波:《英语幽默言语的认知语用探究》,《外国语》2003 年第 3 期。
② 在此需要提及的是,语言隐喻中两个概念合成的前提是这两个概念之间需要具有不同程度的相似性(resemblance),而隐喻中的源域与目标域的相似性是构成隐喻的基础。

的"如"和"似"均是达致语言隐喻目的的标记词,说"如胶似漆",肯定隐含着某事或某人"如胶似漆"。其次是依据汉语的共有知识(shared knowledge),"如胶似漆"常指人与人之间的关系。因此,对这一隐喻成语的解读,首先是将"胶"和"漆"这两个源域整合在一起,再将业已整合的概念映射到事物与事物之间的关系这一目标域上,经过概念合成,便得出一个新显结构:某人与某人之间的感情关系深厚,难舍难分。Fernando 指出,推理和共有知识在习语的解读过程中起重要作用。① 在整个概念整合过程中,推理和借用共有知识等是必不可少的认知手段。

但是,英语的隐喻习语一般情况下均借用单源域来获取隐喻目的,所以其认知过程往往与汉语的隐喻习语有别。正因为英语是单源域隐喻,因而其概念合成就直接发生在源域与目标域之间,并在概念合成的基础上,产生新显结构,其整个认知过程可以借用图2来表示:

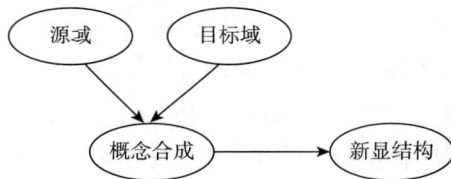

图 2

从图2可以看出,往往正因为英语隐喻习语是使用单源域,所以整个认知过程较汉语的隐喻习语简单,如"bald as a coot"这一英语隐喻习语,"coot"是源域,而"bald"这一状态是目标域。英民族在理解这一习语时,将源域和目标域加以整合,从共有知识可以得知,"coot"这种鸟的明显特征就是其头顶有白色的头甲,给人的印象就是光秃秃的头顶。英民族将这一特征映射到与"头"紧密联系在一起的描述词"bald"之上。经过源域和目标域的这一概念合成以后,便形成了一个新显结构:头上不长半根毛发,光秃之状毕现。诸如此类的隐喻习语,如"as stubborn as a mule"和"as sly as a fox"等,可能均有图2那样的认知过程。但是,如同汉语中的一些隐喻习语一样,英语中的一

---

① C.Fernando.*Idioms and Idiomaticity.*上海外语教育出版社 2000 年版,第 237—240 页。

些隐喻习语也仅出现源域,而不出现目标域,如"to blow a cloud"。在这一习语里,仅出现"cloud"这一源域,而没有目标域。那么英民族对这类隐喻习语又是怎样认知的呢？在此我们也需要从这一习语的内在机制角度作出解释。隐喻习语"to blow a cloud",从字面上看,就是从口中吹出"云"。大家知道,人的口中一般是吹不出"云"来的,常常只有在吸烟时才会有这种情状。由此,英民族会将这一习语中的"cloud"与吸烟联系在一起,也就是说,英民族在解读这一习语时,会将"cloud"这一源域投射到吸烟的状态这一目标域上,将这两个概念加以整合,便形成一个新显结构:吸烟很猛,有吞云吐雾之状,因为若吸烟时烟雾如"云",便不难想象吸烟之猛。如同前文所述,在整个概念合成过程中,推理思维和利用共有知识等是无法绕开的认知途径。

六、余言

1. 汉英隐喻习语的认知对比研究,除有助于加深对这类习语所存在的同异的成因及其内在的认知机制的认识之外,对外语教学及汉英互译具有重要的意义,能使学习者和翻译者认识到汉语的隐喻习语常借用双源域来映射同一个目标域,而英语隐喻习语则常用单源域,如汉语"兴风作浪"若用英语表达,就是"to make waves",而没有必要说成"to raise winds and make waves"。同样,英语的"to run after shadows",若用汉语表达,宜表达为"捕风捉影"。

2. 本文仅探讨了汉英隐喻习语的大致差异,但这些差异并不是绝对的。其实,英语也有双源域的隐喻习语,如"on pins and needles"(如坐针毡)、"the core and crux"(关键)等。同样,汉语中的隐喻习语也并不是始终都是双源域的,有时也会出现单源域的隐喻习语,如"易如反掌""崭露头角"等,但是,汉语的双源域隐喻习语在数量上要大大多于英语的双源域隐喻习语,这是两种语言的不同文化认知模式使然。可这种差异到底存在多大的比例,目前尚无人进行过统计研究。

3. 黄希庭等①和陈传锋等②学者在做心理实验时发现,中国人对习语的识别,存在着显著的结构对称效应,显示出在结构对称性习语中存在着特殊的"格式塔词素",这促进了习语的识别过程。这些研究说明,汉语习语具有对称性 ICM,而英语习语却不讲究这种对称性。我们需要作进一步探索的是,汉语中的结构对称性隐喻习语的识别反应时与相应的英语非结构对称性隐喻习语的识别反应时是否具有同样的速度? 若经过心理实验,证明这两种语言的隐喻习语的反应时存在显著性差异,那么,就会引起对这种习语的理解是否牵涉到突显度(salience)这一问题。也就是说,汉语使用了双源域,是否会使得目标域的特征更加突显,从而加快了概念的整合和新显结构的形成? 而英语中的隐喻习语往往使用单源域,这是否会造成目标域突显特征的降低?

4. Fauconnier 和 Turner③ 在使用"概念合成"这一概念时,一般是指源域与目标域两者之间的概念整合。但从汉语隐喻习语的例证来看,对双源域隐喻习语的解读,其概念合成应该发生在隐喻习语解读的全过程,不一定单单是在源域与目标域之间的整合,源域与源域也是会发生整合的。由此可见,概念合成具有语言个性差异,而这些个性差异是否还有其他方面的表现?

以上问题均需要作进一步的探讨和研究。

(本文原载《外语与外语教学》2004 年第 5 期)

---

① 黄希庭、陈传锋、余华、王卫红:《结构对称性汉语成语的认知研究》,《心理科学》1999 年第 3 期。

② 陈传锋、黄希庭、余华:《词素的结构对称效应:结构对称汉语成语认知特点的进一步研究》,《心理科学》2000 年第 3 期。

③ G.Fauconnier.*Mappings in Thought and Language*.Cambridge:Cambridge University Press,1997;G.Fauconnier and M.Turner.*The Way We Think*.New York:Basic Books,2002.

汉英"一量多物"现象的认知分析

一、引言

所谓"一量多物",是指同一个量词可用来计量不同的事物。汉语和英语中均大量存在"一量多物"的量词使用现象。如汉语中的"一根青草/树苗/豆芽/大葱/头发/石柱"和英语中的"a sheet of paper/ice/glass/meat/tin"等。本文以意象图式理论为视角,探解汉英量词"一量多物"的认知缘由。我们的假设是:汉英量词的"一量多物"现象是意象图式性范畴化、视角化和类比思维所致。

二、意象图式理论

意象图式理论是认知语言学的一个重要研究方向,也是认知语言学的理论基础之一。该理论演进自意象理论和图式理论。

(一) 意象理论

在心理学界,"意象"(image)是指人们在感知体验外界事物过程中所形成的抽象表征,可这种表征不是原事物具体而丰富的形象,而是删除具体细节后的有组织的结构,是事物在大脑中的一种抽象类比物。①

---

① 赵艳芳:《认知语言学概论》,上海外语教育出版社 2001 年版,第 131 页。

在认知语言学中,意象是一个极为重要的概念,是指特定的、体验性经验的心理表征。① 在 Langacker 看来,意象是指对一个客观事物或情形由于"识解"(construal)方式的差别——凸显的部分不同,采取的视角不同,抽象化的程度不同等等——而形成的不同心理印象。② 后来,Langacker 对意象概念作了细微的调整,认为意象是指人们以交替的方式识解一种被认识的事物。③

从上述可知,意象是人对特定事物的一种知识表征,在认知语言学中,意象是指人对某一特定事物经过体验后所形成的主观形象,其结果取决于不同的识解方式。

(二) 图式理论

图式理论是认知语言学考察语言认知构建与解读的重要理论。"图式"的英语词是"schema",其复数形式是"schemata"。此词源自希腊词"skhēma",意为"form"或"figure"。德国哲学家康德在 1781 年出版的《纯粹理性批判》一书中曾使用过"schema"这一术语,认为图式既与经验有关,又与范畴有关,它既不是事物的具体形象,也不是经验的概念,而是一种介乎概念与具体事物感性形象之间的抽象的感性结构。时至 20 世纪上半叶,瑞士心理学家皮亚杰在其创建的发生认识论中使用了图式这一概念。在他看来,图式是个体对世界的知觉、理解和思考的方式,是人们为应对某一特定情境而产生的认知结构。但在认知科学中,真正深入探讨图式这一心理结构的是英国心理学家 Bartlett。Bartlett④ 明确指出,人的记忆能把各种信息和经验组织为认知结构,逐渐形成常规图式,遇到新事物时,唯有把这些新事物和已有的图式相联系才能被理解。美国人工智能专家 Minsky 指出,人的许多智能行为源于类种知识(generic knowledge),框架就是知识结构,具有固定的结构信息,框架结构能表征世界类种方面的知识,若想使计算机具备智能,那就有必要给计算机提供大

① W.Croft & D.Cruse.*Cognitive Linguistics*.Cambridge:CUP,2004,p.44.

② R.W.Langacker.*Concept,Image and Symbol*.New York:Mouton de Gruyter,1990.

③ R.W.Langacker.*Foundations of Cognitive Grammar Vol II:Descriptive Application*.Stanford/California:Stanford University Press,1991,p.15.

④ F.Bartlett.*Remembering:A Study in Experimental and Social Psychology*.Cambridge:CUP,1932.

量的知识。① Minsky 的这一观点极大激发了有关学者对知识表征的心理探索。美国认知心理学家及人工智能专家 Rumelhart 为完善这一理论作出了重要贡献。Rumelhart 认为图式是所有信息加工所依靠的基本要素。② 他提出，图式理论基本上是一种关于人的知识的理论，所有的知识在头脑中均被安排在一定的单元中，这些单元就是图式。图式除了包含知识本身是怎样被表征之外，还包括这些知识如何得到应用的信息，即包含一般所谓反映知识结构的认知结构，也包含更为抽象的认知策略以及一系列的认知框架。

（三）意象图式理论

意象与图式既有共性又有个性。共性主要表现为图式是意象的一种，均指人对客观事物的一种抽象知识表征，而不是指对客观事物充满细节的心理印象。个性主要表现在意象更侧重于人在头脑中储存信息的形式，而图式是指一种认知方式，是人对客观事物的一种固化的反应模式，是一种认知结构。意象图式是"意象"和"图式"的统称，是人在与外界的日常交往中所形成的一种简单而基本的认知结构。③ 说到底，意象图式就是对经验的概念化。Croft 和 Cruse 认为，意象图式就是对意象的图式表征，是图式性的，而非特定的意象，表现出图式的固定型式（pattern）。④ Johnson 认为，意象图式是我们认知过程中反复出现的结构，这种结构构建了我们理解和推理的型式。⑤ 从以上论述可看出，意象图式较之意象显得更具抽象性和概括性，不是包容客观事物各种具体细节的形象，而是业已抽象了的图式表征，是一种非命题的认知结构。

---

① M.Minsky."A Framework for Representing Knowledge".*The Psychology of Computer Vision*.P.Winston,eds.New York：McGraw-Hill,1975,pp 211-277.

② D.Rumelhart."Schemata：The Building Blocks of Cognition".*Theoretical Issues in Reading Comprehension*.R.Spiro,B.Bruce & W.Brewer,eds.Hillsdale：Erlbaum.1980,pp.33-58.

③ F.Ungerer & H.Schmid.*An Introduction to Cognitive Linguistics*.London：Longman,1996,p.160.

④ W.Croft & D.Cruse.*Cognitive Linguistics*.Cambridge：CUP,2004,p.44.

⑤ M.Johnson.*The Body in the Mind：The Bodily Basis of Meaning,Reason and Imagination*.Chicago：The University of Chicago Press,1987,p.29.

我们认为,汉英量词中的"一量多物"现象就是意象图式的一种表现形式,体现出人类对事物意象的一种图式表征,摆脱了诸事物具体而丰富的形象,仅包含少数构成要素及简单的关系,反映出诸事物一种被抽象了的认知结构,是人类认识并揭示属于世界同一种关系事物的手段。

三、汉英"一量多物"的认知机制

(一)"一量多物"是意象图式性范畴化现象

范畴化是人类认识世界诸事物的认知基础。人类在客观世界中发现不同事物的相似性,据此进行分类,进而形成概念,这种认知过程就是范畴化。分类是人类认识世界和指称客观事物的基本前提。经过范畴化,混沌世界在人的认知识解中便会逐渐变得清朗,不同的客观事物得以归类,事物的各种特性得到辨别,事物之间的诸种关系得到划分。

Croft 和 Cruse 认为,范畴化是人类最基本的认知活动之一,牵涉到对某一个体以及某一特定经验的理解,并将这一个体或经验理解为更为抽象的事物,而这种抽象事物也包括其他实际的且具有潜在性的诸种具体化例子。① 譬如说,某一特定的动物可被识解为狗这一物种的一个具体化例子,某一颜色的斑点可被识解为红色这一特性的一个具体化表征。这种抽象的心理构造物在认知语言学中被称为一种概念范畴(conceptual category),是一组整体性的集合概念,这种范畴化的产物就是概念范畴。概念范畴可以从不同角度加以观察,尽管这些角度相互联系,但也应作明确区分。首先,概念范畴可以被看作诸个体的一个集合,而这一集合的特性有别于组成这一集合的诸个体。其次,我们可以从组成某一范畴的诸个体的角度来观察一个概念范畴。再者,存在着范畴化层次(levels of categorization)的问题。就某种程度而言,这是一个包容性的问题:有些范畴是将其他范畴当作次范畴加以包容的。范畴化的根本出发

---

① W.Croft & D.Cruse.*Cognitive Linguistics*.Cambridge:CUP,2004,p.74.

点在于对事物的属性或特征进行认识和判断。事物之间若具有相似性,便可归为一个范畴。范畴化过程就是思维过程,范畴化的表现就是概念。简言之,对客观事物进行范畴化,是人类一种重要的认知活动,客观世界中林林总总的事物往往经过人类的范畴化而形成各种彼此间的联系。

量词所描述的诸种对象由于具有客观上的相似性而形成了家族相似性。所谓家族相似性,根据 Wittgenstein 的观点,是指某一范畴中各成员之间的关系如同某一家族中的不同成员,在某个方面具有相似性,却不完全相同。① 换言之,一个范畴中,各成员之间的关系取决于彼此之间某些相似的属性,而不是完全共同的属性。从这一界定可以看出,同一范畴中各成员的聚集并不是受完全共同特征的作用,而是受某种相似性特征的吸引。"一量多物"中的量词所计量的各事物对象可能会千差万别,如我们业已给出的汉英例证"一根青草/树苗/豆芽/大葱/头发/石柱"和"a sheet of paper/ice/glass/meat/tin"。在一般情况下,汉语中的"青草、树苗、豆芽、大葱"与"头发"和"石柱"属于不同的物质范畴,"青草、树苗、豆芽、大葱"属于植物范畴,"头发"属于毛发范畴,而"石柱"则属于石类范畴;英语中的"paper、ice、glass、meat、tin"也彼此属于完全不同的范畴,那么这些本属不同范畴的事物是如何联系在一起并受同一量词计量的呢? 我们认为,范畴化虽然是对客观事物的分类,但这毕竟是人类的认知分类。人类的认知作用可以根据事物之间的相似性,将原本不属于同一范畴的事物范畴化为同一范畴。徐盛桓指出,相邻或相似关系作为认知工具的常规关系在语言中的运用,是人类对客观事物的相邻或相似性的认知加工的结果,不一定任何时候都同客观外界事物镜面相当。② 尽管"青草、树苗、豆芽、大葱、头发、石柱"在特性上属于不同的范畴,可人们通过识解,发现它们在外形上具备条状这一相似的特征。这就是说,人们在对这些事物的识解过程中将视角聚焦于它们的外形上,这些事物的条状特征得以凸显,从而在人们的心理认知上获得了家族相似性,并在外形上被范畴化为同一范畴。同理,"paper、ice、glass、meat"和"tin"虽在特性上也不属于同一范畴,但也通过

---

① J.Taylor.*Linguistic Categorization*.Oxford:OUP,1995,pp.38-39.
② 徐盛桓:《"成都小吃团"的认知解读》,《外国语》2006 年第 2 期。

人们的视角和凸显的作用，在认知者的心理上获得了家族相似性，由此也被范畴化为同一范畴，因为这些事物在某一特定的情况下均具有"成片展开"的外形特征。这恰好印证了 Lakoff 关于量词语言就是其名词被标示为某一范畴的成员这一观点。①

如上所述，意象图式不是反映客观事物具体细节的形象，而是抽象的认知结构和知识表征，是人类认识并揭示属于世界同一种关系事物的手段。汉英"一量多物"的语言认知现象，正是建立在意象图式基础上的范畴化，这是因为这种范畴化已脱离了具体的、丰富的事物形象，是一种仅包含少数构成成分和简单关系的结构，属于抽象的认知表征。

（二）"一量多物"是意象图式性视角化现象

本文所说的视角化，是指人在识解某一事物的特征或特性时采用某一视角，而这一视角往往会固化为识解这一事物的习惯性视角。这相当于我们常说的思维定式。思维定式不是天生的，而是在后天不断的学习积累和人生经验的累积中逐渐形成的。视角化也是如此。它形成于人在漫长的观察事物的实践中，而且在语言社团中具有感染性，一旦某一个人采用某一视角识解某一事物并得到社团各成员的认可，这一视角便会得到普及，成为视角定势。

汉英中的"一量多物"现象是意象图式性的视角化，如"一头猪/象/驴/骡/羊/牛"和"a lump of sugar/clay/lead/coal/meat/bacon"等。说其是意象图式性，是因为"一量多物"现象是人对客观事物的一种抽象知识表征，而不是指对原事物具体而丰富的心理印象，是对经验的一种概念化，具有非命题性质，表现出对于客观世界中处于同一种关系的事物，人为了获取有意义的相关经验结构，反复运用一种图式进行理解和推理，逐渐形成自己所熟知的感知、思维、行为的认知形式。说其是视角化，是因为对客观事物的概念化首先是建基于视角化。一个事物，其特征或特性往往是多维的，可人在表达事物时却往往难以全面兼顾，只能在认知中抓住其某一相对显著的特征或特性加以指称，

①　G.Lakoff.*Women*,*Fire and Dangerous Thing*s.Chicago：The University of Chicago Press,1987,pp.91~92.

如表达"一头猪"和"一头象",汉民族就是将视角聚焦于"猪"和"象"的头部,而在有意或无意间忽视了"猪"和"象"的其他明显特征。同理,英民族说"a lump of sugar"和"a lump of clay",就是将视角聚焦于其成疙瘩或成团的形状上,而不是其用途的功效或其他的特征上。久而久之,人们的这些视角方式被语言社团所认同,随之得到普及,逐渐发展成为格式化的意象图式表征,表现出意象图式性的视角固定型式。

诚然,视角化在很大程度上是人们对客观事物进行认知聚焦的表现形式。人们为表征客观事物的某一对象,往往将认知视角聚焦于这一事物的某一特征之上,如"一峰骆驼"中的量词"峰",就是借助对驼峰的聚焦来表征骆驼的数量单位。若没有对"驼峰"的视角聚焦,就不太可能用"峰"这一量词来表征骆驼的数量。客观事物的某一特征之所以能得到凸显,正是因为这一特征得到了视角聚焦,如"一股劲"。"劲"的意思是"力气",而"股"的基本意思是"绳线捻成的条状物",其内在的含义是强度或力度大。由此可见,汉语中借用"股"来计量"劲"时,是将视角聚焦于"劲"的强度或力度之上。英语中与"一股劲"相应的表达是"a burst of energy",其中的量词"burst"是表示某种东西的"迸发",显然,尽管汉英民族对"劲"的表征略有差异,可就总体而言,英语也是将认知的视角聚焦于"energy"的强度或力度之上,借此来表征冲劲。值得一提的是,视角化是客观事物得到凸显的前提。若没有视角化,事物的某一特征就得不到凸显。因此可以说,视角化是认知凸显的前提条件,而认知凸显是视角化的结果。

(三)"一量多物"是意象图式性类比思维现象

需进一步深究的是,在原本不同的事物被范畴化为同一范畴并接受同一量词计量和描述的过程中,是何种心理机制在起作用?我们认为,这一心理机制就是类比思维。类比思维又称"取象比类"或"援物比类",是指由一事物推及另一事物的思维方法,它是将两个或两类相似的事物相比较,根据二者某些相同的属性,进而推论出二者在另一些方面的特点或规律也可能相同,即"从同推同"。

类比思维的心理现实建基于人类对客观现实的认知。世界是由事物和关系组成的。在客观世界里,诸事物之间不是孤立的,往往具有各种普遍的联系。这种普遍联系不仅表明同类事物具有共性,还表明某些不同类事物之间也往往具有相似性,这是人类在与客观世界的长期交往和接触中所形成的一种普遍认识。正是因为建基于这样一种认识:同类事物之间具有共性,不同类事物之间具有相似性,人类的类比才有真实的客观前提。"牛、驴、骡、羊、猪、藏獒、象、长颈鹿、麋鹿、熊、斑马、狮子、狼、刺猬、狐狸、鲨鱼、巨鲸、鹰、恐龙、大妞①、和尚②"等虽均属于动物这一大范畴,但却有家畜、野生动物和人类之分,在外形特征上也各有不同,可为何这些动物均可接受"头"这一量词的计量? 我们认为,类比思维这一认知机制在此起着重要作用。"头"原指人体的最上部或动物的最前部分,何时开始作为量词使用以及哪种动物最先得到其计量已难以稽考,但可以推想,上文论及的意象图式性视角化在这一过程中发挥了关键性作用。在起初谈及这些动物时,人们将认知视角固定于其"头",用来表示体积相对比较庞大的动物。久而久之,凡是体积相对比较庞大的动物在人的认知世界中逐渐被抽象为一个意象图式,格式化为一种认知模式,并通过类比思维,由此及彼,触类旁通,凡遇及体积相对比较庞大的动物,均借用"头"这一量词来计量。"大妞"之所以能用"头"来计量就是一个明证。若说"一头小妞",我们恐怕难以接受这一表达。同理,英语中的"clay,mud,dirt,earth,rock,ice,coal,pitch,lead,granite,gold,copper,iron ore,uranium,lard,flesh,bone,resin,salt,pigskin,plastic,raw opium,wood,cheese,meat,bacon,sugar,soap,chocolate,jelly blood,cash,lemur,labor,vanity,probability,creativity,impertinence"等均可接受"a lump of"来计量。"lump"的主要意思是"a compact,shapeless,or unshapely piece of mass",意即"块",用作量词时,其基本词义未变。稍作观察可发现,可接受"lump"计量的事物可以分为两大类:一是固体事物,如"mud,gold,wood,sugar,meat"等;二是抽象事物,如"vanity,probability,creativity,impertinence"等。用于抽象事物时,"lump"具有隐喻作用,表示"许多"之意。英民族究竟何时开始将"lump"用作量词并且最先用来

---

① 幽州苔:《一头大妞在北京》,广西人民出版社 2005 年版。

② http://200810419.spaces.live.com/;http://club.learning.sohu.com/r-zz0162-9380-0-11-0.html。

计量哪一个固体事物,现在已难以查考,但至少有一点可以肯定,英民族不太可能在一夜之间将"lump"当作量词,用来计量所有这些固体事物和抽象事物。可能的情况是,英民族将形状不一的固体事物,不论是金属的,还是泥质的,抑或是木质的或肉质的,均认知为一个范畴,形成以"块"状为特征的意象图式,然后凡碰到这一类"块"状事物,就采用这种意象图式的视角识解这些事物。与此同时,英民族借用类比思维由此及彼,触类旁通,所有"块"状事物需要计量时,均可用"lump"作为量词。在遇及如"vanity"那样的抽象事物时,英民族像对待固体事物那样对待这些抽象事物,也借用"lump"来计量。

还应注意的是,尽管人们因为具有类比思维的能力,对异质或异属的事物加以类比,为"一量多物"现象的形成提供了人类的心理认知基础,可这并不能保证对客观事物的类比具有必然性,对事物对象一定会类比出同一量词。其实,类比思维往往具有或然性。所谓或然性,就是指有可能性,但不具备确定性。黄华新、张则幸提出,类比推理通常是在两个对象之间进行的,在推理的方向上表现为从特殊到特殊的过渡。[①] 类比推理的前提大多是为结论提供线索,但并未严格地规定或者限制其指向,结论的范围超出了前提所断定的范围,因而类比的结论是或然的。类比思维是一种或然性极大的思维方式,不受通常的推理模式的束缚,具有很大的灵活性和多样性。"狼"既可以类比出"一头狼",也可以类比出"一只狼"和"一匹狼"等;"鲨鱼"既可以类比出"一头鲨鱼",也可以类比出"一条鲨鱼"和"一尾鲨鱼"等;"狐狸"也既可以类比出"一头狐狸",也可以类比出"一只狐狸"和"一尾狐狸"等;"soap"既可以类比出"a cake of soap",也可以类比出"a bar of soap""a lump of soap""a loaf of soap"和"a slice of soap"等;"wood"既可以类比出"a lump of wood",也可以类比出"a clump of wood""a pile of wood"和"a bundle of wood"等;"abuse"既可以类比出"a flood of abuse",也可以类比出"a storm of abuse"和"a torrent of a-buse"等;"anger"既可以类比出"a fit of anger",也可以类比出"a gush of anger""a storm of anger"和"a wave of anger"等。对于同一个事物对象,到底使用哪一个量词来计量,这全凭人的认知范畴化和意象图式性的认知视角。

---

① 黄华新、张则幸:《逻辑学导论》,浙江大学出版社 2005 年版,第 227 页。

若说"一头狼",人们显然是将"狼"归入属于"头"类范畴的动物;如此等等。对事物对象的这种范畴化之所以具有不确定性,其直接缘由是因为人们在识解这些事物对象时具有不同的意象图式和不同的认知视角。

Foley 指出,量词的基本功能是建立名词的描述性指称表述,能凸显某一事物形状、坚硬度或功能的某一方面,为正在进行的社会交往中的说话人的交际目的提供足够的描述信息。① 他进而指出,因为物体最为明显的感知特性是形状,所以形状是量词所表达的最为常见的语义特征。② Langacker 也指出:虽然量词系统表征了各种千差万别的语义范畴,如有灵性、坚硬度、数量、社会地位等等,但形状也许是最具有典型性的,反映出人类与周围环境的互动。③ 不论汉语或英语,人们在使用量词来计量客观事物时,往往将认知的聚焦点放置在事物最具明显感知特性的形状上,而事物与事物之间在形状上的相似性则为人类的类比思维创造了重要的客观条件,而类比思维又为"一量多物"这种语言现象的产生奠定了坚实的心理基础。

四、结语

本文以意象图式理论为基本出发点,考察了汉英量词"一量多物"现象的认知缘由,认为汉英量词的"一量多物"现象,是意象图式性范畴化、意象图式性视角化和意象图式性类比思维所致。通过分析可以看出,在"一量多物"的语言现象中,范畴化、视角化和类比思维均是意象图式化的重要体现,或者说,意象图式是核心,范畴化是根本,视角化是基础,类比思维是手段。四者交互作用,造就了"一量多物"的大量存在。

(本文原载《外语教学与研究》2008 年第 4 期)

---

① W. Foley. *Anthropological Linguistics: An Introduction*. England: Blackwell, 1997, pp.232-233.

② W. Foley. *Anthropological Linguistics: An Introduction*. England: Blackwell, 1997, p.235.

③ R. W. Langacker. *Foundations of Cognitive Grammar* (Vol II): *Descriptive Application*. Stanford/California: Stanford University Press. 1991, p.164.

论汉英形状量词"一物多量"的认知
缘由及意象图式的不定性

一、引言

我们在此探讨汉英形状量词的"一物多量"现象以及认知语言学中的意象图式概念,拟借助对汉英形状量词的认知考察窥探意象图式的不定性。需要指出的是,在此所谓的形状量词,是指用来计量并能描述有形事物形状的量词;在此所谓的"一物多量",是指同一个有形事物,可与多个量词搭配,并接受这些量词的计量和描述,如汉语中的"一点/滴/颗/行/串/把泪"和英语中的"a bar/cake/chunk/loaf/lump/slice of cheese"等。

我们认定,一个形状量词通常就是人类观察有形事物的一种视角,而一种视角往往就是一种意象图式,是对有形事物的一种识解,而客观事物在人脑中的意象图式往往会因认知主体的作用而发生转换,汉英语言中之所以出现"一物多量"的量词使用现象,是因为认知主体的视角转换以及有形事物本身的多维性所致,由此衍生的直接结果就是认知主体对客观事物的意象图式往往是动态的,具有不定性。本文将围绕这样的观点展开论述。

二、汉英语言中的形状量词

汉语中存在许多量词,这是一个毋庸置疑的事实。在汉语的十一个词类中就有量词这一词类,郭先珍和何杰曾分别针对汉语量词撰写了《现代汉语量词手册》①和《现代汉语量词研究》②,而且迄今为止,国内有许多专家发表了关于汉语量词研究的论文,如张可任③、胡佑章④和郭继懋⑤等。然而,英语中到底有无量词,似乎至今未有定论,其十大词类中也不见量词这一范畴。虽然国内已有许多学者(如韩汉雄⑥、任学良⑦、李忠民⑧、王晓玲⑨等)已探讨过汉英量词语言表征的异同,这似乎可以表明,英语中也的确存在量词。但是,这些研究成果却未曾对一个词能成为一个量词所必须具备的条件进行说明。我们认为,凡是量词,须具备三个条件。(1)是量词必定表示事物的量,否则就不能称其为量词。(2)是量词必定可与数词共现。(3)是在特定的语言中,量词的语言表征往往具有相对固定的结构,如汉语的量词结构往往是"数词+量词+名词";英语的量词结构往往是"数词+量词+of+名词"⑩;而量词十分丰富的泰语,其结构是"名词+数词+量词"⑪。譬如说,汉语中的"四条狗",其中的"条"就是量词,表示"狗"的数量单位,"三"是数词,表示"条"的数量,而且表现出"数词+量词+名词"的量词结构。同理,在英语中,"six bottles of milk"中的"bottle"是表示"milk"的数量单位,而"six"是数词,表示"bottle"的数量,符合"数词+量词+of-名词"这一量词结构。在量词必须具备的这三个条件中,前两者具有普遍性,第三个条件往往因语言而异,即不同的语言往往具有不同的量词结构。

英语中显然存在量词。我们下此结论,是因为我们认为,尽管量词在英语的十大词类划分中尚无一席之地,可英国本土的语言学家却未曾忽视过其存

---

① 郭先珍:《现代汉语量词手册》,中国和平出版社 1987 年版。
② 何杰:《现代汉语量词研究》,民族出版社 2000 年版。
③ 张可任:《关于汉语量词的界线问题》,《辞书研究》1994 年第 3 期。
④ 胡佑章:《现代汉语量词丰富的修辞学审美》,《修辞学习》1998 年第 3 期。
⑤ 郭继懋:《再谈量词重叠形式的语法意义》,《汉语学习》1999 年第 4 期。
⑥ 韩汉雄:《汉语量词与英语量词》,《杭州师范学院学报》1980 年第 2 期。
⑦ 任学良:《英语量词和汉语量词的对应情况》,《杭州师范学院学报》1981 年第 2 期。
⑧ 李忠民:《英汉量词比较》,《山西教学学报》1988 年第 2 期。
⑨ 王晓玲:《汉英量词之比较》,《南京航空航天大学学报》2001 年第 1 期。
⑩ 需要指出的是,我们在此所言的量词结构,仅指量词的基本结构。其实,不论是汉语抑或英语,其量词还可与形容词共现,如"八大杯酒"和"three full glasses of wine"等。
⑪ W.Foley.*Anthropological Linguistics:An Introduction*.England:Blackwell,1997,pp.235-236.

在,如 Quirk 等指出,英语常借助名词和介词来完成表量任务,其表达式为"a/number+n₁+of+n₂",即我们在此所说的"数词+量词+of+名词"这种量词结构。① Sinclair 等对英语量词也有讨论,并借用"class quantifiers"这一术语来表达"量词"概念。② 更为重要的是,尽管存在语言的句法差异,汉英的量词结构各有所别,可英语量词依然合乎上文所提的量词必须具备的三个条件。譬如说,"glass"用作量词时,就可以表示事物的量,可与数词共现,同时也表现出"数词+量词+of+名词"这一量词结构,如"a glass of water、five/twenty glasses of water"。由此可见,英语中也存在量词,这是一个确乎其然的事实。

诚然,说汉英语言中均存在量词,这并不意味汉英量词的语言表征具有同质性。恰恰相反,由于语言的相异及民族思维的不同,汉英在量词的使用方面具有明显的差异,如表现形式彼此不一、数量存在多寡以及用于不同的事物对象,其主要表现是汉语量词表个体的数量多而专用性强,表群体的量词少而通用性强;英语则相反,表群体的量词多而专用性强,表个体的量词少而通用性强。譬如说,"一尊佛像""一峰骆驼""一枝鲜花"等汉语量词结构中的"尊""峰"和"枝"均为个体量词,所描述的事物均为可数名词,而且这些量词专用性极强,词义极为丰富,分工也十分明确,我们一般不能说"一枝骆驼""一峰佛像"或"一尊鲜花",量词"尊""峰"和"枝"在许多情况下不能随意互换。而在英语中,个体量词"piece"则可用来描述许多事物,具有很强的通用性,如"a piece of cake/grass/clothes/bread/paper/thread/string/news"等。然而,在集体量词方面,英语表现出明显的优势,不仅数量多,而且词义也极为丰富,这是汉语所无法比拟的。譬如说,"a horde of flies"(一群苍蝇)、"a kennel of dogs"(一群狗)、"a leap of leopards"(一群豹)、"a leash of foxes"(一群狐狸)、"a knot of toads"(一群蟾蜍)等等。③

---

① R.Quirk.et al.*A Comprehensive Grammar of the English Language*.London：Longman Group Ltd,1985.

② J.Sinclair. et al. *Collins Cobuild English Grammar*.London：Harper Collins Publishers Ltd.,1990.

③ 其实,不管是在汉语抑或英语里,即便是抽象事物,也常常受到量词的描述,如"一股怒火""一阵恐惧""一丝妒意""a speck of humor""a drop of pride""a shred of credibility"等等。关于抽象事物的量词使用情况,作者将在另文再作论述,本文在此暂不作讨论。

　　Foley 认为,量词的典型作用就是描述名词所指事物的形状、数量或其他的感知性特征,而且形状因始终是客观事物最为明显的特征而成为量词所传递的最为显著的语义特征。[①] Foley 还指出,量词性语言注重物体的形状及其离散性。[②] 从这一观察可看出,量词除了给离散的客观事物计量之外,还能描述所指事物的形状特征。的确,不论汉语抑或英语,大多量词在计量事物的同时,均能对所指事物起描述作用。如汉语中的"一弯/牙/钩/枚/碗/轮/颗/朵/丸/盘/镰月亮",每一个量词都传达出栩栩如生的月亮状貌信息。同样,在英语的"a chunk/lump/roll/slice/loaf/crumb/sheet/slip of bread"中,每一个量词也都传送了"bread"彼此相异的形态信息。然而,Foley 尽管点明了许多量词的形状语义特征,可对个中的缘由却未曾作出分析。我们认为,大量的量词之所以能够描述物体的形状和外貌,或者更确切地说,大量的量词之所以会成为形状量词,原因主要有三:其一是人类所生活的世界主要是由具体事物和抽象事物构成,而人类在日常生活中接触最多的就是具体事物,量词最初的功能,就是用来对具体事物进行计量。其二是具体事物实际上就是有形事物,往往不是万物同貌、千物一面,而常常是万物万貌、形形色色,量词在对这些有形事物进行计量的同时,也自然会对这些事物的形状起到描绘的作用。其三是人类在借用量词来计量有形事物的同时,借机对这些事物的形状进行摹写刻画,将自己对这些事物特征的主观印象投射到量词上,借此将自己的主观印象进行定格,既便于表达自己的主观感觉,也便于向他人传达易于记忆的所指事物的外在显著特征。

　　Foley 对量词所反映的事物形状还进行了维度分析。他认为,在印度尼西亚语和泰语等语言中,量词所反映的事物形状主要表现于三个维度:一维、二维和三维。一维所反映的事物往往是长形,二维所反映的事物往往是平面或扁平的,而三维所反映的往往是立体的。我们在探究汉英量词所反映的事物维度时,发现汉英量词不但莗描述事物的以上三个维度,而且还能反映事物的

　　[①]　W. A. Foley. *Anthropologiccl Linguistics*: *An Introduction*. Britain Blackwell Publishers Ltd., 1997, pp.235–236.

　　[②]　W. A. Foley. *Anthropologiccl Linguistics*: *An Introduction*. Britain Blackwell Publishers Ltd., 1997, p.245.

零维(zero dimension),如:

一尘落叶(零维)　　　　a drop of tear(零维)

一根扁担(一维)　　　　a string of beads(一维)

一片白云(二维)　　　　a slice of toast(二维)

一朵红花(三维)　　　　a ball of fire(三维)

由此可见,汉英许多量词能描写客观事物的形状,这是汉英许多量词的共享特性。我们认为,一个形状量词往往就是人类观察事物的一种视角,而一种视角就是一种意象图式,就是对客观事物的一种识解。对此,我们将在下文加以阐述。

三、汉英形状量词的意象图式性

反映客观事物形状的量词,即形状量词,往往是人们在认识并表达客观事物时采用特定视角的结果。如上所述,形状量词除对客观事物进行计量的功能之外,还对客观事物的状貌起描写的作用。然而,客观事物除内在特性彼此相异之外,在外在特征上也是各不相同,往往呈现出千形百态的外象。人们在观察事物时,若视角不同,进入眼帘或视觉呈现的事物形象就会有差异,这就如同摄影取景,摄影者若对所摄对象采取不同视角,就会拍摄出事物的不同形象。我们平常在游览名胜佳境时,往往会出现像宋代诗人苏轼在《题西林壁》这一首诗里所说的那样,"横看成岭侧成峰,远近高低各不同"。这实际上就是步移景换效应。形状量词是描述客观事物形象的,人们若表述同一事物采取不同的视角,就自然会使用不同的量词,这是产生"一物多量"现象的根本缘由。与此同时,这也昭示了一个形状量词就是人类观察事物的一种视角这一事实。若说"一朵云彩",是因为我们将视角聚焦于"云彩"的"朵"状,看上去像一朵花;若说"一片云彩",是因将视角聚焦于"云彩"的"片"状,看上去平而薄;若说"一团云彩",是因聚焦于"云彩"的"团"状,看上去呈圆形或球形;若说"一卷云彩",是因聚焦于"云彩"的"卷"状,云彩似乎被弯转裹成了圆筒形。若说"a bar of soap",是因聚焦于"soap"的"bar"形,看上去呈条状物;若说"a cake of soap",是因聚焦于"soap"的"cake"形,看起来呈饼状;若说"a chunk of soap",是因聚焦于"soap"的"chunk"形,看起来呈大片或厚块状;若说"a flake of soap",是因聚焦于"soap"的"flake"形,看上去显得十分扁薄。

在此需要进一步探究的是,一种视角往往就是一种意象图式。在此首先需要明了何谓意象图式。从术语本身可看出,意象图式包含两个内容:意象和图式,是"意象"和"图式"的统称。所谓"意象",就是指人们在感知并体验客观事物过程中所形成的抽象表征,是对一个客观事物由于"识解"(construal)方式的差别——凸显的部分不同,采取的视角不同,抽象化的程度不同等等——而形成的不同心理印象。① 而"图式",就是指人类关于客观事物的具有结构层次的认知单元,是一种固化的思维模式,也是一种业已抽象了的知识表征。从"意象"和"图式"这两个概念可看出,意象图式就是指人在与客观事物的日常交往中所形成的一种简单而基本的认知结构,是对意象的图式表征,表现出图式的固定型式(pattern)②③。这就是说,意象图式是业已抽象了的认知结构和知识表征,已脱离了事物具体而丰富的形象,是人类为了获取关于世界有意义的、相关的经验结构,反复运用一个固定型式对客观世界同一种关系进行理解和推理,形成自己熟知的感知、思维、行为的认知模式。汉英中的形状量词,恰恰就是意象图式的一个最佳诠释。譬如说,凡是对形状主要表现为扁平而且面积相对较大的事物,汉语大多可借用"面"这一形状量词加以计量和描述,如"一面琵琶/旗子/墙壁/镜子"等。再如"颗"这一形状量词,可用来计量并描述较小而呈圆形粒状的事物,如"一颗珠子/子弹/芝麻/汗珠"等。在英语中,大多成块或成团的事物,可借用"lump"加以计量和描述,如"a lump of cheese/clay/coal/soap"等。再如"roll",可用来计量并描述成卷形的事物,如"a roll of cloth/photographic film/paper/carpet"等。不论是"面"和"颗",还是"lump"和"roll",这些汉英形状量词均各自展现了一种意象图式,体现了事物对象的共有特征,不是用来描述事物对象具体而丰富的形象,而是舍去了事

---

① R.W.Langacker.*Concept Image and Symbol.*New York:Mouton de Gruyter,1990.

② F. Ungerer & H. Schmid.*An Introduction to Cognitive Linguistics.*London:Longman, 1996, p.160.

③ W.Croft & D.Cruse.*Cognitive Linguistics.*Cambridge:CUP,2004,p.44.

物对象各种具体细节后所形成的抽象表征和知识结构,彰显了人们感知这些事物的认知模式。其实,若要深刻理会意象图式这一概念,需要把握两个要点。一是客观事物意象图式在人脑中的形成,仰仗于人对客观事物的识解方式,而识解方式的重要因素是视角,即在很大程度上,视角是识解方式的决定因素,采用什么样的视角,往往就会有什么样的识解方式。如上所述,我们若聚焦于"云彩"的"朵"状,就会说"一朵云彩",这是因为在我们的头脑里,此时的"云彩"已看上去会像一朵花这样一个意象图式;若聚焦于"云彩"的"团"状,就会说"一团云彩",因为在我们的脑海里,此时的"云彩"看上去就会像圆形或球形这样一个意象图式。若聚焦于"soap"的"bar"形,就会说"a bar of soap",因为此时的"soap"在我们的脑海里就会形成看上去像条状物的意象图式;若聚焦于"soap"的"lump"形,就会说"a lump of soap",因为此时的"soap"在我们的脑海里就会形成像块状这样一个意象图式。由此可见,人类对客观事物所形成的特定意象图式,往往取决于人类对客观事物所采取的特定视角。由此我们可以进而言之,一种视角往往就是一种意象图式。把握意象图式这一概念的第二个要点是,既然说意象图式是一种抽象的或图式性的认知模式,那么我们需要明了,意象图式是一种视角定势的固化,是人类对客观事物的某一特征长期采取某种特定的视角逐渐累积而成的观察习惯。譬如说汉语中的量词结构"一峰骆驼",无疑是过去有人率先取用了骆驼的驼峰这一视角,将其喻作山峰的结果,久而久之形成视角定势。实际上,汉语中也有人在计量并描述骆驼时,将视角聚焦于骆驼的头部,将其表达为"一头骆驼";也有人将视角聚焦于骆驼呈长条形的躯体上,将其表达为"一条骆驼"。对骆驼的计量和描述,不论是采用"峰""头"还是"条"这样的形状量词,其实都是视角定势的一种固化,是逐渐累积而成的一种观察习惯。同理,在英语中,同样是计量并描述闪电,既可用"a shaft of lightning",也可用"a flash of lightning"或"a bolt of lightning"这样的量词结构。可以想象,很早以前有人当初看到闪电时,将视角聚焦于其细长而直的形状上,借用"shaft"对此情此状加以计量和描述,将其表达为"a shaft of lightning",随着时间的推移,这一视角遂成为定势并被固化。毫无疑问,若有人将视角聚焦于闪电红色强光的突发性和迅疾性上,那就会说"a flash of lightning";若将视角聚焦于其呈锯齿状的白色光耀的闪射性和疾逝性上,那就会说"a bolt of lightning"。显然,英语中这些量词的使用同样始于特定视角的选择,然后是视角的固定。这就是说,英语的形状量词,与汉语的一样,均是视角定势使然,是视角定势的一种固化。

从以上分析可以看出,视角在人们对客观事物形成意象图式的过程中起着十分重要的作用。二者之间的关系可以表述为:意象图式往往产生于视角,视角是意象图式的认知发端,而意象图式则是视角在人们认知心理的沉积。

四、汉英形状量词意象图式的不定性

上文提到,客观事物意象图式在人脑中的形成,有赖于人对客观事物的识解方式。这一结论的内涵就是,一种意象图式往往就是对客观事物的一种识解。在本文这一部分,我们需要对此加以深究。

首先,需要明确何谓识解? 在目前的认知语言学研究中,对"识解"的界定似乎尚无定论。Langacker 是在探讨"意象"这一概念时使用了"识解"这一术语,可对此并未提供明确的定义。[①] 张辉、齐振海在导读 Langacker 的《认知语法基础》(Ⅱ)[②]一书时对其作了界定,认为"识解是我们用交替的方式(alternate ways)对同一场景进行概念化的认知能力"。[③] 这一界定非常简明扼要,可使用"场景"这一术语来表达识解的认知对象,似乎有概念狭窄之嫌。我们认为,识解就是指人类以交替的方式对被认识的事物进行概念化的认知能力。对于这一界定,我们至少需要把握两个要点:一是"交替的方式";二是概念化。

先谈谈"交替的方式"。根据我们的理解,"交替的方式",就是指多视角转换。我们知道,世界上的任何事物,尤其是有形事物,其外在表现形式都不

---

① R,W.Langacker.*Concept,Image and Symbol*.New York:Mouton de Gruyter,1990,p.10.R,W. Langacker.*Foundations of Cognitive Grammar Vol.Ⅱ:Descriptive Application*.Stanford/California:Stanford University Press,1991,p.15.

② 张辉、齐振海:《认知语法基础》(Ⅱ),北京大学出版社 2004 年版,导读第 2 页。

③ R.W. Langacker. *Foundations of Cognitive Grammar Vol.Ⅱ: Descriptive Application*. Stanford/California:Stanford University Press,1991.

是单一的,往往是具体、复杂、立体和多侧面的统一体,而且其外部属性往往具有可见、可闻、可触的直观特征。上文提及的"横看成岭侧成峰,远近高低各不同"这句名诗,就精辟地道出了每一客观事物皆具有立体、多侧面的特征,生动地描写了事物不同侧面各有其成"峰"、成"岭"的外在表象。这就是说,对于同一个事物,若从不同的角度去观看,会有着不同的形态。横看、侧看、高看、低看、远看或近看,同一个客观事物在人脑中所形成的意象图式就会各有不同。在认识客观事物对象时,由于事物具有共其一体的多维性,使得我们可以多角度地加以观照。汉英中形状量词"一物多量"的语言现象就是因为人们在观察事物时往往会采取多角度加以审视以及客观事物本身的多维性特征使然。譬如说,在汉语中人们对同样一条鱼,若从不同的视角加以观察,就会形成不同的结果。若着眼于鱼的尾巴,就会说"一尾鱼";若着眼于鱼的形体,就会说"一条鱼";若着眼于鱼的头部,就会说"一头鱼"①,这是因为不论是使用"尾""条"抑或"头"这一形状量词,实际上均是对鱼的不同维度加以观察的反映。在英语中,人们同样是对"smoke"的观察,若从不同的侧面加以审视,也会产生不同的形态。若着眼于"smoke"升空后所形成的球形立体状,就会说"a ball of smoke";若着眼于"smoke"因受压力而射出的喷力,就会说"a puff of smoke";若着眼于"smoke"在空中所形成的大片的云雾状,就会说"a cloud of smoke"。这同样可以证明,英语中的形状量词"ball""puff"和"cloud"在以上例证中的使用,展露了人们因视角不同而对"smoke"所形成的不同意象图式。由此不难看出,人们在识解客观事物时,因以"交替的方式"或采取视角转换,最终在头脑中所形成的意象图式会迥然有别。对此,汉英形状量词的"一物多量"使用现象就是一个有力的佐证。

那么何谓"概念化"?"概念"是指反映思维对象及其属性的抽象思维形式。说得浅显一点,概念就是一种特定的心理表征,源自大脑对客观事物的感知。譬如说,我们看到一只梨时,大脑就会去感知这一只梨的形状、颜色、口味等。这些能被感知到的信息汇合起来会形成一个单一的心理意象,并因此而

---

① 汉语中,若说"一头鱼",在一般情况下往往是指这鱼在体形上比较庞大,如"一头鲨鱼""一头鲸鱼"等等。

产生对梨的概念。由此我们可以推知，所谓概念化，就是指为了认知某一客观事物而对其进行的一种抽象的心理表征。Langacker 提出，概念化就是指心理体验的任何一个方面，包括直接的体验，如感官体验、运动体验和情感体验等。① 这一观点与我们的观点并不相左。大脑对某一客观事物形成概念之前，首先是对这一客观事物的有关信息进行感知，而感知就是心理体验，关涉到感官、运动和情感等体验。在此问题的关键是需要把握概念的最基本内涵，即对认知对象的一种高度抽象。如果说概念的最基本内涵就是其抽象性，那么，概念化也无疑具有这一实质。而若概念化也具有抽象性，那么这就能说明概念化实际上就是意象图式化，因为我们在上文已经明确，意象图式就是业抽象了的认知结构和知识表征，而在此我们已经阐明，概念化也是对客观事物的一种抽象心理表征，已脱离了事物具体而丰富的形象，是对客观事物进行理解和推理，形成自己的感知、思维、行为的认知模式。如果根据我们在上文对识解的界定，识解就是指人类以交替的方式对被认识的事物进行概念化的认知能力，那么我们在此就不难推想，意象图式就是对客观事物的一种识解，是对客观事物的一种特定的定格化解读，是在观照客观事物时对其所形成的一种固化的心理表征和认知结构。

然而，当我们说意象图式是心理表征或认知结构的固化时，容易使人产生这样一个错觉：意象图式是一成不变的，永远是定格的。我们亟须对此加以关注。其实，意象图式非但不是固定不变，恰恰相反，它是动态的，具有不定性。上文的论述其实已充分说明了这一观点。尽管我们说意象图式是固化的，这也仅仅是指一种视角定势的固化，这是因为人类对某一客观事物的某一特征长期采取某种特定的视角而逐渐累积而成的观察习惯。但是，恰如上文所指出的那样，由于任何有形事物存在形式的多样性和复杂性，使它们往往具有多侧面的特点，加之人们在观察有形事物时各自所采用的角度不同，即由于观察的视角不同，对有形事物所形成的意象图式就会产生差异，使得有形事物在人脑中的意象图式具有动态的不定性。人们可以通过"局部放大""侧面延伸""整体把握"等不同方式，撷取有形事物的不同侧面或全部，删除事物的其他

---

①   R.W.Langacker.*Ten Leetures on Cognitive Grammar*.外语教学与研究出版社 2007 年版。

细节,形成不同的意象图式。譬如说,人们若将视角投放在"墙"的正面上,就会说"一面墙",这是"侧面延伸";若将视角投放在"墙"的长条形上,就会说"一道墙",这是"整体把握";若将视角投放于"猪"的头,就会说"一头猪",这是"局部放大"。由此可见,人们观察事物的视角不同以及有形事物的多维性,使得同一有形事物在人们的心目中的意象图式往往会有所不同。在此我们同时可以发现,同一件有形事物,在人们的心目中未必只有一种意象图式,可能会有多种意象图式的存在。在审视一件有形事物时,一旦视角发生转换,其意象图式就会随之发生变化。因而我们在此可以说,一件有形事物本无固定的意象图式,其意象图式随视角而生。一种视角会带来一种意象图式,而多种视角就会造就多种意象图式,由此不难看出,视角是有形事物在人们心目中形成意象图式的决定因素,是意象图式形成的前提。视角的不定性决定了意象图式的不定性。换言之,意象图式的不定性是视角不定性的结果。其实,正如《篱笆墙的影子》的歌词所说的那样:"山也还是那座山哟,梁也还是那道梁。"世界上的许多有形事物,其本身的形状往往不可能发生大的变化。但是,我们有时说"一座山",有时却说"一道山",或有时却又说"一面山";我们有时说"一道梁",有时却说"一根梁";在英语中,人们有时说"a blade of grass",有时却又说"a leaf of grass"。所有这些,都是因为人类作为认知主体,对同一有形事物采取视角转换的结果,即以不同的视角观察同一事物,摄取其不同的侧面或不同的特点,形成对同一事物不同的意象图式。

发生多视角转换的根本原因,在于人对客观事物的认知是自主自为的,而且往往具有创造性,明显带有主观化倾向,处位不同、意向不同、视角不同,都会影响客观事物在人脑中的不同意象图式。若如上文所说的,一个意象图式就是对客观事物的一种识解这一看法是正确的话,那么我们在此可以相信,对同一事物不同的意象图式,反映了人类对同一事物的不同识解。汉英语言中的"一物多量",在很大程度上就反映了同一有形事物在人脑中的不同意象图式,同时也彰显了人脑对同一有形事物的不同识解。这就恰如我们平常所说的那样,对事物的看法往往是智仁互见,对于同一有形事物,往往因视角不同而引发迥然有别的意象图式,由此生成意象图式的不定性。汉英中"一物多量"的量词使用现象,就是人类认知客观事物时意象图式不定性的一种折射。

五、结语

本文从对汉英形状量词"一物多量"现象的分析出发,可以清楚地得出结论:(1)是汉英中许多形状量词能描述有形事物的四个维度;(2)是一个形状量词往往能反映出人类审察事物时所采用的一种视角;(3)是一种视角往往就是一种意象图式;(4)是意象图式往往就是对有形事物的一种识解。通过对这四点认知现象的阐析,我们可进一步看出,一个形状量词往往就是一个意象图式,而客观事物在人摘中的意象图式往往会因认知主体的主观作用而发生转换。汉英语言中之所以出现"一物多量"的量词使用现象,是由客观事物本身的多维性以及认知主体的视角转换所致,由此所产生的直接结果就是认知主体对客观事物所形成的意象图式往往是动态的,具有不定性。

(本文原载《外语教学》2009 年第 2 期)

汉英表量结构中异常搭配的隐喻构建机制

一、引言

尽管汉语属量词标记型语言,而英语则属单复数标记型语言,但表量结构这一语言现象却为这两种语言所共有,用于对名词所代表的事物进行度量。随着人类物质生活的日益发达和精神生活的日益丰富,出现了越来越多灵活多变的名量之间的异常搭配(anomalous collocation),即在特定的情况下,人们故意违反名量之间的常规语义搭配规则,为达到一定的语言交际目的而使用的隐喻性名量搭配,如"一针绿草""一朵微笑""a flood of abuse""a thread of grace"等等。

我们的假设是,汉英表量结构中的名量异常搭配实质上是名量之间的隐喻性搭配关系。为行文方便,本文将首先根据异常搭配表量结构中量词词性的来源对其进行分类。在此基础上,本文以表量结构中名量之间的隐喻性搭配关系为基础,以意象图式理论作支撑,借用映射关系图式来分析名量异常搭配的隐喻构建机制。

二、意象图式理论和映射理论

由于意象图式理论和映射理论是本文重要的理论支撑,本文将首先对这两种理论分别作简要介绍。

（一）意象图式理论

意象图式主要包含两个内容，即意象和图式。意象是人们认知外部世界和了解事物之间联系的重要手段之一。所谓"意象"，是指人们在感知世界的过程中形成的抽象表征，是对客观事物形成的心理印象。① 图式理论是认知语言学探究语言认知构建与解读的重要理论。"图式"是对过去反应或过去经验的一种积极的发展模式，是一种组织好并易于驾驭的结构块②，可以较长期地储存于记忆之中，③随着人类日益丰富的经验而不断建构并不断更新。

意象图式作为"意象"和"图式"的统称，是人在与外界的日常交往中所形成的一种简单基本的认知结构。④ 我们在接触物质世界，与客观事物进行互动的过程中，形成了各种各样的抽象表征，即意象图式，这些意象图式在看似不相关的客观事物之间建立了某种联系。意象图式是我们认知过程中反复出现的某种型式，人们使用其种固定型式建构我们的身体经验。⑤ 意象图式具有高度的抽象性和概括性，它能够以类比的方式建构我们的身体经验，还可以借助隐喻来建构我们的非身体经验。⑥ 简言之，"意象图式就是指人们在认知世界的过程中，往往从自己已有的知识结构出发，基于自己的经验和背景去观照客观诸事物"⑦。根据以上的阐述，我们可以发现，意象图式是来源于人类具体经验的抽象表征，又被用于对抽象概念进行组织和理解。但是，需要特别说明的一点是，意象图式不是用来描述事物对象具体而丰富的形象，而是脱离了原事物的各种具体细节后所形成的抽象表征和知识结构。王文斌指出，一

---

① R.W.Langacker.*Concept, Image and Symbol.*New York：Mouton de Gruyter，1990.

② F.C.Bartlett.*Rememberirg：A Study in Experimental and Social Psychology.*Cambridge：Cambridge University Press，1932.

③ 王寅：《认知语言学》，上海外语教育出版社 2007 年版，第 175 页。

④ F.Ungerer & H.Schmid *An Introduction to Cognitive Linguistics.*外语教学与研究出版社 2001 年版，第 160 页。

⑤ M.Johnson.*The Body in the Mind：The Bodily Basis of Meaning, Imagination and Reason.*Chicago：The University of Chicago Fress，1987，p.29.

⑥ G.Lakoff.*Women, Fire and Dangerous Things.*Chicago：The University of Chicago Press，1987，p.453.

⑦ 王文斌：《汉英"一量多物"现象的认知探因》，《外语教学与研究》2008 年第 4 期。

个形状量词往往能反映出人类审察事物时所采用的一种视角,而一种视角往往就是一种意象图式,而且常常就是对有形事物的一种识解。① 譬如说,汉语"一叶扁舟"中的量词"叶",在计量"扁舟"的同时,也描绘出了"扁舟"如同一片小树叶的意象图式。"扁舟"有许多具体而丰富的外观,在此借用"叶"这一量词来描述,显然舍弃了"扁舟"的其他各种具体细节,仅突显其小而轻的特征,这是观察"扁舟"的一种视角,也是对"扁舟"的一种抽象表征,蕴含着对"扁舟"的一种认知识解。

(二) 映射理论

隐喻映射理论是认知语言学的重要理论之一。Fauconnier② 指出,隐喻映射是"人类认知的独特能力之中心"。Lakoff 和 Johnson 认为,隐喻的本质是用一种经验域(始源域)来理解另一种经验域(目标域)。③ 这两个概念域之间的关系就是映射关系。换言之,"从认知角度看,一个隐喻就是将某一始源域模型的结构映射到一个目标域模型的结构"④。在《超越冷静的理性:诗性隐喻实践指南》(*More than Cool Reason:A Field Guide to Poetic Metaphor*)一书中,Lakoff 和 Turner 认为,映射就是两个概念域(始源域和目标域)之间的对应集。⑤ 这一对应集可能是"此事物与彼事物的外在表象联系",也可能是"此事物与彼事物的内在特性的关联",也可能是"两者兼而有之的关系"。⑥ 也就是说,在从始源域到目标域的映射过程中,并非将始源域的所有特征都映射到目标域,而是有一个隐喻聚焦的过程。换句话说,始源域只有一部分特征进

---

① 王文斌:《论汉英形状量词"一物多量"的认知缘由及意象图式的不定性》,《外语教学》2009 年第 2 期。

② G.Fauconnier.*Mappings in Thought and Language.*Cambridge:Cambridge University Press,1997,p.1.

③ G.Lakoff & M.Johnson.*Metaphors We Live By.*Chicago:The University of Chicago Press.1980,p.117.

④ F.Ungerer & H.Schmid.*An Introduction to Cognitive Linguistics.*外语教学与研究出版社 2001 年版,第 120 页。

⑤ G.Lakoff & M.Turner.*More Than Cool Reason:A Field Guide to Poetic Metaphor.*Chicago:Chicago University Press.1989,p.4.

⑥ 王文斌、林波:《论隐喻中的始源之源》,《外语研究》2003 年第 4 期。

入焦点,成为映射的对象，而其他方面的特征则在聚焦的过程中被隐藏或抑制①。

映射作为基于经验之上的概念映射,表现为"一种具有完型性质的图式结构"②。隐喻中始源域和目标域之间的映射主要通过以下四个方面得以实现:一是始源域的概念被映射到目标域之上;二是存在于始源域中的诸种关系被映射到存在于目标域的诸种关系之上;三是存在于始源域中的诸种特性被映射到存在于目标域的诸种特性之上;四是存在于始源域中的知识被映射到目标域的诸种知识之上。③ 譬如说,英语"a wedge of swans"中的量词"wedge"是将事物的楔形状映射到"天鹅"的人字形组队飞行特征上,借此来表达"一群天鹅",而"a pride of eagles"中的量词"pride",在表示"一群鹰"的同时,将事物的高贵概念映射到"鹰"上,借此表明人类对"鹰"所隐喻的优秀品行的认可和敬重。

三、异常搭配表量结构及隐喻性量词的分类

（一）异常搭配表量结构

当我们对某种语言的运用能力达到熟练的程度时,我们的大脑中会储存一定的有关词语搭配或词语同现的知识。因此我们听到或读到某一词项时,会自然而然地期待与之相衔接的词项,即语义上符合搭配规则的词项,这种现象被称为选择倾向（selection preference）④。然而,所出现的词项一旦不符合我们的心理期待,或者说违背了我们的选择倾向,我们就会感觉陌生和异样,这样的非常规搭配我们称之为异常搭配。日益发达的抽象思维使得人们常常

---

① 刘正光:《隐喻映射的本质特征》,《外语学刊》2003 年第 3 期。
② 王文斌:《隐喻的认知构建与解读》,上海外语教育出版社 2007 年版,第 34 页。
③ G.Lakoff & M.Turner.*More Than Cool Reason:A Field Guide to Poetic Metaphor*.Chicago:Chicago University Press.1989,pp.63-64.
④ 钱媛:《对 COLLOCATION 的再认识》,《外语教学与研究》1997 年第 3 期。

以看似不合逻辑和不合常规搭配规则的陌生化语言来表达一个普通的事物或场景,给读者以一种强烈的视觉冲击和无限的想象空间。同理,人们在使用表量结构的时候,在某些特定的情况下,为了创造一种新奇脱俗的效果,也常常故意违反名量词之间的常规语义搭配规则,如"一颗水""两粒人""six feet of hope""a flood of vanity"等,这就是本文要着重分析探讨的异常搭配的表量结构。

这些名量异常搭配看似不合常规,但在特定的情况下不仅合情合理,所创造出来的表述效果有时候甚至令人称奇。我们发现,这些异常搭配的表量结构中名量词之间常常隐含着隐喻关系,即在名词和量词所代表的两个语义域之间存在着互动的映射关系,因此我们也称异常搭配的表量结构为隐喻性名量搭配。本文将重点探讨汉英名量异常搭配背后共同的隐喻构建机制。

(二) 隐喻性量词的分类

在隐喻性的表量结构中,很多量词都是由其他词类借用而来。根据异常搭配表量结构中量词词性的来源,我们发现,主要有以下三类隐喻性量词:量词性量词、名词性量词和动词性量词。

1. 量词性量词

量词性量词有三类,第一类是度量衡量词,专门用于对事物的重量、长度、容量、面积等进行度量,如"吨""寸""gallon""acre"等。这些词通常只出现在表量结构中。第二类是容器型量词,即通常是用于承载或容纳的物体。用于表量结构中时,这些量词通常表示名词所代表的事物的量。如"一车钢材/a truckload of steel""两袋书/two bags of books""三盒火柴/three boxes of matches"。第三类是在时间长河中历经冲刷后语法化了的量词,它们通常由其他的词性转化而来。如"个""张""piece""flock"等。

量词性量词常见于表量结构中,用于对某种事物进行度量,但当它们与表量结构中的名词之间发生语义冲突,或者说违反了常规语义搭配规则时,它们就是本文所讨论的隐喻性量词。如"一缸水"是常规的表量结构,表示"水"的量是"一缸"。但如果与"眼泪"搭配,构成看似不合常理的"一缸眼泪",那么在这一表量结构中,"缸"便是隐喻性量词,夸张地表示流泪之多。再如"a bunch of flowers"和"a bunch of girls"。前者很明显是常规的表量结构,表示被扎成一束的鲜花,而后者则带有隐喻的味道,表示聚集在一起的一群女孩。

2. 名词性量词

很多专业量词都是由名词转化而来,这也是在许多语言中量词被归到名词类的主要原因。名词性量词不同于由名词转化而来的已经语法化了的量词,它们只是暂时性地从名词类中借用到表量结构中。一旦离开表量结构,它们就只能被归于名词类。即便在表量结构中,这些量词也并非主要对所表述的名词进行度量,而是给读者提供它们所代表的意象。

我们来比较一组表量结构——"一头骆驼"和"一峰骆驼"。前者的"头"一旦脱离表量结构仍然是名词,但在"一头骆驼"这个表量结构中,它作为名词的意义已经被弱化,仅仅是一个量词而已。而后者的"峰"是临时从名词里借用来充当量词的,尽管在这一表量结构中充当量词,但它作为名词的含义仍然饱满,让人联想到它所代表的起伏山峰的意象。因此,"头"属于量词性量词中的第三类,而"峰"则是名词性量词。再来比较一下"a piece of news"和"a flood of news"。"piece"和"flood"在此都充当量词的角色,但"piece"除了帮助度量名词"news"的数量外,没有其他的作用,也不具备其他的含义,是一个量词性量词。而"flood"在表量结构中,不仅帮助对名词"news"进行度量,还把"flood"的意象映射到其描述的名词"news"上,使人联想到大量的"news"如洪水般涌来,是一个名词性量词。

3. 动词性量词

和名词性量词一样,动词性量词也是暂时性地由动词类借用而来,临时用于表量结构。一旦脱离表量结构,就不被当作量词。而即使放在表量结构中充当量词,其动词词义仍然饱满。我们知道,量词里也有很多是由动词转化而来的,如"串""堆""drop""surge"等。我们有必要将名词性量词和这一类量词区分开来。比较一下"一串豆荚"和"一垂豆荚"中的"串"和"垂"。这两个量词都是来自动词。但前者用于"一串豆荚"这一表量结构中时,无法给读者以陌生感,仅仅表示豆荚的量,它与"豆荚"在语义上符合常规搭配规则,是语法化了的量词性量词,而"垂"通常不用于表量结构,一旦用于表量结构,马上给人以一种新鲜感,同时将自身所包涵的词汇意义——"自然悬挂下来"——

赋予了它所表述的名词所代表的事物,让人联想到豆荚自然垂挂在枝头的状态。另外,我们再来比较一下"drop"和"surge"。二者单独使用时,都是词汇意义饱满的动词,但是一旦置于表量结构——"a drop of water"和"a surge of water"中时,我们发现,前者构成常规表量结构,其作为动词的词汇意义"从高处往下掉"已经不复存在。而后者却给人的视觉以强烈的冲击感,令人自然而然地联想到"water"的汹涌澎湃之势。在这种情况下,"drop"如果用于异常搭配的表量结构,属于量词性量词,而"surge"作为动词性量词,只要置于表量结构中,它与名词所构成的搭配就一定是异常名量搭配。

四、异常搭配表量结构的隐喻构建机制

在对汉英表量结构中名量异常搭配的语料进行分析后,依据名量搭配之间的隐喻关系,即量词和名词所代表的两个意象之间的映射关系,我们归纳出异常搭配表量结构的隐喻构建机制的两种意象模式——静态意象模式和动态意象模式。

(一) 静态意象模式

所谓静态,主要是指表量结构中的量词描述的是静止的状态。汉英异常搭配表量结构隐喻构建机制中的静态意象模式包括显性意象模式和隐性意象模式。

1. 显性意象模式的名量异常搭配

在显性意象模式的名量异常搭配中,量词代表始源域,名词代表目标域,名量之间的关系是始源域和目标域之间的直接隐喻关系,也就是说,这一类隐喻性表量结构的映射关系直接发生在名量词之间,是显而易见、直观可视的。人们在感知、体验外界事物的过程中,对事物形成了一定的抽象表征。异常表量结构则通过意象图式化的手段对名词和量词所代表的事物之间共同的抽象表征进行了高度的概括。这一类异常表量结构中的量词主要由词汇意义饱满的名词性量词来充当。如:

（1）一镰残月，斜挂西天，发出惨淡的光。（http：//bbs.culture.163.com/board/lsj/759/10759.html）

（2）只要，只要，只要一个微笑。/初春，硬土中一针绿草。/雨停，云隙里一缕斜照。（刘举，《一个微笑》）

（3）The actor looked out from the stage onto a sea off aces.（《朗文当代高级英语词典》）

（4）They never intended to construct a wall of hostility between government and the concept of religious belief itself.（http：//www.newswithviews.com/Bresna-han/david10.htm）

对这四句话中的异常搭配表量结构进行分析，我们不难发现，名量词之间的关系可以用"A 像/如 B"或"A is like B"来表述，其中 A 代表名词，B 代表量词。如"残月如镰""绿草如针（般尖细）"，"So large a number of faces（of the audience）gather together（in the theater）that they look like the sea""The hostility is like a wall that prevents the two parties from understanding or communicating well with each other"这一类异常表量结构的名量之间的隐喻性映射关系，我们可以图示如下：

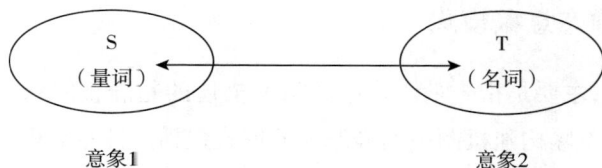

图 1　异常搭配表量结构中显性意象模式的隐喻构建
（S 代表始源域，T 代表目标域）

2. 隐性意象模式的异常搭配表量结构

所谓隐性，是指映射过程不直接发生在表量结构中的名量词之间。在隐性意象模式的异常搭配表量结构中，量词不是直接充当始源域的角色，而是作为始源域的载体，在始源域和目标域之间起中介作用，在二者之间建立关联，其中的量词通常由量词性量词来担任。如"一寸光阴"和"a herd of linguists"。由于是专门用于描述甲类事物的量词被临时借用于描述乙类事物，这一类名量异常搭配也叫"错位型搭配"①。

量词语言能标示其名词为某一范畴的成员,但并非每个成员在该范畴中拥有相同的地位,而是有些成员相比其他成员更具有典型性,那么这个最具有突显性和代表性的成员是该范畴的原型。② 如"纸"和"paper"分别是量词"张"和"sheet"所描述的名词范畴中的原型。名词所代表的客观事物通过与量词的搭配而进入了这一量词所代表的范畴,它与其他范畴成员所共有的相似性特征因此得以突显。这也是一种范畴化的过程,是建立在意象图式基础上的范畴化。因为在这一范畴化过程中,名词所代表的客观事物并非所有的具体细节的特征都得以表征,而是对其部分特征进行了抽象的认知组构。因此,在异常表量结构中,量词性量词往往能让读者联想到它所描述的原型名词所代表的事物,量词起着在原型名词所代表的始源域的意象和名词所代表的目标域的意象之间建立映射关系的中介作用,如图2:

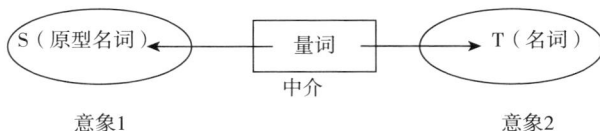

图 2　异常搭配表量结构中隐性意象模式的隐喻构建

(5)金达莱,一大片,一大片的,鲜红娇艳,一朵花,一朵青春,每朵花都是展开眉眼用笑脸迎着春天。(杨朔,《三千里江山》)

(6)一回首,枝头漫不经心斜斜挑一枚酡红的太阳。(符利群,《西溪,西溪》)

(7)Dawn begins to slice a loaf of sky.(J.Cook,*Fiona Returns to the Flat on the Place du Châtelain*)

(8)I'll never forget a conversation I overheard between a gaggle of mothers not long after I became a new mother.(http://findarticles. com/p/articles/miqn4179/is20070114/ain17128411)

---

① 毛智慧:《英汉表量结构中物量词的隐喻构建机制》,《宁波大学学报》2008 年第 1 期。

② W.Croft & D.Cruse.*Cognitive Linguistics*.Cambridge:CUP,2004,p.77.

以上的四个例句中,"朵""枚""loaf"和"gaggle"在一般情况下分别用来描述花(如"一朵花")、呈扁平状的圆形硬币(如"一枚硬币")、条状的面包(如"a loaf of bread")和鹅群(如"a gaggle of geese"),但在这四句话中,它们却用于描述不属于同一语义域的事物。施喻者依据自己对世界的经验,通过量词性量词的使用在量词描述的原型名词所代表的事物和名词所代表的事物之间建立了关联。原型名词所代表的事物作为始源域,其中的某些特性被映射到作为目标域的名词所代表的事物之上,如"青春像花儿一样美丽""太阳如一枚硬币般圆润、轻巧而单薄""The sliced sky is shaped like a loaf of bread""The mothers gather together and talk noisily like a gaggle of geese"。

值得一提的是,当这一类隐喻性量词中的度量衡量词以及承载型量词被用于表述与其在语义特征上无相容之处的名词,即一些无法度量或无法承载的抽象事物时,把它们所衰述的原型名词所代表事物的形状特征赋予了异常搭配中的抽象事物,使其可见可闻,可触可摸,生动而形象。当精确度很高的度量衡量词用于表述模糊度较高的抽象名词时,能够营造虚实交错的立体化表述效果,耐人寻味。较大的度量衡量词通常用来表示所表述的抽象事物的强烈,反之,表示抽象事物的细微弱小。如:

(9)唉!买上五两精细的东西,常常要搭配上一斤蔑视的粗鲁;扯上七尺的确良布,往往要同时量上两丈最差的服务态度。(李松涛,《我又来啦!王府井》)

(10)An ounce of prevention is worth a pound of cure.

而当边界清晰的承载型量词用于表述边界模糊不可捉摸的事物时,其虚无缥缈的性状似乎变得伸手可触,生动可感而有所依托,由此产生巨大的想象空间。而原本处于静态的具体的承载型量词在与富有情趣或感情色彩的名词搭配使用的过程中,也沾染了名词所代表事物的性状而变得鲜活生动起来。如:

(11)那榆荫下的一潭/不是清泉/是天上虹/揉碎在浮藻间/沉淀着彩虹似的梦。(徐志摩,《再别康桥》)

(12)Pour in a cupful of trust and a handful of hugs.Sprinkle in 2 teaspoons of consideration.(http://jerichoschools.org/seaman/classrooms/grade4/iraggi/Friendship_recipes/douglas_friendship_recipe.htm）

（二）动态意象模式

所谓"动态"，我们在此是指表量结构中的量词表达某种动作或行为，而不是静态的状态。因此，此类表量结构中的隐喻性量词主要由动词性量词来承担。动态意象模式的表量结构主要有两种：主动意象模式和被动意象模式。

1. 主动意象模式的异常搭配表量结构

在主动意象模式的异常搭配表量结构中，借用词汇意义饱满的动词作量词来表述名词所代表事物的行为动作。这一组表量结构的映射关系并非直接发生在名量词之间。确切地说，是在名词所代表的静态意象和量词所代表的动态意象之间存在着互动的映射关系。在二者之间的互动映射作用下，动词性量词赋予了名词所代表的事物以动态的性状特征，或者说，名词所代表的事物最显著的动态特征通过表量结构中的动词性量词而得以凸显和激活，我们称之为活态意象（activated image），如图3：

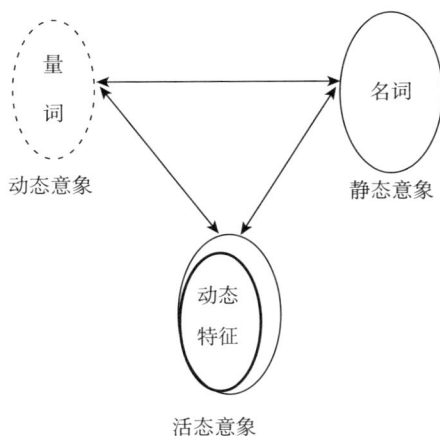

图3　异常搭配表量结构中主动意象模式的隐喻构建

在这类异常表量结构中，动词性量词除了对客观事物进行计量外，还凸显了事物的动态特征，表现了观察者的独特视角，同时也激发了读者对事物某种动态意象的想象。如：

（13）黑色孵着一流徐缓的小溪，和水里映衬的惨淡的云霞。（焦菊隐，《夜器》）

（14）一涼颜色飞上了树。／"看，一只黄鹂！"有人说。……（徐志摩，《一只黄鹂》）

（15）Finally she roused herself and began a gush of enthusiasm for Mr.Darcy, that made Elizabeth glad that he wasn't there to observe it.（Marks, Mr.Collins' Proposal）

（16）We produce a steady flow of labor saving devices; we communicate rapidly through faxes, phone calls or Emails（《新视野大学英语读写教程》Book II:3）

以上四个例句中，借用动词作为量词与名词结合于表量结构中，寓动于静，动静结合，构成一幅鲜活而生动的画面。这四个表量结构中的名词和量词可分别作为主语和谓语来构成一个完整的句子，其中名词为施事者。如"小溪流淌"，"（某种）颜色掠过"，"The feeling of enthusiasm is gushing（from inside）"，"The labor saving devices, which have been produced, are flowing steadily（into the market）"。

2. 被动意象模式的异常搭配表量结构

和主动意象模式一样，被动意象模式的异常搭配表量结构中的量词也是由富有动感的动词性量词来充当，使画面栩栩如生，富有韵味，意蕴隽永。不同的是，这种情况下量词不是名词所代表事物自身所施行的行为或动作，而是名词所代表的事物作为受事者被施予的行为动作。因此，我们称之为被动意象模式。需要指出的是，这里的"被动"不是句法意义上的"被动"句式，而是指表量结构内部名词与量词之间语义上的被动关系。

任何客观事物的存在方式都具有多样性和复杂性，而对其施予的任何行为都有可能改变其形状特征而使之呈现出某种不同的意象。这类表量结构中的动词性量词往往能够凸显客观事物被某一行为或动作作用后在施喻者心中所形成的全新的意象图式。在这类异常表量结构中，映射在名词所代表的静态意象和动词性量词所代表的动态意象二者之间相互作用，在某种程度上改变了名词事物的原始状态。因此，名词和量词通过表量结构所描述的通常是

名词事物被施予量词行为动作之后的状态,我们在此称之为"新显意象"(acted image),如图4:

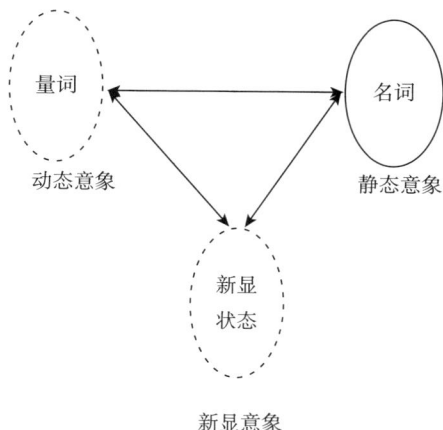

图4 异常搭配表量结构中被动意象模式的隐喻构建

(17)戏鸾双舞驾天风,云满虚空,一剪玉梅花小,九霞琼醴杯浓。(张抡,《画堂春》)

(18)更想念那一掬秋水,明澈无尘,想念弯弯山道旁绚烂的红枫,把黄昏的秋天点缀得生气勃勃。(http://www.huapopo.com/flowerbox/text/02-04.htm)

(19)…when you enter your business premises, take a pinch of powder and blow it into the air(http://www.eaglespiritministry.com/teaching/ec/bspc.htm.)

(20)He ordered them to bring in a bundle of sticks, and said to his eldest son: "Break it." (*The Father*, *His Sons*, *and The Bundle of Sticks in Aesop's Fables*)

仔细分析以上四个例句中的表量结构,我们发现,可以用动宾无主句对这一类表量结构进行表述,如"剪一枝玉梅花""掬一把秋水""to pinch some powder""to bundle some sticks"。

五、结语

量词的使用表达了施喻者对名词所代表事物的认知过程,表现了施喻者在感知体验名词所代表的客观事物的过程中在大脑中所形成的抽象表征,即意象图式。名词与量词之间的隐喻性搭配关系所反映的是人们对名词所代表的范畴的理解和认识,是两个意象之间的映射关系。本文以意象图式和隐喻映射为理论支撑,考察了汉英表量结构中异常搭配背后的隐喻构建机制。经过分析探讨,我们发现,不管是量词标记性的汉语系统,还是单复数标记型的英语体系,异常表量结构中所使用的量词都反映了施喻者对客观事物观察和体验的独特视角所形成的独特的意象图式。英汉表量结构中名量之间的异常搭配关系遵循着同样的认知模式,即静态意象模式(其中包括显性和隐性两种意象模式)和动态意象模式(其中包括主动和被动两种意象模式);同时也遵循着同样的认知规律,即事物的属性不是选用量词进行分类的唯一标准,而更多的是事物与事物之间的关系。对于量词的选择取决于名词和量词所指之间的关系本质。

(本文原载《外国语文》2009 年第 3 期,人大复印资料《语言文字学》2009 年第 11 期全文复印转载)

矛盾修辞法的张力、成因及其认知消解

一、引言

不论在汉语还是英语中,均普遍存在矛盾修辞法的语言表达,如:

汉语	英语
无事忙	true lies
虽死犹生	laborious idleness
为了忘却的纪念	cruel kindness

矛盾修辞法常能表现事物的内在矛盾,含义深刻,寓意隽永。对此的前期研究,多半聚焦于其结构形式、修辞特征或语用功能,如赵永冠[①]、王叔新[②]等。在新近几年,已有学者[③][④]对矛盾修辞法的探索转向认知考察,以概念合成理论或以辩证思维(dialectical thinking)为理论依据对此展开讨论,在学术视角方面取得了可喜的突破。然而,二者均尚未深度阐析存在于矛盾修辞法的张力、成因及其特殊的认知消解机制,而且也尚未深刻剖析反映事物对象的矛盾修辞法所固有的内因与作为认知主体的解读者所产生的认知外因之间的互为关系。本文拟围绕矛盾修辞法的张力、成因及其认知消解这三个主要方

[①] 赵永冠:《浅论英语矛盾修辞法的结构形式及修辞功能》,《洛阳师范学院学报》2002年第6期。

[②] 王叔新:《论汉语矛盾修辞法的修辞功能和特点》,《四川师范学院学报》2003年第3期。

[③] 张旭:《矛盾修辞法的认知语义学研究》,博士学位论文,河北大学2006年。

[④] 王叔新:《试论矛盾修辞的逻辑意义》,《台州学院学报》2006年第1期。

面展开讨论,借以窥探其本质、消解的认知运作机制以及主客体的互为性。

二、矛盾修辞法中的矛盾及其张力

矛盾修辞法指的是两个语义背向的词语共存于一身,在矛盾的对立统一基础上,由不和谐的元素绤成和谐的新秩序,在充满矛盾的力量动向中寻求统一性,在饱含张力的一体中获取贯通性。在此,有两个重要概念需要阐述:一是矛盾,二是张力。

(一) 矛盾修辞法中的矛盾

我们认为,所谓矛盾修辞法,就是指在语言交际中将两个在语义上彼此相悖的词语并置在一起,使其共处一体,化对立为统一,表达事物对立统一的特性。其英语术语"oxymoron",源自古希腊词"oxus"(锋利的)和"moros"(愚蠢的),意即"sharply stupid"(敏锐的愚钝)。显然,"oxymoron"一词本身就呈现了矛盾修辞法,具有相互矛盾的语义组合元素。国内对此至少有三种译法:矛盾修辞法、矛盾修饰法、矛盾形容法。本文采用第一种译法。

就一般意义而言,矛盾是指对立的事物互相排斥。然而,在辩证思维中,所谓矛盾,是指事物内部诸要素之间相互依赖而又相互排斥的关系。① 这就是说,辩证矛盾恰恰是事物的一种规定性,②恰如北宋张载在《正蒙·太和》中所言:"不有两则无一",意即若没有对立面也就没有统一体。诚然,对立统一规律是辩证思维的核心,要求人们既要看到事物矛盾的斗争性,又要看到其统一性。语言交际中的矛盾修辞法,就是事物对立统一规律的一种外在表现,是人类辩证思维在语言中的一种具化,是对事物进行辩证思维的一种认知结果。在矛盾修辞法的语言表达中,两个语义相反的词语就是一对对立统一体,具有明显的统一性特征:两个词语共居于一个统一体,双方相互依存,互为贯通,并

---

① 《现代汉语词典》(2002年增补本),商务印书馆2002年版,第857页。
② 马佩:《辩证思维研究开封》,河南大学出版社1999年版,第177页。

且可以相互转化。譬如"silent scream"（无声的呐喊）这一矛盾修辞法，就是一对矛盾统一体。按常理，既然是"silent"，就无所谓"scream"，而既然是"scream"，也就无所谓"silent"，二者原本互相对立，可在此却共处于同一整体，形成辩证关系，虽语义相反，却在这一矛盾修辞法中共存，相互倚重，并可能会走向彼此，既可能是"无声的呐喊"，又可能是"呐喊的无声"，让人在无声中听到呐喊，又能让人在呐喊中感觉到无声。

从以上分析不难看出，矛盾修辞法中的"矛盾"，实际上是事物的规定性，具有二元性、对立性、贯通性这三个特点。说其具有二元性①，是因为矛盾必然会牵涉到事物的两个方面，一方的存在必然以另一方的存在为前提。说其具有对立性，是因为矛盾所涉及的事物两个方面，是彼此冲突的，具有斗争性和排斥性，否则，就难以构成矛盾双方。说其具有贯通性，是因为矛盾双方尽管具有彼此对立的特性，但在特定条件下，两者可以相互依存，相互转化，形成相互贯通的态势。为方便表述，我们在此将矛盾的这三个特点表述为语义矛盾的相析性、相峙性和相容性，其道理是，语义矛盾既然具有二元性，那就必然具有分解性，即二者具有相析性；既然是语义矛盾具有对立性，那么其中的矛与盾就必然具有相峙性；既然语义矛盾具有贯通性，那么二者就必然具有相容性。关于解读者对这"三性"的认知，我们将在本文第四部分阐述。

（二）矛盾修辞法中的张力

"张力"一词最早见用于物理学，指物体受到两个相反方向的拉力作用时产生于其内部的互相牵引力。我们说矛盾修辞法具有张力，是由于两个语义相反的词语会产生具有互动作用的力，即互相牵引力，而不是单向的力，若其中一方缺席，另一方就随之消失，矛盾修辞法也随之解体。譬如说"聪明的糊涂"，内含"聪明"与"糊涂"这两个语义相反的词语，尽管相互排斥，可在彼此排斥中衍生一种互相牵引力，即张力，两者相互依存，在语义的矛盾碰撞中产生互动，形成有机的统一，即糊涂中有聪明，聪明中有糊涂，让解读者在"聪

---

① 值得一提的是，在此所说的二元性，并不是非此即彼的二元对立，而是既此又彼的对立统一。

明"与"糊涂"的语义两极抗衡中往返游移,顿悟其义,识解出"聪明的糊涂"是一种大智若愚式的糊涂,即郑板桥所言的"难得糊涂"。

由此可见,我们说矛盾修辞法具有张力,是指矛盾修辞法本身固有的那种既彼此冲突又相互融合的语义关系。其要害就是两个构成元素在矛盾与统一中构成具有互动作用的牵引力。

矛盾修辞法就是对冲突和联系的包孕。共处一体并相互联系的冲突因素,可以说是矛盾修辞法张力得以产生的直接动力。它们在语言交际中之所以如此普遍存在,就是因为充满张力,在两个彼此冲突的元素所构成的统一体中,双方并不消除对立关系,而是在彼此抗衡中互相衬映,使解读者的思维在充满张力的两极中共振,在二元概念的矛盾性撞击下产生交织,参悟事物对立统一的真谛。我们认为,事物具有内在的对立统一性,就是张力,会使事物的对立双方产生内聚力(cohesive force),由此带来耦合效应(coupling induction)。

内聚力是一个化学术语,指同种物质分子间的自聚力或物质分子间的相互作用力。我们在此借用这一术语,来描述矛盾修辞法中的矛盾双方通过相互作用而聚集到一起的力量。如"为了忘却的纪念",源自鲁迅先生为纪念"左联"五烈士,于1933年写下《为了忘却的纪念》这篇著名散文。鲁迅虽然对当时国民政府的暴行感到愤慨,但同时又感到无奈。然而,他清醒地看到,一味地去哀痛是无谓的,唯有在沉默中爆发才能赢得胜利。所以纪念就要忘却。但也不是真的忘却,而是深藏心底,化为行动。要忘却的是一味的悲痛,而要纪念的是当时几位青年作家的精神。这纯然是为了忘却而不能忘却的纪念。由此,"忘却"和"纪念"这一矛盾统一体依凭相互作用而内聚在一起。恰恰是因为这样一种内聚力,才带来了一种耦合效应。耦合原是一个电子学术语,指电网络的输入与输出之间存在紧密配合与相互影响,并通过相互作用从一侧向另一侧传输能量的现象。简言之,耦合就是指两个实体相互依赖于对方的一个现象。在矛盾修辞法中,两个原本相互对立的事物,一旦内聚在一起,就会相互影响,并通过相互作用而彼此传输,产生耦合效应,此外,矛盾双方的耦合还涉及量度的问题。如在1925年5月5日美国发生的著名"猴子审判"案中,被告 Scopes 因为传播达尔文的进化论而被指控犯罪,他使用了"victorious defeat"（胜利的失败）这个短语来描述他在法庭上的遭遇。虽然法庭最终判决他有罪，这是一个"defeat"，可他通过这一失败能使进化论深入人心，这不能不说是战胜"神创论"的一个"victory"。由此可见，在这一矛盾修辞法中，"defeat"与"victory"相互依赖，相互影响，产生耦合互动作用，但这种作用是倚仗于对方的量度为前提的，若是一个彻底的"defeat"，那就不可能是"victorious defeat"，反之，若是一个彻底的"victory"，同样也不可能是"victorious defeat"。因此，矛盾修辞法存在的一个先决条件，就是其中的任何一方都没有超出限度，否则就会只剩其中的一方，即"defeat"就是"defeat"，而"victory"就是"victory"。由此说明，矛盾修辞法中的矛盾双方是你中有我，我中有你，其关系能成为一种耦合互动，关键是度的问题。正如英语矛盾修辞法"bitter sweet memories"可汉译为"苦甜参半的回忆"一样，"苦"与"甜"是各占其半，两者处于耦合互动之中。

简言之，张力是矛盾修辞法得以普遍存在的真正魅力，也是其语义的实质，关键就是既对立又统一，形成内聚力，产生耦合效应。说得彻底一些，张力就是矛盾，矛盾就是张力。

三、矛盾修辞法张力的成因

众所周知，语言是思想的载体，而思想是语言表述的根据，彼此的关系是树与皮的关系，树不存，皮将焉附。矛盾修辞法也不例外，显然属于语言层面，是人类思想的外在表征。反而言之，人类的思想是矛盾修辞法赖以生存的基础，是矛盾修辞法所依附的根本。因而，我们讨论矛盾修辞法张力的成因，就不能不谈人类思想张力的成因。

马克思、恩格斯曾经说过，观念的东西不外是移入人的头脑并在人的头脑中改造过的物质的东西而已。① 换言之，人类的思想是事物在人脑中的反映，是现实在人类思维中的折射。所以，我们探讨人类思想张力的成因，显然不能

---

① 《马克思恩格斯选集》（第二卷），人民出版社 1972 年版，第 217 页。

游离于事物张力的成因之外。简单地说,语言与思想与事物三者之间的关系是语言凝化思想,思想反映事物。因此,我们在此探究矛盾修辞法张力的成因,最根本的就是索解事物张力的成因。

王叔新指出:"事物运动发展的量变阶段仅是事物发展的第一阶段,事物发展经过一定的量变,必然要进入质变阶段。因此,'A 是 A 又是非 A'乃是事物由于矛盾发展而形成的矛盾转化的反映。"①此番话至少涵盖三层意思。其一是事物的发展一定会从量变走向质变;其二是矛盾推动事物的量变和质变;其三是事物的发展走向质变时矛盾双方会走向自己的对立面,也就是"A 是 A 又是非 A"。其实,矛盾才是事物发展的源动力。矛盾存在于一切事物,每一事物的变化发展自始至终都伴随着矛盾运动,矛盾的斗争性推动事物的量变,也推动事物的质变。如前文所述,所谓矛盾,就是指事物之间或事物内部诸要素之间互相依赖而又互相排斥的关系。简言之,矛盾就是对立统一。矛盾着的双方又统一、又斗争,此消彼长,不断变化。一旦力量对比发生根本变化,矛盾双方便发生转化,这就是由事物内在矛盾推动事物发展的过程。

弄明白矛盾是事物发展的源动力之后,在此需要深究的是我们的论题,即事物张力的成因何在? 根据辩证思维理论②,世间万物之间是互相联系、互相影响的,而且事物可以在同一时间里"亦此亦彼",而不是普通思维中的"非此即彼"。我们在此所考问的矛盾修辞法的张力,即事物的张力,如前文所言,其实就是事物内在的对立统一关系。所以,我们需要以辩证思维来看待事物张力的成因。我们认为,事物张力的成因主要表现于四个方面,现分别加以阐述。

（一） 事物对立统一中的相互对立关系

事物内部诸要素之间具有既对立又统一的关系,矛盾双方往往共存于一体。事物的对立性就是事物的斗争性。事物斗争性的存在是绝对的,也是永恒的,因为事物的运动和发展是无条件的,而运动和发展的决定力量就是事物

---

① 王叔新:《试论矛盾修辞的逻辑意义》,《台州学院学报》2006 年第 1 期。
② 于惠棠:《辩证思维逻辑学》,齐鲁书社 2007 年版。

内部矛盾双方的斗争性。斗争的双方具有互相排斥、互相冲突、互相否定和互相离异的趋势。譬如说，"虽生犹死"和"虽死犹生"这两个矛盾修辞法所昭示的就是"生"与"死"之间的对立。人就是一个生与死的对立统一体。人之所以活着，就是因为相对于死亡而言的生命跳动；人之所以死了，就是因为相对于生而言的生命消失。

（二） 事物对立统一中的相互依存关系

我们在此始终强调，事物的矛盾性就是事物的对立统一性。而对立统一的双方在一定条件下相互依存。这就是说，对立统一的双方具有同一性，而这种同一性是相对的，存在于一定的条件和时空，若相互依存的条件发生变化或不存在了，那么双方的同一性关系就会破裂。前文所说的事物的斗争性，是同一性存在的基础。同一性以差别和对立为前提，是包含差别和对立的同一，同一性必然为斗争性所制约，没有斗争性就没有同一性。同理，斗争性始终寓于同一性之中，没有离开同一性的纯粹斗争性，也没有离开斗争性的纯粹同一性，两者始终是相互依存的。譬如说，"true lies"（真实的谎言）这一矛盾修辞法的意思就是有些是真，有些是假，即真假兼备，所反映的就是"真实"与"谎言"两者之间的依存，其中一方的存在以另一方的存在为先决条件。

（三） 事物对立统一中的相互转化关系

事物对立统一中的同一性，其内涵除了依存性之外，还具有贯通性。这就是说，同一性在特定的条件和时空里还会发生相互渗透。此处的贯通性，就是指矛盾双方会走向自己的对立面，发生相互转化，这是同一性的最高形式和最终确证。诚然，事物对立统一的矛盾双方虽具有同一性，往往相互依存，但若超过一定的界限，就会走向事物的反面，因此关键在于度。人们常常所说的"物极必反""乐极生悲""过犹不及""月盈则亏"等等，无不蕴含这一极其深刻的辩证思维。

（四） 事物对立统一中的相互容合关系

事物对立统一的矛盾双方由于具有上文所述的相互依存关系和相互转化

关系,也具有彼此相容的关系,从而生成彼此交织的事物。譬如说"a love hate relationship"(爱憎交融),所表达的就是爱恨交织,在对立中得到统一,在矛盾中得到结合。我们在本文所探讨的"oxymoron"这一英语术语就是一个最佳例证,是"锐利"与"愚钝"的矛盾容合,并使这种矛盾性在同一个词中得到反映。其实,英语中还有其他矛盾修辞法单词,如"pianoforte"(soft-loud)、"preposterous"(before-after)等。

从上文的分析,我们不难看出,矛盾修辞法的张力主要源自事物本身所固有的张力。马佩指出,辩证思维是事物辩证本质的反映,辩证思维之间的关系是事物辩证关系的表现,因而,事物具有什么样的辩证关系,反映该事物的辩证思维之间也就会具有什么样的关系。矛盾修辞法就是事物辩证本质的外在表现,是事物对立统一特性的语言表达,在对立中有统一,在统一中有对立,表现出"既此又彼"的语义特性。我们在上文所阐述的事物对立统一中的相互对立关系、相互依存关系、相互转化关系和相互容合关系就是矛盾修辞法张力的成因。总而言之,事物内部既对立又统一的关系是造成矛盾修辞法的根由。为便于表述,我们在此将蕴含于事物对立统一中的这四种关系也归纳为相析性、相峙性和相容性这"三性",其个中道理是:既然说事物的对立统一包容相互对立和相互依存的关系,那么对立和依存必然会关涉到事物的双方,无疑具有相析性;既然是对立,那么就无疑具有相峙性;既然具有相互转化和相互容合的关系,那么无疑具有柜容性。事物的矛盾一旦可以总结为相析性、相峙性和相容性,那么其张力的认知消解也无疑就会围绕这"三性"进行运演。

四、矛盾修辞法张力的认知消解

所谓矛盾修辞法张力的认知消解,就是指解读者通过认识和感知,正确把握存在于矛盾修辞法内部的语义对立统一关系,理性地诠释并领悟其矛盾性,即张力。理解矛盾修辞法,就是消解其张力;而若要消解其张力,就要正确领会存在于事物中的矛盾张力。作为解读者,需要明了矛盾修辞法中语义矛盾的"三性":相析性、相峙性和相容性,由此消解其内在的张力,其认知的切入就是参透事物对立统一之间的"三性"。矛盾修辞法中语义矛盾的"三性"与事物对立统一之间的"三性"在本质上是相应的,两者之间的关系是语言表达形式与语言表达对象之间的关系。由此可见,矛盾修辞法是本体对立统一和认知对立统一的混合体。这就是说,矛盾修辞法是对事物对立统一的认知反映,也是人类对于事物对立统一这一本质的语言表达。

语言在本质上就是人类感知、认识世界,并通过认知活动,将经验加以概念化并编码的过程。矛盾修辞法就是人类对客观事物既对立又统一这一矛盾性的认知结果,是事物内在张力和人类认知感应的结合体。人们在解读矛盾修辞法过程中,所需管钥同样是认知活动。如果说,矛盾对立统一的"三性"是客观事物的内因,那么人类对表达这一内因的矛盾修辞法的认知解读,就客观对象而言,无疑是一种外因。这就是说,人对矛盾修辞法的认知解读,就矛盾修辞法而言,是起外因作用,而作为揭示客观事物矛盾性的矛盾修辞法,其中所蕴含的内在特性,无疑是一种内因。唯有正确识解其内因,才能正确消解矛盾修辞法。

内因通过外因起作用。深含"三性"这一内因的矛盾修辞法最终能否被解读者顺利解读,或者说,解读者所解读的矛盾修辞法的语义,是否契合于矛盾修辞法所包容的真义,则不光是内因所能决定,它取决于内外因的互为,并且也因此给外因发挥作用留出很大的空间。我们可以说,内因提供了发展变化的可能性,外因提供了发展变化的现实性。换言之,矛盾修辞法的内在辩证关系提供了被成功解读的可能性,而解读者的认知识解提供了矛盾修辞法的语义被成功解读的现实性。那么,作为外因的人类认知显然就是使得矛盾修辞法的矛盾语义被解读的关键。那么,解读者是怎样解读矛盾修辞法的呢?

凭直觉,我们也许就能推测,矛盾修辞法张力最终能否得到认知消解,关键在于其两个语义背向的词语能否顺利合成一个统一体。张旭借用概念合成理论①来分析和阐述矛盾修辞法的认知解读,取得了较好的效果。张旭认为,

---

① G. Fauconnier & M. Turner. *The Way We Think*; *Conceptual Blending and the Mind's Hidden Complexities*. New York; Basic Books, 2002.

这一理论能在很大程度上解释在矛盾修辞法理解过程中的意义构建,但语境信息在这一理解过程中具有重要作用。[1] 这一观点无疑是正确的。对任何语言形式的解读,只要是对由两个词以上元素组合而成的语言单位的解读,其实都会牵涉到概念的合成。若没有概念合成,语义与语义之间就难以连接,语言的交际就难以为继。然而,也正因为概念合成理论的这种适用性过于广泛,已有学者[2]指出,概念合成理论的解释力似乎过于强大,成为几乎是放之四海而皆准的语言解读规律。尽管近乎所有的语言交际例证都要涉及空间映射、空间合成和新显结构的产生,可在不同概念合成网络中各空间应表征的信息的质和量却往往会有很大的差异,而且不同类型合成空间的合成过程是否相同也值得怀疑。譬如说,幽默言语的认知解读机制就不是概念合成理论所提出的四空间(类指空间、输入空间1、输入空间2和合成空间)模型所能涵盖的,而必然还会关涉到空间冲突和空间转接。[3] 因而我们认为,不同的概念配列,往往有不同的概念合成方式,不可能以"千人一面"式的同一类认知机制来解读各种不同的概念合成内容。我们在此所探讨的是矛盾修辞法张力的认知消解,也应该有其独特的认知解读机制。

现在需要思考的是,解读者成功解读矛盾修辞法的特殊方式何在? 而且需要深究的是,认知消解的特殊内在机制是什么?

如上所述,矛盾修辞法的语义矛盾主要体现为"三性",那么其张力的认知消解也无疑会围绕这"三性"进行运演。我们认为,在充满张力的矛盾统一体中,解读者在进行概念空间连接时虽发现空间的彼此冲突,但并不因此而消除矛盾修辞法内在的空间相容关系,而是在空间的彼此抗衡、冲击、衬映中往返游移,进行概念空间分劈,然后进行空间合成,并加以空间核实。简言之,解读者在对矛盾修辞法的张力进行认知消解时,必然会运用空间对接、空间冲突、空间分劈、空间合成、空间核实这五个认知运作机制。

所谓空间对接,就是指解读者试图将内含于矛盾修辞法中的两个语义冲

---

① 张旭:《矛盾修辞法的认知语义学研究》,博士学位论文,河北大学2006年,第33—46页。

② J.Grady."Cognitive Mechanisms of Conceptual Integration". *Cognitive Linguistics*, 2000, No. 11;王文斌:《隐喻的认知构建与解读》,上海外语教育出版社2007年版,第42—43页。

③ 王文斌:《幽默言语解读的在线认知机制阐释》,《宁波大学学报》2004年第2期。

突的词语进行概念连贯缺省性期望值①的对接,以期理解这两个心理空间的彼此关系。在语言交际过程中,若空间对接缺失,那么思想交流就难以继续和延展,小概念也就难以积聚成大概念。所谓空间冲突,就是指解读者对矛盾修辞法中两个语义背向词语的抗衡性认知,这是因为两个语义彼此相峙的词语必然会阻碍解读者进行顺利的空间对接,导致解读者在相反的概念两极中产生冲突性的概念感受。所谓空间分劈,就是指解读者在消解矛盾修辞法的张力时感受到了其中的语义冲突,遂而进行两个概念的分解,借此来参悟两个语义相反词语的对立关系。矛盾修辞法本身所固有的相析性,使得解读者进行空间分劈成为可能。需要指出的是,我们在此所谓矛盾的相析性,是指矛盾双方具有分劈性,即具有可分解的性质,如"爱恨交加"中的"爱"与"恨",并非不可分解。假若两者具有不可分离性,那么就无所谓"爱"与"恨"这两个概念的表达。所谓空间合成,就是指解读者在进行空间分劈之后,认识到了内孕于矛盾修辞法中两个语义相反的词语的辩证关系,即亦此亦彼的对立统一张力,于是便将两个概念空间整合在一起。如上所述,由于矛盾修辞法本身含有相容性这一特性,作为外因的解读者的认知空间合成得以成为现实。所谓空间核实,就是指解读者在完成空间合成后对其对立统一的语义作最后的核实,而且往往是根据语境对其语义作确切的把握。

现以"无事忙"这一矛盾修辞法为例,看一看这五个认知机制的运作过程。"无事忙"包含着"无事"与"忙"这一对矛盾统一体。若要消解其内在的张力,解读者首先会根据日常语言交际中概念连贯缺省性期望值的心理,对"无事"与"忙"之间的关系进行自然而然的常规性思维连接,即概念空间对接。但是,"无事忙"这一矛盾修辞法不同于一般的语言组合,而是一对充盈着矛盾的统一体,所以在解读时必然会遇到在解读一般语言时所没有的障碍,因而,空间冲突在所难免,解读者无疑会受到彼此对立的"无事"与"忙"这对二元概念的矛盾性撞击,由此捕捉到了"无事忙"所具有的相峙性。在此种情

---

① 所谓概念连贯缺省性(default)期望值,就是指解读者往往会根据日常语言交际的常理对概念与概念之间的连接贯通特性具有预设性期望,即解读者对语言中概念与概念之间的连接具有常规性的期待。

状下,解读者必然会将这对矛盾统一体进行分解,即对"无事忙"进行空间分劈,分别深入把握"无事"和"忙"的本来语义,这是对"无事忙"具有相析性的认知。以此为基础,对"无事"和"忙"进行概念合成,悟明这两个概念的相互转化,领会到"无事"中有'忙",而"忙"中又"无事"的深刻道理。这是对"无事忙"具有相容性的深度认知,即对既此又彼的认知把握。马佩指出,辩证思维能反映事物矛盾双方的对立统一关系,反映事物矛盾的发展和转化。解读者对"无事忙"的认知消解,从空间对接、空间冲突、空间分劈到空间合成,就是对辩证思维的具体运用,看到了事物内部要素的排斥性和依赖性、斗争性和同一性、对立性和统一性、奇异性和贯通性。然而,解读者的认知并未就此终结,最终还需要进行概念空间的核实,这是因为尽管语言是对事物的表达,可同一事物在不同的时空出现,往往具有不同的意蕴,如"无事忙"在《红楼梦》第三七回中的"宝钗笑道:'你的号早有了,无事忙三字恰当得很!'"中,是指贾宝玉整天无事却比谁都忙;在林语堂所著的《论躺在床上》"而'无事忙'起来,还不如胸有成竹地到上午十点钟才上办公处"中,是指不干正事,但又忙乱。其实,"无事忙"在不同的语境中,可能还有其他的语义,如"无事生非""无事烦恼""无事自扰"'本不该忙,又不知因何事而切切实实地在忙着"等等,真可谓:无事可做而忙着!事事忙着无事!事忙于无事之间!忙事无事无事忙!无事,忙!针对这种复杂的语义或然性,解读者只能因境解义,核实确切的二元概念。解读者所运演的这五个心理认知机制可借助图1得到反映。

值得说明的是,图中的"概念连贯"是指上文所说的"概念连贯缺省性期望值";"输入空间1"和"输入空间2"是分别指矛盾修辞法中的两个语义相背的词语。需要进一步交代的是,图中的"辩证思维"是矛盾修辞法张力认知消解的灵魂,统驭整个认知运作过程,其精髓就是既对立又统一。关于这一点,上文已阐述清楚。再者,"辩证思维"也引领"概念连贯",因为"概念连贯"在一定程度上就是概念联系,而以联系的眼光观察事物则是辩证思维的精髓,而且正因为解读者在消解矛盾修辞法张力过程中首先存在概念连贯缺省性期望值,所以才会对输入空间1和输入空间2进行空间对接。

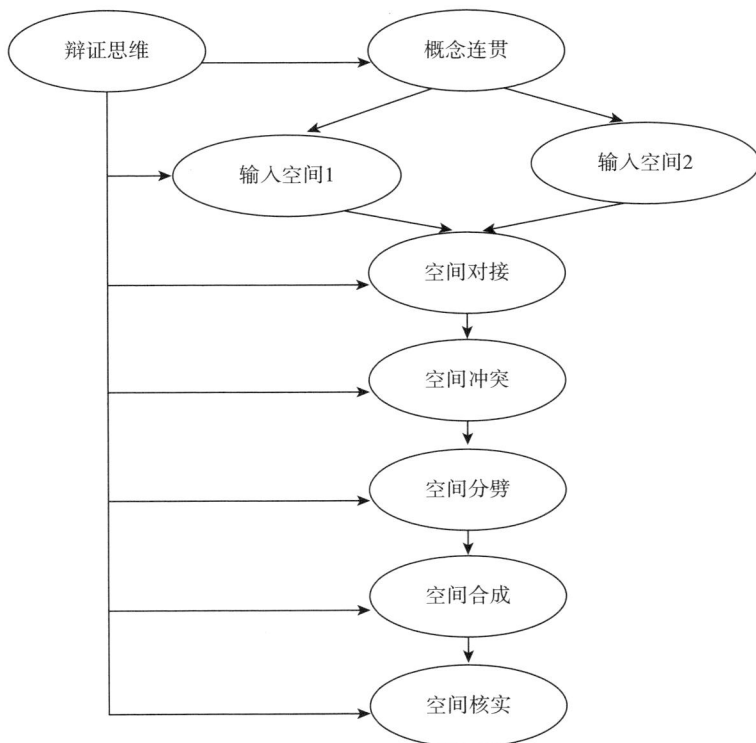

```
        辩证思维 ───────────→ 概念连贯
           │                    ╱      ╲
           │                   ╱        ╲
           │         输入空间1            输入空间2
           │→                   ╲        ╱
           │                     ╲      ╱
           │                     空间对接
           │                        │
           │                        ↓
           │                     空间冲突
           │                        │
           │                        ↓
           │                     空间分劈
           │                        │
           │                        ↓
           │                     空间合成
           │                        │
           │                        ↓
           └──────────────────→  空间核实
```

图 1

五、结语

　　矛盾修辞法的内在语义关系是异声相应,异气相求。解读矛盾修辞法的关键,就在于消解矛盾修辞法的张力,而张力恰恰是矛盾修辞法的真正魅力之所在。本文对矛盾修辞法的张力进行了较为详细的阐释,详述了其成因,指出矛盾修辞法就是事物矛盾现实在语言中的反映,昭示了矛盾事物对立统一的相析性、相峙性和相容性。以此为基础,本文阐析了矛盾修辞法是本体对立统一和认知对立统一的混合体,对其张力的消解有赖于其内因与解读者认知外因的互动,同时阐明了矛盾修辞法的认知消解机制应有别于其他语言组合的认知机制。本文还指出，正因为客观事物具有内在的矛盾统一性，矛盾双方才具有内聚力，由此导致矛盾修辞法中的对立双方产生耦合效应。但是，本文对矛盾修辞法的不同类别却未作探究。关于这一点，我们将在另文探讨。

（本文原载《外语教学》2010 年第 3 期）

英语幽默言语的认知语用探究

——兼论 RT 与 CB 的互补性

一、引言

幽默言语是人类日常话语中经常出现的一种语言交际形式。它之所以备受青睐,是由于人们在日常生活中对发笑的需要和喜爱。幽默言语能营造愉悦气氛,缓减紧张压力,润滑社会关系,嘲笑荒唐愚昧或讽刺社会邪恶。无论何时何地,它都会在语言的交际过程中自然而然地产生。试看句(1):

(1)A man went into a butcher's shop, and finding the owner's wife in attendance, in the absence of her husband, thought he would have a joke at her expense, and said, "Madam, can you supply me with a yard of pork?"

"Yes, sir, "said she. And then turning to a boy, she added, "James, give that gentleman three pigs' feet!"①

在(1)中,男子说他想买"一码猪肉(a yard of pork)",意在为难一下屠夫的妻子,跟她开个玩笑,但对方却反唇相讥,让小伙计给他拿"三个猪蹄(three pigs' feet)"。她的言语显然机智诙谐。"feet"是同音异义词,至少有两个意思:其一指"foot"(英尺)的复数形式;其二在这里是指猪蹄。该女子的回答正是利用了"feet"的语义特征,对那男子的刁蛮行为给予了巧妙的回击。三英尺相当于一码,应答绝妙。"three pigs' feet"指"三个猪蹄",而这并非那位男

---

① 程恩洪:《英语幽默集锦》,上海外语教育出版社 1996 年版,第 24 页。

子的本意。我们可以想象,在这种情况下,那个男子十分明白,他是搬起石头砸了自己的脚。此处的问题是,在该男子对那女人充满幽默嘲讽的答复作正确释义的过程中,是怎样的心理机制在起作用? 我们认为,仅靠语用学中的推理和关联原则是不足以解释日常会话中幽默言语的。在此,我们提出这样一种假设:对幽默言语的成功释义,不仅涉及推理和关联,而且还涉及概念整合理论(the Conceptual Blencing Theory,以下简称为 CB)。

近些年来,对幽默言语的语用学研究正方兴未艾。国内已有一批学者①或以 Grice② 的合作原则(the Cooperative Principle,以下简称为 CP)为视点,或以 Sperber 和 Wilson(以下简称为 S/W)③的关联理论(the Relevance Theory,以下简称为 RT)为指导,或从幽默在言语交际中的效果等方面,对此进行了探讨。在西方国家,也有一些学者④对幽默言语进行过语用学分析。他们研究了幽默言语的策略,幽默言语行为的参与者角色,幽默言语的幽默度,及幽默言语所反映的社会特性,等等。上述研究在深化我们对日常会话中幽默言语的理解上均取得了可喜的成绩,但这些研究尚未全然揭示幽默言语效果得以实现的心理机制。

本文试以 RT 及 Fauconnier⑤ 和 Fauconnier & Turner⑥ 提出的 CB 为视角来探讨英语幽默言语释义过程中的心理活动。需要提及的是,各种语言中都

---

① 吕光旦:《英语幽默的语用分析》,《外国语》1988 年第 1 期;叶文玉:《浅谈讥讽在口语中的幽默效果》,《外国语》1994 年第 4 期;李兰萍:《语用原则与英语幽默》,《天津外国语学院学报》2002,年第 2 期;徐庆利、王福祥:《关联理论对幽默言语及其翻译的诠释力》,《外语教学》2002 年第 5 期。

② H.P.Grice."Logic and Conversation.Syntax and Semantics". *Vol.* 3: *Speech Acts.* P.Cole & J.Morgan.New York:Academic Press,1975,p.41-58.

③ D.Sperber & D.Wilson.*Relevance*: *Communication and Cognition*.Oxford:Blackwell Publishers Ltd.,1995.

④ N.R.Norrick."Involvement and Joking in Conversation".*Journal of Pragmatics*,1994,No.22;A.Zajdman."Humorous Face-threatening Acts:Humor as Strategy".*Journal of Pragmatics*,1995,No.23;D.Boxer & F.Cortes-Conde."From Bonding to Biting:Conversational Joking and Identity Display".*Journal of Pragmatics*,1997,No.27.

⑤ G.Fauconnier.*Mapping in Thought and Language*.Cambridge:Cambridge University Press,1997.

⑥ G.Fauconnier & M.Turner.*The Way We Think*.New York:Basic Books,2002.

有幽默言语出现于语言交际,但本文仅聚焦于英语中的幽默言语。

二、RT 和 CB 的理论概要及其互补性

RT 是 S/W 在批评 Grice 的 CP 基础上发展起来的,因为他们认为 CP"对交际解释得过于糟糕","大都还停留于常识性观点的模糊状态"。① 况且,CP 对人类语言交流的诠释过于牵强附会。在 S/W 看来,CP 的推理模型只能部分地解释言语交际行为②。他们认为,"语用学只需要一种原则,那就是关联"。③ 关联原则的定义是:每一个明示交际行为都应传递与其自身有着最佳关联的假设。④

RT 的基本原则就是在任何给定语境中,人们的言语是相互关联的。人们一旦进入到言语交际活动,总是想要将某种意图传递给某人。任何言谈或其他形式的交际,其终极目标就是实现成功的交际,而成功交际的基本前提就是言语需要具有关联性。所以说,关联性是言语交际的一种最基本的要求。"关联原则较之 Grice 的 CP 及其准则要直观清晰得多",⑤而它所带来的功能负担却相对要少。⑥ 况且,较之 CP,RT 所涉及的言语交际的心理活动要少得多。

RT 的核心是对信息意图的互显假设。当受话人试图识别言语意图时,他就进入到一个明示—推理交际的过程。也就是说,言语交际涉及明示和推理

---

① D.Sperber & D.Wilson.*Relevance*:*Communication and Cognition*.Oxford:Blackwell Publishers Ltd.,1995,p.32,p.36.

② 何兆熊:《新编语用学教程》,上海外语教育出版社 2001 年版,第 185 页。

③ J.L.May.*Pragmatics*:*An Introduction*.Beijing:Foreign Language Teaching and Research Press,2001,p.85.

④ D.Sperber & D.Wilson.*Relevance*:*Communication and Cognition*.Oxford:Blackwell Publishers Ltd.,1995,p.158

⑤ D.Sperber & D.Wilson.*Relevance*:*Communication and Cognition*.Oxford:Blackwell Publishers Ltd.,1995,p.161.

⑥ J.L.May.*Pragmatics*:*An Introduction*.Beijing:Foreign Language Teaching and Research Press,2001.p.85.

这两个过程。所谓明示，指的是在人类的语言交际过程中"使意欲将某事显映的意图显映"①的行为。它仅跟发话人有关。从发话人角度来讲，交际应是一种将自己要传递某事的意图明朗化的行为。简言之，"互显"是指对发话人意图的相互理解。因此，言语交际的成败取决于交际意图互显的完成与否。而推理则在于受话人一方。当发话人给出其意图的证据时，受话人就对该证据进行推理。S/W 指出，'交际的成功不在于受话人识别言语的语言意义，而是在于其从言语中推导出发话人的'意义'"②。由此可见，推理在言语交际中也扮演着一个至关重要的角色。

然而，我们认为，RT 并非无懈可击。其所用的"明示""互显"及"推理"这些概念对人类言语交际过程的解释并不完整，在理论上也并无革命性的突破。明示，从本质上讲，没有超越关联的概念。在日常会话中，发话人在讲话时总是要考虑两件事：1. 他的言语必须是有意义的；2. 不管他讲什么，都需要让对方明白其意。也就是说，他必须"使意欲将某事显映的意图显映"。而这两点，正是关联概念的要旨。互显，无非是指交际双方对发话人的意图的相互理解，因而与明示这一概念有着或多或少的重叠。人们参与言语的交际活动，不外乎是因为他们知道自己有某种信息要去传递或获取，否则他们就会失去继续进行言语交际的兴趣，会话就会因此而中断。至于推理，事实上，这个概念是从 Grice③ 那里借用过来的，Grice 曾对发话人用言语所要表达的意图作过如下分析：若发话人 A 使用某一言语 x，表达某种非正常的意义，这就意味着发话人 A 期待受话人通过对发话人意图的识别，使该言语 x 产生某种效果。④

对语言交际中的言语进行如此分析，就是说明言语的意义需要通过受话人识别发话人意图而获取。在此的关键问题是，受话人对发话人意图的识别

---

①　D.Sperber & D.Wilson.*Relevance：Communication and Cognition.*Oxford：Blackwell Publishers Ltd.，1995，p.49.

②　D.Sperber & D.Wilson.*Relevance：Communication and Cognition.*Oxford：Blackwell Publishers Ltd.，1995，p.23.

③　H.P.Grice."Logic and Conversation".*Syntax and Semantics.Vol.*3：*Speech Acts.*Cole，P & Morgan，J.New York：Academic Press，1975，p.41~58.

④　H.P.Grice."Meaning" *Philosophical Review*，1957，No.66.

离不开推理这一心理过程。有鉴于此,我们认为,言语交际中的意图识别和推理在很大程度上是同一回事。受话人唯有通过推理才能获取发话人意欲传递的信息。因此,推理在日常会话中也带有普遍性,此概念不属于 RT 的原创性概念。

毋庸置疑,关联和推理概念是日常会话中的两个基本要素,带有普遍性,它们在对幽默言语做心理解释时起到了重要作用。然而,单单是关联和推理并不足以解释人类言语交际中心理操作的全过程。受话人只有将发话人的言语与他从中得出的推理结论相结合才能达到对该言语的成功释义。RT 的局限性已经引起一些学者的注意。"RT 只提供了语用推理的总体原则……没有具体演示概念的映射和复合过程,仅停留于阐释抽象的语用推理原则和规律上,未能给出一套具体分析概念聚合的理论方法"①。而 CB 借用多个心理空间概念的映射和合成来具体分析语用推理的心理认知过程,给 RT 的可形式化操作提供了理论互补。

日常生活中言语意义的构建是稍纵即逝的。人们往往不会留意到,那些会影响他们简单的言语行为的认知活动是何等的错综和微妙。Fauconnier②和 Fauconnier & Turner③ 对意义的构建过程及心理空间之间映射过程的心理机制进行了富有见地的分析。他们发现,当人思考、行动或交际时,意义的构建就会在域内和域际进行。他们认为,在这些概念空间的联结中有着类似的联系和推理迁移(inference transfer),所有的思维形式都是创造性的,这是因为它们会产生新的联系和构造,并由此产生新的意义和新的概念。④ 这就意味着,在言语交际中意义的构建存在着一个概念整合的过程。该过程涉及跨空间映射,即来自两个或多个输入心理空间的结构被投射到一个新的空间,这就是空间的整合。几个空间一经结合,整合就可被用于朝任何一个方向的推理迁移。换言之,整合具有认知效果,因为它总是被联系到相关的输入空间,

---

① 蒋勇、马玉蕾:《CB 与 RT 的整合性研究》,《外语学刊》2003 年第 1 期。

② G.Fauconnier.*Mappings in Thought and Language*.Cambridge:Cambridge University Press,1997.

③ G.Fauconnier & M.Turner.*The Way We Think*.New York:Basic Books,2002.

④ G.Fauconnier.*Mappings in Thought and Language*.Cambridge:Cambridge University Press,1997,p.149.

以便推理能来回迁移。"客观地说,整个组合活动原本是全新的,可由于大量来自熟知输入空间的投射而立即呈同一性和可及性。"①可见,概念整合是来自一个或多个域的框架(frame)被组合的心理过程,而框架指的是在概念整合中的一个场景或心理构建(mental construct)。概念整合取决于语言使用者从框架中获取信息,以框架为基础进行推理,并根据信息的输入而转变框架的能力。况且,"整合会衍生一个在输入空间中并不存在的新显结构(emergent structure)。首先,来自各输入空间的构素使得那些原本在孤立的输入空间中并不存在的关系,在整合空间中成为可能"②。在此,新显结构是指整合后出现的合成框架。

我们认为,CB 中的概念整合和新显结构等概念不仅适用于言语交际的解释,而且能帮助我们从认知层面对幽默言语的解读过程进行分析。CB 与同为认知语用学理论的 RT 既有共似之处又互为补充。RT 试图对语用推理提出一条普遍性的指导原则,即言语交际的前提是关联。无论明示抑或推理,都是交际各方以关联为指导原则的总体的心理过程,而互显则是寻求最佳关联的心理过程。然而,这种对于言语交际的解释似乎过于笼统和简单,无法揭示交际方在语用推理中概念聚合和意义析出的具体心理操作过程。言语交际是一个意图和意义之间通过言语互为映射的过程,这个过程通常十分错综复杂。在幽默言语的交际中,这种情况尤其常见。幽默言语的特殊性在于其言语的表层下蕴涵着丰富的意义组合,在这些组合中既有发话人的真实意图和心理图式,又有言语内在的知识结构。应该说,这些意义组合的每个个体,都可以通过受话人的关联机制而分别获得,但幽默言语的效果却在于所有这些意义(显性和隐性)的整体概念整合。在句(1)中,如果那个男子仅仅理解那女子的意思是在反讽他,却没有意识到对方言语中的"三英尺"刚好与他自己言语中的"一码"相对等,那他对这种针锋相对的反讽的幽默效果的感悟是不完整的,其幽默效果也就会大打折扣。而 CB,尤其是其概念整合和新显结构概念,却能对这种具体的概念聚合过程作出较强的解释。言语交际是动态的,意义

---

① G. Fauconnier. *Mappings in Thought and Language*. Cambridge: Cambridge University Press. 1997, p.172.

② G. Fauconnier & M. Turner. *The Way We Think*. New York: Basic Books, 2002, p.42.

也是动态的,CB 恰好能说明认知在言语交际中的复杂性和创新性,如同 Fauconnier 所强调的,所有的思维形式都是创造性的,这是因为它们会产生新的联系、构造及相应的新的意义和新的概念。① CB 的空间概念整合和新显结构等概念具有可形式化的操作性,能弥补 RT 由于对言语交际的阐释过于笼统化和理想化而造成的不足。

当然,辩证地说,CB 的解释模式也存在着一些缺陷,如有学者认为,这种解释模式"仅具有局部的阐释力"②;再者,值得探讨的是,CB 对于心理空间的构建,包括新显结构的生成,似乎缺乏一种有力的规律性的东西来作为其指导原则。关于这一点,我们认为 RT 恰好能弥补其不足。

基于以上分析,我们认为,只有将 RT 与 CB 两种理论有机结合,才能为我们对幽默言语进行认知语用探究找到一种相对而言较为合适的理论模型。

三、幽默言语的心理阐释

本文引言中已提到,幽默言语是人类日常话语中经常出现的一种语言交际形式。我们要讨论的不是幽默言语的生成问题,而是其被解读过程的心理机制。也就是说,我们将聚焦受话人在揣测幽默言语意义时的心理活动,这是因为我们认为幽默言语只有需要很好地被理解,才能实现幽默效果。如果幽默言语不能为受话人所领悟,那幽默就不成其为幽默。因此,受话人对幽默言语的成功解读对于幽默效果的产生起着不可或缺的作用。实际上,幽默言语解读过程的心理机制隐匿于心理认知的内部,不易被充分揭示。尽管如此,许多研究人员还是不遗余力地探究了人类的心理机制的奥秘。为揭示幽默言语被解读的认知过程,我们在此提出一种新的解释模型。这一模型将幽默言语、语境、关联、推理、概念整合和新显结构结合在一起,具体表现如下:

在这个模型中,我们认为关联是前提,因为在绝大多数情况下,幽默言语

---

① G.Fauconnier.*Mappings in Thought and Language*.Cambridge:Cambridge University Press,1997,pp.148-150.

② 蒋勇、马玉蕾:《CB 与 RT 的整合性研究》,《外语学刊》2003 年第 1 期。

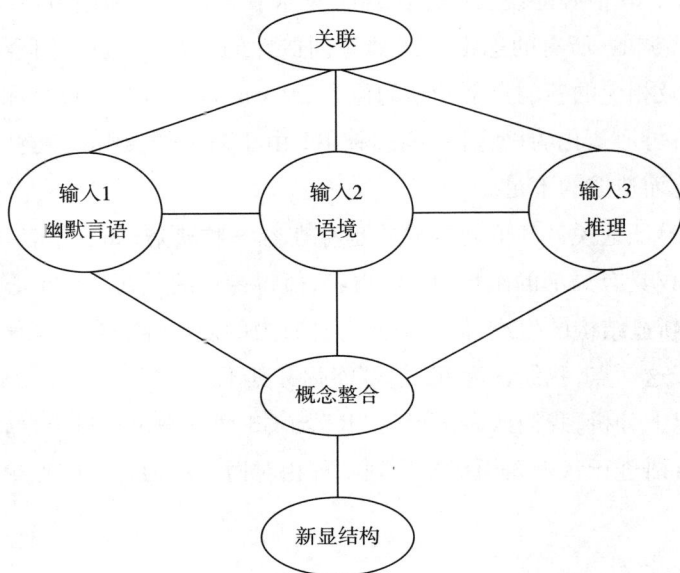

图 1

是关联的,即便发话人的言语在表面上不关联,那他也是有意设置的,这就是说,表面上的不关联其实是关联,因为发话人故意的不关联是有某种意图要传递。关联与语境是相互联系的。当我们说一个言语是关联的,也就是指它跟语境或情景有关联。我们日常会话中的所谓关联就是指语境关联。同时,关联又离不开受话人的推理。只有当受话人认为发话人的言语是关联的,他才会尽量去理解该言语。他去理解的努力应该有回报,否则,他的理解行为就毫无意义。毫无疑问,受话人的推理也是基于发话人的幽默言语及其语境,这就是幽默言语、语境和推理在我们这一认知语用模型中相联系的原因。然而,仅有推理是不足以达到幽默的效果的,因为推理无非是幽默言语解读中的一个工作过程而已。过程毕竟是过程,其结果却尚未确定。唯有当受话人在大脑中建立起一个由不同框架构成的概念整合空间,他才可以最终获取新显结构(在此即指成功解读幽默言语的结果)。可见,受话人必须将发话人的幽默言语(输入1)和语境(输入2)与他自己的推理(输入3)有机地结合起来,才能获取对幽默言语的正确理解。在受话人的概念整合中,他总是尽量在这三个输入框架中汲取有用的信息,然后将业已整合的信息迁移到新显结构中去。概念整合实际上是一个受话人将他从各个不同框架中获取的所有信息进行确证的过程。他会尽量确定由输入框架 1 和 2 投射而来的推理框架的整合是否能导致一个令人满意的结论,而这个结论正是上述认知语用模型中的新显结构,即受话人对幽默言语的正确解读。

从上述整个模型中我们可以看到,受话人首先进行以框架为基础的推理,然后将他的空间整合转变为新显结构的空间,最后完成对发话人幽默言语的正确解读。为说明这一认知语用模型在实际情况中的运作,试看句(2):

(2)A country man was visiting the big city for the first time. Entering an office building, he saw a pudgy older woman step into a small room. The door closed, lights flashed, and after a while the door opened and a beautiful model stepped off the room.

Blinking in amazement, the country man said slowly, "I should have brought my wife here!"

在这个幽默故事中,乡下人所说的"I should have brought my wife here"这一句话,似乎与他所看见的(一个矮胖的老妇人、一个小房间、一扇门和一名漂亮的模特)没有关联,而事实上是完全关联的。他讲的是自己的感受,所以知道自己的话与语境相关联。如果当时有一个受话人,那他肯定也理解乡下人的言语与语境相关。从他的言语和语境中不难推导出,他希望自己的妻子也能像那矮胖老妇一样,走进那个小房间而出来后成为一名漂亮的模特,然后受话人就可以整合发话人的言语、语境及自己的推理。正常地说,一个矮胖老妇不可能通过进出一个小房间便变为一名漂亮的模特,除非她是魔术师。所以,在概念整合之后,受话人就会将他的整合空间迁移到新显结构空间,从而得出结论:那乡下人把矮胖老妇与一名漂亮模特当成同一人是滑稽可笑的。显然,这则幽默是对那人的愚蠢想法的嘲讽。再看句(3):

(3)My boyfriend and I were riding in his car when he asked me to put on my seat belt. I smiled, touched by his concern for my safety. Then he added, "I don't want to get a ticket."

在(3)中,关联显然表现于男友的言语、语境及女友的推理之间的关系中。他们坐在同一辆车里,驾车者是男友,交通法规要求他们系上安全带,否则就会被罚款。因此,男友的话"I don't want to get a ticket"是完全与语境关联的。而女友的推理则是,这话固然不假,如果她不系安全带,那他就要被罚款,因为他是车主。问题是当她对他的言语、语境和她的推理进行概念整合时,她发现她的整合结论与她初听此话的感受(以为他关心她的安全)不相吻合,因为这里还有另外一个语境,我们姑且称之为子语境:当他要她系上安全带时,她起先以为这是对她安全的关心,她为之感动。而当她的整合与她的这个想法相抵触的时候,便产生了新显结构:原来他担心的是潜在的罚款而不是她的安全。她也会同时意识到自己很傻,显然是在自作多情。

我们再看(4),以说明概念整合是如何实现对幽默言语的解读的:

(4)The man bought a cigar in a department store and lit it while still in the store. A clerk told him to put it out because smoking wasn't allowed in the store.

"What do you mean?"he said." You sell cigars but don't allow smoking."

"We also sell bath towels",said the girl sweetly.

在(4)中,女孩的回答"We also sell bath towels"使幽默效果油然而生。粗一看,她的回答是不关联的,然而细想一下,我们便明白此话与男子的言语及语境都有紧密的联系。男子在店里吸烟的理由是:售烟的地方应该允许人们吸烟。而女孩反驳的理由则是:该店同时也卖浴巾。如果男子的话是对的,那就意味着那些在该店买浴巾的人可以在那里洗浴,而这显然是荒唐的。因此,女孩的话与男子的言语及语境都是有关联的。关联也涉及男子的推理。当他听到女孩的回答时,他知道她是对的,但她没有给他一个直接的回答。因而他就可以推导出:她有某种意图要传递。她的意图是:在店里买烟与在那里抽烟并没有逻辑上的联系。倘若两者有逻辑上的联系,那么那些买浴巾的人就可以在该店里洗浴了。当男子将女孩的言语、语境和他自己的推理进行概念整合时,便会得到这样一个新显结构:女孩是以间接的方式在反驳他。他必须承认她很智巧,并且认识到自己的思维和行事方式是很不明智的。

从(2)、(3)和(4)这三则幽默言语的解读中我们可以看出,RT中的"推理"和"关联"概念不足以解释幽默言语交际的全过程,这是因为幽默言语的解读还牵涉到概念整合和新显结构。由此可见,在对幽默言语的认知语用探究中,CB 对 RT 具有较强的互补性。

四、结语

1.任何形式的幽默言语均受制于语境。它们只有在特定的语境中才能被理解。

2. RT 似乎过于关注发话人方面的明示与交际问题,而本文则更关注受话人方面的正确解读。如果受话人无法解读幽默言语,那任何幽默的言语都不会产生幽默的效果。

3.关联在日常会话中是前提,否则会话就会中断。在对幽默言语的解读中,推理只是心理解读的过程,而非受话人获取的结论。

4.只有通过受话人的跨概念空间映射,幽默言语才能得到正确的解读。跨概念空间的映射是指对发话人言语、语境和受话人推理的概念整合,借以确定其推理与发话人言语及语境是否吻合。幽默效果随正确结论的获得而产生。结论也即新显结构,来自概念整合的实现。

5. RT 与 CB 在对幽默言语的解读中具有互补性。两者结合起来对幽默言语的交际具有更强的解释力。

6.本文所提出的认知语用模型或许可用于解释任何类型的日常会话,尽管本文的话题仅聚焦于英语的幽默言语。对此,我们希望日后再作进一步的探讨。

(本文原载《外国语》2003 年第 4 期)

认知突显与隐喻相似性

一、引言

　　隐喻得以构建的基石是源域与目标域分别所代表的两个事物具有相似性,否则,隐喻便难以寓身。然而,说隐喻的确立有赖于这两个域间的相似性,这并不意味着两者完全相同。源域与标域间的关系是"差异中的相似"①,在多半情况下,彼此的相似性往往仅昭示于某一面或某一点。而这种相似性的建立,其主要认知手段就是突显。换言之,源域与标域之间在某一面或某一点上的相似性,是人类认知突显的结果。若没有认知突显,具有绝对差异性的两个事物就不可能依凭相似性而建立彼此的隐喻联系。在本文,我们拟就认知突显的概念、认知突显与隐喻相似性的关系以及认知突显的实现要素这三个主要方面展开论述。

二、认知突显的概念

　　在认知语言学中,所谓突显,就是指对语言所传达信息的取舍和安排。英语常用"prominence"或"salience"来表达这一概念。Ungerer 和 Schmid 认为,

---

① 束定芳:《隐喻和换喻的差别与联系》,《外国语》,2004 年第 3 期。

这种语言现象超越了逻辑推理和客观性,是人类主观认知的结果。① 其实,在认知语言学的研究中,表达"突显"这一概念的不仅仅是以上这两个英语术语,类似的术语还有"foregrounding"(前景化)、"profiling"(侧面化)和"highlighting"(强光化)等。"foreground",即"前景",原是一个心理学术语,与"background"(后景)相对,指构成一个图景的两个重要元素,前者指人注意的目标,后者则指用以突出前景的衬托部分。根据认知语言学的观点,语言表达是一种具有动机性的行为,表达者的心理视点及动机在一定程度上控制着语言结构的最终布局。Halliday 曾从语言功能的角度将"foregrounding"界定为"有动机的突显"(prominence that is motivated)。② 这一界定至少说明两点:一是语言结构中某一成分的前景化取决于表达者的动机;二是前景化在很大程度上就是"prominence"。所谓"profiling",就是指注意的聚焦。③ 陈忠对此作了阐释:每一个事物对象,都是多维的,在不同的认知域中可能会表现出不同的属性。④ 譬如说"长城",从军事角度看,在古代是军事防御工事;从建筑的角度看,可体现出高超的建筑艺术水平;从文化角度看,可折射出丰富的历史文化内涵。换言之,"长城"具有不同的侧面。然而,这些不同的侧面在特定的认知域中,可能只有其中的某一侧面被激活,而其他侧面则处于被淡化或潜在的蛰伏状态。这就是说,一个侧面获得突显后,便会对其他侧面起抑制作用,⑤获得突显的一面则成为注意的焦点。所谓"highlighting",是指人们在理解一个事物时往往仅聚焦于某一个方面而忽略其他方面。⑥ "highlight"的本意

---

① F.Ungerer & H.J.Schmid.*An Introduction to Cognitive Linguistics*.Addison Wesley Longman Limited,1996,pp.38–39.

② M.A.K.Halliday."Linguistics Function and Literary Style:an Enquiry into the Language of William Golden's Inheritance".S.Chatman.*Literary Style:a Symposium*.New York:Oxford University Press,1971,p.331.

③ S.Coulson.*Semantic Leaps*.Cambridge:Cambridge University Press,2001.

④ 陈忠:《认知语言学研究》,山东教育出版社 2006 年版。

⑤ P.D.Deane.*Grammar in Mind and Brain:Explorations in Cognitive Syntax*.Berlin:Mouton de Gruyter,1992,p.183.

⑥ G.Lakoff & M.Johnson.*Metaphors We Live by*.Chigago:The University of Chicago Press,1980,p.10;F.Ungerer & H.J.Schmid.*An Introduction to Cognitive Linguistics*.Addison Wesley Longman Limited,1996,pp.81–84,p.128,p.208.

是指对事物的某一部分作强光照射,使之显目,而该事物的其他部分则因此变得黯淡。在认知语言学研究中,这一术语被用来指人们在认知某一事物时,仅将视角固定于某一个方面而由此忽略其他方面;受强光照射的这一方面因得到视角固定而得以突显,其他方面则处于潜藏状态。任何一个事物都是多方面的,而且往往会存在于一个统一体中,人们仅将注意力投放于某一方面时,常常置其他方面于不顾,如:

(1)男人的温柔面;男人的自豪面;男人的英雄面;男人的孤独面;男人的领袖面。今天,你要秀哪一面?("七匹狼"男装广告词)

从句(1)可以看出,男人是多面的,即便他外表多么的坚强,多么的阳刚,多么的伟岸,他同样有其脆弱的一面,也会寂寞,也会孤独,也会无助。这多个面往往会共存于一个统一体,可在特定的情况下,人们可能仅聚焦于其某一个方面而掩盖了其他方面,正如这一广告词本身所言:"今天,你要秀哪一面?"

从上述分析不难看出,在认知语言学研究中,"foregrounding""profiling"和"highlighting"均具有突显之意,在概念上与"prominence"或"salience"相近。然而,这并不意味着这些概念是完全重叠的,它们其实各有侧重。譬如说,"foregrounding"往往是指借助语言表述中的强调手段达到对语言某一成分的突显;"profiling"所表达的往往是对同一事物某一侧面的突显;"highlighting"所表达的往往是对一个事物某一个面或某一个点的突显。相形之下,"prominence"或"salience"更为常用,可以用来表达"突显"的一般概念。但是,不论是何者,其共有含义就是在认知某一事物时从这一事物的多点或多方面中有意突出某一点或某一面,使之醒目并引人注意,而事物的其他方面则处于隐伏或被抑制状态。

在隐喻的认知研究中,我们在此所探讨的突显,主要是指一个隐喻所关涉到的源域与标域分别代表的两个事物之间相似性的突显。我们认为,虽然隐喻赖以存在的基础是两个域之间的相似性,但两者赖以寓身的却是两个事物。这就是说,若离开事物本身,源域和标域便无所寄托。然而,源域与标域之间的相似性所联结的两个事物,往往具有不同程度的差异,不是在特征上表现出差异,就是在特性上反映出不同。可是,两个事物之所以能借助相似性被联结在一起,就是因为彼此间的某一相似特征或相似特性得到突显。束定芳在借用"Metaphor is a solar eclipse"这一句话来阐发隐喻时指出,隐喻就如同"日食"的主要特征:"部分区域明亮,部分区域黑暗"。① 这形象地揭示出隐喻在昭示源域与目标域在某一方面具有相似性的同时,却掩盖了其他方面所存在的差异。因此,我们可以说,在隐喻中,两个事物间相似性的确立,实际上就是在差异中寻找相似性,突显两个事物之间的某一相容面或相容点,即在突显源域某一特性或特征的同时,也突显了目标域中某一类似的特性或特征,形成两个域的突显共振,例如:

(2)自由一旦生根,便是一株迅猛生长的植物。(游瑞云,《名言荟萃》)

(3)Energy in a nation is like sap in a tree;it rises from bottom up.(D.B.Baker,*Power Quotes*)

"自由"与"植物"本是两件不相干的事物,前者属抽象事物,后者则属具体事物,可在句(2)中,两者之所以被牵扯在一起,是因为彼此的相似性得到了突显。"自由"若深入人心,广为人们所接受,就会在大众这一土壤中产生无穷的力量,使一个民族充满活力,就这一点而言,"自由"如"植物",一旦在土地上扎根,便会快速成长。由此可见,"自由"是在"若深入人心就会使一个民族充满活力"这一方面得到了强光化,而"植物"是在"一旦在土地上扎根就会迅速成长"这一方面得到了侧面化。在这种情况下,两者之间的相容点得到了突显,彼此映射,相似性由此确立。在(3)中,"energy in a nation"能被喻为"sap in a tree",如同这一句话本身所交代的那样,是因为"it rises from bottom up"。一个民族,若具有活力,它首先产生于民众,自下而上,这样才会持久,而一棵树若要维持其活力,其输送养分也应该是从树根至树梢,自下而上。因而,当施喻者将自己的认知聚焦于一个民族的活力与一棵树的活力都应自下而上这一方面时,这两个事物之间相似性中的相容点就自然得到了突显,其隐喻也由此而确立。

通过以上的分析,我们不难看出,隐喻相似性的确立,在本质上就是源域与目标域两者之间相容点的突显,即源域和目标域的某一方面被侧面化或前景化或强光化,通过相互映射,达到彼此的相容。相容点一旦确立,相似性也

---

① 束定芳:《隐喻学研究》,上海外语教育出版社2000年版。

就随之确立，隐喻也就会自然生成。

三、认知突显与隐喻相似性的关系

如前文所指，隐喻的相似性实质上就是认知突显的相似性。那么，我们在此需要究问的是，认知突显与相似性到底存在何种关系？

我们认为，认知突显是相似性得以真正确认的认知前提。我们提出这一观点，道理至少有二。一是源域与目标域所代表的两个事物无疑会存在不同程度的差异。一个事物之所以能作为一个事物存在，就是因为具有其存在的理由，必然具有区别于他者的特征或特性，具有外在或内在的个性。若两个事物之间不存在任何差异，彼此之间可以完全替代，那么其中一个事物必然会失去其存在的根据。正如赵朴初所言，"任持自性，轨生物解"①。每一事物必然具有其特有的性质和相状，有其一定规则，使人一看便可了解是何物。大千世界，事物虽然繁多，不可胜数，可每一事物往往都因其具有不可取代的独特性而存在。所以说，事物间的相似性本身就蕴含着彼此之间的差异性。隐喻之所以能将两个事物当作同一事物或相似事物来看待，就是因为施喻者在认知客观世界时发现两个事物在某一特征或某一特性上具有相似之处。束定芳曾指出，所谓相似，其实指的是源域与标域之间的部分相似，否则就不是隐喻。然而，施喻者在确认两个事物的相似性之前，往往突显这两个事物的某一个面或某一个点，寻求彼此的相似性，例如：

（4）"无知"是骄傲肥沃的土壤。（王雅军等，《实用比喻词典》）

（5）Happiness is a butterfly, which, when pursued, is always just beyond your grasp, but which, if you will sit down quietly, may a light upon you.（青闰等，《英语格言集锦》）

在句（4）中，施喻者将"无知"喻为"骄傲肥沃的土壤"，这是因为他首先将认知的聚焦点投放在"肥沃的土壤"能使作物茁壮成长这一侧面，同时又对

---

① 赵朴初：《佛教常识答问》，中国佛教协会出版社1999年版。

"无知"易使人产生"骄傲"这一特点进行突显,发现两者都在"有助于某物发展"这一方面具有相似性。在句(5)中,"happiness"被喻为"butterfly",是因为施喻者并不是将认知的注意力聚焦于"butterfly"美丽的翅膀上,而是将强光照射在"蝴蝶,你若追逐它,却永远捉不到,可你若静坐下来,它却可能落在你身上"这一现象之上。与此同时,施喻者对"happiness"往往会在你不经意或不刻意追求时降临到你身上这一特性也进行了突显。两者各自的侧面一经突显,彼此间的相似性就呼之欲出。

二是事物间虽有千差万别,根据其各自存在的意义而存在,但彼此间又是相互联系的,即便在特性上没有联系,也可能会在特征上具备一定的相似性,或者即使在特征上没有关联,也可能会在特性上具备某一相似点。周遭世界中,事物与事物之间存在着无数潜在的相似性,一旦被人的认知注意力所捕捉,相似性就会以各种丰富多彩的形式呈现在人们的眼前。语言中几乎每时每刻都会出现人们闻所未闻的各种新颖隐喻,恰恰就是事物间存在无数潜在的相似性的最好佐证。若不是如此,那么就不可能出现无数别致的隐喻。所以我们说,事物间的相似性,尤其是心理相似性,在人的认知作用下,具有潜在性和无限性。① 然而,在相似性得到确立之前,若人未曾对事物间各自的某一面或某一点进行突显,感知彼此的相容点或相容面,那么各种潜在的相似性就得不到发现,隐喻也就因此不可能得到不断的创新,例如:

(6)知识像一张渔网,渔网愈宽愈牢,网住的鱼就愈多。(王雅军等,《实用比喻词典》)

(7)Trust is the cornerstone in a successful team.(青闰等,《英语格言集锦》)

在句(6)中,施喻者以独到的认知视角,对"一张渔网"若"愈宽愈牢,网住的鱼就愈多"这一特性进行认知突显,对"知识"面越宽阔越扎实,知识的收获也就越多这一特性也作了认知上的强光化,从而挖掘出两者的相容点。句(7)中的隐喻之所以能成立,因为施喻者对"cornerstone"具有基础性或支

---

① 王文斌:《再论隐喻的相似性》,《四川外语学院学报》2006 年第 2 期。

撑性这一特性进行了认知挖掘,并对其进行认知突显,同时对"trust"也是成功团队的支柱或基石这一特性作了认知上的强光化,从而建立了两者之间的相似性。

通过以上的分析,我们可以得知,唯有隐喻所牵涉的两个事物之间的共有特征或特性得到施喻者的突显,彼此间的相似性才能唤起人们对其的认知注意力。洪定国在论述心灵的创造力时引用了玻姆关于最普遍的序概念中"相似的差别和差别的相似"的观点,指出数学中的元素都是相似的,即均为整数,可彼此又有差别,即数值彼此不一。① 我们在此所讨论的隐喻相似性,不也就是在事物的彼此差别中感知相似,而又在事物的彼此相似中感知差别?正因为有事物的差别,人类才会进行主观认知判断,告诉他人 A 是 B 或 A 似 B,阐明 A 与 B 的同一性或相似性;也正因为有事物的相似,人类才有可能建立隐喻的相似性。因此,隐喻的相似性就是在"相似的差别和差别的相似"的互动中构就的。

四、认知突显的实现要素

我们已表明,突显是隐喻得以形成的基础之基础。那么,在此值得进一步考问的是,隐喻认知突显得以实现的要素是什么?

所谓要素,通俗地讲,就是指构成事物的必要因素。我们在此所说的要素,是指隐喻认知突显徕以实现的必备因素。我们认为,隐喻认知突显得以实现的要素主要有两大类:一是事物与事物之间存在相似性的潜在性,二是施喻者意欲构建隐喻的自我驱动性。在此所谓的潜在性,是指诸事物之间存在相似性的可能性,而这种相似性是潜藏的,需经施喻者的认知挖掘才能形成;在此所谓的自我驱动性,就是指施喻者欲借用彼事物来表达此事物的动机,即施喻者以源域来表达目标域的欲望或冲动。

---

① 洪定国:《论心灵的创造力》,《自然辩证法研究》2003 年第 8 期。

（一）隐喻相似性的潜在性

我们先来探讨事物间存在隐喻相似性的潜在性。我们已提出，客观世界中诸事物之间的相似性是无限的，是开放性的。我们认为，在人的认知世界中事物间外在或内在方面所存在的相似潜在性可以分为四类：必然性、真实性、偶然性和强加性，其中必然性相对于偶然性，真实性相对于强加性。

所谓必然性，通常是指事物发展变化中不可避免的趋势。认识事物的必然性往往就是认识事物的本质。我们在此所说的必然性，是指隐喻所关涉的两个事物之间存在本质上的相似或类同。两个事物尽管从表象上看相去甚远，可在本质上却具有相近之处，例如：

（8）一切反动派都是纸老虎。（毛泽东，《毛泽东选集》第四卷）

（9）Politicians are like the bones of a horse's fore－shoulder. There's not a straight one in it.（D.B.Baker，*Power Quotes*）

在（8）中，"帝国主义和一切反动派"与"纸老虎"之所以能相互映射，是两者在本质上具有相似性。施喻者突显了"帝国主义和一切反动派"外强中干的特性，同时也对"纸老虎"色厉内荏的特性进行了突显，借此构建两者之间的相似性。在（9）中，"politicians"与"the bone of a horse's fore-shoulder"从表象上看根本不具备相似性，可在施喻者的描述中，"politicians"往往见风使舵，人格缺失，正直与他们无缘，因此，就本质而言，"politicians"与"the bone of a horse's fore-shoulder"无异，没有一块骨头是直的。

从以上的分析，我们不难看出，事物间的相似性有时是必然的，尽管从表面上看相去甚远，可在本质上却往往具有潜在的相似性，一旦这种类同的本质得到认知突显，隐喻的相似性便能得到确立。

所谓偶然性，通常是指事物发展变化中可能出现、也可能不出现的情况。在实现隐喻认知突显的过程中，由于某种偶然因素，施喻者突显了此事物和彼事物的某一特征或特性，使两者具备相似性，由此形成隐喻，例如：

（10）相逢是首悠扬的歌，相识是杯醇香的酒，相处是那南飞的雁。（2007年新春祝福十佳短信）

（11）Our flag is red，white and blue，but our nation is a rainbow — red， yellow, brown, black and white — and we're all precious in God's sight. (D.B.Baker, *Power Quotes*)

在句(10)中,"相逢"与"悠扬的歌""相识"与"醇香的酒""相处"与"南飞的雁",彼此在本质上均不存在必然的联系,可是,挚友之间的"相逢"通常是一件不亦乐乎的事,而"悠扬的歌"声通常也会给人带来愉悦;人与人之间的真心"相识"会给人以清香扑鼻之感,而"醇香的酒",其纯美飘逸的香味自然不难想象;人们之间心心相印的"相处",在每逢佳节时往往会使人彼此思念,渴望相聚,而"南飞的雁"往往是归心似箭,渴望飞往自己朝思暮想曾经栖息过的美好家园。施喻者经过认知加工,对某一点进行了突显,由此确立了彼此的偶然相似性。在句(11)中,施喻者将"our nation"(指美国)隐喻为一条"rainbow"。显然,两者之间的关系并不是一种本质上的必然联系,而只是一种偶然发生的关系。美国是一个由多民族、多人种、多文化组合而成的国家,尤其是在人种方面,居住着"白、黑、红、黄和棕"不同人种,从这一角度看,美国的国旗颜色虽是红、白、蓝三色,但美国这一国家却像一条彩虹,是由"红、黄、棕、黑、白"这五个人种组成,而且他们"全是上帝所珍爱的人"。施喻者突显了美国是由多人种组成的国家这一特征,并对"rainbow"的多彩特征进行了认知上的突显,借此建立了两者之间这种非必然的相似性。

第三类是真实性。所谓真实性,通常是指与客观事实相符,合乎事物的真相。在实现隐喻认知突显的过程中,真实性是指此事物与彼事物具有客观上的相似性,是那种看得见、听得到、摸得着的相似性,例如:

(12)她那粉红的小脸好像红太阳,她那活泼可爱的眼睛,好像晚上明媚的月亮。(王洛宾,《在那遥远的地方》)

(13)A canary sang like a steam engine.(B.Potter, *Johnny Town-Mouse and Friends*)

在句(12)中,她"小脸"的"粉红"是"像红太阳"的客观条件,同样道理,她"眼睛"的"活泼可爱"是"像晚上明媚的月亮"所不可或缺的认知前提。施喻者对源域和标域进行了外观上的突显,以此为基础,构建了彼此之间的相似性。在(13)中,"a canary"唱歌,其声音在施喻者听来肯定是很像"a steam engine"的鸣笛声,否则,施喻者就不太可能会构建出这一隐喻。正因为这只金丝雀的歌声听起来像蒸汽机的鸣笛声,才使得两者具备了真实的相似性。

第四类是强加性。在此所谓的强加性,是指事物与事物之间原本毫无相像之处,可由于人的认知作用,彼此具备了相似性,即境由心生,相似性由心沟通,随人的认知而生成。人类实际上是心与客观事物的联合体。哲学家笛卡儿所说的"心身交感论"就是这个道理。他认为,灵魂与事物这两者虽然不同,但彼此却联系得非常紧密。① 在隐喻中,强加性是指源域和目标域所代表的两个事物,不论在必然性、偶然性抑或真实性方面,均不存在潜在的相似性,两者之所以出现相似性并能形成隐喻,就是施喻者认知加工的结果,是施喻者的认知赋予了彼此的相似性。简言之,这是施喻者意向性思维的果实,具有思维上的强加性。人的思维能力,实际上可以把握天地万物,赋予天地万物以意义,使天地万物从寂寞无知的自然世界变成生动活泼的意义世界。② 换言之,人的认识过程其实就是自我体验的过程,自然界之所以活生生地充满了生机,是因为人自己的心中充满了生机,并将其投射到自然万物之上。隐喻中源域与目标域之间存在相似潜在性的强加性就是属于这种认知情况,例如:

(14)白发三千丈,缘愁似个长。(李白,《秋浦歌》)

(15)Or to take arms against a sea of troubles and by opposing end them? (Shakespeare, *Hamlet*)

在句(14)中,说白发有三千丈,是因愁而生,因愁而长。施喻者如此写愁,大大出乎人们的意料。施喻者异思出奇句,这不能不使人惊叹其气魄和笔力。白发不管怎么长,也不可能有三千丈之长,这已是非常夸张的说法了,更何况说"缘愁似个长"了,这显然是一种更为夸张的隐喻。毫无疑问,两者之间的相似性并不合乎客观事实,是施喻者的认知强加在事物身上的主观表达。在句(15)中,施喻者将人世的"troubles"喻为"sea",在表达人世苦难深重的同时对苦难作了极为夸张的隐喻。显然,人世的苦难与"sea"有天壤之别,在通常情形下不可相提并论。然而,施喻者在此心裁别出,对"troubles"之多和"sea"的量之大进行了认知突显,构建了彼此的相似性。值得一提的是,"sea"

① 张志伟:《西方哲学十五讲》,北京大学出版社 2006 年版,第 207 页。
② 成云雷:《趣味哲学》,上海古籍出版社 2006 年版。

在此是一个隐喻性量词,是这一隐喻中的源域。

从以上的分析,我们不难看出,在纷繁复杂的客观世界诸种事物中,事物间的潜在相似性呈现出一种开放性的态势,是无限的。有些相似性取决于人对客观世界诸事物中必然关系的认知,有些是取决于人对诸事物偶然关系的认知,有些则取决于人对诸事物的真实相似性的认知,再还有一些是基于人对诸事物之间相似性关系的一种加强。但是,不论是哪一类相似性,其首要条件就是需要施喻者对相关事物的认知突显。隐喻中,有以相似性为基础的隐喻和创造相似性的隐喻。[①] 试然,以相似性为基础的隐喻往往是以事物间的真实相似性为基础,而创造相似性的隐喻则往往是以事物间的必然相似性、偶然相似性和强加相似性为基础,这是因为在必然相似性的隐喻中常牵涉到两个事物的本质关系,不会轻易被人察觉,需要人的深度洞察和认知,往往具有创造性;在偶然相似性的隐喻中,由于事物具有多面性,彼此之间的关系不易被人发现,需要人们从纷繁复杂的现象中找到事物间的相似点,这同样需要施喻者的创造性思维;强加相似性的隐喻关涉到的两个事物不具备类同点,是施喻者经过认知加工并根据主观意向所施加的一种相似关系,这更需要创造性思维。而对事物与事物之间相似性的创造性思维,实际上就是对事物之间相似点的创造性认知突显。其实,即便在以相似性为基础的隐喻中,施喻者对事物与事物间相似性的认知突显同样是不可或缺的,这是因为如前文所述,在大千世界中,一件事物之所以存在,那是因为这一事物具有存在的必要性和合理性。若一事物与另一事物完全等同,那么这一事物就会失去其存在的必要性和合理性,并由此成为多余的事物。所以,事物与事物间的差异是绝对的,而相似则只是相对的。唯有经过人的认知突显,事物间的相似性才得以张扬,才能被人认识。

(二) 隐喻构建的驱动性

隐喻认知突显得以实现的第二要素是施喻者构建隐喻的自我驱动性。驱动性本是一个心理学术语,意指能提供某种维持刺激的个体内在力量,使有机

---

① B.Indurkhya.*Metaphor and Cognition*.London:Kluwer Academic Publishers,1992.

体处于活跃状态,直至达到某一目标①或满足某种要求。如前文所述,我们在此提到的自我驱动性,就是指施喻者欲借用彼事物来表达此事物的动机、欲望或冲动。在语言交际过程中,施喻者为表达对客观世界某一事物的认识,常借用另一事物来昭示这种认识,即常常受到这种借用欲望的驱遣,以此来表情达意,向受喻者传送自己对客观世界某一事物的观照。若施喻者未曾受到这种借用欲望的驱使,隐喻就不太可能会出现。即便依照 Lakoff 和 Johnson 的观点,隐喻在本质上就是以彼事物来想象此事物的一种方式。② 由此可见,隐喻之所以出现在语言交际中,就是因为施喻者为了投射自己对客观世界某一事物的认知。在这一部分,我们拟探讨施喻者构建隐喻驱动性的两个主要方面,即刻意性和自涌性。

所谓刻意性,在此是指构建隐喻过程中,施喻者为映射对标域的心理认知,突显其某一特征或特性,在自己的认知经验世界里寻求某一具有与之相应特征或特性的源域,呈现源域与目标域的相似性。通常的情况是,施喻者为构建隐喻,积极发挥主观能动性,刻意求工、仔细推敲,谋求源域与标域的相似性。诚然,如上文所述,在确立两个域之间的相似性之前,首先是需要突显两者之间的相似面或相似点。如前文所述,所谓相似性,实质上就是源域与标域之间在突显面或突显点上的相似性,是两者之间部分的映射,而不是两者之间完全的相符。正如束定芳所言,施喻者知道 A 不等于 B,可只是想借助两者之间的相似性传达一种用其他方法难以传达的信息。③ 施喻者在构建隐喻时就是需要在两个不相同或不完全相同的事物中刻意突显两者之间的相似面或相似点,例如:

(16)不知细叶谁裁出,二月春风似剪刀。(贺知章,《咏柳》)

(17)Power is the great aphrodisiac.(D.B.Baker,*Power Quotes*)

"春风"与"剪刀"原本是风马牛不相及的两回事,可在句(16)中,施喻者巧夺天工,为表达"春风"的神妙和奇工,刻意在两者之间找到了相似点,突显

---

① [美]赫根汉:《心理学史导论》,郭本宇等译,华东师范大学出版社 2004 年版,第 651 页。

② G.Lakoff & M.Johnson.*Metaphors We Live by*.Chicago:The University of Chicago Press,1980,p.36.

③ 束定芳:《论隐喻与明喻的结构及认知特点》,《外语教学与研究》2003 年第 2 期。

了施喻者想象中"春风"和剪刀所共同具备的"裁剪"能力,即两者所具备的相似性。若没有施喻者的这种刻意求索,彼此间出现的相似性是让人难以想及的。在句(17)中,"power"和"aphrodisiac"的相似点在于两者均能使人疯狂,并有可能吞噬或泯灭人的理性或良知。然而,二者原本是属于两个完全不同的事物,前者是指有组织的社会里政治上的强制力量,而后者则指激发动物性欲的药物。施喻者在此将两者联系在一起,是刻意追寻彼此相似性的结果。诚然,这种相似性是建立于彼此均具有刺激人的某种欲望这一相似点。换言之,这种相似性是施喻者悉心突显二者相似点的结果。

所谓自涌性,在此是指施喻者构建隐喻的冲动不是出于主观的强烈要求,而是潜意识里的一种自发行为。在汉语修辞学研究中,古人早就有"比兴"之说。所谓"比",就是以彼物比此物;而所谓"兴",就是先言他物,以引起所咏之辞。换言之,索物以托情谓之"比",即情附物者;触物以起情谓之"兴",即物动情者。其实,"比"就是触情以起物,而"兴"就是触物以起情。"比"是由心及物,是一种由内至外的自涌性,而"兴"是由物及心,是一种由外至内的自涌性。然而,不论是由心及物的"比",抑或由物及心的"兴",两者均具有自发性,是施喻者在特定的情景中触景生情或触情生景,情景交融,物我两忘,是施喻者构建隐喻的一种自然冲动。在许多情况下,施喻者构建隐喻,往往会牵涉到隐喻对象化的选择过程,关涉到源域与目标域匹配的合理性推敲。可是,在具有自涌性的隐喻构建过程中,施喻者既情不自禁,也言不自禁,由此而生成的隐喻往往是因为情动于景而表于喻,或者是因景触于情而显于喻,是施喻者受内在动因或外在动因的触发的自然流露,在大多情况下具有心理上的不可抗拒性。然而,尽管具有自涌性的隐喻是施喻者思想的一种自发性表露,可施喻者的经验和记忆在隐喻的构建过程中依然是必备因素。若不具备对特定事物或情感的经验和记忆的积累或沉积,施喻者就不可能对所表达的事物或情感具有深刻的洞见。唯有对某一特定事物或情感具有经验或记忆上的积淀,施喻者在特定的情景下才会被触动,形成具有自涌性的隐喻,例如:

(18)素月分辉,明河共影,表里俱澄澈。悠然心会,妙处难与君说。(张孝祥,《念奴娇·过洞庭》)

(19)Go where he will, the wiseman is at home. His hearth the earth, his hall the azure dome.(R.W.Emerson,引自游瑞云,《名言荟萃》)

在句(18)中,诗人描写了洞庭湖秋天月下的美丽景色。洞庭湖是澄澈的,诗人的内心也是澄澈的,物境与心境悠然相会,这妙处难以言表。这是"兴"的典型表现手法,诗人触物以起情,因景而冲动构建了这一隐喻,表露了一种胸怀坦荡、表里如一的思想境界。在句(19)中,施喻者将"his hearth"喻为"the earth",将"his hall"喻为"the azure dome",这看起来似乎是以具象隐喻具象,可其实不然,施喻者在此借助这一隐喻,抒发了自己一种真实的思想感受:作为智者,他应该是志存高远,放眼世界,四海为家。Emerson是美国的一名思想家,在此明显是托物言志,取景表意。

从上文的分析,我们可以看出,隐喻的使用,首先是施喻者具有一种借用隐喻表达自己对客观某一事物认知的欲望或冲动。这种欲望或冲动可以分为刻意性和自涌性两个主要方面。值得指出的是,这两个方面在隐喻构建过程中并不是截然分离的,恰恰相反,这两个方面往往相互依存、交互作用,表现出你中有我,我中有你的特点,我们在此将这两个方面分开展开论述,只是便于问题的说明。客观世界中的种种范畴往往难以作出泾渭分明的划分,在人的心理世界中,这种现象尤其如此,会展现出相互交叉、彼此影响的特性,例如:

(20)赤日炎炎似火烧,野田禾苗半枯焦。农夫心内如汤煮,公子王孙把扇摇。(宋代乐府民歌,《赤日炎炎似火烧》)

(21)The Democratic Party is like a mule.It has neither pride of ancestry nor hope of posterity.(D.B.Baker,*Power Quotes*)

在句(20)中,施喻者除将"赤日炎炎"喻为"火烧"之外,还将农夫的内心焦虑喻为"汤煮"。"汤煮"这一隐喻除施喻者的刻意性之外,还有自涌性。说其具有刻意性,是因为内心焦虑如"汤煮"是一个非常新奇的隐喻,是施喻者刻意追求的结果;说其具有自涌性,是因为施喻者对老百姓靠天吃饭的疾苦有着深刻的同情和理解,面对"野田禾苗半枯焦",触景生情,由景及心,创造了这一独特的隐喻;在句(21)中,施喻者将"the Democratic Party"喻为"a mule",同样具有刻意性和自涌性。英语中,"a mule"常被用来隐喻"固执"或"执拗",如"as stubborn as a mule"。可是,施喻者在此另辟蹊径,不是着眼于民主党的固执或执拗,而是聚焦于"a mule"的出身,即由公驴和母马所生的种间杂种,因此不会繁殖后代。这显然是施喻者的用心选择。此处施喻者之所以将民主党喻为骡子,说其既没有祖辈的荣耀,又没有后代的希望,是因为施喻者对民主党的本质和所作所为具有深刻的洞见,出于内心的感受而发乎其外,显于言表,具有隐喻使用自涌性的特征。

由此可见,隐喻使用的驱动性所表现出的刻意性和自涌性这两个主要方面往往是相互交融、彼此联系、互为表里的,在许多情况下,难以作出楚河汉界式的迥然区分。

五、结语

隐喻相似性的认知突显,是一个复杂的认知活动。本文就认知突显的概念、认知突显与隐喻相似性的关系以及认知突显的实现要素这三个主要方面作了较为详细的论述,提出隐喻赖以生存的基础是源域和目标域之间的相似性,而这两个域之间的相似性实际上仅表现于某一个方面或某一个点,是人类认知突显的结果。隐喻相似性的认知突显得以实现的要素主要有两大类:一是客观世界中事物与事物之间存在潜在的相似性,二是施喻者意欲构建隐喻的自我驱动性。相似性的潜在性可以分为主要四类:必然性、真实性、偶然性和强加性;隐喻构建的自我驱动性表现主要为两个方面:刻意性和自涌性。

(本文原载《外国语》2008 年第 3 期)

再论隐喻中的相似性

一、引言

相似性在隐喻构建中具有不可或缺的作用,若没有源域与目标域之间的相似性,任何隐喻均是无本之木。因此,我们研究隐喻的认知构建,其中的一个重点应是相似性的认知构建。然而,从目前探讨隐喻认知的文献资料看,关于相似性的研究,尽管众家(如 Lakoff,1987[①];Lakoff & Turner,1989[②];Ortony,1993[③];Hintikka,1994;Goatly,1997[④];Fauconnier & Turner,2002[⑤];束定芳,2000[⑥];赵艳芳,2001[⑦];胡壮麟,2004[⑧] 等)对此均有不同程度的涉及,但由于各自论述重点的不同,对此尚未作较为全面的探究。虽然 Lakoff & Johnson[⑨]、Indurkhya[⑩] 和利科[⑪]等对此作了深入的探讨,可其聚焦点分别是相似性的创造及其在隐喻理解中所起的作用,对其认知构建、本质、类型以及类型与类型

---

① G.Lakoff. *Women, Fire, and Dangerous Things*. Chicago: The University of Chicago Press, 1987.

② G.Lakoff & M.Turner. *More Than Cool Reason*. Chicago: Chicago University Press, 1989.

③ A.Ortony. *Metaphor and Thought*. Cambridge: Cambridge University Press, 1993.

④ A.Goatly. *The Language of Metaphors*. London: Routledge, 1997.

⑤ G.Fauconnier & M.Turner. *The Way We Think*. New York: Basic Books, 2002.

⑥ 束定芳:《隐喻学研究》,上海外语教育出版社 2000 年版。

⑦ 赵艳芳:《认知语言学概论》,上海外语教育出版社 2001 年版。

⑧ 胡壮麟:《认知隐喻学》,北京大学出版社 2004 年版。

⑨ G.Lakoff & M.Johnson. *Metaphors We Live by*. Chicago: Chicago University Press, 1980, pp. 147-155.

⑩ B.Indurkhya. *Metaphor and Cognition*. London: Kluwer Academic Publishers, 1992, pp.39-91.

⑪ [法]利科:《活的隐喻》,汪堂家译,上海译文出版社 2004 年版,第 238—275 页。

之间的关系等却未曾展开深度的探讨。我们认为,相似性是隐喻赖以存在的基石,所牵涉的两个心理空间在大多情况下均是认知主体感知的产物,对此我们有必要作深入的考察。

二、隐喻相似性的认知构建

隐喻无非就是施喻者对源域与目标域之间关系的一种认知确认,其真正的内容就是两者的相似性。换言之,相似性一旦被锁定,隐喻也就往往随之成立。施喻者根据自己对目标域的认识或为了反映目标域的某一特征或特性,寻找与之具有相应特征或特性的源域,最终将源域映射到目标域之上。在此所说的两个域之间的相应特征或特性其实就是两者之间的相似性。所以,隐喻的选择在很大程度上也就是相似性的选择,源域是相似性一方的载体,而目标域则是另一方的载体,彼此发生连接的纽带就是相似性。那么何谓相似性呢? Ortony[1] 指出,所谓相似性,就是指两个事物具有共同的属性。我们认为,隐喻中的相似性,就是指源域与目标域之间具有某种类似或相仿的特征或特性。相似性原则告诉我们,人类往往将相同或相似的东西看作一个单位。这一原则在概念和语言的形成中是最为重要的,因而相同或相似的事物往往被给予相似的名称,类似的事物可用来互为隐喻等等。[2] 束定芳指出,隐喻有两个类别,一是以源域与目标域之间的原有相似性为隐喻基础(similarity-based metaphor),二是以施喻者新发现的或刻意想象出来的相似性为基础(similarity-creating metaphor)。[3] 在人类认知中,后者尤为重要。Indurkhya[4] 却认为有三类基本隐喻:常规性隐喻[5]、以相似性为基础的隐喻和创造相似性

---

① A.Ortony.*Metaphor and Thought*.Cambridge:Cambridge University Press,1993,p.342.

② 赵艳芳:《认知语言学概论》,上海外语教育出版社 2001 年版,第 97 页。

③ 束定芳:《隐喻学研究》,上海外语教育出版社 2000 年版,第 93 页。

④ B.Indurkhya.*Metaphor and Cognition*.London:Kluwer Academic Publishers,1992,pp.1-2.

⑤ Indurkhya 认为,所谓常规性隐喻(conventional metaphor),就是指并不局限于诗歌和文学的隐喻性转移(metaphoric transference),而是我们日常言语重要组成部分的隐喻性转换,如 "The chairperson of the meeting plowed through the agenda",其中的"plow"已成为一个死喻,或者说是一个常规性的隐喻。

的隐喻。我们在此无意讨论这两位学者对隐喻分类的不同看法。我们感兴趣的是他们均提到了以相似性为基础的隐喻和创造相似性的隐喻,因为在这两类隐喻中,相似性均是关键要素,而这恰恰是本文所关注的焦点。Indurkhya[①]对这两类隐喻作了较为严格的区分。他认为,所谓前者,就是指使得受喻者对源域与目标域进行比较,因为其意义的转换是以这两者之间的某种现有的相似性为基础,譬如说,在"The sky is crying"这一句子里,受喻者会对从空中落下雨点与从一个人的眼里流下眼泪进行比较。所谓后者,就是指初看一个隐喻时,源域与目标域之间并不存在相似性;唯有隐喻被理解以后,相似性才会被发现,如:

(1)爱情如烟花。(《宁波晚报》2004年5月9日)

看了句(1)以后,我们唯有经过仔细揣摩才会知道"爱情"与"烟花"有时是何其相似!"烟花"虽漂亮,但十分短暂,而"爱情"虽十分美好,可在一部分人身上却也十分短时,如烟花。所以,我们在此不得不承认这一隐喻创造了两者的相似性。尽管众家[②]从不同的角度对隐喻作了不同的分类,可我们认为,表现为隐喻的相似性基本上不外乎两种,一是"物理相似性",二是"心理相似性"。前者就是指源域与目标域之间存在客观上的共有特征,而后者就是指这两个域之间存在主观上的共有特性。主观上具有相似性的隐喻往往是施喻者认知加工的结果。至于"死喻""陈喻""俗喻""新喻""创喻"等各种不同的隐喻分类则均是从隐喻在语言中存在的历时效应和共时效应角度作出的。我们认为,就隐喻中源域与目标域的相似性而言,这种隐喻分类也基本上逃脱不出"物理相似性"与"心理相似性"这两大类,而且不论是哪一类,均是施喻者认知判断的结果,因为从严格意义上说,世界上不存在两个完全一致或等同的事物,况且从隐喻的构建角度看,即便现在是"死喻",在其产生之初也可能是"新喻"或"创喻",都经历过施喻者的认知创造。

---

①　B.Indurkhya.*Metaphor and Cognition*.London:Kluwer Academic Publishers,1992,p.2.

②　D.E.Cooper.*Metaphor*.Oxford:Basil Blackwell,1986;B.Indurkhya.*Metaphor and Cognition*.London:Kluwer Academic Publishers,1992;束定芳:《隐喻学研究》,上海外语教育出版社2000年版;刘大为:《比喻、近喻与自喻》,上海教育出版社2001年版。

三、隐喻相似性的类型及类型之间的关系

刘雪春在讨论隐喻的相似性时提出,隐喻赖以存在的事物之间的相似性是千变万化的,可概而言之,相似性有两种:一是感官相似性,二是超感官相似性。① 前者是指建基于视、臭、听、味和触等感官所获得的事物、现象之间的相似性,如:

(2)皓齿如珍珠。(《宁波晚报》2000 年 6 月 2 日)

(3)As he spoke,his face brightened as with a light turned on.(*Life*,Volume 13,July,1990)

句(2)中的"皓齿"与"珍珠"和句(3)中的"his brightened face"与"a turned-on light",相似性均建立在施喻者的视觉感官之上。

后者则是借助人们的抽象思维概括而构建的事物现象之间的相似性,如:

(4)儿女是飘扬在母亲心头的旗帜。(《宁波晚报》2005 年 3 月 4 日)

(5)Pain and pleasure,like light and darkness,succeed each other.(张子樟,《英文名句欣赏》)

显然,以上两句中的隐喻相似性,不是建基于施喻者的感官,而是建基于其理性思维,因为句(4)中的"儿女"与"旗帜"不存在物理上的相似性,施喻者创建这一相似性,是借助理性思维发现,"儿女"会给母亲带来许多快乐,如同旗帜在母亲的心上迎风飘扬;在句(5)中,"pain and pleasure"与"light and darkness"也不存在能借助感官而发现的相似性,而是施喻者依凭抽象的思维认知,觉得痛苦与快乐,如同光明与黑暗,两者往往相继相伴。

李佐文和刘长青指出,由于人们认识的主观能动性,隐喻相似性表现出主客观两方面。② 人类生活在一个物质世界与精神世界相互融合的统一体中,不论在哪一个世界,均存在千差万别的事物。这些事物各自又具有多方面的

---

① 刘雪春:《论比喻的相似性》,《修辞学习》2001 年第 6 期。
② 李佐文、刘长青:《隐喻的相似性基础》,《河北大学学报》2003 年第 3 期。

属性,包括客观属性和主观属性。属于客观属性的有空间、时间、形态、色泽、运动形式、功能特点以及与其他事物的关系等;属于主观属性的有事物作用于人的感官和心理的特点。应该指出的是,事物都有相互贯通的连接路径,因而大多事物均可从主客观两方面找到彼此相似的属性,由此给隐喻在事物与事物之间建立起某种联系提供了必要的条件。需要指出的是,隐喻不是对某种事物作出定义,而是对两种事物之间相似属性的一种认知判断,如:

(6)情感的潮水汹涌而至。

(7)Life is the garment we continually alter,but which never seems to fit.(张子樟,《英文名句欣赏》)

句(6)中,施喻者对"情感"与"潮水"都具有"波动性"这一相似性作了认知判断;句(7)中,施喻者利用"life"与"garment"都具有"变化性"这一共似特性,在两者之间建立了一种认知联系。

李佐文和刘长青还指出,事物是普遍联系的,而这些联系取决于各事物所具有的多种属性,相似性就是事物属性相互联系的一种方式;使用隐喻就是舍弃差异,凸显相似。① 这种思维形式是抽象的属性加工,是强化两个事物之间的相似性。施喻者就是凭借源域与目标域之间的相似性联系而使用隐喻,其中有些隐喻是两者之间本身具有相似性,可有些并不具备,而是施喻者受到某种事物的刺激对其进行了相似性的认知判断。

Chesterman 指出,人们在谈及相似性时可以说某些事物"具有相似性",也可以说某些事物"被认为具有相似性"。② 由此可见,相似性既可以是"外在的"、客观的,也可以是"内在的"、主观的。他因此提出,相似性有两种,一是触发性相似性(similarity-as-trigger),这是一种客观相似性,是认知主体在物理相似性的刺激下而形成的相似性判断;二是归属性相似性(similarity-as-attribution),这是一种主观相似性,是认知主体经过认知加工而将某种相似属性归属于两个实体。

我们认为,以上关于隐喻相似性的三种观点,虽各有差异,但只消细究便

---

① 李佐文、刘长青:《隐喻的相似性基础》,《河北大学学报》2003 年第 3 期。

② A.Chesterman.*Contrastive Functional Analysis*.Amsterdam:John Benjamins,1998,p.7.

不难发现,隐喻相似性大致有两类:物理相似性和心理相似性。刘雪春提出的感官相似性和超感官相似性实质上就是物理相似性和心理相似性,因为前者就是指事物可视、可嗅、可听、可味和可触的相似性,显然就是物理相似性,即事物间具有状态、颜色、气味、比重、味道、沸点、溶解性等物理性质的相似性。而后者就是指人们通过自己的抽象思维概括而创建的事物间相似性,无疑就是心理相似性,即通过心理作用才有可能产生的相似性。李佐文和刘长青提出的客观相似性和主观相似性,其实也就是我们在此所说的物理相似性和心理相似性,因为空间、时间、形态、色泽、运动形式、功能特点等事物属性之间的相似性纯然就是物理相似性,而人的感官和心理所产生的主观属性之间的相似性显然就是心理相似性。Chesterman 提出的触发性相似性和归属性相似性,同样就是指物理相似性和心理相似性,因为他所说的前者就是指客观上的相似性,而后者就是指主观上的相似性。由此可见,尽管隐喻赖以存在的事物之间的相似性千差万别,可概而言之,相似性大致有两类:物理相似性和心理相似性。

我们还认为,不论是物理的抑或是心理的相似性,均是施喻者感知的产物,因为,任何隐喻的相似性都是经过感知而得出的相似性。我们作如是说,原因有四。一是隐喻是沟通相距遥远而且通常表面上看毫无关系的事物的桥梁,所以任何隐喻的相似性,都是凭借感知而获得事物之间的相似性,况且从严格意义上说,世界上没有两种完全一致的事物,彼此之间相似性的存在,不论是物理的还是心理的,均是人类通过感知这一认知渠道而构建。二是任何形诸语言隐喻的相似性,都是思维与概念的外化,是人类认知的外露,是人类认知判断的结果。三是从逻辑角度看,源域与目标域之间的联系并不存在真值上的联系,即并非 A 确乎是 B 或 B 确乎是 A,而是对源域与目标域之间的相似性进行主观的判断,是主观见之于客观的产物。如果说语言是心生而言立,那么我们在此不妨说在许多情况下是心生而相似性立。四是虽然物理相似性主要是关于事物表象的共似,大多看得见摸得着,而心理相似性则常常需要施喻者深刻的理性审视才能得到发掘,并需要施喻者借助抽象思维把握事物的内在属性,前者包含了更多的感性因素,后者注入了更多的理性因素,但是,感性因素与理性因素一样,均离不开施喻者的思维,思维是隐喻相似性得以建立的支柱,若没有认知主体的感知,事物间的相似性就不可能在语言的隐喻中得到表现。因此,我们说,不论是物理相似性抑或心理相似性,一旦反映在隐喻中,任何相似性都应该具有主观性,是人类感知的果实。其差异只有感知的深浅之分,而不存在本质的区别。简而言之,语言隐喻的任何相似性都是感知性的相似性,是人脑通过对感知的事物进行抽象加工的结果。Lakoff 最近指出,隐喻仅存在于人的大脑,存在于人的概念性映射,而隐喻的意义肯定与思维相关,它不存在于词,也并不存在于客观世界,而是人的思维将一种新的意义强施于目标域。①

王文斌和林波提出,隐喻中不仅存在人们常认为的以具体隐喻抽象,而且还存在以具体隐喻具体、以抽象隐喻具体和以抽象隐喻抽象这三种不同的形式。② 由此可见,物理相似性与心理相似性是彼此交叉的,往往难以作楚河汉界式的截然区分,这是因为心理相似性往往以物理相似性为基础,以人类对世界诸种事物的经验为前提,但又往往能超越单一的物理相似性。从严格意义上说,完全的心理相似性是不太可能存在的。西方哲学家阿恩海姆指出,将"抽象"与"具体"作简单的迥然区分,这完全是一种本体论方面的糊涂观念。③ 其实,大脑之外的知觉对象与大脑之内的知觉对象虽有准确与不准确、清晰与模糊之分,但它们始终是具体的,而且心灵中的独特而个别的具体意象在一定条件下可以发展成为抽象和普遍性的。正如贝克莱所说,一种意象若被单独加以考虑,那就是一种个别的东西,可若用它来代表或再现同类中所有其他个别的意象,那就为一般普遍的了。④ 王文斌和林波还进而提出,在现代隐喻中,具体始源和抽象始源并存,而且隐喻在本质上是抽象的,这是因为所谓抽象,就是人类从许多事物中,舍弃个别的、非本质的属性,抽取出共同的、本质的属性,而隐喻的相似性不论是物理的,还是心理的,均是对事物对象的一个抽象,⑤如:

(8)她像你,眉清目秀的。(《宁波晚报》2004 年 4 月 12 日)

---

① G.Lakoff."Cognitive Linguistics:What it Means and Where it is Going",《外国语》2005 年第 2 期。

② 王文斌、林波:《论隐喻中的始源之源》,《外语研究》2003 年第 4 期。

③ 刘晓明:《意象的逻辑:创造性思维的首要推动者》,《自然辩证法研究》2003 年第 8 期。

④ 刘晓明:《意象的逻辑:创造性思维的首要推动者》,《自然辩证法研究》2003 年第 8 期。

⑤ 王文斌、林波:《论隐喻中的始源之源》,《外语研究》2003 年第 4 期。

（9）He is very dirty, like a pig.

句（8）说"她像你"，是建立在两者的物理相似性基础之上，可这种物理相似性并不包括身段和所有的五官特征，而仅抽取出"眉清目秀"这一外在特征。句（9）也是以"he"与"pig"的物理相似性为基础建立了一个隐喻，可这种物理相似性并不包括形体、颜色、体毛、吃相等外在特征，并舍弃了"贪吃"这一或许存在的内在特性，而仅抽取出"very dirty"这一表象。由此不难看出，即便是以物理相似性为基石的隐喻，在本质上也是施喻者对源域与目标域的一种抽象。现在我们再来看以下两句：

（10）忠诚如同灵魂，是友谊不可或缺的因素。（《青年文摘》，2001年第1期）

（11）Selfishness is something like cruelty. It will torture people around you. （*Time*, March 11, 1991）

句（10）中，"忠诚"与"灵魂"本身均为抽象概念，属于心理相似性。施喻者在此从忠诚是友谊不可或缺的因素并从灵魂是躯体不可或缺的因素中抽取出两者"对某事不可或缺"这一相似的特性。句（11）中，施喻者经过对"selfishness"和"cruelty"的感知，从中抽取出两者具有"torturing"这一相似特性，表示两者均会伤害自己周围的人。

因此，我们认为不论是物理相似性，还是心理相似性，本质上均是感知性相似性，均是对事物对象的一种抽象，渗透着施喻者的主观能动性、自主性和自为性，往往是"我思故相似性在"，纯然是认知感悟的结果。诚然，偏重于理性思维的心理相似性，应该是开放性的，几乎没有任何的约束，一是因为心理相似性较物理相似性更自由，更可展开想象的翅膀自由驰骋，将世界中诸种相近的事物和相距遥远的事物联系起来，正如赵艳芳所言，隐喻是将理性和想象结合起来的语言表达形式，体现于隐喻的相似性无疑也是理性和想象的结果；①二是因为如果是物理相似性，那么无疑会受制于时空的局限，思维的创造性也会因此受到限制，正如鲁迅先生所说，"燕山的雪花大如席"容易被人所接受，可若说"昆明的雪花大如席"就较难让人接受了，这是因为受地理环

---

① 赵艳芳：《认知语言学概论》，上海外语教育出版社2001年版，第34页。

境的影响,昆明即便下雪也不太可能会下大如席的雪。

　　胡壮麟指出,世界万物是客观存在的,彼此之间有着千丝万缕的联系,这种联系往往是不清晰的,是原始的,是隐喻的;这种隐喻联系唯有借助人们的主观意识去发现、去构建,才能成为人类社会共享的财富。① 法国当代哲学家福柯也曾说过,在世界事物的广泛联系体系中,不同的存在物相互适应;植物与动物相交往,人与周围的一切打交道。② 相似性规定了邻近,而邻近反过来又保证更多的相似性。束定芳也曾指出,相似性可以是客观的,也可以是主观的,其实并不存在绝对的客观相似。③ 由此可见,尽管世界中的诸种事物存在着千丝万缕的联系,可就隐喻的相似性而言,其实并不存在绝对的客观相似,多多少少都包含着施喻者的某种主观认知的映射,即认知主体往往将自己所感知到的事物之间的联系表现于隐喻,因此可以说,任何隐喻的相似性均是感知性的相似性,均是对所昭示的事物之间联系的一种抽象,一般情况下,只要心到,隐喻的相似性就往往无处不生,无处不立,偏重于心理的相似性尤其如此。

四、隐喻相似性的认知基础

　　我们在上文提到,不论是物理相似性还是心理相似性,它们均是对事物的一种抽象,均是认知主体借助感知而对事物之间的某种联系的一种主观认知投射。洪定国在论述心灵的创造力时引用了玻姆关于最普遍的序概念中"相似的差别和差别的相似"的观点,指出数学中的元素都是相似的,即均为整数,可它们又有差别,即数值彼此不一。④ 这些元素是根据"差别的相似"原则构成整数序,即相继元素的差别不仅是相似的而且是相等的。我们在此所讨论的隐喻的相似性,不也就是在大千世界事物的差别中感知相似,而又在彼此的相似中感知差别? 正因为有事物的差别,人类才会进行主观认知判断,告诉

①　胡壮麟:《认知隐喻学》,北京大学出版社 2004 年版,第 220 页。
②　[法]福柯:《词与物》,莫伟民译,上海三联书店 2001 年版,第 25 页。
③　束定芳:《隐喻学研究》,上海外语教育出版社 2000 年版,第 58 页。
④　洪定国:《论心灵的创造力》,《自然辩证法研究》2003 年第 8 期。

他人 A 是 B 或 A 似 B,阐明 A 与 B 的同一性或相似性;也正因为有事物的相似,人类才有可能建立隐喻的相似性。因此,隐喻的相似性就是在"相似的差别和差别的相似"的互动口构建而成的。那么,隐喻的相似性的心理基础以及成因又是什么呢?

我们认为,隐喻的相似性离不开人类思维中的类比、判断和推理。

所谓类比,就是指人类往往会根据两个或两类对象在一系列属性上相同或相似,并且已经知道一个对象具有某种属性,从而推知另一对象也具有某种属性。若设 A、B 分别代表两个或两类对象,以 a、b、c、d 代表不同属性,类比法可表现为:

A 有 a、b、c、d,

B 有 a、b、c,

所以,B 有属性 d。

从上不难看出,类比是从个别到个别的推理,这是区别于演绎和归纳的本质。那么,类比的心理现实是什么呢? 首先,人类的心理现实是建立在客观现实基础之上。在客观的大千世界里,诸事物往往不是孤立的,而是具有各种普遍的联系。这种普遍联系不仅表明了同类事物具有共性,而且还表明了某些不同类事物之间也具有相似性,这是人类在长期与客观世界的交往和接触中形成的一种普遍认识。正是因为建基于这样一种认识,人类的类比才有真实的客观前提。再者,人类在与客观世界的交往与接触中形成了另一种认识,那就是世界诸事物之间的普遍联系还表现于任何一个事物的各个属性之间也是相互联系的。换言之,A 对象的 a、b、c 属性与 d 属性之间就可能具有内在的联系,而不是偶然的聚合,因而,当 B 对象具有与 A 对象相同或相似的 a、b、c 属性时,它就可能同样具有 d 属性。其次,类比是人类认识世界和改造世界的重要手段之一。借助类比,人类往往能在生活和工作中运用"举一反三"和"触类旁通"式的思维,而且许多科学研究,均建立在类比这一创造性思维的基础之上,如仿生学,就是依凭类比,探究生物系统的结构和功能,并创造出模拟这些结构和系统的技术系统的科学。还有,人类的思维往往是通过已知事物推想未知事物,只要已知事物与未知事物具有某种相似性,人类便会将对这种相似性的深刻认识投射到未知事物上。Stockwell 和 Minkova 认为,类比是人类思维的内在动力,涉及人类对在某种具体的客体或过程与某种抽象的客体或过程之间的相似性的知觉,任何被知觉到的相似性均有可能成为类比性变化的基础,而且尽管类比有时会显得比较遥远,看似不太有类比的可能,可某种相似性一旦引起某人的注意,它就会很容易在语言中扎根。① Gentner 等指出,人类具有辨认形状相似性的能力,因为认知中的类比使用是人类的思维能力和心理过程。人类的这种能力就是洞察各种型式,分辨这些型式的反复重现,形成将这些型式抽象并加以具体化的概念,并将这些概念形诸语言。②就最一般的意义而言,类比就是寻找相关性型式的能力。由此可见,类比是隐喻源域与目标域得以连接的认知基础。

所谓判断,就是对思维对象有所断定的一种思维形式,属于意识范畴。③判断在人类认识世界事物的过程中具有十分重要的作用,是认识事物的一个重要工具。人类认识任何事物,都需借助判断。唯有在人类作出有关事物的各种正确的、深刻的判断时,才可以说人类正确并深刻地认识了该事物。在隐喻相似性的构建过程中,施喻者之所以能在 A 与 B 这两个事物之间建立连接,是因为施喻者感知到两者具有相似性,即认定 A 与 B 具有相似性。这就意味着施喻者将 A 与 B 判断为具有相似性,这是在隐喻构建的过程中对源域与目标域连接起来正确与否的断定。

所谓推理,就是指从一个或几个已知的判断(前提)推出新判断的本领。推理是人与生俱来的能力。虽然这种能力往往因人而异,有强弱之分,但凡是心智正常的人,均具有这种思维形式。人类在进行推理时,总是关心所进行的推理是否正确。一般来说,如果一个推理的前提是真实的,而且推理合乎逻辑,那么该推理就是正确的。Ortony、Fauconnier 和 Goatly④ 等学者曾多次提及

---

① R.Stockwell & D.Minkova.*English Words*.Cambridge:Cambridge University Press,2001,pp. 152-153.

② D.Gentner.et al.*The Analogical Mind*.Mass:Massachusetts Institute of Technology,2001,pp. 1-2.

③ 王汉清:《逻辑学》,机械工业出版社 2003 年版,第 41 页。

④ A.Ortony.*Metaphor and Thought*.Cambridge:Cambridge University Press,1993,pp.374-375; G.Fauconnier.*Mappings in Thought and Language*.Cambridge:Cambridge University Press,1997,pp. 99-129;A.Goatly.*The Language of Metaphors*.London:Routledge,1997,pp.144-145.

推理在隐喻构建中的重要作用。我们认为,推理是人类判断客观事物诸种联系的一种基本思维方式,在隐喻相似性的构建过程中具有举足轻重的作用。当施喻者对源域与目标域作出具有相似性的判断后,还要根据这一已知的判断(前提)推出新的判断,即需要对源域与目标域之间所具有的相似性进行推理,舍弃彼此的个别差异,抽象出两者的共性。

由此可见,相似性的建立处处昭显出施喻者的主观能动性,不可避免地渗透着施喻者的主观思想的痕迹。赵彦春认为,隐喻是以心理和经验为基础的。① 他引用了 Werner 等学者提出的"隐喻三段论"来探讨施喻者的认知过程,并对这一隐喻三段论作了如下表述:

If A has a set of attributes q, and

if B has a set of attributes q

then B is A

我们认为,这一隐喻三段论基本上能从逻辑角度反映隐喻相似性的生成过程,如句(12):

(12)A compliment is something like a kiss through a veil.(张子樟,《英文名句欣赏》)

此句中的相似性可按以下隐喻三段论得到确立:

If a kiss through a veil is not so hearty, and

if a compliment is often not so hearty, either

then we say a compliment is like a kiss through a veil.

隐喻逻辑三段论显然能昭示隐喻相似性的认知确立过程,是施喻者对源域和目标域的相似性进行感知、类比、判断和推理的浓缩。所以有施喻者对源域和目标域相似性的感知牵涉其中,是施喻者的意识在起作用;施喻者对源域和目标域相似性的类比、判断和推理包括其中,是施喻者逻辑思维能力的表现。施喻者每进行一次意识活动和逻辑思维,均离不开主体认知的运作,这是因为感知是施喻者主观的感知,类比是施喻者主观的类比,判断是施喻者主观的判断,推理是施喻者主观的推理。在此需要再提及的是,我们说隐喻是施喻

---

① 赵彦春:《认知语言学》,南开大学出版社 2014 年版。

者将源域映射到目标域之上,是一种由彼及此的主观观照,这并不等于说是两者的完全复合,恰恰相反,这种复合是两者部分特征或特性的复合,是施喻者有选择的复合。正是这种实际情况,才需要施喻者在确立源域与目标域的相似性过程中,进行以上所谈及的必不可少的思维认知活动。

五、结语

我们在本文考察了隐喻相似性的本质、认知构建、类型、类型之间的关系及认知基础。在探讨过程中,我们提出隐喻相似性大致可分两大类:物理相似性和心理相似性,但不论哪一类,均是施喻者主观感知的产物,而且均建立在类比、判断和推理基础之上。

（本文原载《四川外语学院学报》2006 年第 2 期）

从两首唐诗的不同英译看文学
翻译中的未定性和具体化

对同一个文学文本,不同的译者往往有不同的翻译,这在译界是一个普遍现象。尽管时下翻译理论新论迭起,可似乎均未能从理论上系统地解释不同的译者笔下产生差异不等的译作这一现象。针对这一情况,译界有一批学者为走出这一困境,不得不寻求新的理论视点,以分析阐述产生异人异译的缘由。近年来,以读者为主体的西方文学批评理论——接受美学——逐渐引起了一批学者的注意,他们(许钧①;王文斌②;夏仲翼③;马萧④)将这一文学批评理论应用于翻译理论的研究和翻译实践的探讨,取得了一定的成绩。本文拟以接受美学为视野,从两首唐诗的不同英译出发探究文学翻译中的未定性和具体化问题。

接受美学认为,任何文学文本均具有未定特性,呈现为多层面和开放式的图式结构,其存在本身并不能产生独立的意义,而意义的实现则凭借读者在阅读过程中的具体化,填补文本中的空白处,使其未定性得到确定,最终达致文本的实现。换言之,文学文本的概念具有两极:一极是未定性,另一极则是读者阅读过程中的具体化。这两极彼此交融并互相作用才能构成完整的文学文本。读者对文本的接受过程意味着对文本的创造过程,唯有这一过程才能使

---

① 许钧:《译者、读者与阅读空间》,《外国语》1996 年第 1 期。

② 王文斌:《翻译中心智距离存在的客观性》,《宁波大学学报》1994 年第 1 期。摘引于《高等学校文科学报文摘》1994 年第 5 期。王文斌:《文学翻译中的内化和外化》,《四川外语学院学报》1999 年第 1 期。摘引于《高等学校文科学报文摘》,1999 年第 3 期。

③ 夏仲翼:《文学翻译与批评理论》,《中国翻译》1988 年第 1 期。

④ 马萧:《文学翻译的接受美学观》,《中国翻译》2000 年第 2 期。

文学文本获得真正的生命。因此,读者对文本的具体化必须纳入文本的重要构素之中。尽管这种具体化常常因人而殊异,可每一种具体化都具有意义,所以,文本的本质在于文本的效应史是一种永无终结的展示。由此可见,接受美学的精髓就是认为文本具有未定和具体化的特性,而使文本得以确定和具体化的主体,便是读者。

在文学翻译过程中,译者首先是原作的读者,然后才是译者,这似乎是毋庸置疑的。夏仲翼认为,从本质上看,翻译只能是一种阅读,是一种具有一定的文化艺术素质、特定的时代历史背景的读者的解读。① 既然译者的第一身份是读者,那么接受美学的理论观点无疑适用于译者对原作文本的阐释过程:原作文本具有未定性,其具体化则依凭译者自己的感觉和知觉经验来完成。

诗是文学文本中的一种特殊样式,有其明显的独特之处,其语言极为浓缩,往往神与物游、形象生动、言简意赅、含义隽永。翻译难,译诗则更难,这是译界的共识。传译这样一种文本,既需要译者对原作有透彻的理解,又要具备丰富的想象力,对文本中的未定性加以具体化。我们先来看一看唐代诗人李商隐的《夜雨寄北》一诗的不同英译。

夜雨寄北

君问归期未有期,巴山夜雨涨秋池。

何当共剪西窗烛,却话巴山夜雨时。

此诗用遥想将来团聚时再回忆起今晚情景的曲折写法,巧妙地抒发了怀念的深情,技法高超,感情真挚动人。现将四种不同的英译抄录如下,以期比较。

Souvenirs

You ask when I'm coming:alas not just yet…

How the rain filled the pools on that night when we met!

Ah,when shall we ever snuff candles again,

And recall the glad hours of that evening of rain?

Herbert A.Giles②

---

① 夏仲翼:《文学翻译与批评理论》,《中国翻译》1988 年第 1 期。

② 吕叔湘:《中诗英译比录》,上海外语教育出版社 1980 年版。

A Note on a Rainy Night to a Friend in the North

You ask me when I am coming.I do not know.

I dream of your mountains and autumn pools brimming all night with the rain.

Oh,when shall we be trimming wicks again,together in your western window?

When shall I be hearing your voice again,all night in the rain?

Witter Bynner①

Written on a Rainy Night to My Wife in the North

You ask me when I can come back but I don't know,

The pools in western hills with autumn rain o'erflow.

When by our window can we trim the wicks again

And talk about this endless,dreary night of rain?

Xu Yuanchong②

Lines Sent to the North Written during Night Rains

Being asked for my home-coming date,

I tell thee I'm not sure when that'll be,

As night rains on the mounts of Ba fall

And autumn pools are brimmed from the lea.

Then we shall by the west window sit,

Clipping the candle wick in some night,

And talk of the night rains on th'Ba mounts,

When I think of thee with mute delight.

Sun Dayu③

此诗原标题又作《夜雨寄内》。"内"是指"内人"或"妻子",故有些人认为此诗的对象是在北方的妻子,但有人经考证,发现此诗作于诗人的妻子王氏去世之后,因而有些人认为此诗是写赠北方的友人的。孰正孰误,至今难以定

---

① 吕叔湘:《中诗英译比录》,上海外语教育出版社 1980 年版。
② 郭著章、江安、鲁文忠:《唐诗精品百首英译》,湖北教育出版社 1994 年版。
③ 孙大雨:《古诗文英译集》,上海外语教育出版社 1997 年版。

论。从对标题的翻译来看,许渊冲认为是前者,宾纳(W.Bynner)①认为是后者,而翟理思(H.A.Giles)②和孙大雨对这一问题则采取了回避的译法。翟理思将标题译为"souvenirs"似乎过于笼统。

诗的一二两句表达了羁旅之愁和不得归之苦,此愁此苦在这秋天绵绵密密的夜雨中则是愁上加愁、苦上加苦。这两句的大意是:你问我何时能归来,可我的归期尚难以确定,巴山的秋夜下着大雨,池塘里的水也涨满了。对第一句的翻译,四位译者中有三位译者的译文大致接近,唯独翟理思用了省略号。译第二句时,翟理思的译文大意是:我们相聚的那个夜晚,雨水充溢了各个水池;宾纳的译文大意是:我梦见你那儿的大山和秋池整夜涨满雨水;许渊冲在翻译此句时将"巴山"译为"西山",其全句的译文大意是:西山的水池溢满秋雨;孙大雨的译文大意是:夜雨下巴山,秋池溢满草地之水。

诗的三四两句曲折深婉,表达了诗人憧憬与"君"团聚的欢乐并追话今夜的一切这一美好的愿望。笔者认为这两句诗的意思是:不知我们何时才能相聚,坐在西窗之下,深夜谈心,一边剪去那一再结起的烛花,一边却又谈起我巴山做客和今晚的心情。翟理思的译文大意是:啊,我们将何时又会共剪烛花,并追忆那个雨夜的幸福时光?宾纳的译文大意是:呵,我们何时能在你的西窗下再次共剪烛芯?我何时又能在通宵下雨的时候聆听你的话语?许译的大意是:我们何时在我们的窗下又能共剪烛芯,并共叙这一漫长而又阴郁的雨夜?孙译的大意是:那么我们在将来某一个夜晚坐在西窗下,共剪烛芯,并共叙巴山的夜雨和我想起你时的无言幸福。

下面我们再看一看唐代诗人李白《静夜思》一诗的不同英译。

静 夜 思

床前明月光,疑是地上霜。

举头望明月,低头思故乡。

这是一首脍炙人口、独步千古的佳诗,表现了诗人天涯孤旅、月夜思乡的情怀。它没有奇特新颖的想象,也没有雕琢华美的辞藻,却意味深长,令人神

---

① 20世纪上半叶美国意象派诗人,生卒年不详。他翻译中国诗时常得到江亢虎(Kiang Kang-hu)的帮助。

② 翟理思(1846—1935),英国汉学家,曾任浙江宁波英国领事馆领事。

远。现将七种不同的英译抄录如下：

Night Thoughts

I wake, and moonbeams play around my bed,

Glittering like hoar-frost to my wandering eyes;

Up towards the glorious moon I raise my head,

Then lay me down—and thoughts of home arise.

Herbert A. Giles[1]

The Moon Shines Everywhere

Seeing the moon before my couch so bright,

I thought hoar frost had fallen from the night,

On her clear face I gaze with lifted eyes：

Then hide them full of youth's sweet memories.

W.J.B.Fletcher[2]

Night Thoughts

In front of my bed the moonlight is very bright.

I wonder if that can be frost on the floor?

I lift up my head and look at the full moon, the dazzling moon.

I drop my head, and think of the home of old days.

Amy Lowell[3]

On a Quiet Night

I saw the moonlight before my couch,

And wondered if it were not the frost on the ground.

I raised my head and looked out on the mountain moon,

I bowed my head and thought of my far-off home.

S.Obata[4]

---

[1] 吕叔湘:《中诗英译比录》,上海外语教育出版社 1980 年版。
[2] 吕叔湘:《中诗英译比录》,上海外语教育出版社 1980 年版。
[3] 吕叔湘:《中诗英译比录》,上海外语教育出版社 1980 年版。
[4] 吕叔湘:《中诗英译比录》,上海外语教育出版社 1980 年版。

In the Quiet Night

So bright a gleam on the foot of my bed—

Could there have been a frost already?

Lifting myself to look, I found that it was moonlight.

Sinking back again, I thought suddenly of home.

Witter Bynner①

Still Night Thoughts

Moonlight in front of my bed—

I took it for frost on the ground!

I lift my eyes to watch the mountain moon,

Lower them and dream of home.

Burton Watson②

Thoughts in a Still Night

The luminous moonshine before my bed,

Is thought to be the frost fallen on the ground.

I lift my head to gaze at the cliff moon,

And then bow down to muse on my distant home.

Sun Dayu③

此诗的标题为《静夜思》,七位译者对此的译法大致可归纳为四种:一是翟理思和洛厄尔(Lowell)④的翻译;二是弗莱彻(Fletcher)⑤的译法;三是宾纳和日本人小烟熏良(S.Obata)意思较为相近的翻译;四是华兹生(Watson)和孙大雨彼此比较接近的译法。

诗的一二两句以叙述的语气,描写了孤身远客在月明如霜的深夜不能熟眠的情景和迷离恍惚的情绪。这两句的意思是:月光洒在床前地上,一片洁白

---

① 吕叔湘:《中诗英译比录》,上海外语教育出版社 1980 年版。

② 郭著章、江安、鲁文忠:《唐诗精品百首英译》,湖北教育出版社 1994 年版。

③ 孙大雨:《古诗文英译集》,上海外语教育出版社 1997 年版。

④ 洛厄尔(1874—1975 年),美国女诗人。

⑤ 弗莱彻(1871—1933 年),英国人,曾任英国驻中国领事官。

晶莹,让人疑惑是地上铺上一层秋天的白霜。翟理思的译文大意是:我醒来时,月光洒满床前,在蒙胧睡眼中闪如白霜。弗莱彻的译意是:看到床前皎洁的月光,我原以为是夜降白霜。洛厄尔的译意是:我的床前月光皎洁,我疑惑这或许是降落在地上的霜? 小烟熏良的是:我看到床前的月光,疑惑这是不是降落在地上的白霜。宾纳的是:床前光线闪亮——会不会已经打霜了? 华兹生的是:床前明月光,我误以为是地上的霜! 孙大雨的是:床前闪亮的月光,被认为是降落在地上的白霜。

诗的三四两句直抒胸臆,表达了天涯孤客在明净的月光下的旅思情怀。这两句的意思是:抬起头来望着皎洁的明月,不禁思绪万千,低下头更加思念起故乡来。翟理思的译文大意是:我抬起头望着灿烂的月亮,然后低下头——思乡之情油然而生。弗莱彻的译意是:我举目凝视着澄澈的月色,然后满目都是年轻时的甜蜜记忆。洛厄尔的是:我抬头看着圆月,灿烂的月亮,我低下头,思念起故乡。小烟熏良的是:我抬起头望着窗外山边的月亮,低下头思念起自己遥远的家乡。宾纳的是:我欠起身看了看,发现这是月光,我重新躺了下来,突然间思念起家乡。华兹生的是:我举目看山边的月亮,垂目遥想家乡。孙大雨的是:我抬头凝视挂在悬崖边的月亮,然后低头默想遥远的家乡。

以上两首唐诗的不同英译,充分昭示了文学翻译中未定性和具体化现象的存在。接受美学的先驱罗曼·英伽登认为,不论何种类型的文学文本,均是图式性的创作,自身包孕着具有显著特征的空白,即各种未定之域,其所有的决定因素、成分或质素并未均已实现,其中有些只是潜在的。① 因而,一部文学文本便需要一个外在动因,而这外在动因就是读者。为了使文本的诸种潜在要素具体化,读者依凭阅读时的创造性活动,促使自己去阐释文本,或者按自己所喜爱的表述方式去重构文本。这样,假如文本处在源于其本身的暗示之下,那么读者就要充实文本的图式结构,至少部分地丰富未定之域,实现处于潜在状态的各种要素.由此便生成了文学文本的"具体化"状态。然而,读者的心灵并非一张白纸.上面没有任何记号,没有任何的观念,只能消极被动地解读文本。恰恰相反 读者会"调动自身的种种内在'储备'对文本进行再

---

① R.Ingarden."Artistic and Aesthetic Values".*British Journal of Aesthetic*,1983,No.4.

创造,即根据自己的生活经验、学识涵养、个性气质、审美理想和欣赏习惯去改造审美客体,使审美客体带有审美主体独特的创造力的痕迹"。由此可见,文学文本的具体化,不仅仅是文本本身的完成及潜在要素的达成,同时也是读者进行的重构活动。因此,就某种程度而言,文学文本是作者和读者的共同产品。

需要进一步指出的是,不同的读者对同一文本具体化的结果各有差异,这是因为文本的阅读常常是一种个体行为。作为个体的读者在解读文学文本时不可规避地受到自己独特的先在经验、创造性的想象活动以及自己在阅读时所处的状态影响,这就是鲁迅所说的,看人生是因作者而不同,看作品又因读者而不同。然而,尽管从读者这一主体角度看,每一种具体化都具有意义,可并非所有的具体化都是恰当的。其实,接受美学认为,对文学文本的具体化有恰当和不恰当之分。有的具体化不仅与文本已确定的方面或明确描述的部分契合,而且与潜在的未定部分也彼此相融,这种具体化显然是恰当的。但是,有的具体化与文本并不吻合,甚至两者相互矛盾,这种具体化无疑是不恰当的。恰当的具体化会赋予文本以深度和活力,而不恰当的具体化会降低文本的价值。

如上文已提及的,在文学翻译的过程中,译者首先是原作的读者,然后才是译者。既然译者首先是读者,那么对原作的解读也自然带有一般读者的阅读特质。换言之,不同的译者对同一文本的理解会有不同的具体化。当然,这些具体化也有恰当和不恰当之分。以上两首唐诗的不同英译就是一个佐证,对其中的一些恰当的具体化和不恰当的具体化,相信本书的读者自己可以鉴别。

综上所观,产生异人异译的根本缘由是文学文本具有两极性:一极是未定性,另一极则是译者解读过程中的具体化。

(本文原载《中国翻译》2001 年第 2 期)

论译者在文学翻译中主体作用的必然性

近年来,翻译理论研究的范式已在某种程度上发生了转变,"研究的焦点已从静态的文本转向动态的过程,从局部的元素分析转向整体的综合理解,在语言信息的认识中综合了艺术的美感体验"①,这是因为译者在文学翻译过程中作为美感体验的主体已日益受到翻译理论研究者的重视。的确,文学翻译除一般意义的翻译之外,还牵涉到极其复杂的审美活动,而译者无疑是这种审美活动的主体。在文学翻译过程中,译者绝不是被动地去接受原文的信息,而是"不可避免地会仰仗自身的生活经验、学识涵养、个性气质、审美理想和欣赏习惯等诸种内在因素对原文进行阅读、阐释和理解,进而内化原文,尔后将业已内化了的原文再外化为译文"②。本文拟再以接受美学理论为视野,探讨译者在文学翻译中主体作用的必然性。

夏仲翼认为,从本质上看,翻译只能是一种阅读,是一种具有一定的文化艺术素质、特定的时代历史背景的读者的解读。③ 因此,在文学翻译的过程中,译者首先是原作的读者,然后才是译者,这是十分明显的。既然译者首先是读者,那么他对原作的解读也自然带有一般读者的阅读特质;那么以读者的阅读、反应、创造性理解为文学意义主要根源的文学批评理论——接受美学理论,自然适用于译者在从事文学翻译时的审美活动。

文学批评理论在 20 世纪大致产生了三种重大的理论范式:一是以作者的创作为理解作品的主要对象的作者中心论范式;二是以文本自身的语言结

---

① 姜秋霞、权晓辉:《文学翻译过程与格式塔意象模式》,《中国翻译》2000 年第 1 期。
② 王文斌:《文学翻译中的内化和外化》,《四川外语学院学报》1999 年第 1 期。此文摘引自《高等学校文科学报文摘》1999 年第 90 期,第 77 页。
③ 夏仲翼:《文学翻译与批评理论》,《中国翻译》1998 年第 1 期。

构等作为理解文学意义的主要依据的文本中心论范式;三是以读者的阅读、创造性阐释作为文学意义形成的主要源泉的读者中心论范式。在每一主导性范式之下,又包含各有区别的不同理论。接受美学就是在读者中心论①这一范式之下的一种理论视点,它勃兴于 20 世纪 60 年代,因发现文学文本的未定性和读者的具体化而全面改变了文学阅读的客观意义;它从理解的多样性出发,看到了文学多义共生的现实情况,冲破了传统文论专注于作者与作品的研究樊篱,第一次从本体论的高度提出了以往被人忽视的读者与阅读接受的问题,强调了读者在文学文本阅读过程中的主体作用,认为读者对文本的接受过程意味着对文本的创造过程,唯有这一过程才能使文学文本获得真正的生命。接受美学注意到,文学文本的阅读,绝不只是感知可视的部分,而是包括读者所储存的经验和想象力的投射。总之,读者阅读文学文本时所读到的东西不只是被给予的,还有读者的经验、期待的介入,他们从文本中看到何种形象,体会到何种意蕴,既取决于文本所描述的信息,也取决于他们储存在大脑中的形象与意念的多寡,以及调动这些信息、形象和意念参与阅读的能力。

然而,作为接受主体,每一个读者都与文本结成一种独特的关系,即不同的读者会对文本产生不同的具体化,这是因为文本不是一个自在自为的价值实体,而是一个对不同的读者能提供不同图式的客体,它仿佛是一支乐曲,在不同的听众中会激起不同的回响。换言之,文本本无定旨,旨随读者而生。因此,英国人常说,一千个读者的心中,有一千个哈姆雷特,这与鲁迅所说的"看人生是因作者而不同,看作品又因读者而不同"不谋而合。歌德从人物创造的角度关注哈姆雷特这一人物角色的性格特点,别林斯基从哲学的角度关注人物所体现的普遍和无限的永久精神,弗洛伊德则从精神分析的角度关注人物被潜抑的无意识。这三人从各自的角度重构了哈姆雷特这一艺术形象,各自从文本中领略出不同的意蕴。因而,文学文本在被接受的过程中,所遇到的是具有不同素质,即知识结构、心理结构、个性气质、审美意向、鉴赏定势迥然相异的接受主体。每一个接受主体都会能动而不会被动地参与文本的再创

① 读者中心论包括以下各种理论话语:读者反应批评、读者反应动力学、阅读现象学、文学阐释学等。

造,从而使文学文本的解读过程不可避免地留下包含接受者独特个性创造力的主体痕迹。翻译作品也是如此。下面我们以六位不同译者对唐代诗人孟郊《游子吟》一诗的不同英译,来揭示译者在文学翻译过程中主体作用的必然性。

游 子 吟

慈母手中线,游子身上衣。

临行密密缝,意恐迟迟归。

谁言寸草心,报得三春晖。

The Song of the Wandering Son

In tender mother's hands the thread

Made clothes to garb her parting son,

Before he left,how hard she spun,

How diligently wove;in dread

Ere he return long years might run!

Such life-long mother's love how may

One simple little heart repay?

W.J.B.Fletcher①

Sung to the Air:"the Wanderer"

Thread from the hands of a doting mother

Worked into the clothes of a far-off journeying son,

Before his departure,were the close,fine stitches set,

Lest haply his return be long delayed,

The heart-the inch-long grass-

Who will contend that either can repay

The gentle brightness of the Third Month of Spring.

Amy Loweller②

---

① 录于吕叔湘:《中诗英译比录》,上海外语教育出版社 1980 年版,第 169 页。
② 录于吕叔湘:《中诗英译比录》,上海外语教育出版社 1980 年版,第 169 页。

A Traveller's Song

The thread in the hands of a fond-hearted mother

Makes clothes for the body of her wayward boy;

Carefully she sews and thoroughly she mends,

Dreading the delays that will keep him late from home,

But how much love has the inch-long grass

For three spring months of the light of the sun?

Witter Bynner①

Wanderer's Song

The thread from a fond mother's hand

Is now in the jacket of her absent son.

As his departure came near, closer and closer was the stitching,

Her mind fearing that his return would be delayed and delayed.

Who says that the heart of an inch-long plant

Can requite the radiance of full Spring?

R.Kotewell & N.Smith②

Song of a Roamer

The thread in a kind mother's hand—

A gown for her son bound for far-off land,

Sewn stitch by stitch before he leaves

For fear his return be delayed.

Such kindness as young grass receives

From the warm sun can't be repaid.

Xu Yuanchong③

The Wandering Son's Song

The thread from my dear mother's hand,

---

① 录于吕叔湘:《中诗英译比录》,上海外语教育出版社 1980 年版,第 169 页。
② 郭著章等:《唐诗精品百首英译》,湖北教育出版社出版 1994 年版,第 154—155 页。
③ 郭著章等:《唐诗精品百首英译》,湖北教育出版社出版 1994 年版,第 154—155 页。

Was sewn in the clothes of her wandering son,

For fear of my belated return,

Before my leaves they were closely woven.

Who says mine heart like a blade of grass,

Could repay her love's gentle beams of spring sun?

Sun Dayu①

　　这首诗在淳朴素淡中显露出诗味的浓郁醇美,是一首真情高唱伟大母爱的赞歌,千百年来引起无数读者的共鸣。标题中的"游子"是指客居他乡或离家在外的人。弗莱彻(Fletcher)和孙大雨分别对此作了具体化,将其译为"wandering son",而其他 4 位译者分别译为"wanderer""traveller"和"roamer"。"吟"是诗歌的一种体裁,5 位译者均将其译为"song",而洛厄尔(Lowell)将其译为"sung to the air",意思与"song"大同小异。另外,孙大雨、洛厄尔、宾纳(Bynner)、科特韦尔和史密斯(Kotewell & Smith)翻译时用的是自由诗体,而弗莱彻和许渊冲顾及了译文诗体的节奏和韵律。需要指出的是,有几位译者有明显的误译。"三春"是指孟春、仲春和季春,即指整个春天,而洛厄尔将其译为"the Third Month of Spring"。"寸草"中的"寸"是言其"草"之小,而洛厄尔和宾纳将其译为"inch-long grass",科特韦尔和史密斯将其译为"inch-long plant",这种具体化有失贴切,况且"inch"并不完全等于"寸"。

　　从这 6 篇译作不难看出,对于同一首诗,不同的译者有不同的翻译,这是因为译者首先作为读者,在对原文进行审美活动时产生了不同具体化。其实,不同的具体化无疑涵盖着不同译者的主体作用。现在我们以接受美学为依据,阐发文学解读过程中主体作用的必然性。

　　接受美学认为,一部文学文本所描写的世界与读者的经验世界不可能完全相同,作者与读者、读者与读者之间的想象也不会完全契合,因此,对一部文学文本的解读也必然会不同,甚至有时差异会很大,而这种差异正是不同的读者运用各自的想象力,赋予文本的未定性以不同的含义并进行具体化的结果,究其原因,大致有三。

---

　　①　孙大雨:《古诗文英译集》,上海外语教育出版社 1997 年版,第 392—393 页。

1. 形象投射差异

形象投射是指作为主体的读者阅读作品时将心中唤起的形象折射到作品所描述的客体上。投射是日常生活中的普遍心理现象,譬如我们眺望天空中的浮云时,或仿佛看见飞马、大象,或仿佛看见走龙、绵羊,或别的什么动物,恰如杜甫所描绘的那样:"天上浮云如白衣,斯须变幻为苍狗。"这种现象,就客体而言,有赖于浮云瞬息多变所提供的表象暗示,而就主体而言,是观看者把自己头脑中所储存的某一动物形象投射到浮云上去。在艺术接受活动中,首先是文学文本向读者展示了形象,它们作为客体自身的性质给读者留下了印象,提供了暗示;与此同时,不同的读者在暗示的启发下,会把各自头脑中的形象注入文本里去,使客体形象无可避免地烙上了不同的主体印记。譬如说,同样一幅徐悲鸿的奔马图,让普通人、牧马人和久经沙场的骑兵来观赏,必定引发不同的认知和体味,因为他们经验中的马的形象不完全相同。因而,经过投射,作品在读者的合作下具体化了,而不同的读者依据主体作用,产生了不同的具体化,如对《游子吟》一诗中"密密缝"这一动作的描写,不同的译者就有不同的形象具体化,弗莱彻将其翻译为:"How hard she spun, how diligently wove";洛厄尔将其译为:"were the close, fine stitches set";宾纳将其翻译为:"Carefully she sews and thoroughly she mends";科特韦尔和史密斯将其译为:"closer and closer was the stitching";许译是:"Sewn stitch by stitch";孙译是:"They(clothes)were closely woven"。再说,"手中线"是双手中的线,还是单手中的线?译者的形象投射也不一致。这6位译者中有3位将"手"译成"hands",而另3位译为"hand";诗中"线"一字,唯有许译是"threads",其他译者均译为"thread"。由此可见,由于译者对原文本中所描述的动作赋予了不同的形象投射,故而产生了不同的译文。

2. 情感投射差异

情感投射是指作为主体的读者将自己的情感移入作品。不同的读者面对同一部文学文本会产生不同的情感投射,这缘于读者各自的情感。我国清代学人王夫之曾说,作者用一致之思,读者各以其情而自得……人情之游也无涯,而各以其情遇。这番话包孕着读者情感投射的意味:读者是用自己的心灵在作品中寻找共鸣点,在交流中发挥能动的情感投射活动,但正因为读者各以其"情"与作品相"遇",所形成的共鸣点必然各不相同。接受理论家诺曼·霍兰德(Norman Holland)认为,读者是以自己的情感去体味作品,释读作品。①在这种情况下,读者的主体情感与作品的客体情感只有部分吻合,而有一部分情感则是主体感知作品时生发出来的,但被他视为作品的属性,实则是他自己所投射的情感。由于体味作品、释读作品往往是读者的个体行为,所以情感投射也各有差异。例如在翻译"三春晖"时,不同的译者赋予了不同的情感,弗莱彻将其译为"life‐long mother's love";许译是:" Kindness…from the warm sun";孙译是:"her love's gentle beams of spring sun";再者,这6位译者中,唯有孙大雨用第一人称翻译此诗,这明显表现了译者依据自己的情感投射对作品作了具体化。另外,在翻译"慈母"时,洛厄尔译为"a doting mother"。根据柯林斯COBUILD词典的释义,"doting"的意思是"loving someone and being unable to see his faults",意即"溺爱"。不难看出,艺术鉴赏过程中情感投射的特点,是作为主体的读者将自己的情感移入作品,使主体情感与客体情感(作品中的情感)达到一定程度的交融。然而,交融的深度各有差异,它既取决于作品情感感染力的强度,也取决于读者情感的深浅。

3.观念投射差异

释读文学文本的含义产生歧义的缘由,首先在于文学文本的丰富性和复杂性。就文本的意义而言,可以划分出显义、隐义和多义三个种类。显义是确定性的,易于解读,读者也较容易达成一致的看法;隐义,属于文本的形象、情节、词语等所蕴藉的意义,其特点是不确定性,从而具有进行释解的多种可能性;多义,或者是由作者有意赋予文本以多种意义,或者是由于文本本身的信息量大,在客观上具备了多种意义。因此,文本中的隐义和多义在得到释解时,总是智仁互见。然而,正是隐义和多义这两方面给读者留下的未定性最多,其具体化必然需要读者发挥主体作用。这种作用集中体现为读者预储观念的丰富、深刻和正确程度。显然,读者都会以自己的预储观念来解读文本,从隐义和多义中作出选择、引申和发挥。这就是观念投射,也是释解文本含义

---

① Norman Holland.*The Dynamics of Literary Response*.New York:Oxford University Press,1968, p.172.

发生分歧的主观根源。如果读者的预储观念是错误的,还要一味地投射,其结果只能是曲解文本。《游子吟》一诗中的"谁言寸草心,报得三春晖"就内孕着隐义,寄托了赤子炽烈的情怀。从字面上看,其大意是:谁能说小草能报答得了春天的阳光? 而其深层意思是:慈母的恩情是报答不完的。在翻译时,宾纳、科特韦尔和史密斯表达了显义,弗莱彻表达了隐义,洛厄尔、许渊冲和孙大雨的翻译则将这两者结合起来,既表达了显义,又表达了隐义,尽管他们各自所采取的表达方式并不完全一致。"游子"在此是个多义词,一般是指客居他乡或远离家乡的人,可在本诗中是指即将远行的儿子,或指游走四方的儿子。弗莱彻将其译为"her parting son",洛厄尔译为"a far-journeying son",许渊冲译为"her son bound for far-off land",孙大雨译为"her wandering son",可宾纳将其译为"wayward boy"(任性的儿子),科特韦尔和史密斯将其译为"absent son"(身在他乡的儿子),这可见不同的译者有不同的解读。

纵上所观,作为接受主体的译者,总是随己之意,从不同的角度去认知和体悟文本客体,从中获致不同的信息,作出不同的审美判断,将文本中的未定部分具体化,而这种具体化必然带有主观印痕,翻译时自然产生了不同的译文。

(本文原载《外语与外语教学》2001 年第 2 期,被《剑桥科学文摘》索引收录)

语言对比与英汉二语习得研究

对比语言学:语言研究之要

一、何谓对比语言学

对比语言学,其英语术语为 contrastive linguistics。这一术语的提出者是 Whorf①。他指出,将地球上的各种语言分成具有基因关系的家族(genetic families),即各种语系,而每一语系均遗传于一个单一的祖先,对语系的这种历史遗传轨迹展开追寻,这样的研究称为"比较语言学(comparative linguistics)",而对未来思维更具重要意义的是"对比语言学",旨在探究不同语言在语法、逻辑和对经验进行概括性分析等方面的显著差异(outstanding differences)。这是目前有迹可查的对"对比语言学"这一概念的最早界定。显然,这一界定从一开始就已明显超越了对语言本体的研究,而是表述了对语言本体之外的逻辑、经验和思维的关切。在此需要指出的是,对比语言学在学术界也可称为"对比分析(contrastive analysis)"。James 所著的对比语言学专著,就叫 *Contrastive Analysis*②。

从目前的研究情况看,我们认为,所谓对比语言学,就其狭义而言,是指对两种或两种以上的语言在语音、词素、词、短语、句子、语篇等层面及其语义、语用或翻译等进行比照,寻究彼此的同与异,尤其是彼此的异,并对此从深层次上作出科学合理的解释,借以审察所比语言之间的诸种现象及其本质差异。

---

① B.Whorf."Languages and Logic".In J.Carroll(ed.).*Language*,*Thought and Reality*:*Selected Writings of Benjamin Lee Whorf*.Cambridge:The MIT Press.1941/1956,p.240.

② C.James.*Contrastive Analysis*.London:Longman,1980.

就其广义而言,对比语言学还指对与语言紧密关联的民族思维、民族文化、民族历史、民族心理等进行对比研究。其实,狭义上的对比语言学,属于语言内部的对比研究,而广义上的对比语言学,是兼涉语言内部与外部的对比研究。

在平时的研究中,常出现"语言比较研究"和"语言对比研究"这两种说法,很多人将两者混淆并等而视之。其实,在当下,"语言比较研究"一般属于"比较语言学"范畴,而"语言对比研究"则一般属于"对比语言学"范畴。两者尽管有交集,可通常情况下,"比较语言学"侧重于语言与语言之间的共性或相似性研究,而"对比语言学"则偏重于语言与语言之间的个性或差异性研究。James 强调,比较语言学尽管承认各种语言均有其个性,但更注重语言之间的共性,而对比语言学则褒重语言之间的个性而不是共性。在此需要强调两点:一是比较语言学,又称历史比较语言学,曾活跃于 18 和 19 世纪的欧洲语言学界,其研究工作的重点是把欧洲的许多语言放在一起,进行共时比较,与此同时,又从历时的眼光对这些语言的各个不同历史发展阶段进行比较,找寻彼此在语音、词汇和语法等层面的异同以及彼此的对应关系,建立彼此在结构上的亲缘关系,找出彼此的共同母语,原始印欧语(Proto‐Indo‐European Language)的重构就是得益于历史比较语言学的研究;二是即便是比较语言学,若其主旨是寻求语言之间的差异,那么自然也就成了对比语言学。① 况且,黎锦熙早就指出,所谓比较,重在异而不在同;同则因袭之,用不着一一比较;唯其异,才用得着比较,或大同而小异,或小同而大异,或异中有同。② 刘宓庆说得更明确:"对对比语言学而言,揭示语言的异质性应该是其主要任务。"③

二、对比语言学在我国的近现当代研究

(一) 研究概览

对比语言学在我国语言学界曾有过辉煌的历史。早在 1898 年,马建忠贯

---

① 王菊泉:《什么是对比语言学》,上海外语教育出版社 2011 年版,第 i 页。
② 许高渝、张建理:《汉外语言对比研究》,高等教育出版社 2006 年版,第 5 页。
③ 刘宓庆:《新编汉英对比与翻译》,中国对外翻译出版公司 2006 年版,第 V 页。

通汉语传统和拉丁语法体系，撰写了中国关于汉语语法的第一部著作《马氏文通》①，由此创建了第一个完整的汉语语法体系，具有初辟中国现代语言学之功。此后，严复于1904年发表了《英文汉诂》(*English Grammar Explained in Chinese*)②一书，是中国第一部从左起向右横排的文字横排之书，开启了汉语横排风气的先河，而且是我国最早使用西方标点符号的汉语专著。1920年，刘复，即我们平常所知的刘半农，发表了《中国文法通论》③，模仿Sweet所著的*A New English Grammar: Logical and Historical*④中的研究方法，但反对《马氏文通》对拉丁语法体系的机械模仿，主张结合我国语言实际，建立自己的语法体系。他以先秦古文为主要研究对象，兼收一些现代汉语的例证，阐明何谓文法、其研究范围和研究方法，并析述了词的分类、搭配关系及句子的结构与分类。1924年，黎锦熙发表了《新著国语文法》⑤。此书继承并发展了《马氏文通》的观点，不再"移中就西"，而是"化西为中"，为我所用，是中国第一部较系统的白话文语法著作，成为现代汉语语法研究的先驱者之一。时隔九年，黎锦熙于1933年发表了另一著作《比较文法》⑥，以"句本位"作为融汇中西和汉语古今的立足点，构建了一套独具特色的汉语语法理论体系。其实，20世纪30年代和40年代，在中国语法学史上曾诞生多部汉语语法学巨著，也是自西学东渐以来汉语语法学研究的一个顶峰时期，王力所著的《中国文法学初探》⑦一文，主张抛弃模仿，借用西方语言学理论工具，立足汉语现实，探寻汉语语言规律，成为力图构建符合汉语语法实际的中国语言学宣言。他于1943年出版的《中国现代语法》以及1945年出版《中国语法理论》，就是寻求汉语实际的理论研究成果。与此同期，吕叔湘发表的《中国文法要略》⑧和高名凯

---

① 马建忠：《马氏文通》，商务印书馆1898/1983年版。
② 严复：《英文汉诂》，商务印书馆1904/1933年版。
③ 刘复：《中国文法通论》，群益书社/岳麓书社，1920/2012年版。
④ H.Sweet.*A New English Grammar: Logical and Historical*.Oxford: Clarendon Press, 1900.
⑤ 黎锦熙：《新著国语文法》，商务印书馆1924/2011年版。
⑥ 黎锦熙：《比较文法》，中华书局/科学出版社，1933/1957年版。
⑦ 王力：《中国文法学初探》，《清华大学学报》自然科学版，1936年第1期。
⑧ 吕叔湘：《中国文法要略》，商务印书馆1942 /2014年版。

发表了的《汉语语法论》①,均是汉外语言对比的研究成果,而且《汉语语法论》被研究者誉为"中外语言特点比较的语法"②,与《中国现代语法》和《中国文法要略》并称为汉语语法学史上的三大名著。1968年,赵元任发表了《汉语口语语法》(*A Grammar of Spoken Chinese*)③一书,也是以英汉语言对比为基点写就的关于汉语语法研究的名著。

杨自俭④对我国以上时期的语言对比研究作了如下总结:在国内若说英汉对比研究,恐怕应从马建忠和严复算起,在其之后有刘复、黎锦熙、王力、吕叔湘等,为创建汉语语言学和汉语语法体系,他们将 J.Nesfield、H.Sweet、O.Jespersen、L.Bloomfield 等欧美学者的语言学理论和语法著作与汉语作了大量的比较,找到了英语与汉语的许多共性和个性,由此撰写了许多著作。连淑能也认为,马建忠的《马氏文通》、黎锦熙的《新著国语文法》、吕叔湘的《中国文法要略》、王力的《中国现代语法》⑤和《中国语法理论》以及赵元任的《汉语口语语法》⑥等,均是通过汉语与外语的对比研究而产生的成果。⑦ 我们在此需要强调的是,这一时期的汉外语言对比研究成果,尽管对西方的语法体系或理论存在不同程度的模仿,可也表现出不同程度的创新,大多结合汉语语言实际,探讨汉语的现象、规律和本质,为汉语的语言研究和语法研究做出了划时代的贡献。

由于历史的诸种原因,语言对比研究在一段时间内,除梁达和金有景合著的《中俄语音比较》⑧、梁运所著的《俄汉语语法对比研究——构词构形、词序》⑨、陆殿杨所撰写的《汉英词序的比较研究》⑩和吕叔湘所发表的《中国人

① 高名凯:《汉语语法论》,商务印书馆 1948/1986 年版。
② 龚千炎:《中国语法学史稿》,语文出版社 1987 年版,第 140 页。
③ 此书由 University of California Press 出版。其初衷是为外国人研究中国话而写。吕叔湘先生将此书节译为汉语,名为《汉语口语语法》,于 1979 年由商务印书馆出版。台湾学者丁邦新先生将此书全译为汉语,名为《中国话的文法》,于 1980 年由香港中文大学出版社出版。
④ 杨自俭:《英汉对比研究管窥》,《外语研究》1992 年第 1 期。
⑤ 王力:《中国现代语法》,商务印书馆 1943/2011 年版。
⑥ 赵元任:《汉语口语语法》,商务印书馆 1968/2001 年版。
⑦ 连淑能:《英汉对比研究》,高等教育出版社 1993 年版,第 2—3 页。
⑧ 梁达、金有景:《中俄语音比较》,时代出版社,1955 年版。
⑨ 梁达:《俄汉语语法对比研究——构词构形、词序》,新知识出版社 1957 年版。
⑩ 陆殿杨:《汉英词序的比较研究》,时代出版社 1958 年版。

学英语》①等少数几部专著之外,曾一度几乎消停,直至 1977 年,吕叔湘发表了《通过对比研究语法》一文,提出:"要认识汉语的特点,就要跟非汉语比较;要认识现代汉语的特点,就要跟古代汉语比较;要认识普通话的特点,就要跟方言比较。"②吕先生这一振聋发聩的倡言拉开了我国对比语言学研究的新序幕。赵世开、丁金国、胡壮麟③等纷纷响应,并撰写论文,呼吁对比语言学的重要性,同时积极引述国外的对比语言学理论和实践。同时,在 20 世纪 80 年代,一些语言对比的专著也相继面世,如张今和陈云清、赵志毅、任学良、吴洁敏、徐士珍、万慧洲及邓炎昌和刘润清等的论著④。1990 年,由杨自俭和李瑞华主编的《英汉对比研究论文集》⑤出版,标志着汉英对比研究已迈入新的研究勃发期。自此以后,又有相当多的语言对比专著和论文集陆续问世,如陈定安、刘宓庆、王福祥、许余龙、李定坤、李瑞华、潘文国、邵志洪、许高渝、张今和张克定、柯平、李国南、陆国强、赵世开、彭宣维⑥等。显然,从 20 世纪 70 年代

① 吕叔湘:《中国人学英语》,商务印书馆/中国社会科学出版社 1962/2005 年版。

② 吕叔湘:《通过对比研究语法》,《语言教学与研究(试刊)/(正式发行版)》1977 年第 2 期。

③ 赵世开:《浅谈英语和汉语的对比研究》,《外国语教学》1979 年第 3 期;赵世开:《英汉对比中微观与宏观的研究》,《外国语文教学》1985 年第 1、2 期;丁金国:《对比语言学及其应用》,《河北大学学报》1981 年第 2 期;胡壮麟:《国外汉英对比研究杂谈》,《语言教学与研究》1982 年第 1、2 期。

④ 张今、陈云清:《英汉比较语法纲要》,商务印书馆 1981 年版;赵志毅:《英汉语法比较》,陕西人民出版社 1981 年版;任学良:《汉英比较语法》,中国社会科学出版社 1981 年版;吴洁敏:《汉英语法手册》,知识出版社 1982 年版;徐士珍:《英汉语比较语法》,河南教育出版社 1985 年版;万慧洲:《汉英构词法比较》,中国对外贸易出版社 1988 年版;邓炎昌、刘润清:《语言与文化——英汉语言文化对比》,外语教学与研究出版社 1989 年版。

⑤ 杨自俭、李瑞华编:《英汉对比研究论文集》,上海外语教育出版社 1990 年版。

⑥ 陈定安:《英汉比较与翻译》,中国对外翻译出版公司 1991 年版;刘宓庆:《汉英对比研究与翻译》,江西教育出版社 1991 年版;王福祥编:《对比语言学论文集》,外语教学与研究出版社 1992 年版;许余龙:《对比语言学概论》,上海外语教育出版社 1992 年版;李定坤:《汉英辞格对比与翻译》,华中师范大学出版社 1994 年版;李瑞华:《英汉语言文化对比研究》,上海外语教育出版社 1996 年版;潘文国:《汉英对比纲要》,北京语言文化大学出版社 1997 年版;邵志洪:《英汉语研究与对比》,华东理工大学出版社 1997 年版;许高渝:《俄汉语词汇对比研究》,杭州大学出版社 1997 年版;张今、张克定:《英汉语信息结构对比研究》,河南大学出版社 1998 年版;柯平:《对比语言学》,南京师范大学出版社 1999 年版;李国南:《英汉修辞格对比研究》,福建人民出版社 1999 年版;陆国强:《英汉和汉英语义结构对比》,复旦大学出版社 1999 年版;赵世开编:《汉英对比语法论集》,上海外语教育出版社 1999 年版;彭宣维:《汉英语篇综合对比》,上海外语教育出版社 2000 年版。

末至 20 世纪末,对比语言学的研究范围逐渐扩大,涉及语音、词汇、语义、语法、语篇、修辞、习语、文化、翻译等,其对比研究的语种也不断地丰富,如汉德、汉俄、汉日等对比,而且还出现了一批具有重要影响力的学者,如许余龙、潘文国、刘宓庆、刘重德、杨自俭等,他们对推进我国的对比语言学研究均做出了重大贡献。

进入 21 世纪之后,我国的对比语言学仍有长足的发展,不仅有专著和文集连续出版,而且还有系列丛书的出版以及原本在 20 世纪 80 年代或 90 年代发表的专著经修订或增订也相继出版,如刘宓庆、许余龙①、连淑能②、许高渝和张建理、王菊泉、潘文国③、潘文国和谭慧敏④、蔡基刚⑤、陈德彰⑥、胡明亮和郑继娥⑦、魏志成⑧、何善芬⑨、许希明⑩、邵志洪⑪、苗兴伟和秦洪武⑫、邵志洪和邵惟韺⑬、卫乃兴和陆军⑭、尚新和张滟⑮。除此之外,还有由刘重德、杨自俭和潘文国先后任主编的《英汉语比较与翻译》系列丛书,从 2000 年至 2016 年已发表 11 辑,以及由杨自俭、王菊泉和潘文国等任总主编的《英汉对比与翻译研究》系列丛书自 2008 年以来已出版了 8 辑。这些研究成果不论在研究的广度和深度方面均有明显的拓展和掘深,而且更加注重对汉语事实的挖掘,进行汉外语言的对比审视。在此尤其值得一提的是,2016 年沈家煊发

---

① 许余龙:《对比语言学》,上海外语教育出版社 2010 年版。
② 连淑能:《英汉对比研究》(增订本),高等教育出版社 2010 年版。
③ 潘文国:《汉英语言对比研究》,商务印书馆 2013 年版。
④ 潘文国、谭慧敏:《对比语言学:历史与哲学思考》,上海教育出版社 2006 年版。
⑤ 蔡基刚:《英汉写作修辞对比》,复旦大学出版社 2006 年版。蔡基刚:《英汉词汇对比研究》,复旦大学出版社 2008 年版。
⑥ 陈德彰:《汉英对比语言学》,外语教学与研究出版社 2011 年版。
⑦ 胡明亮、郑继娥:《汉英语序对比研究》,中国社会科学出版社 2014 年版。
⑧ 魏志成:《英汉语比较导论》,上海外语教育出版社 2003 年版。
⑨ 何善芬:《英汉语言对比研究》,上海外语教育出版社 2002 年版。
⑩ 许希明:《英汉互译连续体研究——对比与变通》,科学出版社 2015 年版。
⑪ 邵志洪:《汉英对比翻译导论》,华东理工大学出版社 2005 年版。
⑫ 苗兴伟、秦洪武:《英汉语篇语用学研究》,上海外语教育出版社 2010 年版。
⑬ 邵志洪、邵惟韺:《新编英汉语研究与对比》,华东理工大学出版社 2013 年版。
⑭ 卫乃兴、陆军:《对比短语学探索》,外语教学与研究出版社 2014 年版。
⑮ 尚新、张滟编:《英汉对比与应用》(第 1 辑),上海三联书店 2015 年版。

表了《名词和动词》①一书，创新性地提出汉语的"名动包含"观点，尽管主要是论述汉语的名词和动词，可在相当程度上也是汉外语言对比的研究成果。

以上所列的语言对比研究成果并不完整，更不能反映我国对比语言学领域的全貌，许多优秀的成果在此尚未列出，况且还有大量的优秀论文我们在此未做搜集。我们在此的意旨并不是全面统计我国对比语言学的所有研究果实，而仅想从一个侧面昭示近现当代国内对比语言学的演进。为进一步展现我国当代对比语言学的研究现状，我们在下文仅选取 2013 年至 2014 年间的汉外语言对比研究状况。

（二）2013 至 2014 年间的研究情况

就总体看，国内主要外语类 CSSCI（含扩展版）来源期刊②在 2013 至 2014 年间共发表语言学及应用语言学类论文 1514 篇（含语言学理论研究、语言教育研究、翻译研究），其中语言学理论研究 768 篇，占比 51%。在 768 篇语言学理论研究中，汉外语言对比类研究论文共 53 篇，约占该类研究总发文量的 7%。

就期刊而言，汉外语言对比类研究主要发表于《外语教学与研究》（14 篇）、《外语教学》（11 篇）和《外语学刊》（8 篇）；此外，《外国语》和《中国外语》等刊物上的发文量也相对较多，每刊 6 篇左右。

从研究机构角度看，2013 至 2014 年间汉外语言对比类研究发文量较高的主要有北京外国语大学（7 篇）、上海外国语大学（5 篇）、宁波大学（5 篇）、湖南师范大学（4 篇）、复旦大学（4 篇）等。

从发文数量看，2013 至 2014 年发文较多的学者主要包括：王文斌（5 篇）、邓云华（4 篇）、许余龙（2 篇）、何清强（2 篇）、孙珊珊（2 篇）、刘丽芬（2 篇）等。

从被引情况看，③2013 至 2014 年间发表的论文，被引频次较高的主要有：

---

① 沈家煊：《名词和动词》，商务印书馆 2016 年版。

② 含《外语教学与研究》《外国语》《现代外语》《外语与外语教学》《中国外语》《外语界》《外语教学》《外语学刊》《外语研究》《当代语言学》十家期刊。

③ 据 2016 年 11 月 20 日中国知网（CNKI）检索数据。

《论英语的时间性特质与汉语的空间性特质》(王文斌;51 次,刊于《外语教学与研究》2013 年第 2 期)、《英汉中动词的及物性探究》(熊学亮和付岩;19 次,刊于《外语教学与研究》2013 年第 1 期)、《评价理论视域中的英汉商务语篇对比研究》(徐珺和夏蓉;17 次,刊于《外语教学》2013 年第 3 期)、《汉日同形词意义用法的对比方法研究》(施建军和洪洁;13 次,刊于《外语教学与研究》2013 年第 4 期)、《论英汉衷象性差异背后的时空特性——从 Humboldt 的"内蕴语言形式"观谈起》(王文斌;12 次,刊于《中国外语》2013 年第 3 期)、《语言类型学视野与语言对比研究》(尚新;11 次,刊于《外语教学与研究》2013 年第 1 期)。

据不完全统计,2013 至 2014 年共出版汉外语言对比类专著 85 部。① 其中,汉英(英汉)对比类专著 59 部,占比 69%;汉日(日汉)对比类专著次之,占比 15%(13 部);再次是汉俄(俄汉)和汉韩(韩汉)类专著,分别占比 8%(7 部)和 4%(3 部);此外,汉法、汉葡、汉意语言对比类专著各 1 部,占比约为 1%。从中可看出,现阶段汉外语言对比类专著仍以汉英(英汉)对比为主,汉日(日汉)语言对比方面的专著亦占有一定比例,但汉语与其他语种对比的论著则明显偏少。其中,汉外语言对比研究中较有代表性的专著②主要包括:邵志洪和邵惟韺的《新编英汉语研究与对比》(2013)、卫乃兴和陆军的《对比短语学探索》(2014)、胡明亮和郑继娥的《汉英语序对比研究》(2014)、周民权的《俄汉社会性别语言的语用对比研究》(2014)。此外,在国家社科(含青年项目)基金课题立项中,2013 至 2014 年以汉外语言对比为题获批的项目每年大约 15 项左右,约占立项总数的 10%,立项情况总体较高。

1.研究层面

53 篇关于汉外语言对比研究的论文,可分为词汇对比、句法对比、语言与思维对比等不同层面的研究。统计显示,现阶段汉外语言对比类研究主要集中于句法(15 篇;28%)、语篇(9 篇;17%)、认知(7 篇;13%)、词汇(7 篇;13%)等层面,对语义(4 篇;8%)和语音(1 篇;2%)层面的考察相对较少。各

---

① 数据来源:以书名中含"对比"为条件,在中国国家图书馆、北京外国语大学图书馆以及京东、当当等网络销售平台检索ᵻ人工整理所得。

② 文中所提代表性论文及著作主要依据被引频次确定,但力避重复举例。

研究层面较有代表性的论文见表 1。

表 1　汉外语言对比各层面研究中较有代表性论文

层面	作者	题目	刊物	年	期
句法	孙珊珊 许余龙 段嫚娟	前瞻中心排序对英汉指代消解影响的对比分析	外语教学与研究	2013	6
语篇	高小丽	汉英报纸新闻语篇中转述形式的对比分析 ——新闻话语系列研究之一	外语学刊	2013	2
词汇	罗思明	英汉形容词拷贝式的语料库与类型学研究	外语教学	2013	2
语音	徐来娣	俄汉语流重音层级体系理论构想	外语研究	2013	1
语言与思维	王文斌	论英语的时间性特质与汉语的空间性特质	外语教学与研究	2013	2

2. 语言类型

从语种对比角度分析,53 篇语言对比类研究论文表现出三种情况:(1)英汉(汉英)语言对比类论文数量最多,共 42 篇,占比最大(约 79%);(2)其次分别是汉俄(俄汉)对比研究论文 5 篇,约占 9%;汉日(日汉)对比研究论文 4 篇,约占 8%,数量明显偏少;(3)其他类论文 2 篇,议题涉及语言对比研究的范式、语言与思维的关系等,占比约为 4%。

较有代表性的汉英(英汉)、汉俄、汉日对比类研究主要包括:何清强和王文斌[1]、邓滢[2]以及施建军和洪洁[3]等的成果。

3. 研究议题

我们以 2013 至 2014 年间发表的 53 篇汉外语言对比类论文的关键词为语料,在分词的基础上,借助 Wordaizer+这一数据可视化软件,生成了相关的

---

① 何清强、王文斌:《"be"与"有":存在论视野下英汉基本存在动词对比》,《外语学刊》2014 年第 1 期。

② 邓滢:《原型范畴理论视域下汉俄语时间表达方式的认知研究》,《外语教学》2013 年第 4 期。

③ 施建军、洪洁:《汉日同形词意义用法的对比方法研究》,《外语教学与研究》2013 年第 4 期。

关键词图(见图 1)。从关键词的角度分析,2013 至 2014 年间国内 CSSCI(含扩展版)来源期刊论文主要集中于句法(语法)、结构、词汇(尤其是动词、名词)等议题,具体情况见图 3。

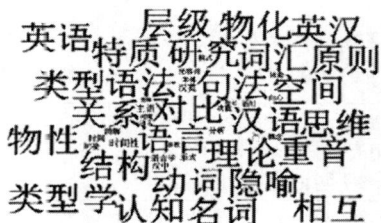

图 1　2013—2014 年汉外语言对比类论文关键词分析

值得关注的是,近年来关于汉外语言本质特征对比的研究渐成热点,较有代表性的学者有王文斌、杨文星和文秋芳①等。

4. 研究方法

从研究方法的角度看,2013 至 2014 年涉及的汉外对比类论文大多以思辨法为主,约占总发文量的 55%;采用语料库方法的研究也较多,约占 34%;采用实验法和调查法的研究最少,各占 5% 左右。具体见表 2。

表 2　2013—2014 年汉外语言对比类论文研究方法分析

方　法	篇　数	占比(%)
思辨法	29	55
语料库法	18	34
实验法	3	5
调查法	3	5

采用思辨法、语料库方法和实验法的汉外对比类研究论文,较有代表性的主要包括:(1)思辨法;(2)语料库法(罗思明的《汉形容词拷贝式的语料库与类型学研究》);(3)实验法(杨文星、文秋芳的《汉语本族语者与英语本族语

---

① 　杨文星、文秋芳:《汉语本族语者与英语本族语者思考时间的方式——对思维—语言关系的实证研究》,《外语教学》2014 年第 6 期。

者思考时间的方式——对思维—语言关系的实证研究》）。

（三）启示

综观 2013 至 2014 年间国内 10 家外语类主要期刊上发表的汉外语言对比研究类论文，有四点值得关注：

其一，从研究层面看，汉外语言对比研究类论文仅占外国语言类研究总量的 7%。其中，涉及句法对比研究居多，约占 53 篇论文中的 28%，其次是语篇对比研究，再次是词汇对比研究和认知对比研究。关于语音对比研究的论文仅占 2%。在外国语言学及应用语言学领域，语言对比研究应是重要议题之一，但 2013 至 2014 年间，相关的论文并不强于以往时期，发展速度较慢，而且在音、形、义这三大语言要素中，语义和语音或音系的对比研究较为滞后，有待进一步重视。

其二，从所涉语种角度看，英汉（汉英）对比研究在汉外语言对比研究中占主导地位，汉俄（俄汉）、汉日（日汉）研究也相对较多，但汉语与其他语种的对比研究则严重匮乏。因此，今后需要强化汉语与非通用语种的对比研究，这对语言类型学的研究也具较大价值。

其三，从研究方法角度看，汉外对比研究现阶段仍以思辨法为主，采用语料库法的研究增长迅速，但实验类研究所占比例明显偏低，汉外对比类论文的研究方法仍待进一步丰富和完善。

其四，从研究选题看，语言之间的结构或形式对比研究固然重要，但语言是思维的外壳，两者是形式与内容的关系，若不顾及不同民族之间的思维对比研究，作为结构或形式的语言对比研究就难以触及根本，不易揭示语言之间的本质性差异。

纵览 1898 年《马氏文通》出版以来的我国对比语言学历史，我们不难发现，对比语言学为语言研究、语言教学和翻译等发挥了巨大作用，但近些年来，专事于对比语言学的系统研究在我国似乎有些式微，甚至有消歇的迹象，尤其明显的是，我国的对比语言学在近些年来往往仅聚焦于碎片化或现象性的探寻，缺少整体性或本质性的省察，更未曾产生像 20 世纪上半叶如刘复、黎锦熙、王力、吕叔湘等撰写的对汉语研究具有深远影响并具有发轫性的巨著。总体来看，近些年我们吸收外来、不忘本来、立足汉语实际并透视汉语规律和本质的研究成果明显阙如。鉴于此,我们拟在下文谈谈对比语言学在语言研究中的重要作用。

三、对比语言学的重要性

对比语言学在语言研究中的重要性不可轻忽。赵元任曾强调,举凡语言学理论,其实就是语言的比较,是世界各民族语言综合比较研究的科学结论。① 如上所言,时下所说的"比较语言学",尽管侧重于对各语言之间共性的探究,但赵先生在此所谈的语言"比较",明显是指宽泛意义上的语际比较和对比,即既包括对语言之间相似性的观察,也涉及对语言之间差异性的审视。许余龙曾指出:"对比语言学的理论意义正是通过对比,使我们加深对所对比语言的认识,同时也促进整个语言学研究的深入,完善某些语言理论。"②王文斌也指出,我们研究外语,其中一个主要目的就是为了更好地反观我们的汉语,同时我们外语人研究自己的母语汉语,也是为了更有深度地审察我们所研究的外语。③ 在语言的两相甚至三相或四相的对比研究中,我们更能洞察语言的本质及其规律;若能并重外语研究和汉语研究,充分发挥母语优势,在汉外语言对比中研判并参透语言的规律和本质,我们便能逐步逼近语言事物之真,寻求语言道理之是。显然,语言研究,离不开语言的对比研究。根据我们在前文对对比语言学的定义,其探究范围既包纳语言内部的对比研究,也涵盖语言外部的对比研究。语言内部的对比研究主要涉及语音、词素、词、短语、句子、语篇等层面及其语义、语用或翻译,而语言外部的对比主要关涉与语言相关的民族思维、民族文化、民族历史、民族心理等。我们在此仅择选语言本体研究、外语教学研究、翻译研究、民族思维研究这四个领域,谈谈对比语言学所起的重要作用。

---

① 杨自俭、李瑞华编,《汉英对比研究论文集》,上海外语教育出版社 1990 年版,第 334—347 页。
② 许余龙:《对比语言学》,上海外语教育出版社 2002 年版。
③ 王文斌:《并重外语研究与汉语研究》,《外国语》2017 年第 1 期。

（一）在语言本体研究中的作用

所谓语言本体研究，是指对语言内部的研究，主要涉及语言的内部结构体系，考察语言自身的发展规律及其本质。

德里达曾说过："语言保持差别，差别保持语言。"①吕叔湘曾强调，指明事物的异同并不难，可追究其何以有此异同却并不容易，而这恰恰是对比研究的最终目的。② 吕先生在此所说的"对比"，显然是指"语言的对比"。语言作为人类的思想交流工具，无疑具有许多相似之处，但其在词汇、句子和语篇等层面的不同表征形式，又无疑具有异质性。换言之，语言与语言之间，既有同，也有异，仅观察其表象的确并非难事，可若要道出其所以然并非易事，需要深度而缜密的探究才能达到。中外许多语言学家均在语言之异上下足功夫，追究语言的规律和本质。黎锦熙曾说过，所谓语言对比，重在异而不在同；……惟其异，才用得着对比，或大同而小异，或小同而大异，或异中有同。Jespersen 所著的 *The Philosophy of Grammar*（《语法哲学》）③一书，就是借助对英语、法语、德语、西班牙语、希腊语、意大利语、丹麦语等语言的对比，揭示语言学的基本原理以及语言学与逻辑学、心理学、历史学等学科之间的联系。王力在谈及《我的治学经验》时提道："赵元任先生跟我说：'什么是普通语言学'？普通语言学就是拿世界上的各种语言加以比较研究得出来的结论。我们如果不懂外语，那么普通语言学也是不好懂的。单研究汉语也要懂外语。"④在此，不论是赵元任抑或王力，均是强调语言对比对语言研究的重要性。马建忠所著的《马氏文通》、黎锦熙所著的《新著国语文法》、王力所著的《中国现代语法》、赵元任所著的《汉语口语语法》⑤等，均不同程度地通过对汉语与外语的对比，

---

① ［法］德里达：《论文字学》，汪堂家译，上海译文出版社 2005 年版，第 2 页。

② 王菊泉、郑立信：《英汉语言文化对比研究》，上海外语教育出版社 2004 年版。

③ O.Jespersen.*The Philosophy of Grammar*.London：George Allen & Unwin Ltd,1924.

④ 王力：《我的治学经验》，奚博先编，《著名语言学家谈治学经验》，商务印书馆 2008 年版，第 11 页。

⑤ 马建忠所著的《马氏文通》最早出版于 1898 年；黎锦熙所著的《新著国语文法》最早出版于 1924 年；王力所著的《中国现代语法》最早出版于 1943 年；赵元任所著的《汉语口语语法》最早出版于 1968 年。

探讨汉语的语言现象及其语法体系,对汉语语法体系的构建立下了筚路蓝缕、以启山林之功。

国学专家龚鹏程曾强调:印欧语以动词为主,而汉语则以名词为主。而印欧语无疑包括英语。① 郭绍虞也曾提出,西洋语法重动词,而汉语语法则重名词。② 金克木也持同样看法,认为中国人重视形象,是以名为先;中国人思想重形,重名,两者相通;而古印度人关于名生于动、行为在先、唯有动词的词根才是关键等观念在印欧语关于词的形态研究中根深蒂固,作为一条根本性原则,至今未曾发生变化;这种关于语言的词根理论的影响不限于古印度,其影响力延续至今;在印欧语研究中不论有多少不同派别和结构的语法,均承认词根,而词根大多均表示动词的意义。③ 龚鹏程、郭绍虞和金克木无疑均是以语言对比的眼光,窥视汉语与印欧语之间的根性差异。在此需要进一步表述的是,若说印欧语偏重动词,其本质就是睽重时间;而汉语偏重名词,其本质就是注重空间。对此,古人和时贤已有论断:动词具有时间性,而名词具有空间性。④。王文斌根据汉语与印欧语的差异以及汉语的实际,新近几年提出英汉语的本质差异在于英语具有时间性特质,而汉语则具有空间性特质,具体表现为英语的表征重动作行为,具有线性结构,即具有时间性特征,体现出勾连性和延续性,而汉语的表征重名物,具有立体结构,即具有空间性特征,体现出块状性和离散性。⑤ 目前对比语言学界所认同的英汉语诸种差异,如形合与意合、客体意识与主体意识、聚集与流散、繁复与简短、静态与动态、个体思维与

---

① 龚鹏程:《国学入门》,北京大学出版社 2007 年版,第 45 页。

② 郭绍虞:《汉语语法修辞新探》,商务印书馆 1979 年版,第 133—135 页。

③ 金克木:《梵佛探》,河北教育出版社 1996 年版,第 3、31—33、85 页。

④ [古希腊]亚里士多德:《范畴篇·解释篇》,方书春译,商务印书馆 1986 年版,第 55—56 页;陈平:《论现代汉语时间系统的三元结构》,《中国语文》1988 年第 6 期;张伯江:《词类活用的功能解释》,《中国语文》1994 年第 5 期;龚千炎:《汉语的时相时制时态》,商务印书馆 1995 年版;刘顺:《现代汉语名词的多视角研究》,学林出版社 2003 年版;[美]万德勒:《哲学中的语言学》,陈嘉映译,华夏出版社 2003 年版;R. Langacker. *Cognitive Grammar: A Basic Introduction*. Oxford: Oxford University Press, 2008; J. Taylor. *Cognitive Grammar*. Beijing: World Publishing Corporation, 2013.

⑤ 王文斌:《论英语的时间性特质与汉语的空间性特质》,《外语教学与研究》2013 年第 2 期;王文斌:《论英汉表象性差异背后的时空性——从 Humboldt 的"内蕴语言形式"观谈起》,《中国外语》2013 年第 3 期。

整体思维等 10 余种区别,基本上都是英语具有时间性特质和汉语具有空间性特质这一内在性差异的诸种外在表现。下文以(1)和(2)两个英汉句子为例:

(1)①In Africa I met a boy,②who was crying as if his heart would break and said,③when I spoke tohim,④that he was hungry,⑤because he had had no food for two days.(在非洲,我遇到一个小孩,他哭得很伤心。我问他为什么哭,他说肚子饿,已两天没吃东西了。)

(2)接着,①他继续设想,②鸡又生鸡,③用鸡卖钱,④钱买母牛,⑤母牛繁殖,⑥卖牛得钱,⑦用钱放债,⑧这么一连串的发财计划,当然也不能算是生产的计划。

例(1)是一个英语长句,由 5 个小句组成,其主句是"I met a boy","who was crying as if his heart would break and said"是一个定语从句,修饰主句中的宾语"boy","when I spoke to him"是一个时间状语从句,修饰前一定语从句中的动词"said","that he was hungry"是"said"的宾语从句,"because he had had no food for two days"是一个原因状语从句,用来表达宾语从句"he was hungry"的缘由。此句看起来复杂,但经各从句的关系词或关联词(who、when、that、because)的引导,小句与小句之间彼此勾连,形成一条清晰明朗的线性延续性句子链,其一维的时间性特征十分明显。

例(2)是一个汉语长句,由 8 个小句组成,其主句应该是第①小句"他继续设想",②、③、④、⑤、⑥、⑦这 6 个小句应是主句的并列宾语从句,第⑧小句应是一个评论句,是作者对"他"这些想法的评论。对于例(2),我们以汉语为母语的读者一看就明白,解读无须费神,因为对汉语的这类句式习以为常,而且也习惯于这种句式的思维。但是,以英语为母语的读者若看了此句,其理解可能就没那么顺当,这是因为各小句的主语指认比较困难,第②小句的主语是"鸡",第④小句的主语是"钱",第⑤小句的主语是"母牛",而第③、⑥、⑦这三个小句的主语却是主句中的主语"他",到了第⑧小句,其真正的主语隐而不显,从表面上看"发财计划"是主语。经这一分析,便可发现例(2)里的各小句之间主语彼此交叉,关系疏松,呈现出块状性和离散性,表现出立体式的三维空间特征。

语言对比研究,使我们能从另一个视角去观察问题,从一个新的角度去观照自己的母语以及自己所学的外语，更能辨清因"只缘身在此山中"而难以看清的语言的一些真面目。可以说，语言学研究的演进，是在语言的比较与对比过程中向前推进的。王文斌提出英汉语的本质差异在于英语具有时间性特质而汉语则具有空间性特质这一观点，就是以英汉语的对比眼光，力图透视英汉语的本质性差异。

（二）在外语教学研究中的作用

对比语言学研究自诞生之初，就与外语教学研究有关。对比语言学著名学者 Lado 在其 *Linguistics across Cultures*① 一书中明确提出，最好的外语学习教材应有两个立足点：一是对所学外语进行科学的描写；二是对学生的本族语进行平行描写，并加以仔细的比较。Lado 进而指出："教师如果将学生的本族语与他们所学的外语加以比较，便可更好地了解真正的学习困难所在，并能更好地组织教学。"②对此，Nickel 也持类似观点。③ 由此可见，语言对比研究是直接服务于外语教学的。而外语学习者语言（learner language），亦称"中介语（interlanguage）"，是二语习得和外语教学研究的核心议题，主要涉及外语学习者产出的口笔头语言。常见的学习者语言形式包括二语作文、二语口头产出、二语口笔译等。不难看出，汉外语言对比研究必然涉及外语学习者的目标语与母语之间的差异对比研究，而外语学习者所表现出的语言行为必然与目标语和母语之间的本质性差异密切关联。对此，James 和 Ellis 的研究④均证实，对比研究在外语教学中具有重要作用，可预测和纠正语言错误。

王力曾指出，本国人觉得平平无奇的，而外国人读了，若觉得很特别，那么，这正是很值得叙述的地方。⑤ 王力还指出，我们对于某一族语的文法研究，不难在把另一族语相比较以证明其相同之点，而难在就本族语里寻求其与

---

① R. Lado. *Linguistics across Cultures*：*Applied Linguistics for Language Teachers*. Lansing：University of Michigan Press，1957.

② R. Lado. *Linguistics across Cultures*：*Applied Linguistics for Language Teachers*. Lansing：University of Michigan Press，1957，p.2.

③ G.Nickel. "The Role of Contrastive Linguistics". *Education and Culture*，1969，No.11.

④ R.Ellis. *Understanding Second Language Acquisition*. Oxford：Oxford University Press，1985.

⑤ 王力：《中国文法学初探》，《清华大学学报》自然科学版，1936 年第 1 期。

世界诸族语相异之点。……别人家里没有的东西,我们家里不见得就没有。如果因为西洋没有竹夫人,就忽略了我们家里竹夫人的存在,就不对了。① 王力在第一届国际汉语教学讨论会全体会上曾富有见地地指出,外语教学"最有效的方法就是中外语言的比较教学"②。吕叔湘在《中国人学英语》的修订本序中指出:"我相信,对于中国学生最有用的帮助是让他们认识英语和汉语的差别,对词形、词义、语法范畴、句子结构等都尽可能用汉语的情况来跟英语作比较,让他通过这种比较得到更深刻的体会。"③在《中国文法要略》(上卷)初版例言中,吕叔湘强调:"一句中国话,翻成英语怎么说;一句英语,中国话里怎么表达,这又是一种比较。只有比较才能得出各种语文表现法的共同之点和特殊之点"④。毫无疑问,吕先生在此所说的"比较",显然是指广义上的"比较",即既指语言之间共性的比较,也指语言之间个性的对比。张维友把促进英汉两种语言的教学视为英汉对比研究应用价值的第一要义,认为"英汉对比的首要问题是找出英汉语言之间的异同,让中国学生了解英语学习中的难点,提高学习效率"⑤。许余龙在其《对比语言学》一书的第八章中全面和系统地阐述了语言对比与外语教学的关系,反映出语言对比对外语教学的有益作用。

从以上的众家观点,我们不难看出,外语教学可借助语言的对比研究得以提升效能。比如说,英语是一种时态语言,即一门时态性思维(tensed thought)的语言,注重于时间的表达,而汉语的表征则一般不注重时态,表现为具有空间特征的块状性和离散性,⑥如:

(3a) This is my husband Dave. Oh, sorry, was.

(3b) 这是我丈夫戴夫。噢,不对,是前夫。

---

① 王力:《中国文法学初探》,《清华大学学报》自然科学版,1936 年第 1 期。
② 王力:《王力先生在全体会上的讲话》,《语言教学与研究》1985 年第 4 期。
③ 吕叔湘:《中国人学英语》,商务印书馆/中国社会科学出版社 1962/2005 年版,第 1 页。
④ 吕叔湘:《中国文法要略》,商务印书馆 1942 /2014 版。
⑤ 张维友:《英汉语言对比研究综论》,《华中师范大学学报(人文社会科学版)》2006 年第 1 期。
⑥ 王文斌:《从"形动结构"看行为动作在汉语中的空间化表征》,《外语教学与研究》2015 年第 6 期。

(4a) Please go back to where you were sitting.

(4b) 请回到你原来的座位上去。

(5a) 收到你的来信,我很高兴,马上就去商店买你要的东西。

(5b) When I got your letter, I was very happy, and went to the shop right away to buy what you wanted.

(6a) 待在原地别动,我去找你。

(6b) Stay where you are and I will go to find you.

从(3a)至(4a)不难看出,英语注重时间的表达,而且充分利用动词的形态变化达到对事态的陈述,而汉语所相应的表达(3b)至(4b)则只能借助词汇来达意。从(5a)至(6a)可看出,汉语的表征并不频繁使用"着、了、过",仅注重对事态本身的描写,而其相应的英语表征(5b)至(6b)就完全需要借助时态的表达来传达相应的事态。在中国人学英语或英美人学汉语的教学过程中,若能通过对比达到对英汉差异的把握,便能较好地掌握地道的语言表述。

（三） 在翻译研究中的作用

明朝时期,有一位意大利传教士艾儒略(Giulio Alenis,1582—1649)来中国时带了一本世界地理书《职方外纪》,书中有这样一段话:"凡天下方言,过千里必须传译"。其意思是:世界上的方言,若超过一千里,就须有翻译,否则就听不懂。其实,人类文明的演进始终交织着彼此之间的交际,只要有语言,就会有语言的交流,而只要有不同的语言存在,就需要有翻译,哪怕是隔一条河或隔一座山。可以说,翻译几乎同语言本身一样古老,为人类文明的进步做出了不可磨灭的贡献。譬如说,在古罗马时期,一些文学家,如安德罗尼柯(Livius Andronicus,公元前284—204)、涅维乌斯(Naevius,公元前270—200)和恩尼乌斯(Ennius,公元前254—184)等,将荷马史诗和大批的希腊著名文学作品翻译或改编成拉丁语,把古希腊文学特别是戏剧介绍到罗马,由此助推了罗马文学的诞生和发展,对罗马乃至日后西方传承古希腊文学起到了重要的桥梁作用。在我国,《周礼》和《礼记》对翻译就早有记载,将当时的翻译从业者称为"象胥""舌人"等,专事于接待各方民族和国家的使节或宾客,并通译事宜,而翻译这项工作也被称为"寄""象""狄鞮""译"等。

然而，我们需要了解：翻译与语言对比具有难以割裂的紧密关联，这是因为任何翻译，说到底就是两种语言之间的转换，无可规避地牵涉到语言之间诸种差异的考量，如词汇、语法、语篇、语义和语用等。若不熟知译出语与译入语之间的本质性差异，那么就难以译出地道、适宜的语言。可以说，翻译在相当程度上就是在语言对比的钢丝上跳舞，需要具备足够的平衡力，而且翻译之难，往往不在于语言之间的共性，而常常在于语言之间的差异，对此需要有足够的敏锐观察力和透视力。在翻译过程中，译者需要在翻译中对比，在对比中翻译，两者须臾不可分离，准确把握两者之间的关系。

目前，尽管有许多翻译佳作，但也存在许多劣质的译作，对语言之间的同质性认识有余，而对彼此的差异认识不足。有些译作置外语的表达习惯于不顾，硬生生地把西方语言套入汉语表达方式的框架，造成许多汉语式外语表述。如最近国内一所大学在 120 周年校庆大会上拉着巨大的横幅，写着"向为人类未知领域探索，为国家和民族做出重大贡献的前辈先贤致以最崇高的敬意"，并配有其英语翻译："Let's express our highest respect to those prede-cessors explored the unknown fields of mankind, and to those predecessors made significant contribution to the country and people!"其实，在时下的许多汉语表述中，欧化现象也十分严重。王力曾明确指出："西洋语法和中国语法相离太远的地方，也不是中国所能勉强迁就的。欧化到了现在的地步，已完成了十分之九的路程；将来即使有人要使中国语法完全欧化，也一定做不到的。"[1]话也许说得严重了一点，但在一些译作中，译味的确明显，现代中国人往往对此习焉不察，恰如贺阳发现："欧化语法现象与汉语固有语法资源的相关程度逐渐减弱，欧化的程度逐渐提高。"[2]如：

（7a）When the teacher entered the classroom, he saw many students reading magazines.

（7b）当老师走进教室时，他看到很多学生在看杂志。

（7c）老师走进教室时，看到很多学生在看杂志。

---

[1]　王力：《中国现代语法》，商务印书馆 1943/2011 年版，第 334 页。

[2]　贺阳：《现代汉语欧化语法现象研究》，商务印书馆 2008 年版，第 291 页。

（7d）老师走进教室，看到很多学生在看杂志。

从（7a）的汉译可看出，（7b）（7c）和（7d）虽在语义的传译上没什么问题，现代中国人读来也没什么障碍，但不比不知道，一比就能明了（7d）最合乎汉语的表达习惯。再对比以下的英汉翻译：

（8a）If you don't compare, you're in the dark, but the moment you do, you get a shock.

（8b）如果不比，你就不知道，一旦比了，你会吓一跳。

（8c）不比不知道，一比吓一跳。

（9a）James, while John had had "had", had had "had had", "had had" had had a better effect on the teacher.

（9b）杰姆斯已选择了"had had"，而约翰却已选择了"had"。老师认为选择"had had"更合适。

（9c）杰姆斯已选择过去完成时"had had"，而约翰选择了过去时"had"。老师认为选择过去完成时更合适。

（10a）他的上衣没扣上，微风过来，衣服吹开了，在风中飘荡，拐弯时，被栏栅勾住了。

（10b）His overcoat was not buttoned. When the breeze blew, it fluttered in it. When he turned the corner, the overcoat was caught by the fence.

（10c）His overcoat was unbuttoned and fluttered in the breeze. When he turned the corner, it was caught by the fence.

如上所述，英语表征为保持时间性的线性结构，善于使用各种关系词或关联词，将小句与小句密扣在一起，表现出勾连性和延续性，而汉语惯于具有空间性的流散、疏放式语言表征，通常不使用关系词或关联词，小句与小句之间明显表现出块状性和离散性。若不敏感于英汉语言的这种对比性差异，我们的译语即便能读懂，也未必是适切的译文。《孙子·谋攻篇》中说："知己知彼，百战不殆；不知彼，不知己，每战必殆。"翻译时，对译出语和译入语进行对比研究，其目的就是既知己又知彼，否则就可能因匡囿于译出语的结构而备受掣肘。

（四） 在民族思维研究中的作用

语言是思维的外在表达形式，而思维是语言表达的内容，这众所周知。若离开思维这一内在性要求，语言就会成为无本之木，而思维一旦离开语言这一外化的载体，就会无所依托，变成没有躯体的灵魂。说到底，语言与思维，如影随形，彼此相依，具有一体性关系，是同一个硬币两个面，均以对方的存在为前提条件。但是，我们需要清楚，语言和思维方式往往因民族的不同而不同。研究不同民族的语言，该把握不同民族的思维，同时，研究不同民族的思维，也该了解不同民族的语言。这两项工作交互作用，相得益彰。

Humboldt 曾早就关注语言与思维之间的紧密关系，他提出的"内蕴语言形式"（inner linguistic form）观，就是指语言的内在语码（internal code）是民族思维在语言结构中的内化，其论旨就是语言与民族思维之间具有通约关系。①其实，Humboldt 语言思想的核心，就是强调语言之间的差异源自民族世界观的区别。黑格尔曾说过，一个民族如果没有用自己的语言表达思想，那么这个民族就永远不会拥有这些思想。黑格尔的这一番话间接地道出了民族语言与民族思维之间的依存度。Evans 和 Green 指出："语言是一扇窗户，透过这一扇窗户，能窥视认知功能，洞见各种思维的本质、结构和组织。"②

季羡林曾明确指出："汉语与西方印欧语系的语言是不同的，写汉语语法而照搬西方那一套是行不通的。……语言之所以不同，其根本原因在于思维模式的不同。"③由此可见，开展汉外语言对比研究，尤其是开展汉外思维模式的对比研究，能加深我们对母语的认识，也能进一步透视汉语的规律及其本质，从而建立起一个令人信服的汉语语法体系。④ 其实，我们在此还可往前走

---

① W.Humboldt.*On Language*：*On the Diversity of Human Language Construction and its Influence on the Mental Development of the Human Species*.Cambridge：Cambridge University Press，1999，pp. 81-87.

② V.Evans & M.Green.*Cognitive Linguistics*：*An Introduction*，世界图书出版公司 2015 年版，第 5 页。

③ 季羡林：《序》，季羡林编：《20 世纪现代汉语语法八大家选集》，东北师范大学出版社 2001 年版，第 2—4 页。

④ 潘文国：《危机下的中文》，辽宁人民出版社 2008 年版，第 99 页。

一步,即开展汉外对比研究,也能进一步加深我们对外语民族思维模式的洞悉,有利于外语的教与学。我们认为,对比语言学在外国民族思维研究领域大有用武之地。

美国学者 Kaplan 曾对不同母语的留学生的写作风格进行了较为系统的分析,发现不同民族的思维方式对书面话语模式具有深刻影响。① 他发现,英美人的思维方式呈直线型(linear thought pattern),而东方人的思维方式则呈螺旋型(circular thought pattern)。英美人行文善于开门见山,直奔主题,紧扣话题层层推演,逐项分列,后文的话语一般由前文的话语自然引出。而在汉语,通常讲究"断续"和"离合"。所谓"断续",就是指行文至某处,暂时停止,将所叙之事搁置一边而转叙其他内容,然后再叙前文;所谓"离合",就是指行文中不必时时处处叙述与主题直接联系的内容,而是采用若即若离的方式将某些内容进行适当的灵活处理。② 王寅强调,英语篇章偏向于上下文前后接应,层层套接,而汉语语篇则喜用散连、骈列推展的语言表达形式。③ 我们认为,以上学者紧抓民族的思维模式探究英汉语篇的不同表征方式,对于我们进一步考量英汉语言与思维之间的关联具有重要的参考价值。但是,我们认为,以上学者的分析可能尚停滞于语言的表面现象而归纳出的各种思维方式,尚未探及英汉语言的本质性差异。如上文所述,我们认为,在此所言的英语直线型思维或行文的前后接应方式,实际上就是我们所说的时间性一维思维,而汉语的螺旋型思维或行文的散连式骈列推进方式,实际上就是我们所说的空间性多维思维,这是因为时间是一维的,而空间是多维的。④ 而且,英语对时间的偏重还表现于重视主动词的中心地位、重视语言表征的勾连和延续,而汉语则侧重于空间,表现为重意象或形象,体现出语言表征的块状性和离散性,而且即便是行为或动作,也被看作实体,如:

---

① R.Kaplan."Cultural Thought Patterns in Intercultural Education".*Language Learning*,1966,No.16.

② 徐振宗、李保初、杜青山:《汉语写作学》,北京师范大学出版社 1995 年版,第 77 页。

③ 王寅:《论语言符号象似性》,《外语与外语教学》1999 年第 5 期。

④ 王文斌:《论英语的时间性特质与汉语的空间性特质》,《外语教学与研究》2013 年第 2 期;王文斌:《论英汉表象性差异背后的时空性——从 Humboldt 的"内蕴语言形式"观谈起》,《中国外语》2013 年第 3 期。

（11a）One of my best speeches was delivered in Hyde Park in torrents of rain to six policemen sent to watch me, plus the secretary of the Society that had asked me to speak.

（11b）我最为精彩的一次演讲是在海德公园。当时下着瓢泼大雨，听演讲的是被人派来监视我的六名警察，另外还有请我演讲的那个团体的秘书。

（12a）The car wound through the village and up a narrow valley, following a thaw-swollen stream.

（12b）小汽车盘旋迂回，穿过村庄，爬过峡谷，沿着一条因解冻而涨水的小溪行驶。

（13a）The race could indeed come down to a garrison finish at the convention, with decisive notes in the hands of perhaps two dozen or so delegates whose predilections are still unknown.

（13b）这次代表大会的竞选结果可能会爆出冷门，因二十几位代表的态度仍不明朗，他们手中掌握着决定性的选票。

从（11a）可看出，两个定语从句"that had asked me to speak"中的动词时态"had asked"的定位，是以主句中的"was delivered"为参照，而且始终保持其中心地位，其前后的时间关系通过助动词和主动词的形态变化一目了然，表现出明显的线性结构，而其汉译（11b）却显然表现出块状性和离散性。在（12a），全句只有一个主动词的过去式"wound"，其主动词的核心地位显而易见，紧随其后的是两个介词短语和一个现在分词短语与其相扣，形成一维的线性结构，而其汉译（12b）却只能借助汉语的表达习惯，凭意象铺排，尽管使用了各个动词，但也只是当作一幅幅视象加以展现，其主动词的核心地位并不明显。在（13a），主动词短语"comedown"的要核地位突出，后跟一个介词短语"with……"以及名词"delegates"后面的定语从句"whose predelections are……"，全句表现出清晰的勾连性和延续性，而其汉译（13b）则明显不如其英语原句那样勾连紧密，相比较而言离散性明显。

（14a）夜到关，关门未开，丹为鸡鸣，众鸡皆鸣，遂得逃归。（《燕丹子》）

（14b）The prince reached the pass at night while the gate was still closed, but by crowing like a cock he got all the other cocks to crow, and so he made good his escape.（Yang & Yang 译）

（15a）河边站满了人，四只朱色长船在潭中划着，龙船水刚刚涨过，河中水皆泛着豆绿色，天气又那么明朗，鼓声蓬蓬响着，翠翠抿着嘴一句话不说，心中充满了不可言说的快乐。（沈从文，《边城》）

（15b）The bank was thick with people as four long vermilion boats came rowing upstream. The river had just begun to rise and in the sunlight the water was pea-green. As the drums rolled, Emerald bit her lips, happier than words could tell.（戴乃迭译）

（14a）里，未见核心动词，也未见任何的关系词或关联词，句中的每个句段都是一个意象，依次排列，呈现出块状性和离散性，而其英译（14b）则以主动词"reached"为轴心，依凭关系词或关联词"while、but、and so"将全句勾连在一起，表现出明显的线性结构。在（15a），尽管意象和视景极为丰富，但未曾出现任何的关系词或关联词，句段与句段之间时间关系模糊，其流散性十分明显，而其英译（15b）将其译为三句，分别借助各种关系词和关联词，而且通过不同的时态表达，表现出井然的线性结构。

从上文的举例和分析可知，英民族工于时间思维，其语言的表征关切句中的主动词及其时态，句中的其他成分均以此为核心，展开以时间一维为主要特征的线性结构，明显呈现出勾连性和延续性；汉民族长于空间思维，重视意象的铺排，在语言结构中并不分主动词和次动词，句段之间的时间关系并是行文的焦点，表面上的并列排布意涵着复杂的交叉关系，具有明显的块状性和离散性。

由此可见，语言不单单是用于表达人们对世界的理解和态度，更是用于表达人们的思想构成方式，就根本而言，语言本身就是语言使用者思想的外化。

四、结语

纵观全文的析述，我们可以发现，我国的对比语言学自 1898 年《马氏文通》发表以来，时间已走过了近 120 年，期间有开山性、创新性、突飞猛进的语言对比成果，也有止步不前、执泥于印欧语语法框架的研究局面，尤其是近几十年来，尽管对比语言学在某些方面有所突破，但就总体而言，统揽全局的对比研究欠缺，不是在旧坑上挥舞铁锹，就是散点式地挖挖浅坑，而且在新近几年，奉西方理论为圭臬，造成"汉语中的许多主要特征，却因为无从抄袭而没有表彰出来"①。更有甚者，近些年来，对比语言学有被打入冷宫的迹象。我们在文中提出，对比语言学在语言研究中具有十分重要的作用，不论在语言内部的对比抑或语言外部的对比，对比语言学的作用毋庸置疑。我们在本文仅就语言本体研究、外语教学研究、翻译研究、民族思维研究这四个侧面，探讨了对比语言学所起的重要作用，以此强调对比语言学在语言研究中的重要性，应当引起学界高度重视。

（本文原载《外语与外语教学》2017 年第 5 期）

---

① 王力：《中国现代语法》，商务印书馆 2011 年版，第 3 页。

我国汉外语言对比研究 70 年

70 年来,我国汉外语言对比研究成绩显著,问题亦不少。回首 70 年发展历程,思考当下研究现状,有利于明确今后发展路向。

一、追昔

自 1898 年《马氏文通》出版至 1949 年中华人民共和国成立,对这个时期我国汉外语言对比研究,三菊泉[①]和王文斌[②]曾分别做过扼要的回顾,其中一个明显特征就是我国汉语语法研究是在汉外对比研究,尤其是在汉英对比研究基础上逐步发展而来。我们在此仅聚焦于 1949 年以来的相关研究历程。自 1949 年至今,我国的汉外语言对比研究大致可分四个时期:一是歇息期(1949 至 1976 年);二是复苏期(1977 至 1990 年);三是借鉴和应用期(1991 至 2008 年);四是理论创新期(2009 年至今)。

(一) 歇息期

1949 至 1976 年,因诸种历史原因,汉外对比研究成果并不丰富,基本处于歇息状态。其研究成果主要有梁达、金有景合著的《中俄语音比较》(1955)、梁达《俄汉语语法对比研究——构词构形·词序》(1957)、陆殿扬

① 王菊泉:《什么是对比语言学》,上海外语教育出版社 2011 年版,第 171—172 页。
② 王文斌:《对比语言学:语言研究之要》,《外语与外语教学》2017 年第 5 期。

《汉英词序的比较研究》(1958)、吕叔湘《中国人学英语》(1962)和赵元任《中国话的文法》(1968)。显然,在这为数不多的汉外对比研究成果中,前两项与俄语有关,这也许是当时中苏友好关系以及重视俄语研究的一个见证。需提及的是,吕叔湘和赵元任的著作并非真正意义上的语言对比研究之作,前者基本上是针对中国人如何学英语而谈及汉英之间的差异,而后者著述的出发点是帮助外国人研究汉语。由此可见,这一时期的研究基本上未曾顾及语言对比的理论。

(二) 复苏期

1977 至 1990 年是汉外语言对比研究的复苏期。1977 年,"文革"刚结束,经过近 30 年的歇息之后,吕叔湘发表了《通过对比研究语法》一文,提出若要认识汉语的特点,就需与非汉语比较;若要认识现代汉语的特点,就需与古代汉语比较;若要认识普通话的特点,就需与方言比较。显然,吕叔湘这一番话既强调汉语语内的比较和对比,也注重语际的比较和对比。这一倡言不仅引发了汉语界的语言研究热情,也触发了外语界的汉外语言对比研究热忱,由此拉开了语言对比研究的新序幕。赵世开、丁金国、胡壮麟等有识之士奋起响应,于 1979 至 1985 年间,分别发表了《浅谈英语和汉语的对比研究》《英汉对比论文中微观与宏观的研究》《对比语言学及其应用》等文,积极引介国外的对比语言学理论和实践。几乎同时,一批汉外语言对比专著也相继问世,尤其是张今、陈云清的《英汉比较语法纲要》(1981)和任学良的《汉英比较语法》(1981)更为突出。1990 年,杨自俭、李瑞华主编的《英汉对比研究论文集》出版,标志着汉英对比研究迈入新的发展期。该文集收录了 1977 至 1989 年所发表的 42 篇英汉语言对比论文,涉及理论与方法、语义、词语、句子、修辞、语用及其他,涵盖面广,极大地助推了学界对语言对比研究的关切。

在此需注意的是,吕叔湘等学者所说的语言比较,是一种大概念的比较,明显包含语言对比概念。其实,黎锦熙早就指出,所谓比较,重在异而不在同;……唯其异,才用得着比较。① 显然,黎锦熙把语言比较的重点放在"异"

---

① 许高渝、张建理:《汉外语言对比研究》,高等教育出版社 2006 年版,第 5 页。

上,而这恰恰是语言对比的核心。王文斌指出:比较与对比两者虽有交集,但比较侧重于语际的相似性,而对比则偏重于语际的差异性。①

(三) 借鉴和应用期

从1991至2008年,我国汉外语言对比研究渐成气候,中国英汉语比较研究会成立,并定期举行各种学术活动,对我国汉外语言对比的团体性研究起到了无可否认的推动作用。在此期间,出现了大量的对比研究成果,如刘宓庆《汉英对比研究与翻译》(1991)、许余龙《对比语言学概论》(1992)、连淑能《英汉对比研究》(1993)、许高渝《俄汉语词汇对比研究》(1997)、张今、张克定《英汉语信息结构对比研究》(1998)等,这些专著加快了我国对比语言学的前进步伐。就对比语言学的学科发展而言,许余龙的《对比语言学概论》影响最大,该书从学科建设的角度,全面阐述对比语言学的宗旨、理论、方法和应用,并从语音、词汇、语法、篇章、语用等不同层面进行了认识论和方法论上的对比分析。

时至21世纪前8年,我国对比语言学有了长足的发展,不仅有专著和文集连续面世,而且有系列丛书的出版,原来在20世纪80年代和90年代出版的专著经修订也相继再版,如刘宓庆《新编汉英对比与翻译》(2006)、许高渝、张建理《汉外语言对比研究》(2006)等。除此之外,还有由刘重德、杨自俭和潘文国先后任主编的"英汉语比较与翻译"系列丛书,从2000至2008年先后出版6集,以及由杨自俭、潘文国等分别任主编的"英汉对比与翻译研究"系列丛书,于2008年连续出版3集。同时,还有魏志成《英汉语比较导论》(2003)和潘文国、谭慧敏《对比语言学:历史与哲学思考》(2006)等英汉对比语言学专著。以上研究成果拓宽了我国汉外对比研究的广度,涉及语音、词汇、语法、语义、语篇、习语、修辞、翻译、文化等,其对比的语种也不断丰富,如汉日、汉俄、汉德等,而且还涌现了一批具有重要影响力的学者,如刘重德、许余龙、潘文国、刘宓庆、杨自俭等,他们均为推进我国的语言对比研究做出了重大贡献。其中尤以潘文国、谭慧敏合著的《对比语言学:历史与哲学思考》更为突出,此著较为系统地总结了西方对比语言学的发展历程,介绍了历史上具

---

① 王文斌:《对比语言学:语言研究之要》,《外语与外语教学》2017年第5期。

有重要影响力的学者及其研究成果,在梳理汉语发展史的基础上,提出中国的现代语言学研究史实质上就是一部汉外对比史这一观点,并对语言对比研究的哲学基础、学科的目标和范围、学科的定义等提出了自己的独到看法。正因为此,此著于 2017 年 11 月荣获北京外国语大学"第二届许国璋外国语言研究奖"二等奖。

然而,就总体情况而言,这一时期研究的主要特征是积极借鉴国外研究成果,研习其理论、观点、方法和实践,并将之应用于我国的汉外语言对比实际,解决了以往人们尚未认识到的许多汉外语言差异问题。

(四) 理论创新期

从 2009 年至今,可以说是汉外对比研究的理论创新期。期间,除了苗兴伟、秦洪武《英汉语篇语用学研究》(2010)、卫乃兴、陆军《对比短语学探索》(2014)等研究成果外,许余龙和连淑能均于 2010 年分别出版了《对比语言学》和《英汉对比研究》的增订本。与此同时,杨自俭和潘文国先后任主编的《英汉语比较与翻译》以及于 2012 年更名为"英汉对比与翻译"的系列丛书又陆续出版 7 集。由罗选民、牛保义等分别任主编的"英汉对比与翻译研究"系列丛书也相继出版了 5 集。这些成果在研究的广度和深度方面均有明显的拓展和掘深,且更注重对汉语事实的挖掘,展开汉外对比考察。更难能可贵的是,这一时期的研究更注重理论自信和理论创新,尤其是沈家煊立足于汉语本体,兼及汉英对比研究,力图打破印欧语语言分析框架,自《我看汉语的词类》(2009)一文以来,迄今共发表 40 余篇论文,并于 2016 年出版《名词和动词》一书,较为系统地阐述了汉语的独特性及其与英语的根本性差异,提出汉语是"名动包含",而英语则是"名动分立"的观点。王文斌也力图摆脱西方语言观对汉语分析的羁绊,自发表《论英语的时间性与汉语的空间性》(2012)一文以来,迄今共发表相关论文 30 余篇,并于 2019 年出版《论英汉的时空性差异》,从语言与民族思维的通约关系提出汉语重名,即偏重于空间性思维,而英语重动,即偏重于时间性思维的观点。沈家煊和王文斌均以汉英的语言本质差异为靶点,提出自己的独到看法,不论学界呼应者多寡,应该说具有一定的原创性,同时也是贡献中国智慧的一个有益尝试。

二、抚今

经不完全统计,自 1989 年以来,三十年间,我国关于汉外语言对比研究的专著共有 529 部。关于论文,通过 CNKI 数据库检索,1998 年以来以"篇名"中含"汉外/汉英/汉法/汉德/汉日/汉俄/汉朝/汉韩"为检索词,类别限定于 CSSCI,可发现对比语言学界在 CSSCI 来源期刊上共发表论文 305 篇。关于国家社科基金立项课题,自 2004 年以来,共立项"汉外/英/法/德/日/俄/朝/韩"等对比研究课题 197 项。需提及的是,我们之所以把这些数据检索的起始年限分别定为 1989、1998 和 2004 年,是无奈之举,有些数据因当时缺乏网络系统而难以查询,只能从网上可查的年份算起,如国家社科基金立项课题 2004 年之前的数据就难以检索。在此提供这些数据,目的并不在于反映 70 年来我国语言对比研究的全貌,而只是想以一斑窥全豹,展现汉外语言对比研究的丰硕果实。

然而,我国当下的汉外语言对比研究,从整体来看至少尚存九个问题,即四个"单一"和五个"不足",均有待今后进一步探讨和解决。一是研究层面相对单一:除语言层面对比之外,尚未从深层次上检视隐藏于语言表象背后的民族思维差异。语言是思维的载体,语言差异必定隐藏着思维差异。二是研究方法相对单一:目前的研究大多在思辨层面,即便有些实证研究,也通常是一些简单的数据罗列,尚未充分借用语料库对某些语言现象进行较为系统而全面的描述。三是语种对比单一:目前依然是汉英对比研究者居多,有独霸天下之势,非通用语的对比研究成果相对单薄,即便有,其深度和广度都亟需掘深和拓宽。四是理论应用单一:时下大多研究仅借用国外的一些语言学理论来探视汉外语言对比,通常只抓一点而不及其余,较少重视国人提出的新理论或新观点,以致有些国外理论的套用显得格格不入。五是对语言本质性差异的认识不足:该如何抓住语言的本质性差异,进行纲举目张性的对比探究,并延伸至对语言诸种微观的对比考察,是值得我们进一步思量的问题。六是研究的解释力不足:很多对比研究是观察和描写有余而解释不足。语言研究应做到观察的充分性、描写的充分性和解释的充分性,而观察和描写主要是为解释作铺垫,解释力是对比研究的最终目的,即知其然,还需知其所以然。七是理论构建不足:当下的研究大多聚焦于微观思考,现象罗列多,理论的顶层观照少,理论构建明显欠缺。八是成果应用明显不足:研究与实践两张皮现象严重,研究管研究,实践管实践,彼此极少做到有机的呼应。九是国际化意识不足:*Languages in Contrast* 是对比语言学的国际刊物,从 2009 至 2018 年这十年间,包括香港在内的中国学者在这一刊物发文仅 4 篇。这说明我国的汉外语言对比研究目前基本上仅局限于国内。

三、知来

王文斌提出,语言间的相似性和差异性都是人类语言的本质。① 我们既要重视语际相似性研究,也要注重语际差异性研究。简言之,在语言研究中,既要重视语言的普遍性,又要重视语言的多样性。若欲洞见各语言的鲜明个性,深度审视语际的差异性就尤为重要。况且,目前很多青年外语学人,写外语时像是在写汉语母语,而写汉语母语时却是像在写外语。之所以会存在这种情况,其中一个重要缘由就是对语言的个性缺少应有的认识。如果说要在世界语言中认识汉语,那么我们也应在世界语言中认识我们所研习的外语。在这种世界语言的眼光中,语言对比研究大有可为。

我们认为,解决上述我国汉外语言对比研究所存在的九个问题,是未来需要努力的目标和发展的方向。我们要对症下药,以问题为导向,大力破除上述四个"单一",弥补五个"不足"。加强理论自信和理论创新,既要胸装国外先进理论,又要扶持国内的新生理论,尽一切力量贡献中国的学术智慧,共同解决中国本土语言研究的各种难题和困惑。

本文之所以在"追昔"一节所花篇幅较多,目的在于鉴往知来,明了学界以往所做的工作,把握当下存在的问题,更好地知晓今后该走的路。

(本文原载《外语教学与研究》2019 年第 6 期)

---

① 王文斌:《论英汉的时空性差异》,外语教学与研究出版社 2019 年版,第 1—2 页。

并重外语研究与汉语研究

一、我国外语研究的基本现状

自 1978 年改革开放以来,我国外语界大致经历了三个阶段:一是引介国外语言学理论;二是应用匽外语言学理论;三是研判国外语言学理论。这三个阶段对推动我国的国外语言学理论研究与应用起到了十分积极的作用,造就了大批的国外语言学理论的从业者和实践者,同时也培养了大批能比较熟练使用外语的人才,为我国的对外开放、融入国际大环境做出了积极贡献。但是,有三个现象不容忽视:其一是我国研究队伍和实践队伍庞大,蔚然成势,以人数而论堪称世界大国,可基本上是跟风,成为国外理论的应和者或诠释者,即便有些许批判性的表述,也是总体上流于碎片化和表象化;其二,虽研究成果累累,可眼光仅向外而不重内,对汉语事实缺少深度的挖掘和审视,其结果是至今尚未形成真正具有中国特色的语言学理论和实践导向,表现出国家个性化缺席的研究和实践态势,常谈国外理论而却未实现国际化;其三是外语修养水平不高,在论文写作或著述过程中,许多例证拾人牙慧,尤其是举证外语例子时,更是以抄袭或改头换面者居多,鲜有独到的语料发现或整理,常仅停滞于浅化的陈述。总之,近 40 年以来,我国外语界成绩突出,可问题明显。

二、亟待思考的问题

面对我国外语研究的基本现状,我们至少需考量七个问题:

1. 语言研究的根本目的是研究语言学理论还是研究语言本身？

2. 国外各语言学理论的产生，语言学家是首先借力对自己母语的洞悉还是一开始就借用对外语的考察？

3. 任何一家语言学理论产生之后，能否单靠一种语言就能得到验证并能往前推进？

4. 我国的外语研究者能否仅凭对某一外语的研究就能发力？

5. 作为非本族语者，我国外语研究者对目标语进行研究时为阐述自己的观点而进行语例举证能否始终做到驾轻就熟、信手拈来？

6. 以汉语为母语的外语研究者，能否完全撇开汉语来研究外语？在研究翻译和二语习得时能否完全置母语于不顾而专述目标语？

7. 作为外语研究者，我们的长板是母语还是目标语？目前我们在做外语研究时是在扬己之长避己之短，还是在扬己之短避己之长？

以上七个问题，当下亟须我们学界审度。我们对这些问题的一个总体回答是：外语研究与汉语研究需要并重。对我们外语人来说，初涉外语研究领域时，仅聚焦于某一外语的研究，这情有可谅，可研究到一定的程度，若依然局限于对自己所学外语的研究，我们的视野必定因先天不足而逼窄。若能发挥母语优势，我们的研究能力必定会如虎添翼。记得吕叔湘先生曾告诫我们：我们研究外语，其最终目标就是为了更好地观照我们的汉语。此话不能不引起我们的重视。我们认为，我们研究外语，是为了更好地审视我们的汉语，同时我们外语人研究自己的母语汉语，也是为了更有深度地审察我们所研究的外语。在语言的两相甚至三相或四相的对比研究中，我们更能洞察语言的本质及其规律。

三、汉语界诸名家的外语背景及对外语的有效利用

只消回顾一下汉语界诸名家的学术研究背景，我们便不难发现，许多早期和当代有建树的学者，均与外语研究有关。19 世纪的马建忠，是一名精通英语、法语、希腊语和拉丁语学贯中西的新式人才，其名著《马氏文通》开创了现

代汉语语法研究之先河。被誉为"中国现代语言学之父"的赵元任，20 世纪早期曾留美，在主攻数学和物理学的同时，还研修语言学，1945 年当选为美国语言学学会主席，但其语言学相关的论著，大多专论汉语。高名凯，早年留学法国，专攻语言学，其专著《汉语语法论》和《语法理论》至今被国外学者所肯定，其成果也大多是关于汉语的研究。吕叔湘，1936 年曾留学牛津大学，回国后专事汉语语法研究，终成汉语研究界的一代宗师。王力，早年也曾赴法国留学，深受西方语言学理论的影响，回国后专攻汉语研究，其专著《中国现代语法》《汉语史稿》《关于汉语有无词类的问题》等至今影响学界。朱德熙，从其履历看，尽管在学生时代未曾出国，但在汉语语法研究方法上，依然能看出他善于批判性地吸收国外语言学的新理论和新方法，着力运用西方结构主义语言学原理探讨汉语问题，取得重大突破，尤其值得注意的是，他在论及汉语语法时，时常以英语为对比。徐烈炯，毕业于上海外国语大学，原本就是学英语出身，但其研究成果多半是以汉语为语料探讨语言的结构表征，其与刘丹青合著的《话题的结构与功能》一书，在汉语界产生了较大影响。当今活跃于国际语言学界的华裔语言学家，如陈平、黄衍、黄正德、袁博平、于宁等等，其研究的素材许多也是取自汉语。

由此可见，我们中国人研究外语，若能结合我们的母语汉语，便往往能以问题为导向，洞察汉语本身，以母语研究走向世界。王宁在《再谈 A 刊与评估体系》中强调："被称为'语言学家'首先应当熟知自己的母语，最有成就的语言学家大多是首先在自己的母语研究上卓有成就。"此番话，值得我们外语人高度重视。

四、语言研究的根本目的是研究语言学理论还是研究语言本身?

因篇幅受限，我们在此仅谈谈我们在上文提出的七个问题中的第一个问题，即语言研究的根本目的是研究语言学理论还是研究语言本身。在一般情况下，语言学理论是对具体语言现象的归纳和总结，从中发现语言的规律，得出具有普遍性和系统性的理论观点,而语言学理论研究就是对关于语言的理论观点的研究。关于语言本身的研究,就是指对语言事实,包括语言的现象、功能、结构、运用等,进行不断的挖掘、考察、分析和描写,探究语言"是什么"的问题,进而对语言的诸种事实进行全面、合理和科学的解释,究问语言"为什么"的问题。研究语言学理论是为了更好地指导对语言本身的研究,而研究语言本身是为了深刻地洞观语言的规律和本质,二者互为促进。但是,不论理论研究抑或是对语言本身的研究,其终极目标就是为了更好地认识语言本身,而不是为了理论而理论,况且语言理论的建立,其根基在于对语言本身的充分观察。时下没有任何一家的语言学理论能放之四海而皆准,这足以说明我们对语言本身的观察尚未充分,尤其是汉语,在目前情况下,许多基本问题长期聚讼纷争,未成定论,如词类问题、单复句问题和主宾语问题等。连对词类这一基本问题都尚未达成共识,那么汉语的语法体系到底该怎样构建?我们外语人现在把过多的时间投放于对西方语言学理论的研究,对汉语和英语的许多事实缺少应有的发掘,而又因为自己是非本族语者,对深度挖掘英语事实,具有先天的不足,在多半情况下,只能采取拿来主义,再三重复英美学者使用的一些英语语例来支撑自己的观点。而对我们自己每天在说在写的汉语语例,要么不敏感,要么就是熟视无睹,缺少应有的深度检视。

我们认为,尽管语言学理论研究与语言本身研究同等重要,但首先是要重视语言本身的研究,然后才有语言学理论的构建。尤其在当下,在没有任何一家理论能充分解释语言诸种事实的情势下,我们更需要重视对母语汉语事实的挖掘,作为语言学研究者,不应该像一般的外语学习者那样,停留于对外语的一般性习得,而是需要对母语具备更透彻的认知,应力图建立中国自己的语言学理论,从本土走向世界。

五、结语

中国的外语研究,需立足中国,借鉴国外,把握汉语,面向国际。需融原创性、中国性和国际性于一体,不忘本来,吸收外来。王国维曾说:"凡事物必尽其真,而道理必求其是,此科学之所有事也。"对我国的外语研究者来说,外语是我们的非本族语,欲尽外语事物之真,求外语道理之是,这谈何容易!但是,若能并重外语研究和汉语研究,充分发挥母语优势,在汉外语言对比中研判并参透语言的规律和本质,我们便能逐步逼近语言事物之真,寻求语言道理之是。

（本文原载《外国语》2017 年第 1 期）

学科渗透与语言学研究的创新意识

一、引言

纵观西方近两百年以来的历史,在语言学理论研究领域,名家辈出,新论迭起,诞生了 Saussure 及其现代语言学理论、Bloomfield 及其结构主义语言学、Chomsky 及其转换生成语法、Halliday 及其系统功能语法、Lakoff 和 Langacker 及其认知语言学,等等。这些语言学家及其所创立的理论,其观点之独到、体系之完整、分析之精辟、思维之缜密、在世界上的影响之大,在值得我们国人研究借鉴的同时,无不引人深思。中国具有悠久的历史和深厚的文化底蕴,还拥有着 1/4 的世界人口,缘何在近代尚未涌现出人数可观的世界级语言学大家,而仅出现了在国际上较有影响的赵元任及其音位学理论和王士元及其词汇扩散理论? 提出这一问题,无意于自我贬损,也无意于厚外薄内,只是指出这样一个现实,而且是一个很值得我们正视和深思的现实。究其原因,固然有多种,如近代中国的历史屈辱、闭关锁国、汉语语言的独特性等等,但其中一个不容忽视的缘由,就是我们语言学研究人才的培养存在着刻板单一的模式。钱冠连教授和徐盛桓教授在 1999 年大连外语博士论坛上就中国的外语研究创新意识提出了许多精辟而又宏观的看法。笔者在此仅就加强学科渗透、培养中国语言学理论创新意识谈些自己的看法。

二、国外语言学理论流派产生的学科渊源

国外的高等教育早已强调学科交叉、学科渗透,文理之间没有泾渭分明的畛域。其实,今天所授或所获的不论何种学科的博士学位,在英语中统称为"a Doctor of Philosophy",这一学位的称谓本身就可以说明,一名具有博士学位的人,应该广吸博纳,具有渊博的知识。在古希腊语里,"philosophy"一词的拼写形式是"philosophiā",意为"the study of things and their causes",即指"探求各种事物及其成因的学问",汉语中"博士"的"博"字也可以反映出知识的广博性。由此可见,做学问,尤其是做高层次的学问,不能只满足于个别学科的知识,不能仅求安于一隅,而应该博识群科、深得要领、厚积而薄发。国外语言学的许多大家或学派,在创立新学说之前或过程中,无不接受过多学科的熏陶,汲取多学科的营养,洞察事物的本质,辨事物于细微之处,见微知著,同时又是视野宏阔,统摄学科全局、高屋建瓴、旁征博引。

Chomsky 于 1947 年攻读语言学。在校期间,他还攻读了哲学和数学,同时在导师 Zellig S.Harris 的建议下,修习了逻辑学。这些学科为他日后建立转换生成语法奠定了很好的基础。他在借用结构主义方法分析研究希伯来语时,发现这种只按分布和替换的原则对语言的成分结构进行切分和分类的结构主义方法具有严重的局限性,需要使用一些更为抽象的概念才能进行这一方面的研究。于是,他另辟蹊径,通过自己业已掌握的哲学和数理逻辑的知识,将"语言理论的逻辑结构"作为自己的研究课题。1957 年,他发表了以这一研究课题为基础的《句法结构》(Syntactic Structures),标志着转换生成语法的诞生。在这本不算太长的著作中,他论述了短语结构、短语结构描写的限制、英语句子结构的某些转换、语言理论的解释力量等。他主张心理主义,反对 Bloomfield 的机械主义和物理主义;他倡导理性主义,反对 Bloomfield 的经验主义;他重视演绎法,反对 Bloomfield 的归纳法,他坚持语言能力(competence)的观点,抗衡 B.F.Skinner 的行为主义观点。凡此种种,我们无不窥见 Chomsky 深受哲学、数学和逻辑学影响的影子。从 Chomsky 日后所出版和发表的一系

列著作和论文的思想和观点,我们均可感觉到他继承了笛卡儿和莱布尼茨等哲学家的思想,认为人具有天赋的理性能力和理性原则,它们作为禀赋、潜能而存在于人的心灵之中,这种潜在的能力和原则是通过外界的对象和后天的经验来"唤醒"的;语言学习也是一种天赋,是一种内在的机能,人之所以会习得和使用语言,这是人与生俱来的能力,是由遗传基因决定的,这种能力需要得到后天的触发(trigger)。所以,语言学最终应该为人类探求和解答人脑的奥秘作出贡献。

　　Chomsky 转换生成语法的高度形式化,带有明显的数理逻辑思辨方式。他在研究分析语言时使用了数理逻辑学所采用的形式化和演绎的方法。这一方法就是"生成"(generate)。"生成"这一术语本身就是借自数学,即指通过找出集合中各成分之间的有限规律来说明无限的集合。Chomsky 将"生成"这一数学概念运用于语言研究,认为语言是句子的无限集合,人的语言能力可以设想为一套有限的规则系统;语法是对语言能力的表述,因而也是一套有限的规则系统。这套有限的规则系统可以生成语言中无限的句子,这便是语法的生成性。换言之,转换生成语法是根据有限的公理化(axiomatization)规则系统和原则系统用演绎的方法生成无限的句子,以此解释人类的语言能力。此外,"递归性"(recursive)这一术语也是借自数学,是指对给定值的计算往往回归到已知值而求出,也就是在参数改变的条件下,自己调用自己的一个函数,或者说是循环的依次递推归纳。Chomsky 认为语言的语法也具有"递归"这一数学特性,这使得语言信息系统能够通过有限的手段(有限的语音、词汇,有限的组合规则)去表达无限的事态;句子也一样,任取一个句子,我们都会有办法延续这一句子或者加些别的成分使其变成一个新的句子,因而自然语言中的句子数目是无穷的,或者说是一个无限集。

　　从上可见,Chomsky 在学生时代对哲学、数学和逻辑学的研习,对他以后语言学理论的建树产生了深刻的影响。

　　在过去的 200 多年的历史中,语言学研究的发展轨迹大致由四条主线连接而成,一是历史比较语言学,二是结构语言学,三是转换生成语言学,四是目前方兴未艾的认知语言学。上文论讨了哲学、数理逻辑对以 Chomsky 为代表的转换生成语言学的影响,那么历史比较语言学、结构语言学和认知语言学又是受到什么学科影响的呢？其实，这三种语言学流派同样具有所处时代的哲学观及其他学科知识的背景。

先谈谈历史比较语言学。19 世纪西方出现了黑格尔的辩证法和达尔文的进化论。黑格尔辩证法的主要内容就是，世界处于不断的运动、变化和发展中，世界中的诸事物处于普遍的联系之中，而事物的发展往往是由量变到质变。达尔文在其著作《物种起源》一书中提出了以物种选择为基础的进化论学说，说明了物种是可变的，对生物适应性做了正确的解说。辩证法和进化论促进了历史比较语言学的发展。Humboldt、Schleicher、Verner、Grimm 和 Bopp 等语言学家发现，语言的发展同生物的进化和辩证法的历史观方面有着共同点，当时普遍使用的"亲属关系"和"谱系"等历史比较语言学术语，就是借自生物学里的概念。他们以分析各语言的个性并归纳其共性对语言进行了历时性研究，形成了 19 世纪蔚为大观的历史比较语言学。

结构主义语言学的开山鼻祖 Saussure 在建立其学说之前，深受格式塔心理学的影响。格式塔心理学在 20 世纪初发轫于德国，认为知觉是一种有组织的整体，人们在任何时候所看见或听到的不同的形式或模式，会立即在知觉中产生一种结构，人们在感知时便会按照一定的形式将经验素材重新组织成有意义的整体。换言之，其重要概念"完形"指的是对象本身原有的整体性，对象的各个部分的性质和意义，只有在整体中才能确定；人们对于事物的认知，是人脑通过实践而逐步形成的整体性的完形。Saussure 由此认为，语言是一个体系结构，其特点在于它并不是由语言和意义所构成，而是由语言和意义构成的一种网络，成为一种语言体系、结构。他还提出，语言的要素不是孤立的单位，语言系统是一个总体，其中的一切都是互相联系着的。一只棋子之所以有意义，是因为它在整个棋的体系中与其他棋子的相互关系和这个体系中的规定性。19 世纪下半叶，门捷列夫的"化学元素周期表"的创立以及染色体基因的内部结构的发现，使得当时的人们意识到任何客观研究对象中均存在着复杂的层次结构。而人对于客观事物的主观反映和表述，也必须具备相应的层次结构，层次结构的模式存在着有限的规律性，可以将错综复杂的现象归结为少量基本单位的组合。在元素周期表中，存在着一些同位素。它们的原子序号相同而原子量不同；换言之，同位素的化学性质相同，因而被并列在周期表的同一格之中。结构主义语言学的布拉格学派根据这一发现及各种语言中语音的实际情况,分别作出了相应的"音位区别性特征矩阵图",在这一图表中,属于"同位音素"的音素可以归并为一个音位,属于同一音位的音素不能区别意义,而分属不同音位的音素才能区别意义。这一研究成果对音位学的探索作出了划时代的贡献。20 世纪初,巴甫洛夫(Pavlov)建立了"条件反射"学说,提出在条件反射过程中,信号意味着预示,强化意味着反馈。心理学家Thorndike 和 Watson 接受了巴甫洛夫的学术观点,将"刺激—反应"的联结过程看作所有心理现象的原则,主张条件反射方法是研究一切心理问题的基本方法。在他们的倡导下,行为主义心理学由此形成。美国结构主义学派的执牛耳者 Bloomfield 受到行为主义心理学的启发,提出人类的语言过程就是一系列的刺激—反应过程,其中包括:(A)说话者的刺激,(B)言语,(C)听话者的反应。(B)的意义在于联系实际情景(A)和(C)。据此,美国的结构主义语言学家聚焦于语言形式结构的分析和描写。他们将语言最小的意义单位称为词素(morpheme),将词素所包含的基本语义单位称作义素(sememe),将语言中无意义的基本单位称作"音素"(phoneme),由此便可以将语言的刺激—反应过程分析为许多数学公式,开创了"形式化"的语言分析方法。近 20 年来炙手可热的认知语言学,也带有深厚的哲学思想的印痕。尽管认知语言学与历史比较语言学、结构语言学和转换生成语言学不同,后者是直接受到某些哲学思想的影响发展起来的,而认知语言学却是在对哲学中的客观主义(objectivist)反动中引发出来,产生了非客观主义(non-objectivist)观点,肯定经验在认识世界中的积极作用,强调认知对经验能动的组织结构作用。但不论怎样,认知语言学是在哲学的背景下发展起来的一种新的语言学思想。同时,认知语言学也受到了格式塔心理学思想的触动,强调语言实践中的整体知觉,学习和记忆的认知过程依凭整体结构,而不是抽象符号的机械运算。此外,"侧面"(profile)、"认知域"(cognitive domain)、"凸显"(prominence)和"射体—地标"(trajector-landmark)等认知语言学的概念则受到知觉心理学研究的启悟。

综上所述,语言学思想的发展和演进,并不是在孤立抑或与其他学科隔绝的环境中进行,恰恰相反,语言学思想是在多种学科的渗透下向前迈进的。

三、我国语言学人才培养中存在的问题及其对策

应该说，我国具有深厚的语言学研究底蕴，古代时期出了《尔雅》《说文解字》《经典释文》《经籍纂诂》等与语言学有关的著作，尽管有些著作的作者难以查考，但足见我国语言学研究的历史之悠久；在现当代，我国产生了马建忠、赵元任、王士元、王力、罗常培、李方桂、吕叔湘等著名语言学家，他们对我国的语言学发展均做出了卓越的贡献。然而，从总体上看，我国缺少像 Saussure、Chomsky、Halliday 和 Lakoff 等那样的人物，况且我国的语言学研究在总体上看，在古代是属于训诂性的研究，在近代是属于借鉴性的研究，《马氏文通》就是一个很好的例证。如在本文引言中所述，中国的人口占世界总人口的 1/4，又具有深厚的文化积淀，本来出几名语言学国际级大家是不足为奇的，可为何至今尚未出现？为何我国的语言学研究尚未上升到对语言的机制进行理论化和系统化研究的高度？为何我国的语言学研究至今尚未出现能震撼人心的别具一格的流派？所有这些问题，不能不引起我们的思考。如果说历史比较语言学是活跃的发展型的，结构语言学是严谨的描写型的，转换生成语言学是智慧的解释型的，而认知语言学是深刻的阐述型的话，那么中国语言学是活跃的发展和严谨的描写有余，而智慧的解释和深刻的探索不足。

笔者认为，我国的语言学研究之所以会出现这种令人汗颜的局面，原因大致有六点。一是西方语言学界许多有识之士早已提出，语言学是一门自然科学，或者至少可以说语言学是介乎于自然科学与社会科学之间，所以招收的硕士生或博士生往往是专业不限，而在我们国内，绝大多数人认为语言学还是属于人文科学，正因为此，招收语言学硕士生或博士生也基本上是囿于人文科学的生源，这在很大程度上阻滞了学科之间的相互渗透，研究问题往往是视野狭窄、思路单一。二是硕士生或博士生所选修的课程也大多只是局限于人文科学方面的课程，尤其只是语言学方面的课程，很少鼓励学生去选修中西方哲学史论、逻辑学、心理学、数学或其他被认为是属于自然科学的课程，这也在相当程度上束缚了学生研究思路的延伸或开拓。三是相对来说硕士生或博士生尚

缺乏学术上的交流,这尤其表现在学生与除自己导师之外的导师之间、学校与学校之间、学科与学科之间、国与国之间的各种学术研讨或学术交流,这使得许多学生只能借助仅有的课堂和业已发表和出版的相关学术论文、专著来获取信息,往往无法及时了解国内的学者和国际的学者正在思考或酝酿而尚未整理成章或尚未发表的学术亮点,对学术动态的掌握常常因此而慢人一拍。四是国内外语硕士生或博士生很少有汉语语言学或汉语语法学的必修课,往往不了解中国的语言学史的研究状况,因而没有能力吸取国内前辈的学术思想、观点和成果,而汉语硕士生或博士生对国外的语言学史也常常不甚熟知,因而不能很好地借鉴国外的语言研究思想、观点和成果,加之外语硕士生和博士生与汉语的硕士生或博士生又缺乏沟通交流,更加剧了外国语言学研究与中国语言学研究的"两张皮"效应。五是国内外语硕士生和博士生的培养通常缺少逻辑实证主义观念或态度的培养,对所研究的问题往往缺少实证或实验性的考察,常常凭感觉、重推理、闭门造车。六是国内的语言学在总体上看还是重视对点的探索,而缺少对面的思索和探究,也就是说注重于局部的考察而缺少对全局的把握,因而缺少相对的理论化和系统化。

针对以上诸种问题,笔者认为我国语言学的研究其一是需要加强学科的交叉和渗透,尤其是要加强文理学科的交互作用,在招收硕士生和博士生时应有目的地吸收其他学科的学生。二是在课程设置上需要有的放矢地开设哲学课、心理学课、数学课等,鼓励学生选修自己感兴趣的其他课程,尤其必要的是学生需要选修或攻读心理学和中西方的哲学,这是因为语言作为思维的载体,语言研究必然会牵涉到对心理的研究,而且任何语言观都建基于一定的哲学理论,哲学是语言学的母体,语言学派的诸种分野最终均可归结为不同程度上的哲学上的认识论和方法论。况且中国古代的许多哲学思想与现代西方的许多哲学观点不谋而合,如宋明理学中的"天人合一""物我为一"和"心有知觉"等观点,与今天认知语言学所强调的客观世界与心理、社会因素的互动作用有一定相通之处。对所有这些哲学精髓,我们国人在语言学研究中均没有很好地加以提取和利用。三是需要鼓励外语语言学硕士生或博士生仔细研习国内前人的语言学思想,吸纳精华、中西结合,解决汉语语言学中的一些实际问题。记得胡壮麟教授在一篇文章中谈到,Halliday 在其系统功能语法中的许多思想观点，就是吸取了他在北京大学进修时王力教授的一些语言学思想，而我们这些近在咫尺的国人却未曾加以继承和利用，这不能不说是一件憾事。四是加强教学改革，在硕士生和博士生的培养过程中切实推行徐盛桓教授提出的"原始性创新、后续性创新和应用性创新"学术思想和学术实践的培养理念，这是因为现代科学发展的总趋势是科学的整体化、科学的抽象化、科学的社会化和科学的物化。五是现代科学发展的新特点是在高度分化的基础上又达到了高度的融合。现代语言学充分体现了这个分化—融合的体系特点，因此，需要加强现在大多数人已注意到的汉语语言学和外语语言学之间的沟通和交流，同时还要加强不同学科学人之间的接触和交往，激发硕士生和博士生组织或参加各种形式的研讨会的积极性，互通有无，彼此切磋，相互启发，触类旁通。

瑞士当代大学者皮亚杰曾经说过，无论就其理论结构，还是就其任务的确切性而言，语言学是社会科学中最先进而且对其他各种学科有重大作用的带头学科。最后愿以这句话与各位学者共勉，共同致力于语言学理论的研究和创新。

（本文原载《外语与外语教学》2002 年第 4 期）

英汉使役心理动词的形态
分类和句法结构比较分析

一、引言

语言中的使役（causative，下简称 causa.），就是表示某一事件引起另一事件出现的语言成分。① 熊学亮和梁晓波②对使役作了更为详细的界定，提出使役词语是指明显或隐含地表示一个使役事件中两个动作或事件之间因果关系的语词，在语义上其中一个动作或事件必须先于另一动作或事件，而另一动作或事件则由于前一动作或事件的出现而出现。学界关于使役的讨论已有很多，西方学者有 Li 和 Thompson③、Baker④、Tallerman⑤、Talmy⑥ 和 Davis⑦ 等，国内学者有王力⑧、

①　M.Tallerman.*Understanding Syntax*.London：Arnold，1998，p.175.

②　熊学亮、梁晓波：《致使结构的原型研究》，《江西师范大学学报》2003 年第 6 期。

③　C.Li & S.Thompson."Development of the Causative in Mandarin Chinese：Interaction of Diachronic Processes in Syntax".*Syntax and Semantics* 6：*The Grammar of Causative Constructions*.M.Shibatani，eds.San Diego：Academic Press，1976.

④　M.Baker.*Incorporation：A Theory of Grammatical Function Changing*.Chicago：University of Chicago Press，1988.

⑤　M.Tallerman.*Understanding Syntax*.London：Arnold，1998.

⑥　L.Talmy.*Toward a Cognitive Linguistics*.Vol 1.*Concept Structure System*.Cambridge：A Bradford Book，2000.

⑦　A.R.Davis.*Linking by Types in the Hierarchical Lexicon*.Stanford：CSLI Publications，2001.

⑧　王力：《汉语史稿》（中册），中华书局 1980 年版。

徐通锵①、蔡芸②、刘翼斌和彭利贞③、熊学亮和梁晓波④等。这些学者均对使役动词的特性、使役结构或使役成分作了十分有益的考察。可是,他们却未曾针对某一具体的动词小类进行集中的语言比较分析。本文的聚焦点是表达心理活动的英汉使役心理动词。据我们所知,目前对英汉这一类动词进行过比较研究的,唯有 D.Chen⑤ 和张京鱼⑥二人。本文将重点论述该类动词在英汉语言中的形态异同,并以 Chomsky⑦ 的"最简方案"和 Larson⑧ 的 VP 壳理论为视野考察英汉使役心理动词结构的个性及在句法深层结构中的共性。

二、英汉使役形态的分类

(一) 迂回使役结构(periphrastic causa.construction)

迂回使役结构是指借助使役轻动词(light verb)实现使役的结构。使役轻动词指的是语义已经漂白(semantically bleached),基本上仅剩句子结构意义的词,如英语中的"make、set、let、have"(下简称"make"类动词)等,汉语中的"使、让、叫、令、教"(下简称"使"类动词)等。这些词在很大程度上已丧失词汇意义,仅表示使役义,如句(1):

(1)The news <u>makes</u> me sad.

---

① 徐通锵:《自动与使动:汉语语义句法的两种基本句式及历史演变》,《世界汉语教学》1998 年第 1 期。

② 蔡芸:《使役化构词规则及其对二语习得的影响》,《现代外语》2000 年第 2 期。

③ 刘翼斌、彭利贞:《汉荚使役语义语形表现对比》,《杭州师范学院学报》2000 年第 4 期。

④ 熊学亮、梁晓波:《论典型致使结构的英汉表达异同》,《外语教学与研究》2004 年第 2 期。

⑤ D.Chen.L2 *Acquisitior of English Psych Verbs by Natives Speakers of Chinese and French.* McGill University,1996.

⑥ 张京鱼:《英汉心理使役动词应用对比研究》,《外语研究》2001 年第 3 期;张京鱼:《操汉语的英语学习者对心理谓词的习得:语义突显层级模式》,博士学位论文,广东外语外贸大学2002 年。

⑦ N.Chomsky.*Minimalist Program.*Cambridge:MIT Press,1995.

⑧ R.Larson."On the Double-object Construction".*Linguistic Inquiry*,1988,No.3;R.K.Larson. Double Objects revisited:Reply to Jackendoff.*Linguistic Inquiry*,1988,No.4.

句(1)中的英语形容词既可以是单纯词,如"sad",也可以是派生词,如由"hap + -y"构成的"happy",还可以是动词的分词形式,如"surprised"和"interesting"等。

汉语的迂回使役结构与英语大体相同,如:

(2)他那长久而专注的凝视显然使小双更不安了。(琼瑶,《在水一方》)

英语虽然也存在迂回使役结构,但运用远不及汉语频繁。英语中更为常见的是另一种使役结构,即使役词化。

(二) 使役词化(causa.lexicalization)

在这一方面,英语词化程度较高,使役成分往往在词内体现。词化手段的运用使表层结构①中无须出现"make"类动词,使役义仅在深层结构中体现。而在汉语中,使役词化较为少见。

英语使役词化常借助词缀法,即通过词根加显性使役词缀形成,如"-en(en-)、-fy、-ise、-ate"等词缀均具有使役义,虽不能单独成词,但其意义可在与某些词根结合后得到表现,如"sad → sadden"和"horror → horrify"。

英语使役词缀在构形上比较明显,像"sadden"的词缀为"-en","horrify"的词缀为"-fy"。这些使役词缀中,有的源自古英语词缀,如"-en"在古英语时期的形式是"-nian",有的却借自其他语言,如"-fy"是借自拉丁词缀"ficāre"。这些词缀具有使役义,与某些词根结合后,表示外界引起感事(experiencer)②情感或心理变化的使役动作。

尽管汉语中的"化"与英语中的"-ise、-fy"等使役词缀意义相近,有"使变成"之意,如"绿化",可该词缀无法与心理形容词结合,如不能说"着急化"。英语借词缀来构建使役义这一手段在汉语的心理动词构词中并不存在。为表达同样的概念,汉语常借助句子结构使役化或复合词等手段,如借用"使某人愤怒"或"激怒"表示英语的"enrage"之义。

---

① 管约论中尚有表层结构与深层结构概念,但"最简方案"已不再区分这对概念。我们在此采纳这对术语只是为了行文方便。

② 感事为心理动词所特有的论元,往往被指派给承受心理状态变化的主体。在"He feels angry"一句中,"he"即为感事。

（三） 使役同形转换（identical shift）

使役同形转换也称词的使动用法,常指英语中的名词、形容词等词类经词性转换变为及物动词并以动宾形式表达使役意义的语言现象,如"anger"本是名词,经词性转换获得使役义,如"anger→to make sb.angry"。再如形动转换,如"upset"本是形容词,经词性转换可用作使役心理动词。英语中的同形转换与古汉语的使役结构基本相似,如句（3）：

（3）若使大子主曲沃……则可以威民而惧戎,且旌君伐。（《左传·庄公》）

"惧戎"即为"使戎惧"。在此的"惧",与英语的"frighten"一词在语义上极为接近。

现代汉语仍然保留了部分古汉语中的使役结构,如在习语或固定结构中出现的单音节心理动词"惊天地、泣鬼神"。现代汉语中较为常见的同形转换词有"急、气、窘"等。然而,从总体上看,现代汉语的单音节心理动词的同形转换现象不及英语普遍。但现代汉语中部分双音节形容词则能作同形转换,如"震惊、陶醉、振奋、倾倒"等。

同形转换的明显特征是"零使役"（zero causa.）成分,[①]无语音形式（phonologically null）,仅作为抽象概念存在,如句（4）-（5）：

（4）The police's insensitive handling of the affair has <u>angered</u> local residents.

（5）云南山水<u>陶醉</u>八方宾客。

（四） 复合使役（resultative compounds）

"急、气、窘"等词被汉语界学者归为简单使役式,即由单音节语素构成的使役结构,而"激怒、惹怒、触怒"等词被归为复合使役式,即由两个语素构成的复合使役结构。在现代汉语中,复合使役心理动词表现为为数不多的几个复合式动补结构,如"激怒"表示用刺激的方式使别人愤怒等。

复合使役心理动词常表示由外界原因促使感事发生某种心理状态的变

---

① D.Pesetsky.*Zero Syntax*:*Experiencers and Cascades*.Cambridge:MIT Press,1995,p.67.

化,如"激怒",前一语素"激"表示引起心理状态变化的方式,后一语素"怒"则表示由此引起的心理状态。两个语素地位不等,整个词的语义偏向后一语素。两个语素所代表的行为和状态在时间上先后发生,在逻辑上存在因果关系。后一语素为心理形容词,其语义指向后接的宾语。

现代汉语中的"激、触、惹"(下称"激"类词)等使役成分在语义上并未完全漂白,仍可独立使用,我们在此称其为准使役轻动词。复合使役式与使役词化的最大区别,在于复合使役式中的准使役轻动词在语言表达式中往往可以单独使用,而使役词化中的使役词缀在本质上具有黏着性,在语言表达中往往不能独立使用。但是,英语中基本上不存在复合使役心理动词。

三、英汉使役成分比较

(一) 轻动词使役

英语中的"make"类和汉语中的"使"类动词在使役结构中均为轻动词,基本上仅具使役义,其语义已基本漂白,后续成分较为灵活。大多使役轻动词的后续成分可以是动词,也可以是形容词,而且英语"make"和"set"的后续成分灵活性更大,除动词和形容词外,还可以是名词或介词短语,如"He made his son a good doctor"和"Make yourself at home"。

(二) 词缀使役

使役词缀往往意义固定,独立性丧失,唯有依附于词根才体现使役义。英语中的使役词缀所选择的词根既可以是心理形容词,如"sadden",也可以是心理名词性词根,如"terrify"。词缀"-en/en-"常同单纯词结合,意义单一,结合后所形成的使役动词往往表示感事的心理状态变化,一般不涉及其他;而"-fy"常与名词结合,结合后的使役动词除表示使役义外,还表达与使役方式、使役行为等相关的语义,如"He horrified me by shouting in the darkness."。

如上所述,汉语除"化"这一使役词缀外,基本上不存在使役词化现象。

（三）零使役

如前文所述，与其他佪役成分相比，零使役最大的特点就是缺乏语音形式，仅作为抽象概念存在。英汉语均借助所涉及的心理状态词来表示使役行为，彼此之间的差异在于英语常借用同形转换，即零使役，多为名词，而汉语中的零使役却多为形容词。

（四）准轻动词使役

前文也已提及，汉语中的"激"类词除表达使役含义外还表示使役方式。如"激怒"的方式为刺激，"惹恼"为招惹。这两个词的词义在很大程度上已漂白，所表达的动作只是感事内心的感受，而非具体动作。① 准轻动词的语法意义类似汉语中的"使"或英语中的"make"或词缀"-en/en-"和"-ise"等使役成分，但其语义漂白程度亚于使役轻动词和使役词缀，依然具有较强的语义内容。与之结合的词也相对有限，只有"火、恼、怒"等为数不多的几个表愤怒的心理形容词。

四、VP 壳（VP-shell）

（一）VP 壳理论的由来

VP 壳理论发端于 Larson② 对英语双宾动词的研究。为了在两分叉原则下解决直宾和间宾的赋格和论旨角色的指派，他提出与格（dative）句"I sent a book to him"和双宾语句"I sent him a book"拥有相同的深层结构。他认为，

---

① Bouchard 在论述英译心理动词时曾提及，该类动词的特殊之处在于其论元的指称特性（referential properties）有异于其他论元。这种特殊指称意义来源于心理动词的结构本质：心理动词所表示的事件发生在人的内心，非心理动词所表示的动作发生在现实世界。

② R.Larson."On the Double-object Construction".*Linguistic Inquiry*,1988,No.3.R.K.Larson."Double Objects revisited:Reply to Jackendoff".*Linguistic Inquiry*,1988,No.4.

VP 是一个复杂结构,由一个外部 VP$_1$①和一个作为核心的内部 VP$_2$组成。说得详细一点,就是指当动词拥有两个内论元②时,在句法结构上投射为双层动词短语结构,即两个 VP,一是居于上层的 VP$_1$,二是居于下层的 VP$_2$。有些论元(如施事"agent")产生于 VP$_1$,而有些论元(如受事"patient")则产生于 VP$_2$。在这两个 VP 结构中,VP$_1$的中心成分(head)为空位(empty position),常用"e"表示,而 VP$_2$的中心成分位置,通过中心成分移位(head-movement)③与 VP$_1$中的中心成分的空位"e"并合(merge)。这种分析方法的结果是,在两个 VP 结构下通过动词移位能合理解释"三元谓词"(three-place predicates)的赋格和论旨角色的指派问题。这种分析法被称为 VP 壳或 Larson 壳。

Chomsky 在"最简方案"中扩充了 VP 壳的适用范围。④ 他把 VP 壳视作语言的一种普遍现象,不仅用于推导动词的及物/使动转化(transitive/inchoative alternation),而且还用于解释使役动词和结果谓词的句法行为。他的主要贡献在于提出轻动词分析法。⑤ Radford 认为该轻动词虽无语音形式,可其意义却与"make"类动词相当。⑥ 他提出,使役轻动词具有词缀性(affixal),并具有强中心成分(strong head)的特征,能触发 VP 壳内的下层动词移位,如"roll"一词原无使役含义,但经移位与轻动词并合后可获使役性,所以"We rolled the ball down the hill"为合法句子。

(二) 对 VP 壳的简要评述

VP 壳严格遵循了两分叉原则,在两个内论元间建立了阶层关系,从而遵

---

① Chomsky 将外部的动词结构称为 VP 壳,内部结构称 vp 壳。为表述方便,我们在此将前者称为 VP$_1$,后者称为 VP$_2$。

② 内论元(internal argument)是指由谓词(predicate)直接指派格的论元。外论元(external argument)是指在谓词的最大投射以外的由谓项(predication)指派格的论元。

③ L.Travis.*Parameters and Effects of Word Order Variation*.Cambridge:MIT Press,1984.

④ N.Chomsky.*Minimalist Program*.Cambridge:MIT Press,1995.

⑤ Chomsky 在轻动词分析法(light verb analysis)中所谈的轻动词,与我们在上文中所提出的英语"make"类使役轻动词和汉语"使"类使役轻动词的意义不同。前者是一个具有强中心成分特征的空语类,可与其他动词结合,而后者是词汇意义已被漂白,只有句子结构意义的独立词类。

⑥ A.Radford.*Syntax:A Minimalist Introduction*.Beijing:Foreign Language Teaching & Research Press and Cambridge University Press,1997a,p.201.

循了论旨指派一致性假设(UTAH)①。对 Larson 而言,"e"的最大作用在于在深层结构中创建一个中心成分为"e"的新分叉,但是他对"e"的功能并未作深入的探讨。VP 壳最明显的缺陷,就是并非所有的使役成分都处于"e"。"e"实质上是零使役,在语音与语形上均无法识别。然而我们认为,使役成分不止零使役一种,如"sadden"的使役成分即为可识别的使役词缀"-en",可"-en"并不处于空位。在此有两个问题尚需进一步的探究。一是"e"有无内部结构,它是单纯的还是复杂的? 若为后者,内部构成如何? 二是当 Larson 将附接语(adjunct)与主要论元放在一起分析时,出现了两个"e",这两个"e"是否具有相同的句法和语义特性?

Chomsky 的分析,优点主要有三。其一,他在 VP_1 中设立了轻动词,将"e"(他用"v"表示)始终置于 VP_1 中具有功能性的中心成分位置上;其二,与 VP 壳中的"e"不同,"v"是一个包含内层最大投射中心成分形式特征的属于非空位的功能语类,因而使役轻动词开始与动词剥离,并占据独立的位置;②其三,他意识到,使役轻动词具有强中心成分特征,可与动词结合,将使役性赋予原来并不具备使役的动词。③

Chomsky 的理论也不是没有缺陷,主要有二。一是他将使役轻动词看作是所有语言、所有动词共有的成分,甚至连普通动词也须通过动词移位方能实现表层结构。我们认为,只有对如双宾动词和使役动词那样的特殊动词,使役轻动词才起作用,否则,所有的动词都将被赋予使役性。以动词"read"为例,这是一个非使役动词,若加上使役含义,其意义便变为"make(to)read",而句"He reads books"与"He makes sb.read books"两者之间的差别是不言而喻的。二是他认为使役轻动词与处于下层的整个动词短语并合,而非仅与动词并合。我们认为,使役成分仅与动词或具有动词特性的词素并合。

---

① M.Baker. *Incorporation: A Theory of Grammatical Function Changing*. Chicago: University of Chicago Press, 1988, p.64.

② A.Radford. *Syntax: A Minimalist Introduction*. Beijing: Foreign Language Teaching & Research Press and Cambridge University Press, 1997a, pp.198-207.

③ N.Chomsky. *Minimalist Program*. Cambridge: MIT Press, 1995, p.352.

五、英汉心理动词使役句法结构的共性和个性

根据 Radford① 为解决使役轻动词的生成问题而对 VP 壳所作的修正和充实,我们认为,VP₁ 由使役成分的"e₁"和表词汇意义的"e₂"两部分构成。由于指派论旨的需要,使役成分居于"V₁'"的中心成分位置,词汇部分是否移位则取决于它与使役成分的关系。心理形容词与"make""使"类动词属于两种不同的独立词类,二者关系疏远,因而心理形容词在句法结构中一般无须经过移位与"make""使"类动词并合,可词缀使役、零使役、准轻动词与表心理状态的词在词的构形上却关系紧密,所以表心理状态的词必须与词缀使役或零使役或准轻动词并合。

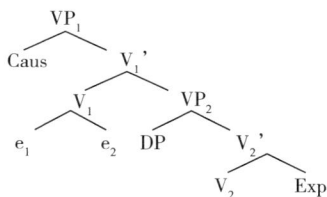

图 1

图 1 中的"Caus"指"causer",意为"原因";"Exp"指"experiencer",意为"感事"。我们将英汉使役心理动词 VP 的句法作如下分析。

1. 迂回使役结构

Chomsky 在"最简方案"中指出,语言表达式中的每一成分须得到充分的解释。② 这就是"充分解释原则"(the principle of full interpretation)。他所提出的另一个重要理论就是"核查理论"。这一理论是"最简方案"的重要句法操作技术,要求语言表达式中的各成分须具有语法特征和语

---

① A.Radford.*Syntactic Theory and the Structure of English:A Minimalist Program*.Cambridge:Cambridge University Press,1997b,pp.367-403.

② N.Chomsky.*Minimalist Program*.Cambridge:MIT Press,1995,pp.27-28.

义特征,①但这些特征在句法推导过程中必须得到核查,若在逻辑式层面上因无法核查而得不到解释,那就会导致推导过程的崩溃(crash),即会导致表达式的不合语法。② 我们现在来考察一下句(6a)这一含有轻动词的迂回使役结构生成的过程。我们认为,主要出于赋格和指派论旨的需要,处于下层 VP_2 中的"make""使"类轻动词必须移位至处于上层的 VP_1 中的中心谓词位置。③

(6a)They make me angry.

根据 VP 壳理论,VP 是一个复杂结构,由一个外部的 VP_1 壳和一个作为核心的内部 VP_2 组成。假设句(6a)中处于 VP_2 中的"make"不发生移位,那么它会始终处于 VP_2 的中心成分位置,由此会形成如句(6b)那样的错句。

(6b) * They me <u>make</u> angry.

句(6b)的树形图如图 2 所示:

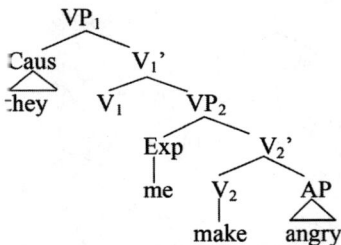

图 2

若"make"从 V_2 移位至 V_1,便在原处留下语迹"t"。移位后,首先因为"make"为 VP_1 的中心成分,所以"make"能成分统摄(c-command)感事"me";其次,"make"的姐妹节点 VP_2 能直接统摄感事。

根据格过滤条件(case filter),每一个在语音上得以实现的名词短语,必

---

① A.Radford.*Syntactic Theory and the Structure of English:A Minimalist Program*.Cambridge:Cambridge University Press,1997b,pp.170-174.

② A.Radford.*Syntactic Theory and the Structure of English:A Minimalist Program*.Cambridge:Cambridge University Press,1997b,pp.497-498.

③ 如在文中所述,英汉迂回使役结构差异不是很大,因此我们在此仅以英语为例。

须被指派(抽象的)格。[1] 若"make"不移位,原因"they"就得不到主格,而"make"一旦移位至 V_1,原因"they"便可借助"一致"(AGR)而得到主格,其语法特征也能因此得到核查。与此同时,移位后的"make"也能给感事"me"指派宾格,"me"也由此得到了语法特征的核查。总之,"make"经过移位,便可产生如句(6a)那样的正确句子。换言之,"make"必须移位至 V_1'的中心成分位置,以达到给主语和宾语进行赋格的目的。

现在来看一看"make"是怎样移位的。根据中心成分移位限制,一个独立词类 A 能够移动的位置必须是管辖该词类最大投射的一个中心成分 B。一个成分若要移位,那就需要在附近节点进行移位,不允许出现跨越节点的移位。对"make"而言,管辖它的最大投射为 V_1',其中心成分为 V_1,因此"make"可以移至 V_1。图 3 反映了"make"的移位路线,也因此表现出句(6a)的生成过程。

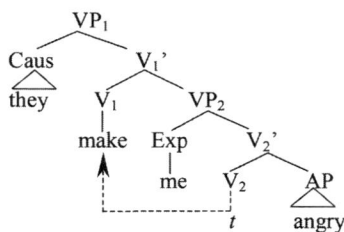

图 3

现在来看一下"make"移位后各论元的论旨情况。当"make"移至 VP_1 的中心成分位置后,作为谓词,可以给作为其外部论元的"they"指派"原因"这一论旨角色,给作为其内部论元的"me"指派"感事"这一论旨角色。

另一个我们在此需要解释的问题是,"me"是怎样成为其宾格形式"me"的?从句(6a)的结构上看,"me"应是小句补语"angry"的主语。既然是主语,那么"me"就应该呈主格形式"I",如句(6c)。

(6c) * They make I angry.

然而,句(6c)显然是一个不合法的句子,因为感事"I"不能为主格,只能

---

① N.Chomsky.*Minimalist Program*.Cambridge:MIT Press,1995,p.111.

是宾格。我们知道,若单论语义,在此的感事是"angry"的主语,因为只有感事才能成为感受心理状态的主体。但从格指派的情况来看,感事倾向于与主要谓词"make"保持一致。究其原因,是因为特殊格标记(ECM)①在起作用。根据 ECM,赋格并不意味赋格成分与被赋格成分之间有必然的语义联系。因此,感事与"angry"虽有语义上的联系,但它只是形式上的主语,并不从后者获得格。如上所述,"me"的宾格是由谓词"make"赋予。实际上,它与"me"之间是一种动词与直接宾语的关系。

总之,使役成分"make"必须移至 VP_1,并必须居于谓词位置。移位是出于赋格和指派论旨的需要,使得表达式中的每一个成分都能得到充分的解释和核查。

2. 使役词化

如上所述,汉语中基本上不存在使役词化,因此,我们在此仅聚焦于英语中的使役词化。根据论旨指派一致性假设,拥有相同语义关系的各词汇项在深层结构中拥有相同的绪构关系。② 迂回使役结构与使役词化结构在句子意义上相近,所以我们在此假定它们拥有相同的深层结构。句(7a)与句(6a)的深层结构相同:

(7a)They enrage me.

需要说明的是,使役司缀与独立的使役词在句子的深层结构上,功能相当。唯一的不同在于形态上的要求,词缀必须与其他成分结合方能成词,而一般的词本身可以独立使用。词缀若不与其他成分结合,会违背形态上要求,如句(7b):

(7b)*They en me rage.

句(7b)之所以不能成立,是因为"en-"为使役词缀,它必须与"rage"结合才能成词。

---

① 在管约论中,ECM 动词是指能将主语提升至宾语的那类提升动词(raising verb),其特殊性在于这类动词能给补语不定式小句或小小句的名词短语主语指派(宾)格。A.Radford.*Syntax：A Minimalist Introduction*.Beijing：Foreign Language Teaching & Research Press and Cambridge University Press,1997a,p.86.

② M.Baker.*Incorporation：A Theory of Grammatical Function Changing*.Chicago：University of Chicago Press,1988,p.46.

从迂回使役结构可以看出，使役成分必须先移至 VP_1 的中心谓词位置。因此，使役词缀"en-"必须移位至"e_1"，而 V_1' 是 V_1 与 VP_2 的最大投射，且 V_1 是 V_1' 的中心成分。从图 4 可知，因为一个节点可以统制其子节点所统制的所有成分，所以 V_1' 可以统制 NP"rage"。至此我们可以确定，根据中心成分的移位原则，"en-"须移位至 V_1 下的"e_1"。既然 V_1 下的两个空位之一"e_1"已被"en-"占据，那么"rage"只能移向第二个空位"e_2"。移位后的"e_1"与"e_2"并合，组成一个词义复杂的"enrage"。

表层结构中的词缀同样可以成为短语的中心成分，在深层结构中同样可以指派论旨角色。① 由使役义"en-"与词汇义"rage"并合而成的"enrage"，其指派论旨能力与两个成分共同的指派论旨能力相同。由于并合而成的词拥有"en-"词缀，宾格应直接指派给内论元，因此感事是人称代词宾格"me"，而不是表主格的"I"。同时，并合词"enrage"将"原因"论旨指派给外论元"they"，并借助"一致"赋其为主格。句（7a）的各成分由此得到了充分的解释，并通过语法特征和语义特征的核查。

3. 使役同形变换

我们在本文的第一部分已经交代，英汉中均有使役的同形变换现象，如"worry"与"振奋"。使役同形变换的移位、赋格和论旨指派与使役词化相比，除其使役成分为零使役外并无大异。零使役成分虽无语音形式，从构形上亦无法识别，可句法上仍遵从使役成分必须居于 VP 壳中上层位置的规则，须进行移位。

（8）They <u>worry</u> me.

如图 5 所示，在句（8）的深层结构中，V_2 位置由零使役"∅"占据，VP 处由"worry"占据。为赋格和指派论旨角色，"∅"移至"e_1"，而"worry"则移至"e_2"，二者并合后产生使役性动词"worry"，从而起到赋格和指派论旨角色的作用，使得表达式中的各个成分都能顺利得到充分解释并通过核查。

---

① M.Baker. *Incorporation*：*A Theory of Grammatical Function Changing*. Chicago：University of Chicago Press，1988，p.72.

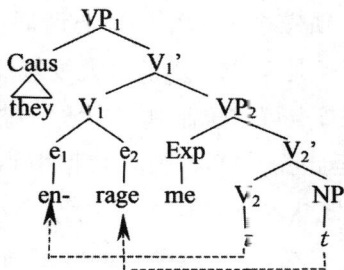

图4

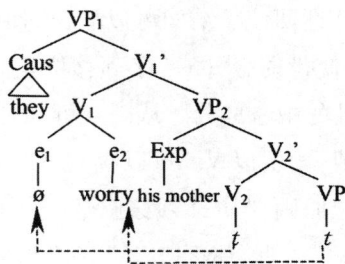

图5

看了句(8)的使役同形变换以后,现来看一看属于汉语的句(9)使役同形变换:

(9)这一消息振奋人心。

从图6不难看出,句(9)的使役同形变换与句(8)的完全一致。"振奋"也是出于赋格和指派论旨角色的需要而从处于 VP_2 下的 AP 移至 VP_1 下的" e_2",与从 V_2 移位而来并处于" e_1 "的"Ø"并合获取使役性,从而起到赋格和指派论旨角色的作用。

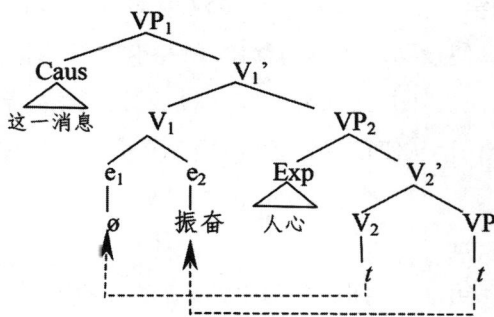

图6

4. 复合使役动词

如本文第一部分所言,复合使役动词仅在汉语中存在。"激"类词的使役性与零使役、使役词缀、轻动词均有不同之处。现以"激怒"为例,"激"不仅具有使役含义,而且还包括有表示方式的"刺激"之意,而"怒"则表示一种心理状态,如句(10):

（10）这件事激怒了我。

由于"激"含有使役义,所以从 V_2 移位至表示使役意义的"e_1"位置,而表示心理状态的"怒"则移位至"e_2"。"e_1"与"e_2"并合形成使役动词"激怒",对感事和原因赋格并指派论旨角色,其移位过程如图 7 所示。

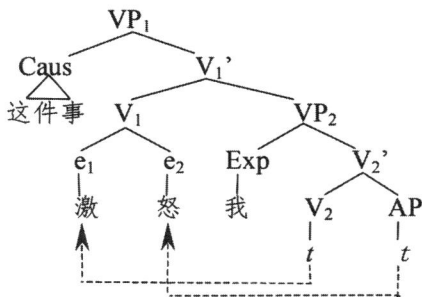

图 7

六、结语

本文首先从形态角度对英汉使役心理动词进行了分类,发现使役语义成分共有四种表现形式,并比较了彼此的异与同。然后,我们在分析 VP 壳的基础上对该理论提出了修正。文章最后对复合心理动词的移位也作了说明。

（本文原载《外国语》2005 年第 4 期）

英汉作格动词语义、句法及其界面比较

一、关于作格动词的研究

作格动词(ergative verbs),亦称非宾格动词,是指既可作及物又可作不及物使用的动词,作不及物使用时其主语相应于其作及物使用时的宾语,如:

(1a)George shattered the mirror.(S+V+O)

(1b)The mirror shattered.(S+V)

(2a)张三打碎了镜子。(S+V+O)

(2b)镜子打碎了。(S+V)

这四个句子可归结为两个句式:

(3)S+V+O　　(4)S+V

这两个句式隐含着重要的语义和句法关系。在(3)中,语义上作为受事的"O",在句法上处于宾语位置,可在(4)中却变成了主语"S",而其语义基本未变,依然是"V"的受事。这两个句式在语义和句法上表现出的这种紧密关系被称"作格关系",上文出现的"shatter"和"打碎"就是作格动词。

作格动词早已引起语言学家的关注。1968 年,Lyons[①] 和 Anderson[②] 分别对"及物性"与"作格性"以及"作格"与"宾格"作了论述。随后,许多学者相继发表了研究成果,如 Perlmutter 提出了非宾格动词假说;[③]Dixon 发表了"作

① L.Lyons.*Introduction to Theoretical Linguistics*.Cambridge:CUP.1968,pp.350−371.

② J.Anderson."Ergative and Nominative in English".*Journal of Linguistics*.1968,No.4.

③ D.Perlmutte.*Impersonal Passives and Unaccusative Hypothesis*. Berkeley Linguistic Society,1978,pp.157−189.

格性"一文以及《作格性》一书；①另外还有 Levin & Rappaport Hovav②、Manning③、Lemmens④、Kuno⑤ 等研究成果。

　　国内以作格动词为专题的研究则起步较晚。尽管吕叔湘谈到现代汉语动词的及物与不及物以及受格语言与作格语言之间的关系，⑥可并未对作格动词作详细的理论阐述。杨素英曾对汉语的显性作格现象进行了较为深入的探讨。⑦ 自此以后，相关的学术成果才陆续面世，如王晖辉⑧、赵彦春⑨、邓思颖⑩、曾立英⑪等。但关于英汉作格动词的比较研究，迄今似乎只有三项成果，即夏晓蓉⑫、孙凡⑬和赵艳玲⑭三位学者的作品。这些研究成果加深了学界对英汉作格动词的认识，但其聚焦点并不在于对英汉作格动词语义、句法及其界面的深度考察。

---

①　R.Dixon. "Ergativity". *Language*. 1979, No. 55；R. Dixon. *Ergativity*. Cambridge：CUP；C. Fillmore. "The Grammar of Hit Ting and Breaking". *Readings in English Transformational Grammar*. R. Jacobs & P. Rosenbaum, eds. Washington, DC：Georgetown University Press, 1994, pp.120-133.

②　B. Levin & M. Rappaport Hovav. *Unaccusativity：At the Syntax-Lexical Semantics Interface*. Cambridge：The MIT Press, 1995.

③　C. Manning. *Ergativity：Argument Structure and Grammatical Relations*. Stanford：CSLI Publications, 1996.

④　M. Lemmens. *Lexical Perspectives on Transitivity and Ergativity：Causative Constructions in English*. Amsterdam：John Benjamins, 1998.

⑤　S. Kuno. *Functional Constraints in Grammar：On the Unergative 2 unaccusative Distinction*. Amsterdam：John Benjamins, 2004.

⑥　吕叔湘：《说"胜"和"败"》，《中国语文》1987 年第 1 期。

⑦　杨素英：《从非宾格动词现象看语义与句法结构之间的关系》，《当代语言学》1999 年第 1 期。

⑧　王晖辉：《现代汉语 NP1+V+NP2 与 NP2+V 同义句式中 V 及相关问题研究》，硕士学位论文，北京大学 2002 年。

⑨　赵彦春：《作格动词与存现结构症结》，《外语学刊》2002 年第 2 期。

⑩　邓思颖：《作格化和汉语被动句》，《中国语文》2004 年第 3 期。

⑪　曾立英：《现代汉语作格动词的评判标准》，载北京大学汉语语言学研究中心：《语言学论丛》（第三十五辑），商务印书馆 2007 年版，第 46—68 页；曾立英：《作格研究述评》，《现代外语》2007 第 4 期。

⑫　夏晓蓉：《英汉 V-R 结构与非宾格现象》，《外语教学与研究》2001 年第 3 期。

⑬　孙凡：《从英汉非宾格动词的比较谈汉译英中动词的翻译》，《云梦学刊》2003 年第 4 期。

⑭　赵艳玲：《汉英非宾格动词浅析》，《文教资料》2006 年第 32 期。

本文以 Perlmutter 和 Postal① 提出的"普遍联系假说"(universal alignment hypothesis)为基点,研究英汉作格动词的语义、句法及其界面。为便于集中讨论,我们仅考察英汉语中能进行句式使役转换(causative alternation)的作格动词,②着眼于现代汉语中具有动结语义并且其结果义的语义指向是宾论元的作格动词。③

二、关于"普遍联系假设"

所谓语义—句法界面,即指动词语义与句式之间形成的连接关系。早在 20 世纪 70 年代,西方学者④就注意到,同一语义类型的动词往往具有相同的句法行为,而且动词语义对句式具有决定作用。基于这样的观察,Perlmutter 和 Postal⑤ 提出了普遍联系假说:

语言中存在着诸种普遍语法原则,能从语句的语义预知在这一语句中出现的每一个名词所具备的初始语法关系。

值得一提的是,此处的"初始"(initial)是指"深层"之意;"语句的语义"(the meaning of the clause)其实是指"动词语义"。这一假说的内涵是:动词语

---

① D.Perlmutter & P. Postal. "The 1-advancement Exclusiveness Law". *Studies in Relational Grammar* 2. D.Perlmutter & C.Rosen,eds.Chicago:The University of Chicago Press,1984,pp.81-125.

② 曾立英在《作格研究述评》一文中将英语作格动词分为六类,其中包括表达存在和发生的动词"exist、happen、vanish"等和表示持续性的动词"last、remain、stay"等。我们发现,在前一类动词里,除"vanish"外,其他动词不能作使役转换。同样,在后一类动词中,"remain"也不能作使役转换。

③ 汉语中大多作格动词主要表现为四种配置关系:"V+V"(如改变、动摇、消除等)、"A+A"(如温暖、纯洁、满足等)、"A/V+化"(如淡化、软化、溶化等)和"V+A"(如提高、降低、扩大等)。在"V+V"和"A+A"配置中,成分1和成分2语义相近,彼此组合形成并列式合成词;在"A/V+化"配置中,"化"是动词性后缀;在"V+A"配置中,A 是补语,属动补结构,形成配合式合成词。本文所聚焦的是属于第四种配置关系的汉语作格动词,即"V+A"动结式作格动词,其结果义的语义指向宾论元。汉语的其他三种作格动词,所牵涉到的问题更加复杂,因受本文篇幅限制,暂不作论述。

④ R.Carter.*Some Linking Regularities in English*.Ms.Paris:University of Vincennes,1976.

⑤ D.Perlmutter & P. Postal. "The 1-advancement Exclusiveness Law". *Studies in Relational Grammar* 2. D.Perlmutter & C.Rosen,eds.Chicago:The University of Chicago Press,1984,pp.81-125.

义在很大程度上可预知论元的句法实现。Levin & Rappaport Hovav① 和沈园②对这一假说作了解读:语言中存在制约论元实现的诸种普遍原则,这些原则并不针对个别动词,而是针对语义上具有一致性的各类动词,语义相近的动词在论元实现方面具有相似性。简言之,动词的语义表征会映射到句法结构上,在语义与句式之间形成映射关系,即联接关系。然而,这一假说仅提出了动词语义与句式之间所存在的映射关系,其表述过于笼统,未曾触及其过程、特点及本质。本文的主要论题就是英汉作格动词的内在语义特性、句法规则及其映射本质,并借此揭示英汉作格动词的个性与共性。

三、英汉作格动词

判断作格动词的最佳手段之一就是句式使役转换,如(1a)与(1b)、(2a)与(2b)。曾立英在论及作格动词的判定标准时也提到,使役转换是确定作格的重要标准,③因为作格动词具有使役性,如(5a)就是(5b)之意、(6a)就是(6b)之意:

(5a)The company has shrank its staff size.

(5b)The company has made its staff size shrink.

(6a)这家公司已缩小了员工规模。

(6b)这家公司已使员工规模缩小了。

(一) 英汉作格动词的内在结构异同

英汉作格动词在内在结构上具有明显的差异和类同。

1.内在结构差异

英语作格动词中,有相当一部分是单词素词,如"bend、cook、fold、freeze"等。然而,汉语动结式作格动词大多是双词素词。这两个词素主要表现为

---

① B.Levin & M.Rappaport Hovav.*Argument Realization*.Cambridge:CUP.2005,p.131.

② 沈园:《句法—语义界面研究》,上海教育出版社 2007 年版,第 63 页。

③ 曾立英:《现代汉语作格动词的评判标准》,载北京大学汉语语言学研究中心:《语言学论丛》编委会编:《语言学论丛》(第三十五辑),商务印书馆 2007 年版,第 51、55 页。

"V+A"配置,其中成分 1 为动词,表示行为;成分 2 为形容词,是成分 1 的补语,表示行为的结果,如"延长、减轻、缩小、增强"中的"延、减、缩、增"均为动词,而"长、轻、小、强"则均为形容词。

再者,英语许多形容词往往借助"－en、－ify、－ize"等动词性后缀,使形容词动词化,并成为多词素作格动词,如"broaden、beautify、regularize"等。这些动词性后缀兼具行为义和使役义,而词根或词干则表示结果状态义,其语义可表征为:

(7a)[[x ACT] CAUSE [BECOME [y<ROOT/STEM>]]]

(7b)[y BECOME [y<ROOT/STEM>]]

汉语没有类似于英语的丰富构词手段,多借用动词性后缀"化"来实现形容词动词化,并以此成为作格动词,如"软化、美化、净化"等。

2. 内在结构类同

英汉作格动词的内在结构存在明显差异。若纯粹从词的构成词素角度看,汉语的动结式作格动词是双词素词,而英语也不乏双词素词,如"conjoin、reverse、separate"等均为双词素词,就这一点而言,英汉作格动词的内在结构还是有其类同之处。再者,如上文中所述,在英语的"A＋－en""A＋－ify""A＋－ize"等结构中,后缀"－en、－ify、－ize"是动词性后缀,所构成的派生词表现为"A＋V"配置,而汉语的动结式作格动词往往是"V＋A"配置,如"提高、降低、缩小"等。尽管英汉的次序不一,词的构素仍有相似之处。

(二) 英汉作格动词的语义异同

英汉作格动词往往具有三个核心义:行为义、使役义和状态义,[①]而且状

---

① 也有学者(如施春宏)认为,作格动词主要有两类,一类是表示状态变化,如"break、open、tear"等,另一类是表示位置的变化,如"drop、float、roll"等。本文认为,这是对这些动词的一种细分,本文在此统称为"结果状态义"。需指出的是,汉语动结式动词中的成分 2,即"结果状态义"成分,其语义指向常有两种:一是语义指向主论元,如"他喝醉了酒"中的"醉",其语义指向是"他";二是语义指向宾论元,如"他晾干了衣服"中的"干",其语义指向是"衣服"。在此,唯有在第二种情况下动词才能作格化,如"衣服晾干了"。本文所探讨的汉语动结式作格动词就是这一类动词。另外值得一提的是,英语虽有动结式结构,但似乎没有类似于汉语的动结式动词,如"set…free""wash…clean""run sb.out of breath"等均为动结式结构,而不是单词性动词。本文仅考虑英汉动词与动词之间的比较。

态义往往就是结果义,所以我们在此称其为结果状态义(result-state),如在(1a)和(2a)中出现的英语"shatter"和汉语"打碎":

(8)Shatter:[[x SHATTER] CAUSE [BECOME [y<SHATTERED>]]]

(9)打碎:[[x 打] CAUSE [BECOME [y<碎>]]]

从其语义表征不难看出,"shatter"和"打碎"作及物使用时,明显具有三个语义:x 作用于 y 的行为义、x 使 y 成为某种状态的使役义以及 y 达到某种结果的状态义。这两个动词的语义可以抽象为(10):

(10)[[x ACT] CAUSE [BECOME [y<RESULT-STATE >]]]

(1b)和(2b)中所出现的"shatter"和"打碎"是不及物动词,其语义可分别表征为:

(11)[y BECOME [y<SHATTERED >]]

(12)[y BECOME [y<碎>]]

这两个具体的语义表征可抽象为(13):

(13)[y BECOME [y<RESULT-STATE >]]

从以上英汉这两个动词的语义表征至少可看出两点:一是作格动词必须是行为义、使役义和结果状态义"三义一体",缺一不可;二是作格动词作及物使用时,这三种语义同时存在,但作不及物使用时,唯有结果状态义占主导地位,其他语义则处于隐伏(hidden)状态。

1. 语义差异

英汉作格动词在语义实现手段方面的差异主要表现在语义包容性上。英语作格动词中的单词素动词,往往集行为义、使役义和结果状态义于一体,是语义内孕式动词,如(14)中的"crumple":

(14)crumple:make crooked,bend together,contort,now esp.by crushing

行为义:crumple

使役义:cause to become crumpled

结果状态义:crumpled

本文将这三种语义称为作格动词语义。而现代汉语动结式作格动词则往往以双词素词为主,如"提高、降低、缩小"等,其作格语义是外孕式的,即其行为义和使役义往往内孕于第一词素,而其结果状态义则外孕于第二词素,如:

（15）提高：使位置、程度、水平、质量等方面比原来高

行为义：提

使役义：提……使变高

结果状态义：高

由此可见，汉语动结式作格动词的第一词素内孕着行为义和使役义，而其结果状态义则外孕于第二词素。

2. 语义类同

英汉作格动词的语义三要在三个方面存在类同。首先，在语义指向方面存在类同。不管是英语抑或汉语，其作格动词的结果状态义的语义指向均为宾论元，而不是主论元，如：

（16）The hot water melted the ice.

（17）The ice melted.

（18）奶奶哭红了眼睛。

（19）眼睛哭红了。

显然，在（16）和（18）中，动词"melt"和"哭红"的结果状态义的语义指向分别是"the ice"和"眼睛"。正因如此，才会出现像（17）和（19）这样的句式，而不可能出现（20）和（21）：

（20）＊The hot water melted.

（21）＊奶奶哭红了。

由此可见，说使役转换是检验作格动词的重要标准，其缘由就在于此。

至此，我们可对英汉作格动词的内在语义特性作如下描述：

凡是作格动词，它必须是行为义、使役义和结果状态义三义一体，而且其结果状态义的语义指向必须是宾论元。

其次，如上文所提，在由"形容词+动词性后缀"构成的英语多词素作格动词中，其配置形式表现为"A+V"，如"deepen、westernize、intensify"等。就词本身的内在结构来看，这些词不同于单词素作格动词，融行为义、使役义和结果状态义于一身，而是由其动词性后缀内孕着行为义和使役义，而其结果状态义则外孕于形容词。尽管汉语的动结式作格动词是"V+A"配置，而英语的这种多词素作格动词是"A+V"配置，但在语义的表征形式上依然具有类同性，即

其作格动词语义具有外孕式特征。

其三,在汉语的"细化、丑化、泛化"等动结式作格动词①中,动词性后缀"化"在语义上类同于英语的动词性后缀"-en、-ify、-ize",均兼具行为义和使役义,"细、丑、泛"则表示结果状态义,由此构成动结式作格动词。

四、英汉作格动词的句法异同

英汉作格动词仅在作为作格动词使用时才会表现出句法的相似性,但动词的多义性及在句法行为方面的多构性,使得这些动词在句法方面具有差异性。

(一) 句法差异

英汉作格动词的句法差异是多方面的,本文仅选择一个较为典型的差别来揭示彼此在次类别上的相异之处。英语中的"clear"(扫清)类作格动词因还具有"整体/部分"关系的语义成分,所以可进行"方位转换"(locative alternation),表现为"V + N + from + Locative"或"V + Locative + of + N"句式,如:

(22)The boy emptied the contents from his pockets./The boy emptied his pockets of their contents.

但是,与此相应的汉语动结式作格动词却没有如此明确而且固化的句式转换形式。同样,汉语的许多动结式作格动词也有独特的句法行为,如"增加、减少、降低、削弱"等动词,均可出现于"动+趋向动词"句式,但这种句式往往是英语相应的作格动词所不具备的,如:

(23)生产定额再增加下去,大家该吃不消了。("动趋"句式)

王文斌、周慈波②曾提到,英汉中鲜有完全对应的动词。英汉作格动词的

---

① 汉语的动结式动词一般是"V+A"配置,但本文认为,由"形容词+化"构成的作格动词也属动结式,因为"化"是动词性后缀,而在此的形容词在语义上显然是表示"化"的结果。

② 王文斌、周慈波:《英汉"看"类动词的语义及词化对比分析》,《外语教学与研究》2004年第4期。

语义及句法存在多种差异,其例证不胜枚举。我们在此之所以举以上例子,仅想说明,英汉动词在句法行为方面并不存在一一对应的对等动词,其差异性是绝对的,而相同性却是相对的。英汉动词之间的相同性可能仅表现在某些方面或某一点上,而不太可能是全方位的相同。其实,即便在同一语言中,对动词的划类也并非易事。几乎每一动词都有其个性和共性,所以同一动词可同时归属为若干类别,而且动词与动词之间在类别问题上多会出现相互交叉的情况。Levin对英语几乎所有的常用动词的语义及句式都进行了划分和归类,①可这也只是建立在大类、小类、次类的基础之上。有些动词在某一小类或次类上具有相同的句法行为,可这并不等于在其他类别上也具有相似性,如作格动词"bend"在"使役转换"类型中,与"freeze"是同类,可"bend"作为"弯折"类动词,却只是与"crinkle、fold"等同类;在作为"姿势"类动词中,仅与"bow、crouch"等同类。由此可见,在同一语言中,其动词的语义及句式尚且如此错综交叉,更不要说是两种语言之间的比较了。因而,我们在进行语际比较时,唯以某一方面为立足点,展开有选择的比较或对比。

(二)句法共性

英汉作格动词在作格性方面具有明显的共性。首先,英汉作格动词在及物性结构中,其句式均是"$NP_1 + V + NP_2$",其中"NP_1"是主论元,"NP_2"是宾论元,表现为二价配置,而在作格结构中,即在不及物性结构中,其句式均为"$NP_2 + V$",表现为一价配置,如:

(24)Mary cracked the plate.(及物性结构:$NP_1 + V + NP_2$)

(25)The plate cracked.(不及物性结构:$NP_2 + V$)

(26)农民们晒干了稻谷。(及物性结构:$NP_1 + V + NP_2$)

(27)稻谷晒干了。(不及物性结构:$NP_2 + V$)

其次,英汉作格动词在句式中均具有明显的时体标记,②表示事件的终结(telicity)。英语常用过去时或完成体,其句法标记是"V + -ed"或"have +

---

① B.Levin.*English Verb Classes and Alternations:A Preliminary Investigation*.Chicago:The University of Chicago Press.1993.

② 刘晓林:《补语、特殊句式和作格化》,《现代外语》2006年第3期。

V + -ed",而汉语常用完成体,其句法标记是"了"或"过",如:

(28)John smashed the egg./The egg smashed.

(29)Alex has cooled the soup./The soup has cooled.

(30)这种制度削弱了部队的战斗力。/部队的战斗力削弱了。

(31)姑娘们曾涨红过脸。/姑娘们的脸曾涨红过。

这些例子说明,作格动词所表示的行为、使役和状态变化往往是已经发生,而且所强调的是一种具有结果的状态变化。

五、英汉作格动词的语义—句法界面

上文探讨了英汉作格动词的内在结构、语义及句法的诸种异同。下面集中探讨其语义—句法界面。

(一) 核心语义决定句法行为

根据 Perlmutter 和 Postal 所提出的普遍联系假说,[1]动词的内在语义特性在很大程度上会映射到动词的句法上。通过上文的比较性探究,我们不难发现,英汉作格动词在语义和句法上尽管存在种种差异,但在作格动词的核心语义以及句法方面,却表现出惊人的相似:作格动词的句法行为受到核心语义的映射。

为考察动词的内在语义特性与其句法行为的联接关系,Grimshaw[2] 提出动词的语义内容(semantic content)和语义结构(semantic structure)这两个概念,前者指在句法层面表现不活跃的动词语义部分,后者指在句法层面表现活跃的动词语义部分。Levin 和 Rappaport Hovar[3] 将前者称为"语义常量",即

---

[1]　D.Perlmutter & P.Postal. "The 1-advancement Exclusiveness Law". *Studies in Relational Grammar* 2.D.Perlmutter & C.Rosen,eds.Chicago:The University of Chicago Press,1984,pp.81-125.

[2]　L.Grimshaw."Semantic Structure and Semantic Content in Lexical Representation".*Words and Structure*.J.Grimshaw,eds.Stanford,California:CSL I Publications,2006.

[3]　沈园:《句法—语义界面研究》,上海教育出版社 2007 年版,第 4—5、12—13 页。

在不同语义表征中保持不变、以区别于其他动词类的语义;将后者称为"语义变量",即随语义表征不同而发生变化的语义。不论如何表述,我们认为语义内容是指一个正因为有别于其他类型动词而在语言中获得独特存在价值的动词语义部分,属于词际或词类之间的关系,而语义结构则指对动词特定句式起决定作用的动词语义部分,即语义结构使得一个动词往往具有不同的句法行为,属于词内的多义关系。譬如说,从表象上看,"break"和"strike"是近义词,均涉及施事作用于受事,但两者在语义内容方面存在根本性的差别,前者的语义内容涉及施事作用于受事而使受事产生状态变化,而后者则仅涉及施事与受事的有力接触(forceful contact),并不一定导致受事产生状态变化,如:

(32)He broke her on the arm./He struck her on the arm.

(33)The glass broke./The glass struck.

由此可见,"施事使受事发生状态变化"是"break"的语义内容,"施事与受事的有力接触"则是"strike"的语义内容。但是,"break"除了有别于其他类型动词的语义内容之外,还有其内在的语义结构,在相当程度上就是"break"本身所具备的多义性。我们查阅了《牛津英语大词典》①"break"这一词条,发现共有 21 个义项,其中作为及物使用的有 14 项,作为不及物使用的有 7 项。及物使用大致可归纳为五种语义:一是使某一具有完整性的事物变成离散状;二是破除某种现状或突破现有标准;三是挣脱某种束缚;四是制服某事;五是中止某事。这五种语义均具有行为义和使役义。作为不及物使用的 7 个义项,大致可归纳为四种语义:一是处于某种离散的结果状态;二是处于某种突破的结果状态;三是处于某种突变或突发的结果状态;四是处于某种衰减的结果状态。显然,这四种语义均具有"处于某种结果状态"的核心语义。

从句式角度看,"break"这一动词大致可出现在 7 种基本句式中:

(34)S + Vt + O

e.g.He broke the window.

---

① 《牛津英语大词典》,上海外语教育出版社 2004 年版,第 283—284 页。

（35）S + Vt + O + P

e.g.He broke the horse to the rein.

（36）S + Vt + Adv + O

e.g.The soldiers broke down the enemy's resistance.

（37）S + Vi

e.g.The bottle broke.

（38）S + Vi + Adv

e.g.A fire broke out during the night.

（39）S + Vi + A

e.g.The dog has broken loose.

（40）S + Vi + P

e.g.The prisoner broke under cross-examination.①

显然，（34）—（36）是"break"的及物用法，（37）—（40）是其不及物用法。从这些例句不难看出，正因"break"具有行为义、使役义和结果状态义，所以在强调前两种语义时往往取其及物句式，而若强调后者语义，那么就往往取其不及物句式。

现在我们来看看与英语"break"相应的汉语动词"打破"。从构形看，这一词显然是属于动结式。孟琮等②并未指出"打破"的字面语义，而是表明了其隐喻义"突破原有的限制或拘束"。不过，孟琮等人罗列了"打破"可能会出现的三种句式，如：

（41）动宾式：他打破了沉默。

（42）动时量式：他打破了一次纪录。

（43）动结式：他打破得了世界纪录。

显然，唯有（41）的句式与英语"break"的及物用法相应。遗憾的是，孟琮等并未列出"打破"的作格用法。李临定在论述汉语动结式时指出，这种句式

---

① *Oxford Advanced Learner's Dictionary of Current English* 词典（Oxford University Press，1974，pp.101-103）对动词"break"这一词条所可能出现的句型作了标示。本文发现，这些句型基本上也可以归为这 7 种。

② 孟琮等：《汉语动词用法词典》，商务印书馆 2003 年版，第 81 页。

可以是"施事+动$_1$·动$_2$+受事",其中动$_2$的语义指向或施事或受事。① 在动$_2$的语义指向是受事时,受事具有使役性质,如(44):

(44)伍拾子挺直了身子 →伍拾子挺(自己的)身子 →(致使自己的)身子直

显然,在此动$_2$"直"的语义指向是受事"身子"。这说明,在汉语的动结式中,若补语的语义指向是受事,那么就含有使役性质。李临定指出,位于句首的受事实际上是动$_2$的受事,如:

(45)附近民房的窗纸全震破了。

他尽管未曾道明动结式动词的作格用法,却已道出了句式作格关系的实质。前文已论及,汉语作格动词大多以双词素词为主,尤其是动结式作格动词,其结果状态义常外孕于第二词素,如"挺直"和"震破"中的"直"和"破",也是李临定所说的动$_2$。当作格动词做不及物使用时,句首的受事是动$_2$的受事,表示所述事物的状态变化结果。同样,"打破"也是动结式作格动词,做及物使用时其语义侧重于第一词素"打",而作为不及物使用时,其语义则侧重于第二词素"破"。再者,"打破"也有其语义内容和语义结构。其语义内容是"用手或器具撞击物体,造成物体破碎",即施事作用于受事而使受事产生状态变化,由此使得"打破"有别于动词"打",因为"打"的语义内容是"用手或器具撞击物体",即指施事与受事的有力接触,并不一定导致受事产生状态的变化,所以两者的句法行为极不一样,如:

(46)玻璃瓶打破了。/*玻璃瓶打了。

(47)还没到时候他就打开鼓了。(动趋式)/*还没到时候他就打破开鼓了。

"打破"也有其语义结构,当其语义偏重于"打"这种行为义和使役义时,往往就取其及物句式,而若其语义偏重于"破"的结果状态义,那么就取其不及物句式,如:

---

① 李临定:《现代汉语句型》,商务印书馆1986年版,第190—191页。宜提及的是,李临定并未对每一个具体动词的具体句式进行罗列,仅根据动词构造的类别探讨动词可能出现的句式及其变化。本文在此仅根据"打破"这一动词属于"动结式"结构,寻找李临定相对应的分析点。另一点需提及的是,"破"在此虽为形容词,可李临定将处于这种结构中的"破"称为"动$_2$"。

（48）他打破了鼓。/鼓打破了。

以上分析告诉我们，英汉作格动词归根结底就是及物和不及物的句式转换，即使役转换，及物句式需要施事和受事共同参与，而不及物句式则不需要施事参与。语义内容决定了作格动词有别于其他类型动词，而其语义结构则决定了其使役转换。需进一步深究的是，作格动词使役转换的动因何在？即缘何作格动词有时取用及物用法，而有时则取用不及物用法？我们认为，作格动词使役转换是内趋力和外驱力"二力"互动作用的结果。所谓内趋力，就是指作格动词由于其内在的语义结构，只能出现于某一特定的句式。这是语义特性作用的结果，是一种内在力量。所谓外驱力，就是指语言使用者对所表达事物的认知取向使得动词的某种语义得到凸显。这对作格动词的句式构建而言是一种源自外在的力量，是人的认知作用的结果。相互作用是事物真正的终极原因，而句式构建就是多个要素相互作用的整体。作格动词之所以可进行使役转换，我们认为就是因为有内趋力和外驱力互动作用使然。

（二）内趋力和外驱力的互动作用

如前文所述，作格动词的语义要素是集"行为义、使役义和结果状态义"于一身。在这三义中，前两者往往又是密不可分，而后者，即结果状态义则具有相对的独立性。在具体的句式构建过程中，语义与句式会形成一种联接关系，即作格动词会将自己内在的语义特性映射到句式上。然而，并非作格动词的所有语义都会映射到句式，而是部分的，有选择性的。换言之，在构建特定的句式时，仅部分语义要素得到有选择性地映射。我们虽说作格动词集"三义"于一体，可这三义要素是潜在性和多面性的，并不全都参与句式构建，有些语义可能会隐伏，而有些语义则有可能会被并合。若"行为义和使役义"处于语义核心地位，它们就会并合，而"结果状态义"就会处于相对的隐伏状态，由此构建出作格动词的及物句式，将事件描述为由施事引起的作格系统。而若结果状态义处于语义核心，那么"行为义和使役义"就会处于相对的隐伏状态，由此会构建出作格动词的不及物句式，将事件描述为处于某种结果状态。由此可见，从作格动词的语义特性基本上可以预知其句法行为。正因为是作格动词,所以有可能产生及物和不及物这两种转换句式,而且正因为有不同的语义核心起作用,所以才有可能决定这两种句式的取舍。因此,这基本上是作格动词的内趋力使然。同时我们也可证明,动词的核心语义具有相对性和游移性,即在动词内在的多个语义要素中,在特定的时间某一特定的语义要素会起核心作用。换言之,作格动词的各种语义要素是潜在和多面的,在不同的时间其核心作用会发生变化。而动词的核心语义在此就是 Grimshaw 所言的动词语义结构,在句法层面表现活跃,对句式的构建起纲举目张的作用。

那么不同的语义要素何时才起核心作用呢?显然,不同的语义要素起不同的核心作用不是自动的,往往需借助某种外力的推动才能达成。这种外力就是语言使用者的认知作用,也就是语言使用者在描述事件过程中的认知取向。这就是说,每一动词都有几个潜在的或隐伏的语义要素,而每个要素都可能具备一种特性,每一个特性又都决定一种特定的句法结构,最后句式的择定取决于某一语义要素被语言使用者的认知所激活。若语言使用者在识解所要表达事件的过程中,认为事件的外力作用较之事件最后所产生的结果状态更重要,那么他就会凸显外力的这种行为性和使役性。在这种认知作用下,他就需要清楚地表述行为和使役的施事以及行为和使役的受事。为达到这一表达目的,他只能凸显作格动词的行为义和使役义,以行为义和使役义为语义核心的及物句式便应运而生。若语言使用者认为事件最后所产生的结果状态较之事件的外力作用更重要,那么他就会凸显这种结果状态义,使得事件的结果状态义得到凸显。若出于这样一种认知取向,那么他就会凸显作格动词的结果状态义,从而合乎以结果状态义为语义核心的不及物句式便自然生成。从这些分析不难看出,虽然从作格动词的语义特性基本上可以预知其句法行为,但这种预知是语言使用者的认知作用使然。换言之,作格动词特定句式的构建取决于动词的内趋力和源自语言使用者认知取向的外驱力。唯物辩证法告诉我们,事物的变化往往是内因和外因共同作用的结果,内因是事物变化发展的根据,外因是事物变化发展的条件,外因经内因起作用。作格动词句式的使役转换之所以可能,而且现实性地存在于英汉语中,就是因有作格动词的语义内趋力和语言使用者的认知外驱力这"二力"的互动作用。

六、结语

世界的每一事物都有其结构性、动态性和整体性,而且一切事物都是通过不同要素的相互作用和搭配关系组合而创生出的整体性系统。通过本文的讨论,我们发现,英汉作格动词的语义往往是融行为义、使役义和结果状态义这三义于一体。英语单词素作格动词的语义往往是内孕式的,而现代汉语的动结式作格动词的语义则表现出外孕式特征。再者,英汉作格动词的句法行为均受到动词语义的映射,但是,并非作格动词的全部语义都会映射到句法上,而是部分的,有选择性的,即核心语义具有相对性和游移性。其次,作格动词的语义内容是一个作格动词有别于其他动词或其他类型而在语言中获得独特存在价值的动词语义部分,属于词际或词类之间的关系,而其语义结构,即核心语义,使得一个动词往往具有不同的句法表现,属于词内的多义关系。再次,英汉作格动词特定句式的择用,取决于动词内在语义特性的内趋力和语言使用者对所表达事物认知取向的外驱力。

(本文原载《外语教学与研究》2009 年第 3 期)

论英语的时间性特质与汉语的空间性特质

一、引言

一切事物均具时空的规定性：在特定的时间处于特定的空间。时间离不开空间，空间显现时间。时间，是事物生灭的运动变化过程；空间，是事物运动变化的场所及其存在的形态。事物存在于时间，展现其运动变化；事物也存在于空间，展现其数量、范围、大小和形状。时间是事物运动的基本属性，若没有运动的相对性，就无法感知时间；空间是事物运动的表现形式，是具体事物所具有的一般规定。这是两者最为基本的关系。概而言之，任何事物，均具两面性，即既有其相应的时间性，又有其相应的空间性。然而，在现实生活中，时与空又是人类对具体事物及其运动的体验，是人类从中分解并抽象出来的认识对象。换言之，人类的时空意识必然含有人类的主观成分，必然受到人所居于其中的人文思想的熏染，因此难免会导致与客观的时间性和空间性的偏异。英民族与汉民族演进于不同的社会文化环境，对时空的意识必然取决于对各自长期沉积而成的社会文化的濡染，对事物及其运动由此形成独特的认知特征和表述方式，体现于语言就是两种不同的结构形式，昭显出 Humboldt 所言的每一种语言都是民族思维的历史积淀，折射出一个民族观察、感知和理解世界所独具的思维范式。① 通过对英、汉语言的审视，我们发现，英语总体上具有时间性特质，而汉语则基本上具有空间性特质。对此，我们将在下文阐析。

---

① W.Humboldt.*On Language*.Cambridge：CUP.1999，pp.81-87.

在此需说明两点：一是我们在本文仅从英汉的语言基因来考量这一问题，提出概而言之的看法，认为这两种语言在时间性和空间性上各有其主导性偏爱，但两者并非具有绝对的排他性，因为任何语言都兼具时间性和空间性；二是动词具有时间性属性，名词具有空间性属性①，所以我们在此将聚焦于英语中表示事物运动的"动词"来窥探其时间性特质，集中于汉语中表达事物的"名词"来观照其空间性特质。

二、英语的时间性特质与汉语的空间性特质

民族的精神特性与语言形式两者之间关系紧密，不论从何者切入，均可从中推导出另一方，这是因为民族精神与语言形式必然相互应和。洪堡特②提出语言是民族精神的外在表征，而民族精神则是语言的内在实质；民族的语言即民族的精神，民族的精神即民族的语言，二者的同一程度超出了人们的任何想象。洪堡特的这一论断是强调一种语言的内在语码蕴藏着一种内在的世界观，特定的语言表征形式映现特定的民族思维方式。"语言源自精神，而又反作用于精神，这是我要考察的全过程。"③加达默尔有一著名论断："语言就是世界经验"④，这从另一侧面昭示了语言与人的关系。显然，在此所谈的语言是指语言本体的实质组成部分，如基本词汇和语法结构等，所谈的人是指使用这一语言的民族及其对世界的经验方式和思维方式，因为经验是人的经验以及人对其的思维方式。如果我们假设：英语具有时间性特质，汉语具有空间性特质，那么这一假设无疑意味着英民族的世界经验方式和思维方式是偏重于时间，而汉民族则偏重于空间。对于这一假设，我们需要考索求证。

---

① ［古希腊］亚里士多德：《范畴篇·解释篇》，方书春译，商务印书馆 1986 年版，第 55—56 页；陈平：《论现代汉语时间系统的三元结构》，《中国语文》1988 年第 6 期；张伯江：《词类活用的功能解释》，《中国语文》1994 年第 5 期。

② ［德］洪堡特：《论人类语言结构的差异及其对人类精神发展的影响》，姚小平译，商务印书馆 1836/1999 年版，第 52—53 页。

③ 潘文国：《汉英语对比纲要》，北京语言大学出版社 1997 年版，第 358—359 页。

④ ［德］加达默尔：《真理与方法》，洪汉鼎译，上海译文出版社 2004 年版，第 569 页。

如上所述,人类的时空意识必然含有人类的主观印记。在观察事物及其运动时,一旦有人的主观成分渗透其中,那么其片面性就在所难免。徐通锵对此曾有深刻的见地,即语言世界观具有主观性和片面性,取决于运用这一语言的群体对现实进行编码时的观察角度;印欧语的主观性和片面性体现于观察事物时重时间性,而汉语的主观性和片面性则表现为对事物的观照往往选取空间这一视角。①

(一) 英语的时间性特质

英语属于印欧语系。我们讨论英语的时间性特质,当从印欧语这一源头去寻觅其语言基因。

从目前可资考据的语言学史料来看,早在公元前 8 世纪,古印度梵文语法学家 Sakatayana② 就发现:从词源角度看,名词演绎于动词性词根或动词。如 pādah(foot)派生于动词性词根 pad(Togo);kham(sense)派生于动词性词根 khan(todig);sthānuh(post)派生于动词 sthā(tostand);rūpa(beauty)派生于动词 ruc(toshine)。由此可见,动词性词根和动词在梵语的发展过程中具有举足轻重的作用。其实,古印度对语言的分析及对语法的研究,其主要动因发轫于对梵语吠陀经(*Vedic Texts*)作严谨的解读。Sakatayana 在分析吠陀经时试图从词源学角度证明大多数的名词派生于动词性词根或动词。生活于公元前 5 世纪的古印度语言学家 Yaska,写了一部具有里程碑意义的专著《词源学》(*Nirukta*),依凭对大量名词的考察,发现大部分名词均派生于动词性词根,而且梵语里的大部分根词素(rootmorphemes)均具有动词性。③ 公元前 4 世纪的人们普遍认为,梵语名词派生于动词,其派生手段就是借助词缀。当时以著述

① 徐通锵:《汉语结构的基本原理》,中国海洋大学出版社 2005 年版,第 9—13 页。

② L.Sarup.*The Nighantuand the Nirulta*:*the Oldest Indian Treatiseon Etymology Philology and Semantics*.Delhi:Motilal Banarsidass,1962,p.13;H.Scharfe.*Grammatical Literature*.Wiesbaden:Otto Harrassowitz,1977;B.Matilal.*The Word and the World*:*India's Contribution to the Study of Language*.Oxford:OUP,1990,p.9;M.Shendge.*The Language of the Harappans*:*from Akkadian to Sanskrit*.NewDelhi:Abhinav Publications.1997,p.77;金克木:《梵佛探》,河北教育出版社 1996 年版,第 88—89 页。

③ L.Sarup.*The Nighantuand the Nirulta*:*the Oldest Indian Treatiseon Etymology Philology and Semantics*.Delhi:Motilal Banarsidass,1962,p.13.

梵文语法著称于世的古印度语言学家 Pānini 将梵语中的词主要分为动词和非动词(non-verbs)两大类,①并依据词的形态系统共归纳出 3983 条规则,其中有 1943 条规则是表示具有动词意义的词根,以此作为梵文的构词根基,②占总规则的 49% 左右。段晴在《波你尼语法入门》一书中对 Pānini 的梵文语法结构分析方法作了如下介述:Pānini 完全以语形为分析对象,分析词根、词干、词尾、前缀、后缀、派生词等,分析到不可再分的就是动词性词根,即所谓的"界";附加到"界"使其成为词,或者再使其表现出名词、动词等所有关系的都称为"缘"。③ 简言之,"界"就是指未曾附加任何词缀的动词性词根;"缘"就是词缀。因此,梵语构词的基本公式就是"界+缘=词"。也就是说,只有动词的根才是梵语词的原始成分。名词均派生于动词,一个行为的过程用动词来表达,一旦行为完成,动作便固定,那就成为一件事,则用名词来表达。显然,梵语的构词是以动词为核心,而这个核心所反映的就是行为;动词或名词后附加何种词缀,往往取决于行为。黏附于词后从根本上是依据行为;表示时态的词缀所表现的是行为发生的时间。古印度哲学④认为,动词的基本概念就是表示"becoming"(发生,形成),而名词的基本概念则表示 being(存在),而且在 becoming 与 being 两者之间,becoming 占主导地位。我国著名梵文学家金克木⑤对此有四点见解:一是古印度人关于名生于动、行为在先、唯有动词的根才是究竟等观念在印欧语关于词的形态研究中根深蒂固,作为一条根本性原则,至今未曾发生变化;二是这种词根理论的影响不限于古印度,而是到了近代;三是不论当时或以后有多少不同派别和结构的语法,均承认词根,而词根大多表示动词的意义;四是就哲学观点而言,这种思想就是认为宇宙万事万物的根本在于行为、动作,动是根本,而静仅是表现。

---

① K. Brown. *Encyclopedia of Language and Linguistics*. Vol. 9. Shanghai:Shanghai Foreign Language Education Press,2008,p.153.

② 金克木:《梵佛探》,河北教育出版社 1996 年版,第 8 页;徐通锵:《汉语结构的基本原理》,中国海洋大学出版社 2005 年版,第 12 页。

③ 段晴:《波你尼语法入门》,北京大学出版社 2001 年版,第 V,IX 页。

④ L.Sarup.*The Nighantuand the Nirulta:the Oldest Indian Treatiseon Etymology Philology and Semantics*.Delhi:Motilal Banarsidass.1962,pp.5—6.B.Matilal.*The Word and the World:India's Contribution to the Study of Language*.Oxford:OUP,1990,p.19.

⑤ 金克木:《梵佛探》,河北教育出版社 1996 年版,第 3、31—33、85 页。

从上述不难看出,在印欧语系里,名词发端于动词这一观念由来已久,其要厄就是将动词词根视为先验的标志,崇信世界诸事物的本源在于行为、动作或变化,动是内因,而静则是其外在表现,即"动是事物的根本特性"①。行为、动作或变化并非捉摸不定,一定会在具体事物的行为、动作或变化中得到反映。正因为此,印欧语重视对行为的研究,而且其语言编码体系自然生发出一种与动词相配的名词,即动词与名词构成语言中的两大词类,这对印欧语后期的嬗演具有很大的影响。如在当代德语里,从语法形式看,sein 有名词和动词两种形式,而且作为名词的 Sein 是从动词 sein 转换而来。在英语里,表示"存在"的名词 being 显然是派生于动词 be。再者,在英语里,一个毋庸置疑的事实是,在名动派生的数量上,显然是以名词派生于动词居多,如 selection 派生于 select、development 派生于 develop 等,而借用逆成法(back-formation)而成的动词派生于名词,如 edit 派生于 editor、aggress 派生于 aggression 等,却只是少数,况且逆成法构词仅出现于近代英语,在古英语中这种构词法极为罕见。在法语里也多是名词派生于动词,而非反之亦然,如名词 enfoncement 派生于动词 enfoncer,名词 figement 派生于动词 figer。其次,不论是在英语或法语,即便如 selection 和 enfoncement 等名词是派生于动词,在语法上具有名词功能,可其语义依然保持着动性,如 To make a selection of sth. ,其中的名词 selection 在语义上依然具有动性;再如法语 l' enfoncementd'unpieudans le sol(把桩打入地下),其中的名词 enfoncement 在语义方面同样保留着动性意义。饶有意味的是,柏拉图所著的《克拉底洛篇》(Cratylus)中,记载了苏格拉底与 Hermogenes 和 Cratylus 关于语言是否具有规约性问题的一段争论,②苏格拉底提出,古希腊原住民看到物换星移、日夜交替,就将太阳、月亮、地球、星空永不停息的运转称作 theoi,即"神",因为 run(thein,即运行)是这些事物的根本。由此可见,古希腊语里的"神",其本意就是动词 run。这一例证可从一个侧面昭示印欧民族对事物行为、动作或变化的崇慕。

事物的行为、动作、变化是时间的主要表现,或者说,事物的行为、动作、变

---

① H.Nakamura.*A History of Early Vedanta Philosophy*.Delhi:MotilalBanarsidass,1983,p.505.

② D.Geeraerts.*Theories of Lexical Semantics*.Oxford:OUP,2010,p.2.

化是时间概念的载体。印欧语注重于事物的行为、动作或变化,实际上就是注重事物的时间性,从事物的行为、动作或变化中去拿捏时间特征。根据古印度哲学,时间创造一切,时间是神圣而永恒的;①人们熟睡时,时间却醒着(Time awakes when people are deeply asleep)。② 由此不难看出,印欧语的世界观是俯瞰于时间对事物进行编码。正如翻译理论家 Steiner 所说,西方语言与时间之间的关系是语法关系,其对时间的独特理解发端于印欧语中的动词系统。③Steiner 还倾注大量笔墨,深察贯穿于西方人自我体验的时间性语法特征"过去—现在—未来",发现西方人体验时间犹如体验自己可触可摸的脊骨。④

不难想象,属于印欧语系的英语,其骨子里自然保存着印欧语的时间性特质。流淌着印欧语的血液,其语言表征无疑携有时间性特质,如英语句子结构中借用动词的形态变化来表示不同的时态就是一个有力的佐证,即在不同时间条件下,事物的行为、动作或状态均需借助动词的不同形态来表达,借以指明其时间以及与事物其他行为、动作或状态的时间关系,这是英语不可或缺的一个语法范畴,具有突出的语法意义,在句法构建中具有强制性,这是汉语所不具备的。如:

(1a) As time went on, Sally began to wonder if Bruce had read George's new poem.

(1b) 随着时间的推移,赛莉开始纳闷布鲁斯是否读过乔治的新诗。

(1c) As time goes on, Sally begins to wonder if Bruce has read George's new poem.

从(1a)不难看出,这一句子尽管未曾出现指明具体时间的词语表征,如 yesterday 或 in the past 等,但从句中的主动词 began 这一指示一般过去时的动词形态,我们便可知晓,这一句子是陈述发生于过去的一件事,所以 go 也是以

① H.Nakamura. *A History of Early Vedanta Philosophy*. Delhi:MotilalBanarsidass, 1983, pp. 169-172.

② H.Nakamura.*A History of Early Vedanta Philosophy*.Delhi:MotilalBanarsidass,1983,p.237.

③ G.Steiner.*After Babel:Aspects of Language and Translation*.Oxford:OUP,1975/1998,p.92,pp. 137-138,p.149,pp.168-169.

④ G.Steiner. *After Babel: Aspects of Language and Translation*. Oxford: OUP, 1975/1998, pp. 137-169.

went 这一一般过去时形态出现,而且从 had read 这一过去完成时态可以得知,read 这一动作发生于 began to wonder 之前。然而,在与(1a)相应的汉语例句(1b)里,仅从句中的动词本身很难了解这一事件所发生的具体时间,只能依凭语境推出。因此,若不参照(1a),仅将(1b)反译为英语,那么(1c)这一译句似乎未尝不可,然而,(1c)与(1a)所交代的时间完全不同。由此可见,英语的动词时态,其重要功能就是表示事物的行为、动作或状态及其所发生或存在的时间,是英语不可须臾轻忽的语法范畴,在句构中具有强制性。可以说,时态是英语有别于汉语的一个重要语言特征。

从上述例证可以说明,英语具有重时间的特质,其具体表征往往体现于句子结构中的动词,由此带来英语句子结构中的主句谓语动词中心观。不论句子多复杂,也不论句中含有多少个子句(clause),句子始终以主句中的主动词为统摄,各子句中的动词时态则均以主句中的动词时态为轴心,如(2a)和(3a):

(2a)One of my best speeches was delivered in Hyde Park in torrents of rain to six police men sent to watch me,plus the secretary of the Society that had asked me to speak,who had an umbrella over me.(Bernard Shaw,Sixteen Self Sketches)

(2b)我最为精彩的一次演讲是在海德公园。当时下着瓢泼大雨,听演讲的是被人派来监视我的六名警察,另外还有请我演讲的那个团体的秘书。

(3a)In Africa,I met a boy,who was crying as if his heart would break and said,when I spoke to him,that he was hungry because he had had no food for two days.(www.sun.tzc.edu.cn/article.asp? id=96)

(3b)在非洲,我碰到一个男孩,他哭得伤心极了,我问了他,他说他饿了,已两天没吃饭了。

在(2a)中,两个定语子句 That had asked me to speak 和 who had an umbrella over me 中的动词时态 had asked 以及 had 的定位均是以主句中的 was delivered 为参照。在(3a)中,共有 1 个主句 6 个子句:一是主句 I met a boy,二是主句宾语 boy 的定语子句 who was crying,三是二的状语子句 as if his heart would break,四是二的并列性子句 and(who)said,五是四的状语子句 when I spoke to him,六是四的宾语性子句 that he was hungry,七是六的状语性

子句 because he had had no food for two days。这些子句中的时态无不受到主句时态的牵制和引发。相形之下,作为汉语译句的(2b)和(3b),句中的时态标记远不及英语明显。

再者,在西方语言学领域,动词及其在句法中的时态和语义特性始终是语言学家所关注的焦点,如 Chomsky 的句法理论始终未曾忽视过对与动词密切相关的 INFL 这一语法范畴的深究;在有关论元结构的研究中,动词始终是理论探讨的核心;在逻辑语言学研究中,谓词逻辑(predicate logic)是一个中心议题,而谓词显然与动词紧密关联。对于这些问题,我们因本文篇幅所限,只能另文讨论。总之,英语几乎每一个句子原则上都需要有动词,而动词在句法分析中占有举足轻重的位置。

(二) 汉语的空间性特质

汉民族长期浸润于古人"盈天地之间者唯万物"(《易经·序卦传》)的传统思维方式,普遍认为一切运动肇始于事物,事物是一切运动的主体,由此养成了"观物取象"的思维习惯,事物也就因此成为人们关注的焦点。台湾学者龚鹏程[1]在论及印欧语与汉语的差异时提出,中国人注重"thing",自古推重格物致知,强调观察名之所以为此名,旨在可以知物之何以为此物;名学皆在正名,凡物,皆当有名去指涉它,故曰"物固有形,形固有名"(《管子·心术上》)。而关注事物就是关注空间,因为事物负载着长、宽、高及由此形成的面、体和量等空间信息。

的确,在汉语中,表达事物的名词得到格外的重视,即重名而不重动。就本质而言,名词是用于表达诸种事物诸类有形的、离散的名物。《尔雅》是我国最早的一部词的释义词典,其基本的释义手段就是倚重于空间,着眼于名物,对事物进行细密的分类和确切的解释。即便是对具有时间性的行为、动作或变化的词,《尔雅》也往往依凭名物来框定其范围及陈述的对象。[2] 譬如说,表达行走的动词词义一般具有行为或动作的时间性意义,可《尔雅》对这类动

---

① 龚鹏程:《文化符号学》,世纪出版集团 2009 年版,第 122—127 页。

② 徐通锵:《汉语结构的基本原理》,中国海洋大学出版社 2005 年版,第 9—13 页。

词的释义却是借助空间的差异加以甄别,如"堂上谓之行,堂下谓之步,门外谓之趋,中庭谓之走,大路谓之奔";对"镂、刻、切、磋、琢、磨"等动词的词义,也是仗赖于特定的名物来框定,如"金谓之镂,木谓之刻,骨谓之切,象谓之磋,玉谓之琢,石谓之磨"①。其实,不但《尔雅》对动词如此释义,而且《说文解字》对动词的释义也常借用名物,如"沐,濯发也;沫,洒面也;浴,洒身也;澡,洒手也;洗,洒足也"②。再者,汉语中的"日",是太阳的象形,以太阳的出现为象征,"晓""旦""曙""昏""暮"等词皆从"日"。连"时"也从"日",因为日是天空中最显著的标志,是观测时间的最佳参照。"夕"是月亮的象形,夜晚常常以月亮的出现为直观标志。"月"既是月亮的象形,又是以月亮圆缺的周期为一个时段,因而"朔""望""朓"等词皆从"月"。由此可见,汉语常借用体现空间的名物来表达具有时间性的行为或动作,充分说明表达事物的名词在汉语的编码系统中占有突出地位,即空间性概念在汉语对事物的编码系统中具有举足轻重的作用。郭绍虞曾提出,汉语语法的脉络往往是靠词组来显现,即积词组而成句,而词组又是以名词性词组为最,③如(4):

(4)那一阵风起处,昌月光辉之下,大吼了一声,忽地跳出一只吊睛白额虎来。

郭绍虞指出,(4)由好几个词组组成,"那一阵风起处"是一个词组,这是先听到和感到的情形;"星月光辉之下"也是一个词组,这是在听到和感到"风起"的情形之下接触到的当时景色。这个词组在这句话中不可不加,是作为补充和说明的,因为这是下文中能够看得清楚的重要条件。"大吼了一声"也是一个词组,说明了发现这件事的第一个过程,先听到虎的声音,再看到虎的形体,依次写来,有条不紊,这是汉语的叙事之妙。郭绍虞进而强调,假若(4)改成以动词为中心,那么就可说成(5)或(6):

(5)一只吊睛白额虎,在星月光辉之下,大吼一声,忽地随着一阵风跳出来了。

(6)李逵在星月光辉之下,猛觉一阵风起,听到一声大吼,看到一只吊睛

---

① 胡奇光、方环海:《尔雅译注》,上海古籍出版社 2009 年版,第 213、224 页。
② 许慎:《说文解字》,段玉裁注,上海古籍出版社 2011 年版,第 563—564 页。
③ 郭绍虞:《照隅室语言文字论集》,上海古籍出版社 1985 年版,第 328 页。

白额虎跳了出来。

（5）和（6）似乎分别前后紧扣，易于说明全句意义，可在汉语里却丢失了精彩之感，变得干瘪而无生气，其缘由有二：一是就事实讲，老虎不可能作主语；二是李逵的行动已在前面提过，就文章讲也不必处处再提。因此，（4）最为合适。鉴于此，郭绍虞提出汉语名词中心说。他指出，汉语造句法的特点是以名词为重点，而且词、词组、句取同一形式；①名词是体词，而动词和形容词则是相词。动词与形容词相对名词而言，就都变成虚词。此话兴许有些极端，可我们从中可以看出前辈学者对汉语本质的认知。其实，早在1979年，郭绍虞就多次强调，西洋语法是重在动词，汉语语法是重在名词，汉语的本质是不可能以动词为重点的，②如（7）：

（7）我们村庄上种地种菜，每年每日，春夏秋冬，风里雨里，哪里有个坐着的空儿。（《红楼梦》第三十九回）

例（7）出现好几个名词及其名词性词组，郭绍虞对此指出，此话毫无雕文弄墨之嫌，因多用四言词组，所以显得干净利索，说得非常清楚，尽管似连非连，却又能生动具体，这就是迥异于印欧语的汉语特点，而且是以往语法学界不大注意的现象。

为进一步阐说汉语以名词或以名词性词组为中心这一语言现象，我们再以例（8）为例：

（8）如今骑在马身上的是一位三十一二岁的战士，高个儿，宽肩膀，颧骨隆起，天庭饱满，高鼻梁，深眼窝，浓眉毛，一双炯炯有神的、正在向前边凝视和深思的大眼睛。（姚雪垠，《李自成》）

例（8）是描写明末农民起义领袖李自成，突出展现其坚毅和远虑的性格特征。从此句不难看出，"高个儿、宽肩膀、高鼻梁、深眼窝、浓眉毛"均是偏正式名词性结构，而且最后还紧跟着另一个偏正式名词性结构，即"一双炯炯有神的、正在向前边凝视和深思的大眼睛"，其中心词均为名词。诚然，这种结构在英语中也不少见，可值得注意的是，在这些偏正式结构中，插入了两个主

---

① 如朱德熙（《朱德熙文集》，商务印书馆）也认为，汉语句子的构造原则跟词组的构造原则基本一致。

② 郭绍虞：《汉语语法修辞新探》，商务印书馆1979年版，第117、134、141、551—553页。

谓式短语结构,即"颧骨隆起、天庭饱满",这种插入现象在英语中却并不多见。其实,依照当今构式语法的看法,这两个主谓式短语结构夹现于前二后四的六个偏正式名词性结构之中,难免会受结构压制(coercion)而成为偏正式名词性结构,可分别理解为"隆起的颧骨、饱满的天庭"。由此可见,汉语的确是一种重名词和名词性词组的语言。更有意味的是,汉语能将这种名词性结构发挥到极致,如在中国古代就有许多由名词构成的"列锦"式诗歌范例。如:

(9)桃李春风一杯酒.江湖夜雨十年灯。(黄庭坚,《寄黄几复》)

(10)楼船夜雪瓜州渡,铁马秋风大散关。(陆游,《书愤》)

(11)落叶他乡树,寒灯独夜人。(马戴,《灞上秋居》)

(12)星河秋一雁,砧杵夜千家。(韩翃,《酬程延秋夜即事见赠》)

以上诗句,均由名词性结构构成,无不以物象、事象的空间结构,造就丰富的空间构图效果,展陈出自然世界多重空间关系。以(12)为例。这两句诗虽均由名词短语编织而成,可意境无限,淋漓地表现意象、形象、物象和境象。前句是视觉画面:秋夜星空一只孤飞的雁;后句是听觉意象:千家万户的砧杵之声。前后两句的串连叠合,不但鲜明准确地描绘了秋夜景色的典型特征,而且构造了一个幽远凄清的意境。试想,若汉语不存在名词或名词性词组和句子取同一形式这一独具的语言内在机制动因,即便是这种"列锦"式的诗歌语言,也让人难以想象诗人能构建出如此寓动于静的绝妙诗歌。诗人就仿佛是自然拼图的艺术家,借由名词拼就一幅美丽而有韵味的秋景图,而这几乎是英语所不具备的。

其次,具有悠久传统的训诂学,显然是以考索名物为己任,恰如唐代孔颖达在《毛诗·周南·关雎诂训传疏》中所言:"诂者,古也,古今异言,通之使人知也。训者,道也,道物之貌,以告人也。"其意思是"训诂者,通古今之异辞,辨物之形貌,则解释之义尽于此"。训诂学对名物的注重由此不言自明。诚如金克木所言:"中国人重视形象,是以名为先。中国人思想重形,重名,两者相通。"①

沈家煊反复强调,在英语里,名词和动词是分立的两个类,而在汉语里,动

---

① 金克木:《梵佛探》,河北教育出版社 1996 年版,第 3、31—33、85 页。

词则属于名词的一个次类。① 换言之,英语是"名"与"动"分立,而汉语则是"名"包含"动"。沈家煊这一深中肯綮的观点,充分说明汉语暌重名词,这与我们上文所引的郭绍虞的观点和金克木的观点如出一辙,也与我们在此的看法并无二致,这是因为名词就本然意义而言就是对事物之称谓,汉语重视名词或名词性词组,实际上就是关注事物,而关注事物就是关注空间,因为举凡事物均存在空间性,具备大小、高低、厚薄、聚散、离合等信息。② 沈家煊态度极为明朗,除提出汉语"名含动"这一看法之外,还提出在中国人的眼里,借用动词来表达的活动就是一个实体,汉语语言研究应摆脱印欧语眼光。这就是说,在汉语里,纵使活动或行为,也常被看作具有实体性质的事物。

再者,一种语言中的某一独特语法范畴往往最能表现一种语言的个性。现代汉语中作为独立词类的量词,就是一个独特的语法范畴,它的使用在语言表述中不仅具有普遍性,而且在句法结构中具有强制性,如(13):

(13)七根扁担　＊七扁担
　　　二条皮带　＊二皮带
　　　六峰骆驼　＊六骆驼
　　　三朵鲜花　＊三鲜花

其实,汉语中的量词,不仅大量见于现代,而且也早就存在于上古汉语,如:

(14)今之为仁者,犹以一杯水救一车薪之火也。(《孟子·告子上》)

(15)百亩之田,匹夫耕之,八口之家足以无饥矣。(《孟子·尽心上》)

(16)衣衾三领,足以覆恶。(《墨子·节葬》)

量词的典型作用就是表现名词所指事物的形状、数量或其他的感知性特性,尤为明显的是,量词性语言注重于物体的形状及其离散性。③ 汉语中不但存在大量的量词,而且大部分的量词在发挥对事物进行计量功能的同时,还对

---

① 沈家煊:《汉语里的名词和动词》,《汉藏语学报》2007 年第 1 期。沈家煊:《我看汉语的词类》,《语言科学》2009 年第 1 期。沈家煊:《英汉否定词的分合和名动的分合》,《中国语文》2010 年第 5 期。

② 陈平:《论现代汉语时间系统的三元结构》,《中国语文》1988 年第 6 期。

③ W.Foley.*Anthropological Linguistics:An Introduction*.Oxford:Blackwell,1997,p.210,p.245.

接受计量的事物进行形状及其离散性方面的描述,①而事物的形状及其离散性则是事物空间性的典型表征。量词在现代汉语中大量存在并使用,而且在语言表述时具有强制性,这是一个不容否认的事实,从这一侧面我们可以获得一个重要启示:量词是汉语以俯瞰空间为个性的一个典型特征。

三、结语

性相近,习相远。英汉语言虽具人类交流思想的工具这一相近的本性,但缘于各自不同的人文历史递演,已孳生出殊异的表达习性。为拷问英汉的根本差异,我们从历时角度推源溯始,追溯了英汉语的演化,审察其语言表征习性,提出了英语具有时间性特质和汉语具有空间性特质这一观点,意在从根本上探寻英汉语个性差异的深层起因,以有裨于穷究英汉的本质性分野。但限于篇幅,文中所提这一论点依然停留于概说,尚需另文对英汉的词汇、短语、句子、段落诸层面再作深度的勘验。

（本文原载《外语教学与研究》2013 年第 2 期,人大复印资料《语言文字学》2013 年第 7 期全文转载）

---

① 王文斌:《汉英"一量多物"现象的认知分析》,《外语教学与研究》2008 年第 4 期;王文斌:《论汉英形状量词"一物多量"的认知缘由及意象图式的不定性》,《外语教学》2009 年第 2 期。

汉语会意字构造与意合表征方式的相承关系

一、引言

试看以下汉语例证：

（1a）日日夜夜

（1b）day and night

（2a）他们家天天大鱼大肉。

（2b）That family eats lots of meat and fish every day.

（3a）$\emptyset_i$临行$\emptyset_k$密密缝，$\emptyset_k$意恐$\emptyset_i$迟迟归。（孟郊，《游子吟》）

（3b）When I_i was leaving, my mother$_k$ sewed my gown stitch by stitch, since she$_k$

feared that I_i would delay coming back home.

（4a）他$_i$十分信服老队长$_k$，$\emptyset_k$吩咐他$_i$做什么，$\emptyset_k$总是话才出口，$\emptyset_i$抬腿就走。

（4b）He$_i$ respected his squad leader$_k$ so much that he$_i$ would act out promptly whatever order that he$_k$ might give.

（5）从、吠、盥

（1a）是"日"和"夜"的叠词，其间无连接词，若用英语（1b）表达，则需添加 and，不可直接表达为 day day night night；（2a）没有谓语动词，但此句依然地道，若用英语（2b）表达，就至少需要补充动词 eat；（3a）涉及两个句段，均无主语,若要补上,就能发现其两个隐性主语是彼此交叉,可写为"(我)临行(母亲)密密缝,(母亲)意恐(我)迟迟归";若译成英语(3b),即便是字面翻译,也需写出其各隐性主语,而且还需补充 when 和 since 等关联词;(4a)中各句段几乎没有关联词连接,除第一句段中"他"这一显性主语外,其他句段均无显性主语,若要补齐其隐性主语,该句应表达为"他十分信服老队长,(老队长)吩咐他做什么,(老队长)总是话才出口,(他)抬腿就走",英语(4b)就是据此理解才译出其各显性主语。显然,与英语相比,以上这四个汉语例子意合性拼贴特征明显,而这种意合特征与(5)中的三个会意字"从、吠、盥"的构造具有惊人的相似。"从"是由两个"人"意合而成,表示一"人"跟随另一个"人";"吠"是由"口"和"犬"意合而成,表示狗叫;"盥"是由两只"手"、一个"水"和一个"皿"意合而成,表示用两只"手"承"水"冲洗而流落于"皿"。本文认为,"会意"字在本质上就是"意合"字,而"意合"性表征在本质上就是"会意"性表征,两者没有质的区别,因而汉语的会意字构造与汉语的意合表征方式具有同质性关系。在此需提及的是,所谓"会意字",就是指把两个独体字或多个独体字合在一起,意义上加以联系,从而表达这个字的所指,如例(5)三个字。所谓"意合",通常指一个句子由若干句段组成,各句段之间的关系不采用显性的关联词,而是借助彼此之间的语义关联来达意,如例(3a)和(4a)。说白了,"意合"表征方式就是指句子内部的各句段不借用关联词而并置(juxtaposition)在一起。其实,汉语的意合表征方式还表现于大量的短语结构,如例(1a)无连词,同时也体现于大量的名词谓语句,如例(2a)无动词。

二、文字与语言

世界上的文字主要有两类:表音文字和表意文字。前者就是借用字母表示语音的文字,如英语中的 bright 只是记录了语音,其语音与语义并无多少关联。后者是一种借用图像符号来表示词或词素的文字,如汉语中的"🌓"(明),是借用"☉"(日)和"☽"(月)这两个象形文字表示"明亮"。英语属于前者,汉语属于后者。学界普遍认为文字只是记录语言的书写符号,文字本身并不属于语言系统。Saussure 曾提出："语言和文字是两种不同的符号系统,后者唯一存在的理由在于表现前者。"①其实,亚里士多德早就持类似观点:"口语是心灵经验的符号,而文字则是口语的符号。"②其主要意思就是文字是"语言符号之符号",也就是说文字是语言这个工具的工具。《新华字典》(1980年版)和《现代汉语词典》(第 7 版)对文字这一概念的释义也是如出一辙,即文字是"记录语言的符号"。在此需要追问两个问题:一是不论表音文字抑或表意文字,是否都是语言符号之符号? 二是在人类交际系统中,表音文字和表意文字与其语言表征方式的关系和作用是否旗鼓相当,秋色平分? 针对这两个问题,本文认为,关于文字是不是语言符号之符号这一问题,表音文字和表意文字不能一概而论;其次,表音文字和表意文字对语言表征方式具有不同的影响;再者,汉语的会意字本身也是语言,是表达思想的工具。

上文所提的亚里士多德、Saussure、《新华字典》和《现代汉语词典》对文字与语言二者关系的见解,学界似乎已盖棺论定,主宰着学界对二者的探讨,其普遍的看法就是文字与语言之间的关系是一种从属关系,即语言是主,而文字是从,文字从属于语言,是语言的工具。而语言是表达思维的工具,由此自然推演出文字是思维工具的工具。在此至少需要注意三点:其一,Saussure(1959)在其 *A Course in General Linguistics* 中尽管非常关注文字,并花费大量笔墨探讨文字的现象、使用和本质,但他坦然承认文字作为符号依然难以捉摸。他说:"我们把它称为符号学。……由于这门科学尚不存在,无人能说出它是什么样子,但它有权存在,其地位早已明确。语言学只是这门一般学科的一部分,符号学所发现的规律将应用于语言学,而后者将在大量的具有人类学意义上的事实范围内框定一个界限清晰的领域。"③然而,德里达并不支持Saussure 的这一看法,他认为在此所言的符号学其实可称为文字学,这样可以"给文字理论提供机会以对付逻各斯中心主义的压抑和对语言学的依附关系"④。德里达同时强调:"在这一领域中,语言学粗略地划定了自身的范围,

---

①　F.Saussure.*A Course in General Linguistics*.New York:Philosophical Library,1959,p.23.

②　[古希腊]亚里士多德:《范畴篇·解释篇》,商务印书馆 1986 年版,第 55 页。

③　F.Saussure.*A Course in General Linguistics*.New York:Philosophical Library,1959,p.16.

④　[法]德里达:《论文字学》,汪家堂译,上海译文出版社 2005 年版,第 70—71 页。

它具有被索绪尔规定其内在系统的各种限制,我们必须把它放在世界和历史的每种言语/文字系统中重新审查。"①由此不难看出,德里达和 Saussure 的观点并不一致,需要我们高度重视。其二,Saussure 和德里达的话中,至少有两点值得关切:一是 Saussure 对文字学/符号学的研究对象、边界和目标等,在当时可能并不十分了然,但他十分明确的是,语言学只是文字学/符号学的一部分,而且语言学的研究只有放到人类学所发现的大量的事实视野中,其边界才能得以框定;二是德里达认为文字学或符号学有其独特性,应该摆脱以逻各斯研究或语言研究为中心的羁绊,而且语言研究需要关切世界每种言语/文字的历史和系统。二者隐隐约约有一个共同点,即不论是"具有人类学意义上的事实"还是"世界和历史的每种言语/文字系统",都是强调语言研究需要重视不同民族的言语/文字的系统及其历史演变。这一点正是本文的一个重要切口,因为若游离于具有人类学意义的对不同民族的言语或文字的历史进行系统的考察,那么语言研究就会片面甚至产生偏见。其三,Saussure 研究语言的重心是放在言语上,他自己说:"语言学的对象不是由文字和言语组合决定的,只有后者才构成语言学的对象。"②因此他强调:"我的研究仅限于表音系统,特别是今天使用的、源于希腊字母的表音系统。"③对 Saussure 的这种语言研究观,德里达基本上是持否定态度,他说:"关于表音文字可谓聚讼纷纭,它支配着我们的全部文化和全部科学,这无疑不是一个普通的事实。它丝毫不符合一种绝对的和普遍的本质必然性。"④他进而指出:"由于文字被确定为'符号系统',就不存在'表意'文字(在索绪尔的意义上),也不存在'图画式'文字:只要书写符号与未被指称而是被描述、描画的事物保持自然的表形关系和相似关系,就不存在文字。"⑤在此,德里达对 Saussure 文字观的批评不能说不尖锐。从上文所引述的 Saussure 和德里达关于对文字的不同看法,我们不难发现,Saussure 的文字观是建基于言语,即语言的表音系统,他将象形的表

① [法]德里达:《论文字学》,汪家堂译,上海译文出版社 2005 年版,第 70 页。

② F.Saussure.*A Course in General Linguistics*.New York:Philosophical Library,1959,pp.23-24.

③ F.Saussure.*A Course in General Linguistics*.New York:Philosophical Library,1959,p.26.

④ [法]德里达:《论文字学》,汪家堂译,上海译文出版社 2005 年版,第 42 页。

⑤ [法]德里达:《论文字学》,汪家堂译,上海译文出版社 2005 年版,第 44 页。

意文字排除于自己的研究框架。德里达对此并不赞成。本文支持德里达的观点，语言研究不仅要重视表音文字，也要重视表意文字，因为恰如 Saussure[①]自己在别处谈及图画式文字时所说："图画式语词[②]给人的感觉是具有永久性和稳定性的某种东西，比声音更适合于说明语言在时间中的统一性。"然而，Saussure 对表意文字的总体态度是消极的，认为："虽然这种文字创造了某种纯粹是虚构的统一性，但文字的这种联系具有表面性，较之声音这种唯一真正的联系更易于把握。"[③]尽管 Saussure 唯表音文字是瞻，试图将表意文字打入冷宫，但本文却反其道而行之，恰恰看重被他否定的关于表意文字的四个关键点：一是具有永久性；二是具有稳定性；三是在时间的长河中具有统一性；四是较之表音文字更易于把握。这对于我们透视汉字具有启发性意义。

在此需强调两点：一是恰如汪堂家在《论文字学》一书的"译者序"里所言："自柏拉图以来，西方文化传统一直受到逻各斯中心主义的思维方式的支配，这种思维方式为主体主义的张狂和形而上学传统提供了现实的基础，其突出特点在于把意义、实在法则视为不变之物，把它们作为思想和认识的中心。……言语中心主义是逻各斯中心主义的特殊形式。按这种思维方式，言语是思想的再现，文字是言语的再现，……而德里达认为，逻各斯中心主义和言语中心主义貌似正确，但歪曲了思、说、写的关系，特别是歪曲了说和写的关系。……写甚至比说更具本原性。写往往更能反映语言的差别性。"[④]而 Saussure 的文字观，正如汪堂家所言，恰恰就是以言语为轴心，这对于文字研究有失偏颇。二是语言是民族的重要特征之一，每一种语言无疑都具有民族性，汉英文字也概莫能外。德里达曾说过："语言保持差别，差别保持语言。"[⑤]我们在此也不妨做一延伸：文字保持语言差别，语言差别保持文字。下文我们来谈谈汉英文字的主要差别。

---

① F.Saussure.*A Course in General Linguistics*.New York：Philosophical Library，1959，p.25.

② 在此所说的"图画式语词"实际上就是指表意文字，因为表意文字虽是一种具有象征性的书写符号，但往往是图形符号，也就是"图画式语词"。

③ F.Saussure.*A Course in General Linguistics*.New York：Philosophical Library，1959，p.25.

④ ［法］德里达：《论文字学》，汪家堂译，上海译文出版社 2005 年版，第 1—3 页。

⑤ ［法］德里达：《论文字学》，汪家堂译，上海译文出版社 2005 年版，第 2 页。

三、汉英文字

就文字发生学角度看,文字主要分两大类:一是自源文字,二是借源文字或称他源文字。自源文字,就是指自产生之始就沿着自己独立发展的轨迹而形成的文字,不论是其形状抑或其体系,均未受外来文字影响而独具一格,其历史通常较为悠久,如汉字、苏美尔楔形文字等均属自源文字。而借源文字,就是指套用或仿照其他文字形体或系统而建立的文字,如德文、英文、法文、意大利文等印欧语文字都借源于希腊字母或拉丁字母,而希腊字母的源头是经腓尼基字母而来的古埃及文字。

先来看看英语文字的具体借用路径。英语是属于印欧语系日耳曼语族的一种语言,其文字由 26 个字母组成。如上所言,英语文字属借源文字,借源于拉丁字母,而拉丁字母是借源于希腊字母,希腊字母却又借源于腓尼基字母,而腓尼基字母的主要依据是古埃及的图画文字。那么古埃及的图画文字是怎样演变为表音的拉丁字母的? 下文对这一演变路径做一回顾。

古腓尼基人是历史上的一个古老民族,生活于地中海东岸,曾建立过一个高度发达的文明古国。约公元前 1200 年,他们从古埃及人遗留下来的图画文字,即象形文字中得到启发,将其改变为简单而便于书写的 22 个拼音字母,由此开创了世界字母表音文字的先河,但这些字母仅表辅音,不表元音。约公元前 600 年至 500 年,古希腊人参鉴腓尼基字母而构建了希腊表音字母。约公元前 100 年,古罗马帝国匡力渐强,逐步控制了欧洲,不仅促进了欧洲语言文字形式的趋同,而且应欧洲各民族的语言需要,在腓尼基 22 个表音字母的基础上增加了一个字母 L,这样便共有 23 个字母,其中辅音字母 18 个:B、C、D、F、G、Z、H、K、L、M、N、P、Q、R、S、T、X、Y,元音字母 4 个:A、E、I、O,以及一个音值不定的半元音字母 V,但当时尚无 J、U、W。约公元 11 世纪,从"I"中分化出"J",又从"V"分化出"U"和"W",由此形成了今日的 26 个拉丁字母。后世的印欧文字,包括英语字母,都是由其演变而来。英语 26 个字母真正形成的时间约在 1066 年诺曼征服之后。需强调的是,英语字母与欧洲其他语言的字母一样,均为表音文字。作为借源文字,尽管其源头的古埃及文字是图画文字,但一步步进入欧洲之后其表意功能早已丧失殆尽,其字母仅用来记录语言中的语音,基本上能做到识其字母就能知其音。字母是表音,其组合而成的语素和词其实也是表音的。换言之,英语中不论是语素还是单词,基本上也是表音的。见其字母,大致能识其音,如 multi-、mis-、-less、-ness、pen、lamp、wind、a-waken、announcement 等。这些语素或单词仅表音,与词义基本不存在关联。在印欧语的不同语言中,同一个词义可借用不同的字母组合来表达,如英语中的 moon 和 sun,不分阴性和阳性,而在法语中分别是 lune 和 soleil,前者是阴性,后者是阳性;在西班牙语中分别是 luna 和 sol,前者也是阴性,后者也是阳性;在德语中分别是 Mond 和 Sonne,但前者是阳性,后者是阴性。尽管同属一个语系,其发音在某些方面虽有相近之处,但其拼写毕竟不完全一样,而且阴阳性的区分也并不一致。拼音文字属于线形文字,具有时间性特质,正如Saussure 所言:"声音能指仅仅支配时间,其要素相继出现,形成一个链条。人们以文字来表征这些要素时,这一特点就会马上表现出来,……这种能指因具有与听觉有关的性质,所以仅在时间中展开,并具有源于时间的二个特征:1)它表征时间跨度;2)这种跨度可用单一的维度来丈量,这一维度就是一条线。"①本文赞同 Saussure 的这一观点,而且认为这种线性文字必然会影响其语言表征方式,如 sheep、family、window、mountain 等均呈线性的时间特征,而与其相应的汉字却具有空间性,如"羊、家、窗、山"等。在英语的句构中,其线性时间特征就更为明显,如(6)和(7):

(6a) The doctor's immediate arrival and careful examination of the patient brought about his speedy recovery.②

(6b) *大夫的马上到来以及给病人的仔细检查带来了病人的很快康复。

(6c)大夫马上就到了,仔细检查了病人,所以病人康复很快。

(7a) In the doorway lay at least twelve umbrellas of all sizes and colours.③

(7b) *门口至少放着十二把大小不一和颜色各异的雨伞。

---

① F.Saussure.*A Course in General Linguistics*.New York:Philosophical Library,1959,p.70.

② 连淑能:《英汉对比研究》,高等教育出版社 1993 年版,第 105 页。

③ 连淑能:《英汉对比研究》,高等教育出版社 1993 年版,[序]。

(7c)门口放着一堆雨伞，至少也有十二把，大小不一，颜色各异。

(6a)是一个英语长句，一气呵成，秉持其以谓语动词为核心的句构表征方式，并通过其动词的形态变化：brought about，来表达时间概念，句中表示其他行为动作的动词均被名词化，如 arrival、examination 和 recovery，但其动性语义并未因其名词化而改变①，全句线性时间特征明显，若照此结构译成汉语，如(6b)，那就不像是正宗的汉语表达，可如(6c)这样的译文，一个场景接着一个场景地分述，这就比较符合汉语的表达习惯。同理，(7a)也是一个英语长句，其间也只有一个表示一般现在时的谓语动词 lay，句内各成分的连接十分紧密，线性时间特征明显，但若按此结构译成汉语(7b)，尽管可以理解，但不合汉语习惯；若译成(7c)，尽管显得块状和离散，可汉语味十足。这就充分反映了汉语的空间性特质。②

现来看看作为表意文字的汉字，其发展历史与英语文字大相径庭。甲骨文是目前可考证的中国最古老的文字，如甲骨文中的“”(马)字，其字形近于图画，几乎是一笔一画地画出了一匹马的形象；再如“”，就是指羊，其字形也近于图画，画出了羊头的主要特征。可以说，甲骨文是汉字的雏形，属图画式象形文字。根据《易传·系辞传下》：“古者包羲氏之王天下也，仰则观象于天，俯则观法于地，观鸟兽之文与地之宜，近取诸身，远取诸物，于是始作八卦，以通神明之德，以类万物之情。”由此可见，八卦的制作是依照事物的形象而状形状象。又据《史记》记载，太昊(伏羲)德合上下，天应以鸟兽文(纹)章，地应以龙马负图(河图)，于是仰观象于天，俯观法于地，中观万物之宜，始画八卦，卦有三爻，因而重之，为六十有四，以通神明之德，作书契以代结绳之

---

① 在此需要强调的是，人们也许因此会认为，英语是重名词，而汉语是重动词，但我们认为，英语正因为是重动词，才在句构中始终把谓语动词置于核心地位，并通过其形态变化表达事件所发生的时间等要素。不论其句子有多长，内在的结构多复杂，其从句始终是以主句中的谓语动词所表达的时间为参照，以此定位时间的先后关系。但是，汉语的句构从表象上看是多动词，但并非所有的动词都是人们所认为的动词，如在“有吃有穿、有来有往”中，“吃、穿、来、往”是否还是动词，这很值得质疑，否则像“有血有肉、有房有车”中的“血、肉、房、车”该做怎样的解释？关于汉语母语者常把动作行为名物化或空间化的观点，可参见沈家煊《名词和动词》和 Wang《论英汉的时空性差异》。

② 王文斌：《论英汉的时空性差异》，外语教学与研究出版社 2019 年版，第 4 页。

政。可见,汉字的创制均与伏羲有关,而伏羲是根据天下万物的形状刻画八卦,继而以同样方式创作书契。历史上的这些记载在《说文解字序》里也有说明:"古者包羲氏之王天下也,仰则观象于天,俯则观法于地,观鸟兽之文与地之宜,近取诸身,远取诸物,于是始作《易》八卦,以垂宪象。"同时,《说文解字序》还提到:"黄帝之史仓颉,见鸟兽蹄迒之迹,知分理之可相别异也,初造书契。……仓颉之初作书,盖依类象形,故谓之文。其后形声相益,即谓之字。文者,物象之本;字者,言孳乳而浸多也。著于竹帛谓之书。书者,如也。"由此可见,不论是伏羲还是仓颉,他们造字的根本方法就是仿照事物的形貌,使人能望字生义,而义一旦生成,思想通常就能得到表达。

如上所述,依类象形是汉字立字的基础,也是根本。除个别例外,都是一个汉字一个音节,而且基本上都是表意文字。这些表意文字在骨子里就是取象立意,或立象尽意,而象的根本就是"拟诸形容,象其物宜",具有空间性特质,因形与容本身就是空间性。这一特质浸透于汉字,也浸透于汉语的表征方式。

"六书"是汉字构字的基本原理。许慎在《说文解字》中详细陈述了汉字"六书"的基本概念及构造原理:象形、指事、会意、形声、转注、假借。应注意的是,这"六书"并不能等量齐观,而是存在造字法、组字法和用字法之分。象形和指事属于造字法,会意和形声属于组字法,而转注和假借属于用字法。而不论哪个法,象形构字是始发性的,是诸多汉字的雏形,指事构字是对象形字的发挥,而会意构字和形声构字都是建基于象形构字的组字法。鉴于此,加之本文限于篇幅,在此仅谈谈象形和指事造字法以及会意和形声组字法,借以窥探汉字构造方式的全貌,对转注和假借这两个用字法暂不做表述。

象形构字就是根据物体的外在特征以绘画的形式表现出来,有形可象,有象可视,即"画成其物,随体诘诎",如"𧎡"(虫)、"𦤶"(鼻)、"𪚾"(龟)、"𤉨"(鱼)等。指事构字较象形字抽象,常在象形字上加上符号来表示,使人视而可识,察而见意,即"各指其事以为之",如"甘"字是在口内加一点,表示口中含有甘美的食物;"旦"字是在"日"下加一横,表示太阳正从地面升起;"末"字是在"木"上加一点,指明树木末梢所在处;"刃"在刀口上加一点,表示锋利。由此可见,象形构字和指事构字都属于造字法,前者是后者的基础,后者是前者的发展。

如上所言,会意构字是借用两个或两个以上的独体汉字,根据各自的含义将其组合为一个新字。会意字往往是为补救象形和指事构字的不足而构建的造字法。如"茻"(莫)字是上和下都是草,中间是太阳,是"茻"和"日"两个象形字的会意字,隶变之后简化为"莫",表示太阳已降落于草丛,表达天色已暮;"从"(比)是表示两人接近并立;"焚"(焚)字从火,从林,其本义是表示用火烧林木或草。由此可见,会意字构造的基础还是象形字,一旦组合,就如同语言,能直接表达思想。关于会意字的构造,下文再详述。

形声字是由两个文或字复合而成,其中的一个文或字表示事物的类别而另一个则表示事物的读音。形声字往往建基于象形字、指事字和会意字,由表意义范畴的意符和表声音类别的声符组合而成。在六书中,形声造字最为能产。意符通常由象形字或指事字充当,声符则常由象形字、指事字或会意字充当。如从"日"的形声字:晞、昕、昭、晴、晦、昧、晚、暗等,前四个字均含明亮之意,而后四者则含昏暗之意 因为太阳是光明之源,有日则明,无日则暗,世界上的明暗皆系于日。由此可见,形声字的基础也是象形字,其声符通常也是约定俗成而业已语音化的象形字,依然保持着其象的特征,其空间性依旧留存。

如上所述,象形构字是汉字构字的基础,不论是指事字还是会意字和形声字,从中都可以找到象形字旳影子。象形字是汉字的本色,指事字是象形字的延伸,影响着汉字的方方面面,而不论是象还是形,都具有空间性。物象思维就是空间性思维,因为空间是物象的规定性特征。[1] 但需注意的是,会意字的构造方式对汉语的表征方式已构成深远的影响。下文我们再来看看会意字的空间结构方式。

会意字的主要空间结构方式主要有两种:一是同形会意字。这类字属叠床架屋式,具有鲜明的空间结构。有些会意字是由两个或多个相同字素重叠而成。两字重叠的多半是左右并列结构,如"从"和"林";三字重叠的多是塔型的上下结构,呈叠罗汉式,如"众"和"森",其实,汉语中还有四叠字、五叠字、六叠字、八叠字,如"叕、姦、燚、囲、畾、毳、羴、綝"等,均表现出叠床架屋式

---

① 王文斌、崔靓:《语言符号和修辞的多样性和民族性》,《当代修辞学》2019 年第 1 期。

的空间结构,属同形会意字。二是非同形会意字。这类字是由若干相关的字组合而成的图形式会意字,往往借助一个较为完整的图形表达某个意义。图形式会意字与象形字不同,因后者是画出物体的形象,所画的对象多半是名物,可前者所画出的是一幅图形,常由两个或几个独体字组成,多半表示动作或行为等,如"望",表示人竖目眺望远方;"企",表示企足而望之;"牧"从支从牛,意指手执鞭放牧;"罗"从网从佳(鸟),且佳处于网之下,意指以网罗鸟。的确,会意字大多意指动作或行为,如以提手"扌"旁的动词许多的古文字形是会意字,如"扫、报、找、拘、授、执"等。

在此需关注两点:其一,会意字是合体字,由若干构件合成,但其中至少一个构件往往是象形的,具有空间性。其实,尽管许慎说"会意者,比类合谊,以见指撝",其意思就是会意字是把两个字或多个字意合在一起,从而表现出这个字的所指,但象形依然是会意构字的基础,如"休"字,其两个部分"亻"和"木"均源自象形。其二,会意字是根据左右横行或上下竖列等方式把表示相关事物的字组合在一起,让人们借助经验和逻辑判断意会个中之义。这种构字方法以及人们见字断义的能力深刻地影响着汉语的表征方式,如"扫"字,是从手,从帚,意指手拿扫帚打扫卫生。对此我们将在下文探讨。

我国自古就有"书画同源"之说,这是因为如上文所提,汉字的滥觞就是图画,书与画本是同根生,具有许多内在联系。汉字发轫于原始图画,是原始人在生活中借用"图画"表达自己思想的方式,逐渐从原始图画演变为一种表意符号。任何绘画都具有空间性,上文表述的关于汉字的各种构造,其空间性不言自明。在此需追问的是,不论汉字是思维的符号抑或语言的符号,难道这种空间性对语言表征就毫无影响?或者说这种符号就与汉语本身的特性毫无瓜葛?我们认为,汉字作为自源文字,植根于几千年的传统文化,作为符号,其产生、延续和传承有其特定的土壤,一定与其语言本身的内在特性相关。如同"中国结"能成为中华民族的精神符号一样,它是中华民族共同约定用来指称一定对象的标志物,既是意义的载体,也是精神的外化。德里达说:"汉字是聋子创造的。"①此话有些极端,但从一个侧面恰恰能说明汉字不是以语音为

---

① [法]德里达:《论文字学》,汪家堂译,上海译文出版社2005年版,第2、115页。

基础,而是以具象为根基。

四、汉语语言表征

何清强和王文斌曾强调,语言与文字之间存在一种优选关系,文字须适配语言的特点,而语言会促使文字的发展。[①] 通过文字特征的分析,我们多半可以推知语言的基本特点。本文认为,汉语采用以形表义的象形文字为书写系统,这是其以名物为核心的语言优选结果,借以适配其空间性的块状和离散结构。换言之,以名物为核心为蕴着对空间性的偏爱。在此需说明的是,本文仅仅是强调偏重,而非绝对。王文斌[②]明确指出,我们说汉语具有空间性特质,只是从汉语的语言基因来考量这一问题,提出概而言之的看法,但并非具有绝对的排他性,因为大多语言都兼具时间性和空间性,即具有时空一体性,不太可能存在时间唯一性的语言或空间唯一性的语言,时空性在不同语言中都以各种不同的程度共存。本文在此所讨论的仅是汉语空间性思维的主导性倾向,而非排他性。

如上文所言,会意字具有明显的空间性,正因其块状和离散,才可像积木一般叠床架屋式地搭建,如以下合形合音的会意字:

(8)甭:béng,"不用"的合音

嫑:biáo,"不要"的合音

嘦:jiào,"只要"的合音

其实,汉语中还有许多其他纵向的合体字,如:

(9)夭:表示"人瘦弱"。

孬:表示"不好"。

夼:表示"天空晴朗无云"。

也正因空间性块状和离散特征,会意字同样可像排积木一样做横行排

① 何清强、王文斌:《时间性特质与空间性特质:英汉语言与文字关系探析》,《中国外语》2015 年第 3 期。

② 王文斌:《论英汉的时空性差异》,外语教学与研究出版社 2019 年版,第 15 页。

列,如:

(10)雠:表示"双鸟",引申为"伴侣"或"匹配"。

炊:表示"炽盛"。

奻:表示"争吵"。

会意字的组合方式,如"扫、找、看、牧"等,使得我们能找到通常所说的汉语具有"意合"特征的源头和影子。正因汉语具有空间性的块状和离散特征,①其构成成分才得以意合性地灵活拼贴,如同上文所说的像各块积木,可拼接出各种形状。无论是词组合抑或句组合,其考量的要素往往是语义的意合,而不是像印欧语语法那样受形式的严格制约。只要承载着重要信息的几个关键词语在意义上能彼此拼贴会意,便能要言不烦地达到交际目的。汉语表征的这一独特性形成了其结构的简约性、会意性、拼接性和灵活性,这是印欧语所不具备的。如上文所提,我们认为,汉语的这种表征方式与会意字的意合具有一脉相承之处。

从汉语的短语和句子层面的表征方式,我们就能看到会意字的这种灵活拼接的影子。短语灵活拼接组合的例子不胜枚举,先仅举几例,其空间性十分明显,如:

(11)家家户户、年年月月、时时刻刻、婆婆妈妈、头头脑脑

说说笑笑、吵吵闹闹、蹦蹦跳跳、平平淡淡、勤勤恳恳

再者,在一些成语中,我们也常可看到会意性、拼接性、简约性和灵活性的组合,同样具有会意或意合性质,如:

(12)屡教不改、坐怀不乱、落井下石、投桃报李

在(12)中,这4个成语尽管分别仅有四个字,可像本文例(3)一样,隐含着两个主语,即"A 屡教 B 不改""A 坐怀 B 不乱""A 落井 B 下石""A 投桃 B 报李"。其实,这种结构在民间的语言表达中也不乏其例,如:

(13)活要见人,死要见尸。

违停锁车。

立了秋,挂锄头。

---

① 王文斌:《论英汉的时空性差异》,外语教学与研究出版社 2019 年版,第 4 页。

例（13）如上文，其各表征可分别表达为"X 活 Y 要见人，X 死 Y 要见尸""X 违停 Y 锁车""X 立了秋，Y 挂锄头"，其意合特征不言自明。

其实，在平常语言交际过程中也常能听到类似的会意性或意合性结构，如：

（14）我ᵢ喝了菠萝汁，øᵢ很舒服。

我喝了菠萝汁ᵢ，øᵢ很甜。

若把（14）表述为"我喝了菠萝汁，我很舒服。"和"我喝了菠萝汁，菠萝汁很甜。"，这反而不合汉语的表达习惯。由此可见，汉语的表征如同会意字，通常采用这种会意性的拼接，借以实现其简约性和灵活性。再如：

（15）青山绿水我华夏，仁者智者中国心。

（16）人民有信仰，民族有希望，国家有力量。（《决胜全面建成小康社会夺取新时代中国特色社会主义伟大胜利》）

句（15）不含任何动词，可依然达意。句（16）看似三个句子的并列，其实彼此包含着条件关系，即"只要人民有信仰，那么民族就有希望；只要人民有信仰，民族有希望，那么国家就有力量"，但在此却没有任何表达条件的关联词，其空间性的块状和离散性拼接十分明显。

此外，在汉民族的许多俗语中也常见类似的表达，如：

（17）穷都不卖看门狗，富也不宰耕地牛。

（18）穷算命，富烧香。

（19）70 不留住，80 不留饭，90 不留坐。

不仅在俗语中普遍存在会意性或意合性表征，实际上在汉语文学作品中这种表征方式也屡见不鲜，其空间的块状性和离散性显而易见，如：

（20）飕，一皮带，嗡，一链条，喔噢，一声惨叫。……飕和嗡，皮带和链条，火和冰，血和盐，钟亦成失去了知觉。（王蒙，《布礼》）

（21）偏巧下起雨来，日头也暗了，竹林在烟雨中，愈发显得神秘，雨滴穿林打叶，心绪却无比安宁。（《空中之家》，中国南方航空航机杂志，2019 年第 3 期）

（22）那马见了鞭影，飞也似的跑，把他一跤颠翻，大喊一声，却是南柯一梦，身子还睡在庙檐下。（《初刻拍案惊奇》卷三十五）

郭绍虞在强调汉语是以名词为中心而印欧语是以动词为中心时,借用《水浒传》里关于李逵打虎的一句话来对比正宗的汉语与欧化的汉语:

(23a)那一阵风起处,星月光辉之下,大吼了一声,忽地跳出一只吊睛白额虎来。(《水浒传》第四十三回)

(23b)一只吊睛白额虎,在星月光辉之下,大吼一声,忽地随着一阵风跳出来了。

(23c)李逵在星月光辉之下,猛觉一阵风起,听到一声大吼,看到一只吊睛白额虎跳了出来。①

(23a)是原句,会意性意合极为明显,而(23b)(23c)是根据印欧语通常的主谓宾结构加以排列组织,原句的精神随之变得干瘪而毫无生气可言。

的确,汉语中的许多表征,若译成英语,在结构上就要做大的调整,如时下常说的"房住不炒",就需要译为"We must not forget that housing is just for living in, not for speculation."。

文字和语言是民族的重要象征之一,也是民族文化的重要组成部分,可以说没有文字和语言,也就不可能有光辉灿烂的文化。而文化通常是通过文字和语言才能代代传承。我们研究文字和语言,需要从语言基因挖掘,才能参透其本质和规律。恰如 Ajami 所言:"语言是生物体,由各种基因组成。如同存在各种不同的生物基因,语言基因也各有不同。举凡语言,都取决于其基因,最终形成一集集的遗传信息。"②汉语作为自源语言,因承于其空间性这一语言基因,其文字和语言表征具有不容否认的同质性,即均具有会意性和意合性。

五、结语

文字与语言之间的关系,貌似简单,其实复杂。本文经分析,主要形成三

---

① 郭绍虞:《汉语语法修辞新探》(上册),商务印书馆 1979 年版,第 141—144 页。

② H. Ajami. "The Linguistic Genes of English". *International Journal of English Language, Literature and Translation Studies*, 2015, No.2.

个观点：一是文字与语言的关系研究不能无视各语言文字体系及其传统的不同而混为一谈；二是汉英文字属于不同体系，也具有不同的传统，前者是自源文字，属表意文字，而后者是借源文字，属表音文字，文字的不同必然会影响各自的语言表征方式，应从语言基因视角透视英汉文字及其语言表征差异；三是汉语的会意字与汉语表征方式的意合特征是一脉相袭。

　　一个民族的文字和语言表征负载着一个民族的文化，而且因民族文化的不同而发展和传承，民族文化也因文字和语言表征的承继而不断地发展。汉语文字及其语言表征方式因其独特的文化而具有其独特性，其会意字中的各构件可以通过意合而达到会意，而汉语各层面的表征方式，如短语和句子层面，也可借助会意而达到意合，彼此一脉相传于汉语的象形文字，具有空间性。

（本文原载《当代修辞学》2020 年第 1 期）

约束论与反身代词第二语言习得理论研究纵观

一、约束论的初期构想

Chomsky 在论述管约论时提出了约束理论,旨在探究语句中各名词短语的互指现象。[①] 他将名词短语分为三大类:一是照应语(anaphor)[②],二是指代语(pronominal)[③],三是指称语(R-expression)[④]。以这三类名词短语为聚焦点,他提出了以下三项约束原则:

A.照应语在管辖语类(governing category)[⑤]里受约束;

B.指代语在管辖语类里是自由的;

C.指称语在任何语类里都是自由的。

其实,约束论在相当程度上仅用于对照应语如何受约束这一现象作出解释。倘若在管辖语类里一个照应语与一个成分统制(c-command)它的名词短语互指,那么这个照应语就受约束,否则就是自由的。

[①]　N.Chomsky, *Lectures on Government and Binding*. Dordrecht:Foris,1981;N.Chomsky.*Barrier*. Cambridge.MA:MIT Press,1986.

[②]　反身代词(X-self)和相互代词,如 each other 等,均属照应语。

[③]　传统语法上的代词 he、it、they、you 等,均属指代语。

[④]　除反身代词、相互代词及其他代词之外的所有名词短语,如 Jane、the boy 等,均属指称语。

[⑤]　指最低层的句子(S)或名词短语(NP)。关于其严格定义,请参见 Chomsky(1981, 1986)。

二、对约束论的各种修正及对反身代词第二语言习得的理论研究

管约论的建立,其宗旨是以"原则与参数理论"为立足点来证实普遍语法的存在,但值得注意的是,尽管普遍语法的各项原则被认定具有普遍性,可这并不意味着每一项原则在各语言中均起作用,作用于反身代词(reflexives)的各普遍性条件也不例外,它们因语言而殊异。因而,就反身代词的各种约束特性这一问题,理论语言学家们提出了不同的看法,而第二语言习得理论研究者则致力于用这些不同的观点来反观第二语言学习者在习得反身代词过程中表现出的各种行为。在这一部分,我们将集中述评几位具有代表性的理论语言学家对约束论中 A 原则的研究及其对反身代词第二语言习得的探索,这主要涉及三种观点:第一是约束论的参数化(parameterization)观点;第二是逻辑式移动(logical form movement)观点;第三是相对化大主语(relativized SUBJECT)观点。

(一) 参数化观点

Wexler 和 Manzini① 对约束论中的 A 原则作了修正,提出:

(1)一个照应语在其管辖语类里受一个适当先行语的约束。这一必要条件应对所有照应语起作用。

为了具体反映照应语在各语言间的分布差异,Wexler 和 Manzini 对约束这一情况作了参数化处理。他们在(2)中提出了管辖语类参数(Governing Category Parameter),在(3)中提出了适当先行语参数(Proper Antecedent Parameter)。

(2)α 对 β 是一个管辖语类,且仅当 α 是最小语类(the minimal category),

---

① K. Wexler & M. R. Manzini. 'Parameters and Learnability in Binding Theory'. *Parameter Setting*, T. Roeper and E. Williams, eds. Dordrecht: Reidel, 1987, pp. 41-76.

并含有 β 和 a.一个主语,或 b.一个屈折 INFL,或 c.一个时态 TNS,或 d.一个陈述式(indicative)时态 TNS,或 e.一个根句(root)时态 TNS。

(3)α 的适当先行语是 a.一个主语(subject)β,或 b.类似于 β 的任何成分。

许多研究[①]表明,英语就管辖语类参数而论属于 a 类语言,就先行语参数而论则属于 b 类语言,而汉语就管辖语类参数而论属于 e 类语言,就先行语参数而论则属于 a 类语言,这是因为英语反身代词必须在最小语类里受约束,这一最小语类必须包含反身代词本身、一个具有成分统制作用的先行语和一个主语,所以英语的反身代词只能近距离受约束(locally bound),如句(4)和句(5),而汉语的反身代词"自己"既可以远距离(long-distance)受约束,也可以近距离受约束,而且具有接受主语照应的倾向(subject orientation),如句(6)和句(7):

(4)Jane$_i$ thinks that Mary$_j$ knows that Susan$_k$ loves herself$_{*i/*j/k}$

(5)Jane$_i$ showed Mary$_j$ a picture of herself$_{/j}$

(6)张三$_i$认为 李四$_j$知道 王五$_k$表扬了 自己$_{i/j/k}$

(7)张三$_i$给 了 李四$_j$一张 自己$_{i/*j}$的照片

Wexler 和 Manzini 从参数化这一观点出发,提出管辖语类参数和适当先行语参数能对发生子集联系(subset relationship)的各种语言作出界定。譬如说,就管辖语类参数而言,汉语较之英语更具包容性,这是因为汉语允许反身代词"自己"受到远距离或近距离的约束,而英语里的反身代词却只能近距离受约束,因此,就这一方面而言,英语是汉语的一个子集。可是,就适当先行语参数而言,汉语则是英语的一个子集,因为不论在英语抑或汉语里,反身代词均可与句子里的主语互指,然而,只有在英语里,其反身代词才可与句子里的宾语互指。

---

① K. Wexler & M. R. Manzini. "Parameters and Learnability in Binding Theory". *Parameter Setting*, T. Roeper and E. Williams, ed. Dordrecht:Reidel, 1987; P. Cole & L. M. Sung. "Head Movement and Long-distance Reflexives". *Linguistic Inquiry*, 1994, No. 25; L. Progovac. "Relativized SUBJECT:Long-distance Reflexives without Movement".*Linguistic Inquiry*,1992,No.23.

1. 参数化观点在反身代词第二语言习得理论研究中的验证

为验证 Wexler 和 Manzini 关于约束理论参数化观点的有效性,有一批学者对此作了认真的考察。Finer 和 Broselow① 在一次试验性的研究中,对 6 名操朝鲜语的成年人如何解释英语反身代词作了调查。调查的重点放在英语反身代词第二语言习得过程中的管辖语类参数和适当先行语参数。朝鲜语与汉语一样,其反身代词"caki"可近距离或远距离受约束。所测试的句子涉及两种类型:限定性双子句(biclausal finite sentences)②和非限定性双子句(biclausal nonfinite sentences),如句(8)和句(9):

(8) Mr. Fat thinks that Mr. Thin will paint himself.

(9) Mr. Fat told Mr. Thin to paint himself.

实验结果显示,在对英语限定性双子句的理解过程中,朝鲜英语学习者能接受反身代词的近距离约束,但在对非限定性双子句的理解过程中对此却拒绝接受。Finer 和 Broselow 对被试人员的这一解释行为作了若干分析:一是被试人员可能采用了介于朝鲜语和英语之间的管辖语类参数的中间值(intermediate value),因为被试人员看来能区分限定性和非限定性之间的差异;二是大多被试人员之所以能对限定性双子句里的近距离约束作出准确率比较高的反应,可能是因为子集原则在起作用。然而,对非限定性双子句中的近距离约束,理解的准确率之所以比较低,可能是因为子集原则没有起作用。他们由此认为,子集原则在反身代词第二语言习得过程中并不一定全能发挥作用。

Hirakawa③ 也通过检测管辖语类参数和适当先行语参数的作用来调查日本语英语学习者习得英语反身代词的情况。其调查结果表明,这些学习者对限定性双子句中的英语反身代词的近距离约束,有 77% 的准确率,而对非限定性双子句中的近距离约束的准确率却降至 55.1%。在单子句(monoclausal)中,将宾语当作反身代词的先行语句,仅达 20.3%。对限定性双子句中的远距

① D. Finer & E. Broselow. "Second Language Acquisition of Reflexives Binding". *Linguistic Inquiry*, 1986, No. 25.

② 在传统语法里,子句(clause)是由一组词组成的,有主语和动词。根据这一定义,子句可以是主句(main clause),也可以是从句(subordinate clause)。

③ M. Hirakawa. "A Study of the L2 Acquisition of English Reflexives". *Second Language Research*. 1990, No. 6.

离约束,将根句主语当作先行语的准确率仅达 17.1%,可对非限定性双子句中的远距离约束,其准确率却增至 36.5 %。Hirakawa 由此得出结论,她的调查数据无法证明子集原则在第二语言习得中的有效性,因为在这 65 名的被试人员中,只有 10 名接受英语的近距离约束,这说明重设管辖语类参数值对日本英语学习者来说存在着一定的困难。

以 Wexler 和 Manzini 的参数化约束原则为视野的关于反身代词第二语言习得的调查研究还为数不少,如 Thomas[1]、Cook[2]、Eckman[3]、Lakshmanan & Teranishi[4] 等。尽管这些研究都从各个不同侧面表明参数化观点并不能解释第二语言学习者在反身代词习得过程中所表现出的各种行为,可有一点却是这些研究所认同的,即普遍语法在反身代词第二语言习得过程中是存在的,参数在某种程度上也是可以重设的。

2. 参数化观点的缺陷

参数化观点继承地发展了 Chomsky 的约束论,并将研究成果应用于第二语言习得理论的探索,这是十分可取的。但是,参数化观点存在着明显的不足之处。一是参数化观点可能会导致学习者学习任务的"原子化"(atomization)[5];二是这一观点对管辖语类和适当先行语的界定没有原则性的限制;三是参数化观点的建基点,在于子集原则在第二语言学习者重新设置管辖语类

[1] M.Thomas."The Interpretation of English Anaphor Pronouns by Non-native Speakers".*Studies in Second Language Acquisition*,1989,No.1;M.Thomas."Universal Grammar and the Interrelation of Reflexives in a Second Language".*Language*,1991,No.67;M.Thomas.*Knowledge of Reflexives in a Second Langauge*.Amsterdam:John Benjamins Publishing Company,1993.

[2] V.Cook."Timed Comprehension of Binding in Advanced L2 Learners of English".*Language Learning*,1990,No.40.

[3] F.Eckman."Local and Long-Distance Anaphora in Second Language Acquisition".*Research Methodology in Second Language Acquisition*.E.Tarone,S.Gass & A.Cohen,eds.Hillsdale,NJ:Lawrence Erlbaum,1994,pp.207-226.

[4] U.Lakshmanan & K.Teranishi."Preferences Versus Grammaticality Judgments:some Methodological Issues Concerning the Governing Category Parameter in Second-language Acquisition".*Research Methodology in Second Language Acquisition*.E.E.Tarone et al.,eds.Hillsdale,New Jersey:Lawrence Erlbaum Associates,Inc.,1994,pp.208-225.

[5] M.Thomas."Acquisition of the Japanese Reflexive Zibun and Movement of Anaphors in Logical Form".*Second Language Research*,1995,No.11.

参数和适当先行语参数过程中具有指导性的作用,但无论从经验角度还是理论角度,子集原则的作用均已受到质疑。我们已经介绍的关于 Finer 和 Broselow(1986)和 Hirakawa(1990)的调查研究结果就是两个例证。

(二) 逻辑式移动说

针对 Chomsky 约束论的初期构想以及 Wexler & Manzini 提出的参数化观点,理论语言学家们作出了始终不渝的努力,对这两种观点进行了实验性论证。我们在此将介绍由 Pica①、Cole、Hermon 和 Sung②、Sung 和 Cole③、Cole 和 Sung④ 等人提出的逻辑式移动说。这一观点认为,反身代词的句法特性是决定约束理论与反身代词逻辑式移动互为作用的重要依据。虽然这些研究者的分析方法在技术处理上存在着这样或那样的差异,可稍加整理分析,我们仍可发现这些研究具有以下共同的看法。

(1)在形态上(morphologically)存在着简单反身代词(simple reflexives)和复合反身代词(complex reflexives)的区别,如汉语中的"自己",朝鲜语中的"caki"和日语中的"zibun"等,均是简单反身代词,而英语中的"herself"则是复合反身代词。

(2)从宾语的成分统制域中提取出来的反身代词,提升于直接支配它的动词短语,它因此能找到处于句子高层结构中的先行语。这样的反身代词必定具备与主语互指的倾向。

(3)因为简单反身代词不具备在人称、数和性方面的名词性特征,所以这类反身代词的位置只得移入处理逻辑式的屈折(INFL)⑤中,并在那里得到解释;又因为这种反身代词在抽象的逻辑式层次上进行连续的层级(successive-

---

① P.Pica."On the Nature of the Reflexivization Cycle". *Proceedings of NELS* 17, 1987, pp. 483-499.

② P.Cole, G.Hermon & M.Sung. "Principles and Parameters in Long-distance Reflexives". *Linguistic Inquiry*, 1990, No.21.

③ M.Sung & P.Cole. "The Effect of Morphology on Long-distance Reflexives". *Journal of Chinese Linguistics*, 1991, No.19.

④ P.Cole & M.Sung. "Head Movement and Long-distance Reflexives". *Linguistic Inquiry*, 1994, No.25.

⑤ INFL 由时态(Tense)和一致(Agreement)两个投射组成。

cyclic)移位,最终将受到远距离的约束。

(4)与宾语照应的复合反身代词必须近距离受约束,这是因为这种反身代词处于宾语的成分统制域中,无法移入允许受远距离约束的位置。所以,主语或宾语均可充当其先行语。

需要强调的是,逻辑式移动说的重要内容之一,是将远距离约束与主语照应倾向联系起来加以考虑,当作同一事物的两个方面,这两者之间的蕴含关系是单向的,即只要是远距离约束,就意味着具备主语照应倾向,但反过来并非如此。这种单向的蕴含关系同样适用于宾语照应和近距离约束之间的关系:前者蕴含后者,但反之并不适用。

1. 逻辑式移动说在反身代词第二语言习得理论研究中的验证

为了证明第二语言学习者是否在抽象的逻辑式里提升反身代词,有一批第二语言习得研究者对此作了探索。我们在此扼要地介绍一下 Yip & Tang 和 Thomas 所作的两项调查结果。

Yip 和 Tang 对母语为粤语的英语学习者如何理解英语反身代词作了一次调查。他们采纳了逻辑式移动说的观点来解释其调查结果。一共有 265 名被试人员参加了这一项调查。大多测试句至少包含一个子句,用来测试远距离约束,有些测试句含有与格结构(dative constructions)①,用来测试主语照应倾向。调查表明,被试人员,尤其是初级英语者,一般情况下均接受反身代词的远距离约束,而对含有限定性子句的句子,如句(10),被试人员认为"Mary"和"Susan"均可能会约束反身代词"herself";对含有非限定性子句的句子,如句(11),被试人员同样认为"Mary"和"Susan"会约束"herself"。

(10)Mary thinks that Susan dislikes herself.

(11)Mary wants Susan to understand herself.

这些约束行为表明,说粤语的初级英语学习者将英语中的复合反身代词当作粤语中的简单反身代词"jihgei"来处理,换言之,他们将简单反身代词"jihgei"的特性迁移到英语的复合反身代词上,造成了母语迁移现象。

在如句(12)的与格结构中,大多被试人员偏爱将主语"Mary"当作反身代

① 相当于传统语法上的双宾语结构。

词的先行语,可有些被试人员也将宾语"Susan"作为先行语。

（12）Mary sent Susan a book about herself.

Yip 和 Tang 认为,之所以会出现这种情况,是因为被试人员将粤语中的复合反身代词"keoizigei"的特性迁移到英语的复合反身代词上。

这些调查结果表明,在粤语中像"jihgei",这样的受远距离约束的简单反身反词,只能接受主语的照应,而像"keoizigei"这样的复合反身代词可以接受宾语的照应。对此,反身代词逻辑式移动说极有说服力。

Thomas[①] 通过调查发现,第二语言学习者所建立的语法是遵循普遍语法的各项原则的。她说,大多说英语的高级日语学习者能识别日语简单反身代词"zibun"的远距离约束,同时能掌握"zibun"不能接受宾语照应这一情况。这与逻辑式移动说的预见极为一致。

2. 逻辑式移动说的不足之处

虽然 Yip & Tang 和 Thomas 的两项调查,均为逻辑式移动说在反身代词第二语言习得过程中所起的作用提供了证据,但这并不意味着逻辑式移动说就已十全十美。Pogovac[②] 认为这一观点主要存在着三个问题。问题之一是远距离约束没有遵循临接原则（subjacency principle）,因为汉语反身代词"自己"的远距离约束完全可以穿过一个关系从句岛（across a relative clause is-land）。问题之二是尽管简单反身代词不能与宾语照应,可它会受到宾语领属语[NP,NP]的约束,日语以及俄语中的反身代词就是这种情况。问题之三是儿童语法中反身代词受远距离约束这一情况对移动至 INFL 的分析（Movement-to-INFL analysis）构成了挑战,因为儿童的初期语法似乎还没有形成 INFL。

关于逻辑式移动说,除以上三点之外,还有更多的反对意见。详细情况,请参见 Huang 和 White 的相关论述。[③]

---

① M.Thomas. "Acquisition of the Japanese Reflexive Zibun and Movement of Anaphors in Logical Form". *Second Language Research*, 1995, No.11.

② L.Progovac. "Long Distance Reflexives:Movement to Infl Versus Relativized SUBJECT". *Linguistic Inquiry*, 1993, No.24.

③ L.White. "Effects of Instruction on Second Language Acquisition of the Japanese Long Distance Reflexive Ziban". *Canadian Journal of Linguistics*, 1996.

（三）相对化大主语说

Progovac 为解释各语言中反身代词受远距离约束的现象而提出了相对化大主语的观点。[①] 既然反身代词在形态上存在着简单反身代词和复合反身代词这一区别，那么，反身代词在接受约束时就需要 X-bar 的彼此兼容（compatibility）。她由此认为，汉语的反身代词"自己"和日语的反身代词"zibun"在形态上均是简单反身代词，即 X^0 反身代词，因此，这种反身代词只能接受 X^0 范畴作为其大主语。这一大主语也就是表示一致关系的 AGR。尽管汉语在形态上缺乏显形的 AGR，可这并不等于说汉语就没有 AGR。其实，根据 Borer 的看法，汉语中同样存在着 AGR，只不过这种 AGR 是隐性的而已。[②] 换言之，在汉语句子中，形态上属隐性的 AGR 同样能起照应的作用，它因此能与处于句子高层结构的另一 AGR 同标。当汉语的反身代词"自己"约束于近距离的 AGR，而这一 AGR 在照应方面与处于高层结构的另一 AGR 连接在一起时，"自己"就自然将远距离的主语当作先行语。这样，AGR 链（AGR-chain）就因此而形成。汉语句子（13）表明，Progovac 的分析方法是能说明"自己"是怎样受到远距离的约束的。

（13）张三$_i$认为$_{AGR3}$李四$_j$知道$_{AGR2}$王五$_k$表扬$_{AGR1}$了自己$_{i/j/k}$

可以发现，这里的 AGR1、AGR2 和 AGR3，在指代特征上彼此相容，因而形成了一条 AGR 链。另外，Progovac[③] 提出，简单反身代词的大主语的相对化识别，也可用来解释主语照应倾向。因为 X^0 反身代词必须受到作为唯一而突显的并具有成分统制作用的 AGR 的约束，所以通过连锁反应，这样的反身代词总是与 AGR 同标的主语互指。约束是相对化了的约束，唯有属于 X^0 范畴的句子成分才能约束 X^0 反身代词；同样，唯有属于 X^{max} 范畴的句子成分才能

① L.Progovac."Relativized SUBJECT：Long-distance Reflexives without Movement".*Linguistic Inquiry*,1992,No.23.

② H.Borer."Anaphoric AGR".*The Null Subject Parameter*.O.Jaeggli & K.Safir,eds.Dordrecht：Kluwer,1989,pp.69-109.

③ L.Progovac."Long Distance Reflexives：Movement to Infl Versus Relativized SUBJECT".*Linguistic Inquiry*,1993,No.24.

约束 X^{max} 反身代词,[1]因而,在反身代词的约束过程中就能满足 X-bar 彼此兼容的要求。

1. 相对化大主语说在反身代词第二语言习得理论研究中的验证

近年来,相对化大主语说引发了第二语言习得理论研究者极大的兴趣。Bennett[2] 和 Yuan[3] 都采纳了这一观点来调查反身代词的第二语言习得。

Bennett(1994)结合相对化大主语说,考察了母语为塞尔维亚—克罗地亚语的第二语言学习者对英语反身代词的理解。由于存在着远距离先行语能约束简单反身代词而无法约束复合反身代词这一区别,这些英语学习者对英语反身代词的习得就需要掌握英语反身代词在形态上的复合结构。Bennett 采用图片识别和多种选择问答题对 20 名具有中级英语水平和 20 名具有高级英语水平的第二语言学习者作了调查。实验结果表明,相对化大主语观点能用来解释对英语反身代词第二语言习得的过程。结果还显示,约束域并不是单纯从母语语法中迁入,而是在习得第二语言需要时受到普遍语法诸项原则的制约。

Yuan[4] 也做了一项实验,对英国和日本的汉语学习者怎样理解反身代词"自己"作了调查。实验中共有 57 名英国人和 24 名日本人作为被试人员。Yuan 的实验结果基本上与 Bennett 的一致,即在第二语言习得过程中不完全发生母语迁移现象,因为并非出现于第二语言学习者的中介语中的所有现象都可归因于母语干扰。他强调说,以英语为母语的汉语学习者若要习得"自己"的受远距离约束的特性 那么在限定性句子中的 AGR 就要重新设置为在形态上是隐性的 AGR。

2. 相对化大主语说的欠缺点

与参数化观点和逻辑式移动观点相比较,相对化大主语说的最大优点,在

---

① X^{max} 反身代词就是复合反身代词。

② S.Bennett."Interpretation of English Reflexives by Adolescent Speakers of Serbo- Croatian". *Second Language Research*,1994,No. 0.

③ B.Yuan."The Acquisition of Chinese Reflexive 'ziji' by the English and Japanese Speaking Learners".Paper presented at GASLA 97 held at McGill University,Montreal,Canada,1997.

④ B.Yuan."The Acquisition of Chinese Reflexive 'ziji' by the English and Japanese Speaking Learners".Paper presented at GASLA 97 held at McGill University,Montreal,Canada,1997.

于不单能正确地反映一种语言内部简单反身代词与复合反身代词之间的区别,而且能较全面地包容各语言间的不同特性,譬如说,英语中诸如"himself"和"themselves"等反身代词只能接受属于 X^{max} 范畴的句子成分作为其大主语,①因为这些反身代词在形态上属复合结构,因而只能近距离受约束。其次,相对化大主语说能仔细慎重地考虑语言习得,并对反身代词的第一语言习得及跨语言的第二语言习得作出了一些引人入胜的预见。然而,相对化大主语说明显地存在着几处前后矛盾的地方。在分析成人语法时,相对化大主语观点认为,如要识别远距离约束、大主语照应倾向以及与简单反身代词有关的其他现象,那就有必要对在形态上属隐性的 AGR 有清楚的认识;这一观点还声言,虽然在类似于汉语的语言里不具备在形态上呈显性的 AGR,但这并不意味在这类语言里就没有句法上的 AGR,因为 AGR 尽管在形态上属隐性,可在句法上依然具有真实性。然而,在预见儿童如何习得远距离约束时,这一观点却认为,儿童具有理解远距离约束的能力,这是因为儿童不具备句法上的 AGR。应该注意,没有句法上的 AGR,那就意味着没有形态上属隐性的 AGR。假若在儿童的早期语法中缺乏形态上属隐性的 AGR,那么儿童的 AGR 约束怎么才有可能? 如果对儿童来说 AGR 约束不可能的话,那么远距离约束和主语照应倾向又怎么会存在呢? 换言之,除非以汉语为母语的儿童意识到有句法上的 AGR(即在形态上呈隐性的 AGR)的存在,他们是不可能让"自己"受到任何句子成分的约束的。倘使儿童不可能让"自己"受约束于其他句子成分,那么他们又怎么会说"自己"具备远距离的先行语和主语照应倾向呢? 显然,儿童缺乏句法上的 AGR 的观点并不能解释儿童允许远距离先行语和主语照应倾向的现象。

三、结语

本文简要地介绍了 Chomsky 约束论的初期构想,并述评了其他语言学家

---

① 这里的大主语是指 X^{max} 标志语,如[NP IP]和[NP NP]等。

对他这一理论的各种修正,如参数化观点、逻辑式移动观点和相对化大主语观点及其这些观点在反身代词第二语言习得理论研究中的具体验证,同时分别讨论了这些观点各自存在的若干缺陷。纵观约束论和反身代词第二语言习得理论研究发展的简短历史. 我们至少可以获得以下几点启示:一是约束论是在不断地扬弃他人观点的基础上求得不断发展的,尽管各种新理论自身也不完善,存在着这样或那样的缺点。其实,有否定才有前进,这是不少学术理论进步的辩证之路。二是不论是参数化观点、逻辑式移动观点抑或相对化大主语观点,它们均是以各自不同的视角来对约束论的初期构想作出修正,但这些修正论所论述的主要对象依然是语言中反身代词如何受约束这一问题,因此,这些观点在本质上仍然属于约束论的范围。三是迄今为止,人们尚未找到关于约束论在各语言中均能行之有效的立足点。这也许有两种可能性:或许约束论本身就不能充当一项普遍语法中的原则,或许普遍语法中可能存在着类似于约束论这样的原则,但目前还有其自身难以克服的弱点,以致缺乏所期望的解释力,须作进一步的充实与完善。四是对于此反身代词在第二语言习得中的理论研究来证实约束论的普遍性,人们至今观点纷呈,莫衷一是。这也许也有两种可能性:通过对反身代词在第二语言习得中的研究来证明约束论的有效性,这或许是一种良策,但在研究的方法论上可能存在着某些问题,如在调查、取证和实验等方面或许均有偏差,可能以偏概全,导致结论失误;通过对反身代词在第二语言习得中的研究来考证约束论在普遍语法中的存在,这也许本身就是一个研究方向上的误区。

若要找到问题的答案,前面的道路依然漫长。但我们相信,随着研究的不断深入,定论自会产生。

(本文原载《四川外语学院学报》2000 年第 2 期)

约束理论与英汉反身代词
第二语言习得的理论研究

一、引言

不论儿童出生或成长于何地,他们均能成功地习得当地的语言,并且最终获得的语言知识远远超出他们在习得过程中所接触到的语言材料,即儿童在完成母语的习得以后,可以说出和理解他们以往从未听到过的话语,谈论并理解以往从未谈论过的问题。针对这一现象,即语言习得的逻辑问题(the logical problem),Chomsky 提出,语言习得之所以成为可能,是因为受到某种与生俱来的语言机制的导引,这种天生的语言机制便是由原则和参数(principles and parameters)构成的普遍语法(universal grammar)。①

为验证普遍语法的有效性,学者们将之应用于第二语言习得的研究,以探索普遍语法的真正普遍性,即探求隐藏于人类大脑中的具有普遍性的语言的根本机制。他们认为,假如普遍语法存在于母语习得,那么它应该同样适用于第二语言的习得,因为第二语言习得也同样存在着逻辑问题:第二语言学习者在习得过程中所接触到的第二语言输入(input)实际上相当有限,但最后也常

---

① N.Chomsky.*Lectures on Government and Binding*.Dordrecht:Foris.1981;N.Chomsky.*Barrier*.Cambridge:MIT Press,1986.这里的"普遍语法"不是指一般意义上的一部语法,而是指一系列的"原则"和"参数",用来限制人类语法的可能范围。"原则"为一切语言所共有,而"参数"则因语言而异。因此,人们也称"普遍语法"为"原则和参数"理论。我们不妨说,"普遍语法"实际上是指语法的语法。

常照样能说出以往从未学到过的话语,而且许多学习者常常能达到或接近本族语者的水平。为此,学者们作出了不懈的努力,对第二语言习得是否也受制于普遍语法这一论题进行了多角度的探讨和论证,在许多方面取得了可喜的进展。本文着重针对这批学者的研究来考察约束理论(the binding theory)①,并结合英汉反身代词第二语言习得理论研究这一工作作一番描述和评论。这样做,原因有二:一是自 Chomsky 在约束论中提出"照应语在管辖语域里受约束"②这一观点以后,随着研究的深入,学者们对此进行了不断的修正,形成了各种不同的观点;二是英汉反身代词在句法特性方面存在着很大差异,因此研究英汉反身代词的第二语言习得也许能在一个方面很好地检验普遍语法的约束理论在第二语言习得中的有效性。需要说明的是,本文仅集中于英汉反身代词的句法分析及第二语言习得的情况。③

---

① 约束理论是普遍语法的一个模块(module),旨在探究语句中名词短语(NP)的句法关系。参见徐烈炯:《生成语法理论》,上海外语教育出版社,1990 年版,第 307 — 311 页。尽管 Chomsky 在约束论中就"照应语""指代语"和"指称语"这三类名词短语提出了三项约束原则,但约束论在相当程度上仅用于对照应语如何受约束这一现象作出解释。

② 即如果一个照应语在管辖语域里(governing category)与一个成分统制(c-command)的名词短语互指,那么这个照应语就受约束,否则就是自由的。照应语是指反身代词和相互代词,如 himself,themselves,each other 等,而管辖语域是指最低层的句子(S)或名词短语。关于其严格定义,参见 N.Chomsky.*Lectures on Goverment and Binding.*Dordrecht:Foris,1981;N.Chomsky.*Barrier.* Cambridge,MA:MIT Press,1986。

③ 程工(《生成语法对汉语"自己"一词的研究》,《国外语言学》第 2 期)认为,汉语中的"自己"不是纯粹的反身代词,而是由一个反身代词和一个泛指代词构成的复合词。胡建华(1998)认为,目前还没有一种句法理论可以圆满地解决汉语反身代词的长距离约束问题。其实,许多学者(Xu 1993,1994;Chen 1992;Huang 1994;Pan 1994,1997;等)对从纯句法角度对汉语反身代词进行研究已提出了不少异议,他们认为,句法并不能彻底解决汉语反身代词的所有分布及所指情况,唯有通过非句法的分析,即语义、语用或语篇的分析才能说明汉语反身代词的复杂现象,Pan 提出了自我归属(self-ascription)的观点,Chen 和 Huang 分别借助功能理论和语用学理论来进行分析,Xu 则提出了题元等级的观点。Huang and Liu(to appear)最近对汉语反身代词的语内传递语特性(logophoricity)作了系统的论述,提出汉语反身代词"自己"在近距离受约束时是一个照应语,具有句法特性,可在远距离受约束时仍是一个语内传递语(logophor),指向说话者或句中某一个成分所代表的人:含语内传递语的句子,具有语内传递语的特性,表达这个人的态度、思想、意识和信仰等,因此他们主张从句法、语义和语用的角度来分析汉语的反身代词。笔者赞同胡建华(1998:38)的看法:"要正确地解决汉语反身代词的约束问题,首先就要把句法照应语与非句法照应语区分开来。非句法照应语不是句法学研究的对象"。本文仅涉及汉语反身代词的句法特性,对非句法的分析暂且略而不论,况且迄今为止,尚未有人将汉语反身代词的非句法特性用于对第二语言习得的探讨,笔者本人对此也尚未作过实验论证。

二、参数化(parameterization)分析及其用于英汉反身代词第二语言习得的理论研究

自 Chomsky 提出约束理论以来,其他的语言学家根据不同语言中反身代词的不同约束特性,对约束论进行了不同程度上的修正,而第二语言习得理论研究者则将这些不同的修正观点用于分析第二语言学习者在习得反身代词过程中所表现出的各种行为。

(一) 参数化观点

Wexler 和 Manzini① 对约束论中关于"照应语在管辖语域里受约束"这一观点作了修正,提出一个照应语在其管辖语类里受一个适当先行语的约束,这一必要条件应对所有照应语起作用。

为了具体反映照应语在各语言间的分布差异,Wexler 和 Manzini 对约束这一情况作了参数化处理。他们在(1)中提出管辖语域参数(governing category parameter,简称 GCP),在(2)中提出了适当先行语参数(proper antecedent parameter,简称队 PAP)的概念。

(1)α 对 β 是一个管辖语域,当且仅当 α 是最小语域(the minimal category),并含有 β 和 a.一个主语,或 b.一个屈折 INFL 变化,或 c.一个时态 TNS,或 d.一个直陈(indicative)时态 TNS,或 e.一个根句(root)时态 TNS。

(2)α 的适当先行语是 a.一个主语 β,或 b.类似于 β 的任何成分。

许多研究② 表明,英语就 GCP 而言属于 a 类语言,就 PAP 而言则属于 b 类语言,而汉语就 GCP 而言属于 e 类语言,就 PAP 而言则属于 a 类语言。这

———————

① K.Wexler & M.R.Manzini. "Parameters and Learnability in Binding Theory". *Parameter Setting*, T.Roeper and E.Williams, ed.Dordrecht:Reidel,1987,pp.41−76.

② K.Wexler & M.R.Manzini. "Parameters and Learnability in Binding Theory". *Parameter Setting*, T.Roeper and E.Williams, ed.Dordrecht:Reidel,1987,pp.41−76.;P.Cole and L.M.Sung. "Head Movement and Long−distance Reflexives".*Linguistic Inquiry*,1994,No.25;L.Progovac, "Long Distance Reflexives:Movement to Infl Versus Relativized SUBJECT".*Linguistic Inquiry*,1993,No.24.

是因为英语反身代词必须在最小语域里受约束，这一最小语域必须包含反身代词本身、一个具有成分统制（c-command）作用的先行语和一个主语，所以英语的反身代词只能近距离受约束（locally bound），如句（3）和句（4），而汉语的反身代词"自己"既可以近距离受约束，也可以远距离（long-distance）受约束，而且具有接受主语照应的倾向（subject orientation）①②③，如句（5）和句（6）：

(3) Jane$_i$ thinks that Mary$_j$ knows that Susan$_k$ loves herself$_{*i/*j/k}$

(4) Jane$_i$ showed Mary$_j$ a picture of herself$_{i/j}$

(5) 张三$_i$认为李四$_j$知道王五$_k$表扬了自己$_{i/j/k}$

(6) 张三$_i$给了李四$_j$一张自己$_{i/*j}$的照片

Wexler 和 Manzini 从参数化这一观点出发，提出 GCP 和 PAP 能对发生子集联系（subset relationship）的各种语言作出界定。比如说，就 GCP 而言，汉语较之英语更具包容性，这是因为汉语允许反身代词"自己"受到远距离或近距离的约束，而英语里的反身代词却只能近距离受约束。因此，就这一方面而言，英语是汉语的一个子集。可是，就 PAP 而言，汉语则是英语的一个子集，因为不论在英语还是在汉语里，反身代词均可与句子里的主语互指，然而，只有在英语里，其反身代词才可与句子里的宾语互指。

如果说 Y 参数是 X 参数的一个子集（Y⊆X），那么根据子集原则（Wexler & Manzini 1987），Y 参数是无标记的（unmarked），而 X 参数是有标记的（marked），第二语言学习者首先习得无标记的参数，只有当他们接触到更具包容性的 X 参数的正面证据（positive evidence）时，他们才会习得有标记的参

----

① 关于汉语反身代词的主语照应倾向问题，有些学者提出了一些反例，Chen（1992）认为，"自己"的先行语并不一定就是主语，如"有人告诉他$_i$自己$_i$的屋子着火了"。徐烈炯（1994）也认为，"自己"的主语照应倾向不是绝对的，如"小张$_i$把小李$_j$锁在自己$_{i/j}$的屋里"。但是，陈平提供的反例牵涉到"自己"的强调（emphatic）或类指（generic）的用法（详见程工 1994：38-39），而约束论研究的对象却是句法方面的照应法。再者，徐烈炯提供的反例牵涉到汉语的"把字句"，笔者认为，"把字句"中的"把"并不一定就是一个介词，而是一个副动词（light verb），紧接其后的名词短语在深层上可以分析为主语，对此笔者将在另文加以探讨。

② C. Huang & T. James. *Logical Relations in Chinese and the Theory of Grammar*. MIT Dissertation，1982. Also published by New York：Garland Publishing，1998.

③ P. Cole & G. Hermon & L. M. Sung. "Principles and Parameters of Long-distance Reflexives". *Linguistic Inquiry*，1990，No.21.

数。如上所述,就 GCP 而言,英语是汉语的一个子集,而就 PAP 而言,汉语则是英语的一个子集。因而,如果子集原则在第二语言习得过程中起作用,中国英语学习者便会轻而易举地习得英语的 GCP,因为英语的 GCP 是无标记的,而汉语的 GCP 是有标记的。但是,在 PAP 方面,中国英语学习者可能会将汉语的 PAP 迁移到英语的 PAP 上,因为汉语的 PAP 是无标记的,而英语的 PAP 则是有标记的。

(二) 参数化观点在英汉反身代词第二语言习得理论研究中的验证

为验证 Wexler 和 Manzini 关于约束理论参数化观点的有效性,有一批学者①对此作了认真的考察。我们在此仅描述 Thomas 对中国英语学习者习得英语反身代词所做的一项实验。② 她调查的主要内容是关于 GCP 和 PAP 的第二语言习得情况。有 24 个中国人参加了这一项实验。实验中共有 30 个句子,涉及两类句型,一类检验 GCP,如句(7),另一类检验 PAP,如句(8):

(7) Susan heard that Mary had bought herself a new 10-speed bicycle.

(8) Susan gave Mary three photographs of herself taken last summer.

实验以问答题的形式进行,每个句子下面有 3 个选项,要求被试根据自己的理解,选择正确的答案,如句(9)和句(10):

(9) Mary angrily told me that Susan had spilled a lot of paint on herself.

Who got paint all over herself?

---

① D. Finer & E. Broselow. "Second Language Acquisition of Reflexives Binding". *Linguistic Inquiry*, 1986, No. 25; M. Hirakawa. "A Study of the L2 Acquisition of English Reflexives". *Second Language Research*, 1990, No.6; M. Thomas. "The Interpretation of English Anaphor Pronouns by Non-native Speakers". *Studies in Second Language Acquisition*, 1989, No.11; M. Thomas. *Knowledge of Reflexives in a Second Language*. Amsterdam: John Benjamins Publishing Company, 1993; U. Lakshmanan and K. Teranishi. "Preferences Versus Grammaticality Judgments: some Methodological Issues Concerning the Governing Category Parameter in Second Language Acquisition". *Research Methodology in Second Language Acquisition*, E. Tarone, S. Gass and A. Cohen, eds. Hillsdale, NJ: Lawrence Erlbaum, 1994, pp. 207-225.

② Thomas 实验中的被试人员包括中国人、西班牙人和其他来自不同语言背景的人。在此我们仅讨论关于中国人的实验数据。

a.Susan b.Mary c.Either Susan or Mary

（10）Jane sent Mary four photographs of herself taken last winter.

Whose photographs did Jane sent to Mary?

a.Jane's b.Mary's c.Either Jane's or Mary's

实验结果表明,在 GCP 方面,对英语反身代词近距离受约束的接受率为69.4%,接受远距离约束的占 7.29%,认为两者均可的占 23.46%;在 PAP 方面,59.71%的被试者接受句子主语对英语反身代词的约束,11.83%的被试接受句子宾语的约束,认为两者均可的占 28.58%。Thomas 由此得出结论,子集原则在第二语言习得中并不完全起作用,因为被试者并没有始终选择无标记的参数。但是,普遍语法在反身代词第二语言习得过程中仍然起作用,因为被试者所接受的反身代词约束参数仍然是普遍语法所允准的参数:GCP 和 PAP均是普遍语法的参数。再者,在第二语言习得的中介语(interlanguage)发展过程中,参数可以逐渐地得到重新设置(resetting),因为多半被试者在 GCP 方面已接受了英语反身代词的近距离约束,随着被试者对英语的进一步习得,相信参数的重新设置是可以完成的。

（三）参数化观点的缺陷

参数化观点继承和发展了 Chomsky 的约束论,并将研究成果应用于第二语言习得理论的探索,这是十分可取的。但是,参数化观点存在着明显的不足之处。一是参数化观点可能会导致学习者学习任务的"原子化"(atomization)①,因为参数差异能解释语言变异(variation)这一观念是建基于这样一种假设:各种演绎的结果源于各种不同参数的设置,如汉语反身代词"自己"在GCP 方面是有标记的,在 PAP 方面却是无标记的,但汉语反身代词"他自己"②在 GCP 方面是无标记 在 PAP 方面却是有标记的;二是这一观点对管辖语域和适当先行语的界定没有原则性的限制,因为不同的语言可能需要不同

---

① M.Thomas. "Acquisition of the Japanese Reflexive Zibun and Movement of Anaphors in Logical Form". *Second Language Research*,1995,No.11.

② "自己"是简单反身代词,既可以远距离受约束,也可以近距离受约束,而"他自己"却是复合反身代词,只能近距离受约束。关于反身代词的形态差异,将在下文论及。

的条件限制,如主语、屈折 INFL、根句时态 TNS 等;三是参数化观点的建基点,在于子集原则在第二语言学习者重新设置 GCP 和 PAP 过程中具有指导性的作用,但无论从经验角度还是理论角度,子集原则的作用均已受到质疑,以上介绍的 Thomas 的调查研究结果就是一个例证。White 说,第二语言学习者并不一定从一开始就设置与第二语言的语料相容的无标记参数,而可能会采用过分笼统的参数,并且在某些情况下参数的设置是以母语的参数为依据。①

三、逻辑式移位(logical form movement)观点及其用于英汉反身代词第二语言习得的理论研究

针对 Chomsky 约束论中关于"照应语在管辖语域里受约束"这一经典性的论述以及 Wexler 和 Manzini 提出的参数化观点,理论语言学家们作出了始终不渝的努力,对这两种观点进行了实验性论证。我们在此将介绍由 Pica②、Battistella③、Cole,Hermon 和 Sung(1990)、Cole 和 Sung(1994)等人提出的逻辑式移位观点。

(一) 逻辑式移位观点

反身代词的句法特性是决定约束理论与反身代词逻辑式移位相互作用的重要依据,这是逻辑式移位分析法的主要观点。虽然上述各位研究者在分析方法的技术处理上存在着若干差异,但稍加整理分析,我们仍可发现这些研究具有以下共同点:

1. 在形态上(morphologically)存在着简单反身代词(simplex reflexives)和

---

① L.White."Effects of Instruction on Second Language Acquisition of the Japanese Long Distance Reflexive Ziban".*Canadian Journal of Linguistics*,1996,No.41.

② P.Pica."On the Nature of the Reflexivization Cycle".*Proceedings of NELS*,1987,No.17.C. Huang.and T.James.*Logical Relations in Chinese and the Theory of Grammar*.MIT dissertation,1982.Also published by New York:Garland Publishing,1998.P.Cole,and G.Hermon & L.M.Sung."Principles and Parameters of Long-distance Reflexives".*Linguistic Inquiry*,1990,No.21.

③ E.Basttistella."Chinese Reflexivization:a Movement to INFL Approach".*Linguistics*,1989,No.27.

复合反身代词(complex reflexives)的区别,如汉语中的"自己",朝鲜语中的 caki 和日语中的 zibun 等,均是简单反身代词,而英语中的 herself 和汉语中的 "她自己"则是复合反身代词。

2. 从宾语的成分统制域中提取出来的简单反身代词,提升于直接支配它 的动词短语,能找到处于句子高层结构中的先行语,所以简单反身代词必定具 备与主语照应的倾向。因为简单反身代词不具备在人称、数和性方面的名词 性特征,所以这类反身代词的位置只得移入处于逻辑式的屈折(INFL)中,并在 那里得到解释;又因为这种反身代词在抽象的逻辑式层次上进行连续的层级 (successive-cyclic)移位,最终将受到远距离的约束。这从结构上可以表达为:

$$[\,_{IP}小张[\,_J自己_i][\,_{VP}认为[\,_{IP}小王[\,_It_i][\,_{VP}表扬 了 t_i]\,]\,]\,]$$

3. 与宾语照应的复合反身代词必须近距离受约束,这是因为这种反身代 词处于宾语的成分统制域中,无法移入允许受远距离约束的位置。所以,主语 或宾语均可充当其先行语。这从结构上可以表达为:

$$[\,Susan_k\ said\ that\ [\,Mary_i\ gave\ Jane_j\ a\ photograph\ of\ herself_{*k/i/j}]\,]$$

需要强调的是,逻辑式移位分析法的重要内容之一,是将远距离约束与主 语照应倾向联系起来加以考虑,当作同一事物的两个方面,这两者之间的蕴含 关系是单向的,即只要是远距离约束,那就意味着具备主语照应倾向,但反过 来并非如此。这种单向的蕴含关系同样适用于宾语照应和近距离约束之间的 关系:前者蕴含后者,可反之并不适用。

(二) 逻辑式移位观点在英汉反身代词第二语言习得理论研究 中的验证

为了证明第二语言学习者是否在抽象的逻辑式里提升反身代词,第二语言 习得研究者[①]对此作了探索。下面介绍的是 Yip 和 Tang[②] 的一项调查结果。

---

① V.Yip & G.Tang.*The Interpretation of English Reflexives by Cantonese Learners*.Paper presented at SLAF'94 held at McGill University, Montreal, Canada, 1994; M.Thomas."Acquisition of the Japanese Reflexive Zibun and Movement of Anaphors in Logical Form".*Second Language Research*,1995,No.11.

② Yip & Tang 实验中的被试人员是说广东话的英语学习者。本文选用她们的实验报告, 是因为广东话属汉语语系。

　　Yip 和 Tang 对母语为广东话的英语学习者如何理解英语反身代词作了一次调查。她们采纳了逻辑式移位说的观点来解释其调查结果,调查的方法是采用语法判断和多种选择。一共有 265 名被试者参加了这一项调查。大多测试句均至少包含一个内嵌句(embedded clause),用来测试远距离约束,有些测试句含有与格结构(dative constructions)①,用来测试主语照应倾向。调查结果表明,被试人员,尤其是初级英语学习者,一般情况下均接受反身代词的远距离约束,而对含有限定性内嵌句的句子,如句(11),被试者认为 Mary 和 Susan 均可能会约束反身代词 herself;对含有非限定性内嵌句的句子,如句(12),被试者同样认为 Mary 和 Susan 都会约束 herself。

　　(11) Mary thinks that Susan dislikes herself.

　　(12) Mary wants Susan to understand herself.

　　这些约束行为表明,说广东话的初级英语学习者将英语中的复合反身代词当作广东话中的简单反身代词 jihgei 来处理,换言之,他们将简单反身代词 jihgei 的特性迁移到英语的复合反身代词上,造成了母语迁移现象。

　　在例句(13)的与格结构中,大多被试者偏爱将主语 Mary 当作反身代词的先行语,可有些被试者也将宾语 Susan 作为先行语。

　　(13) Mary sent Susan a book about herself.

　　Yip 和 Tang 认为,之所以会出现这种情况,是因为被试者将广东话中的复合反身代词 keoizigei 的特性迁移到英语的复合反身代词上。

　　这些调查表明,像 jihgei 这样的受远距离约束的简单反身代词,只能接受主语的照应,而像 keoizigei 这样的复合反身代词可以接受宾语的照应。对此,反身代词逻辑式移位观点极有说服力。

（三）逻辑式移位观点的缺陷

　　虽然 Yip 和 Tang 的这一项调查,为逻辑式移位观点在反身代词第二语言习得过程中所起的作用提供了证据,但这并不意味着这一观点就已十全十美。Progovac 认为这一观点主要有四个问题。一是远距离约束没有遵循临接原则

---

　　①　相当于传统语法上的双宾语结构。

(subjacency principle)①,因为汉语反身代词"自己"的远距离受约束完全可以穿过一个关系从句岛(across a relative clause island)②。二是尽管简单反身代词不能与宾语照应,可它会受到宾语领属语[NP,NP]的约束,日语以及俄语中的反身代词就是这种情况。三是因为反身代词的移位是一种附加而不是替换,如俄语中的简单反身代词,其移位的最终结果是附加在完全屈折(INFL)上。对此,即便按逻辑式移位分析法,其中缘由也难以说清楚。四是儿童语法中反身代词受远距离约束这一情况对移位至 INFL 的分析(Movement-to-INFL analysis)构成了挑战,因为儿童的初期语法似乎还没有形成 INFL。③

关于逻辑式移位说,除以上四点之外,还有更多的反对意见。详细情况,请参 Huang④ 和 White。

四、相对化大主语(relativized SUBJECT)观点及其用于英汉反身代词第二语言习得的理论研究

Progovac⑤ 为解释语言中反身代词受远距离约束的现象,并针对约束论的参数化观点和逻辑式移位分析法所存在的诸种缺陷,提出了相对化大主语

---

① 临接原则是指句子成分的移位必须遵守的各种条件,如移位必须在一定的界限之内,每次移位不能越过一个以上界限节点(bounding node),界限节点指名词短语(NP)和句子(S)。参见徐烈炯:《生成语法理论》,上海外语教育出版社 1990 年版,第 329—338 页。

② 最近 Huang & Liu 从句法和语义接面的角度对这一问题作了阐述,认为逻辑式移位表达可直接转换为语义表达,并由此认为反身代词的逻辑式移位可以免除岛条件(island conditions)的制约。但是,现在还没有人对这一观点作进一步的研究和探讨。

③ Guilfoyle & Noonan(1992)和 Radford(1990)等认为,儿童的初期母语习得仅处于词汇阶段(lexical stage),在这一阶段,屈折 INFL 尚未形成。Vainikka and Young-Scholten(1994,1996)发现,第二语言习得者在习得初期也只是处于词汇阶段,但随着第二语言的输入,屈折 INFL 才会逐渐形成。然而,也有人对此提出异议。Hyams(1992)和 Valian(1992)等人认为,在儿童的初期语中就存在着屈折 INFL。Grondin and White(1996)认为,在第二语言习得的初期,也有屈折 INFL。

④ Y.Huang.*The Syntax and P-agmatics of Anaphora* Cambridge:Cambridge University Press,1994.

⑤ L.Progovac."Relativized SUBJECT:Long-distance Reflexives without Movement".*Linguistic Inquiry*,1992,No.23;L. Progovac."Long-distance Reflexives:Movement-to-Infl Versus Relativized SUBJECT".*Linguistic Inquiry*,1993,Nc.24.

的观点。

（一）相对化大主语观点

既然反身代词在形态上存在着简单反身代词和复合反身代词这一区别。那么,反身代词在接受约束时就需要 X-bar 的彼此兼容(compatibility)。Progovac 由此认为,汉语的反身代词"自己"和日语的反身代词 zibun 在形态上均是简单反身代词,即 X^0 反身代词,因此,这种反身代词只能接受 X^0 范畴作为其大主语。这一大主语也就是表示一致关系的 AGR。尽管汉语在形态上缺乏显性的 AGR,可这并不等于说汉语就没有 AGR。其实,根据 Borer 的看法,汉语中同样存在着 AGR,只不过这种 AGR 是隐性的,具有虚空性(emptiness)而已。[1] 换言之,在汉语句子中,形态上属隐性的 AGR 同样能起照应的作用,它因此能与处于句子高层结构的另一 AGR 同标。当汉语的反身代词"自己"受约束于近距离的 AGR,而这一 AGR 在照应方面与处于高层结构的另一 AGR 连接在一起时,"自己"就自然将远距离的主语当作先行语。这样,AGR 链(AGR-chain)就因此而形成。汉语句子(14)表明,Progovac 的分析方法是能说明"自己"是怎样受到远距离的约束的。

(14)张三$_I$认为$_{AGR3}$李四$_J$知道$_{AGR2}$王五$_K$表扬$_{AGR1}$了自己$_{I/J/K}$

AGR1 是简单反身代词"自己"的大主语,也是其近距离的约束者。因为 AGR1 在句子结构上处于最低位置,受到位置比它高的 AGR2 的约束,而 AGR2 通过连锁反应又受到处于句子结构最高位置的 AGR3 的约束,反身代词"自己"因此也会受到 AGR3 的约束,而且可以与三个主语"张三""李四"和"王五"中的任何一个互指。换句话说,这里的 AGR1、AGR2 和 AGR3,在指代特征[2]上彼此相容,因而形成了一条 AGR 链。另外,Progovac(1993)提出,简单反身代词的大主语的相对化识别,也可用来解释主语照应倾向。因为 X^0 反身代词必须受到作为唯一而明显的并且具有成分统制作用的 AGR 的约束,所以通过连锁反应,这样的反身代词总是跟与 AGR 同标的主语互指。约束是相

---

① H.Borer.Anaphoric AGR.*The Null Subject Parameter*.O.Jaeggli and K.Safir,eds.Dordrecht: Kluwer,1989,pp.69–109.

② 指代特征是指人称、数和性等方面的特征。

对化了的约束,唯有属于 X° 范畴的句子成分才能约束 X^0 反身代词。同样,因为英语反身代词在形态上属复合反身代词,即 X^{max} 反身代词,所以只能接受属于 X^{max} 范畴的句子成分作为其大主语。根据相对化大主语的观点,大主语(即[NP IP],[NP NP]或 AGR)的概念依从反身代词的 X-bar 的状态而产生相对化。这样,X^{max} 反身代词对大主语的选择只能限制在具有人称和数特征的 X^{max} 标志语(specifier)①,以比达到反身代词的约束满足 X-bar 彼此兼容的要求。

简而言之,不论是简单反身代词抑或复合反身代词,它们均受大主语的约束,而这种大主语却是相对化了的大主语,它们在约束反身代词时需在指代特征方面彼此匹配。

（二） 相对化大主语观点在英汉反身代词第二语言习得理论研究中的验证

近些年来,相对化大主语分析法引发了第二语言习得理论研究者极大的兴趣。Bennett②、Yuan③ 和王文斌④都采纳了这一观点来调查反身代词的第二语言习得。我们在此仅描述王文斌关于中国高级英语学习者对英语反身代词第二语言习得的实验研究报告。

王文斌以中国高级英语学习者对英语反身代词的第二语言习得为聚焦点,以 Progovac 的相对化大主语观点为视野,考察在第二语言的反身代词习得过程中的母语迁移现象、普遍语法的有效性以及参数重新设置的可能性。有30 位被试参加了这一项实验。实验是以图片为主的真假值判断,每一幅图片的下方写有一个英语句子,要求被试回答每一幅图片下面的句子的意思是否表达了该图片所反映的内容。涉及英语反身代词的句子共分为三个类型:限

---

① 这里的 X^{max} 标志语是指[NF IP]和[NP NP]等。

② S.Bennett."Interpretation of English Reflexives by Adolescent Speakers of Serbo-Croatian". *Second Language Research*,1994,No.10.

③ B.Yuan."L2 Acquisition of the Chinese Reflexives Ziji by the English and Japanese Speaking Learners".Paper presented at GASLA'97 held at McGill University,Montreal,Canada,1997.

④ 王文斌:《中国高级英语学习者对英语反身代词的习得》,《外语教学与研究》2000 年第4 期。

定性双子句（biclausal finite sentences）、非限定性双子句（biclausal nonfinite sentences）和单子句（monoclausal sentences）。每个大类型中均有两个子类型。限定性双子句的两个子类型分别是远距离主语和近距离主语充当先行语；非限定性双子句的两个子类型也是远距离主语和近距离主语充当先行语；单子句的两个子类型是主语和宾语充当先行语。因而，共有六个子类型，而每个子类型都有与反身代词受约束有关的四个例句。各子类型及各例句在实验中的顺序均任意排列。

以下是这六个子类型及其一个典型例句：

A.限定性双子句中的远距离主语充当先行语（假），如：

Mr.Green imagined that Mr.Brown pained himself.

B.限定性双子句中的近距离主语充当先行语（真），如：

Mr.Green dreamed that Mr.Brown shot himself.

C.非限定性双子句中的远距离主语充当先行语（假），如：

Mr.Green told Mr.Brown to look at himself in the mirror.

D.非限定性双子句中的近距离主语充当先行语（真），如：

Mr.Brown asked Mr.Green to paint himself.

E.单子句中的主语充当先行语（真），如：

Mr.Green asked Mr.Brown about himself.

F.单子句中的宾语充当先行语（真），如：

Mr.Green showed Mr.Brown a poster of himself.

显然，A 和 B 均是限定性双子句，在这类句型中，英语反身代词只能接受近距离主语的约束。C 和 D 均是非限定性双子句，其中的英语反身代词在约束关系方面与限定性双子句中的一致。在这两个类型中，如果被试让英语反身代词受约束于远距离主语，那就表明他们还未正确掌握在这类句型中英语反身代词的句法特性。E 和 F 均是单子句，内含着一个主语和一个宾语。在这一句型中，倘若被试接受主语或宾语都可作为英语反身代词的先行语，那就说明，他们已正确掌握了在这一句型中英语反身代词的句法特性。

实验结果表明，子类型 A 的准确率为 93.6%，子类型 B 的准确率为 91%，子类型 C 的准确率为 86%，子类型 D 的准确率为 85%，子类型 E 的准确率为

87.5%,子类型 F 的准确率为 26%。

王文斌从实验中得出结论:首先普遍语法制约着中国高级英语学习者对英语反身代词的理解且在第二语言习得过程中,参数的重设涉及普遍语法所发挥的作用、第二语言的输入和母语的知识。其次,中国高级英语学习者对英语反身代词的理解仍然受到母语迁移的影响,这尤其表现在对单子句中英语反身代词的理解。然而,从总体上讲,参数重设还是可以实现的,被试者在限定性和非限定性双子句中对英语反身代词约束特性的把握上取得较高的平均准确分证实了这一点。最后,相对化大主语观点看来能基本上解释中国高级英语学习者在理解英语反身代词时所表现出的约束行为。

(三) 相对化大主语观点的缺陷

较之参数化观点和逻辑式移位观点,相对化大主语观点的最大优点,在于不但能正确地揭示一种语言内部简单反身代词与复合反身代词之间的区别,还能比较全面地包容各语言间的不同特性,比如说,英语中诸如 himself 和 themselves 等反身代词只能接受属于 X^{max} 范畴的句子成分作为其大主语,因为这些反身代词在形态上属复合结构,因而只能近距离受约束。其次,相对化大主语观点能仔细慎重地考虑语言习得,并对反身代词的母语习得及跨语言的第二语言习得作出一些引人入胜的预见。然而,相对化大主语观点无法解释汉语反身代词的各种复杂现象。比如说,相对化大主语观点的一个主要内容,就是要求相对化了的大主语在约束反身代词时,需在指代特征方面与反身代词彼此兼容。但是,它无法说明这样一种现象:汉语中大主语与反身代词在指代方面有时并不需要彼此相容,如句(16),而且近距离复数主语对反身代词接受远距离单数主语的约束不构成阻塞效应(blocking effect),试比较句(15)和句(16)。

(15)他们_j知道 张三_i常夸奖 自己_{*j/i}

(16)张三_i知道 他们_j常夸奖 自己_{i/j}

从句(15)可以看出,由于"他们"与"张三"在数方面的不一致,"自己"与"他们"之间的远距离约束关系被"张三"阻塞,在此,相对化大主语很有说服力。然而,在句(16),"张三"与"他们"同样在数方面不一致,可"他们"并没有阻塞"自己"受"张三"的远距离约束,而且"张三"和"他们"均可约束"自己"。因此,句(16)对相对化大主语观点的解释力构成了挑战。①

五、结语

Chomsky 在约束论中提出了"照应语在管辖语域里受约束"这一经典性观点,本文就这一观点简要地描述了语言学家对此所作出的各种修正,如参数化观点、逻辑式移位观点和相对化大主语观点,并就这些修正观点在英汉反身代词第二语言习得理论研究中的具体验证作了评述,同时分别指出了这些修正观点各自存在的诸种缺陷。纵观以上讨论,我们至少可以得到以下几点启示:一是不论是参数化观点、逻辑式移位观点还是相对化大主语观点,它们均是以各自不同的视点来修正约束论的经典性构想,但这些修正观点所论述的主要对象依然是语言中反身代词如何受约束这一问题,因此,这些观点在本质上仍然属于约束论的范围;二是迄今为止,人们尚未找到关于约束论在各语言中均能完全行之有效的立足点。这也许有两种可能性:或许约束论本身就不能充当一项普遍语法中的原则,或许普遍语法中可能存在着类似于约束论这样的原则,但目前还有其自身难以克服的弱点,以致缺乏所期望的解释力,须作进一步的充实与完善;三是通过对反身代词在第二语言习得中的理论研究来证实约束论的普遍性,这或许是一种良策,但在研究的方法论上可能存在某些问题,如在调查、取证和实验等方面或许均有偏差,可能以偏概全,导致结论失误。以上这些问题,都需要我们作进一步的探讨和研究。

(本文原载《当代语言学》2001 年第 2 期)

---

① Huang 和 Liu[C.Huang,-T.J.和 L.Liu,*Logophophoricity*,*Attitudes*,*and Ziji at the Interface*.In P.Cole et al.(eds.),2001,pp.141-195.]从汉语反身代词"自己"的语内传递语特性的角度对这一问题进行了分析,认为"自己"的远距离先行语必须是单数,而不能是复数。但是,他们的这种分析方法并不是纯句法学的分析方法。

中国高级英语学习者对英语
反身代词的习得

一、引言

　　普遍语法对第二语言习得是否起作用？对此,学术界众说纷纭,分歧主要表现为以下四种假说。第一种认为,普遍语法在第二语言习得过程中不起作用,其代表人物为 Clahsen 和 Muysken①;第二种认为,普遍语法依凭学习者母语中的具体表征作用于第二语言习得,其代表人物是 Schachter②;第三种认为,普遍语法在第二语言习得中完全起作用,其代表人物为 Liceras③ 和 Mazurkewich④;第四种认为,普遍语法、第二语言输入和母语知识三者,在第二语言习得过程中起互动作用,其代表人物为 Schwartz⑤ 和 White⑥。

---

① H.Clahsen & P.Muysken.“The Availability of Universal Grammar to Adult and Child Learners—a Study of German Word Order”.*Second Language Research*,1986,No.2.

② J.Schachter.“Testing a Proposed Universal”.*Linguistic Perspectives on Second Language Acquisition*.S.Gass & J.Schachter,eds.Cambridge:Cambridge University Press,1989.

③ J.M.Liceras.*L2 Learnability:Delimiting the Domain of Core Grammar as Distinct from the Marked Periphery*.Unpublished manuscript,1985.

④ I. Mazurkewich. “Dative Questions and Markedness”. *Universals in Second Language Acquisition*.F.Eckman,L.H.Bell & D.Nelson,eds.Rowley:Newbury,1984.

⑤ B.Schwartz. “The Modular Basis of Second Language Acquisition”. Ph. D. dissertation. University of California,Los Angeles,1987;B.Schwartz,“Lexical and Functional Categories in L2A:A Principled Explanation for Explaining Transfer”.*Paper Presented at Workshop on Recent Advances in Second Language Acquisition*.Cambridge,MA:MIT Press,1993.

⑥ L.White.“Markedness and Parameter Setting:Some Implications for a Theory of Adult Second Language Acquisition”.*Markedness*.F.R.Eckman,E.A.Moravcsik & J.R.Wirth,eds.New York:Plenum,1986;L.White.“Island Effects in Second Language Acquisition”.*Linguistic Theory in Second Language Acquisition*.S.Flynn and W.O' Neil,eds.Dordrecht:Kluwer,1988.

为验证普遍语法在第二语言习得中的作用,学者们对第二语言的反身代词习得问题倾注了大量精力,进行了许多实验。其动因大致有二:一是对第二语言反身代词习得的研究,能从一个微观角度揭示第二语言习得是否也受普遍语法制约这一奥秘;二是作用于反身代词约束行为(binding behaviour)的普遍语法诸条件,因语言而殊异;因此,对第二语言反身代词习得的探索,便于更好地检验 Chomsky① 提出的约束论中的 A 原则:照应语②必须在管辖语域③里受约束。

倘若第一假说成立,那么第二语言学习者就不会受到约束论中的原则和参数④的指引,从而在理解第二语言反身代词时就会违反普遍语法,产生"无章"语法("Rogue"grammar)⑤。假若第二假说正确,那么第二语言学习者只能习得具体表现于母语中的反身代词句法特征的相关参数。倘若第三假说有理,那么第二语言学习者就能重新设置参数,而且这些参数能为普遍语法所接受。如果第四假说能站得住脚,那么第二语言和母语知识的交互作用,能使第二语言学习者便捷地习得第二语言中反身代词的约束特性,其习得行为应基本上受到普遍语法中的原则和参数的指引。

本文采用第四种假说。这一假说承认普遍语法在第二语言习得过程中的重要作用,同时,又很重视第二语言的输入和母语知识在这一过程中所起的作用。这里需要强调的是,第二语言的输入并非在短期内就能完全发挥作用,因而,在第二语言习得过程中,极有可能发生母语迁移现象。White 发现,第二语言学习者在学习初期会自然而然地将母语的参数值迁入第二语言习得过程。Phinney 认为,在第二语言学习的起始阶段,学习者会将参数设在母语的

---

① N.Chomsky.*Lectures on Government and Binding*.Dordrecht:Foris,1981;N.Chomsky.*Barrier*. Cambridge,MA:MIT Press,1986.

② 反身代词(X-self)和相互代词,如 each other 等,均属照应语。

③ 管辖语域是由照应语、其管辖者和一个可及性大主语(accessible SUBJECT)所构成的一个最小语类。可及性大主语包含表示一致关系的 AGR、不定式主语[NP IP]和 NP 领属语[NP NP]。

④ 根据"原则与参数理论"的观点,有一些语法原则是一切语言所共有的,即语法的"共性原则";同时各语言间也存在着语法差异;不同的语法差异构成不同的参数。

⑤ M.Thomas."Universal Grammar and the Interpretation of Reflexives in a Second Language". *Language*,1991,No.67.

参数值上。① Hirakawa 通过实验调查日本的英语学习者习得英语反身代词的情况,发现在中级阶段仍然存在母语迁移现象。② 以上调查研究表明,在第二语言习得的初级和中级阶段,均存在母语的迁移现象,由此引发一个令人感兴趣的问题,即在第二语言习得的高级阶段,是否仍存在母语迁移现象?

二、本课题中的假设以及探讨的若干问题

汉英两种语言中反身代词的约束行为彼此相异,对此众家已有论述③。为便于本文的陈述,我们在此仅举(1)、(2)、(3)和(4)、(5)、(6)句为例,通过对比显现汉英反身代词约束行为的明显差异。

(1)张三$_i$认为 李四$_j$相信 自己$_{i/j}$

(2)张三$_i$叫 李四$_j$相信 自己$_{i/j}$

(3)张三$_i$给 了 李四$_j$一张 自己$_{i/*j}$的照片

(4)Mr.Brown$_i$ said that Mr.Green$_j$ shaved himself$_{*i/j}$

(5)Mr.Brown$_i$ told Mr.Green$_j$ to look at himself$_{*i/j}$in the mirror

(6)Mr.Brown$_i$ sold Mr.Green$_j$ a picture of himself $_{i/j}$

----

① M.Phinney."The Pro-drop Parameter in Second Language Acquisition".*Parameter Setting*.T. Roeper & E.Williams,eds.Dordrecht:Reidal,1987,pp.221-238.

② M.Hirakawa "A Study of the L2 Acquisition of English Reflexives". *Second Language Research*,1990,No.6.

③ L.Xu."The Antecedent of Ziji".*Journal of Chinese Linguistics*,1994, No.22;L.Xu."The Long-distance Binding of Ziji".*Journal of Chinese Linguistics*,1993,No.21;程工:《生成语法对汉语"自己"一词的研究》,《国外语言学》1994年第1期;程工:《汉语"自己"一词的性质》,《当代语言学》1999年第2期;胡建华:《汉语长距离反身代词化的句法研究》,《当代语言学》1998年第3期;H.Borer, H.Anaphoric AGR.*The Null Subject Parameter*.O.Jaeggli and K.Safir,eds.Dordrecht:Kluwer,1989,pp.69-109;P.Cole & L.M.Sung."Head Movement and Long-distance Reflexives".*Linguistic Inquiry*,1994, No.25;L.Progovac."Relativized SUBJECT:Long-distance Reflexives without Movement".*Linguistic Inquiry*,1992,No.23;L.Progovac."Long-distance Reflexives:Movement-to-Infl Versus Relativized SUBJECT".*Linguistic Inquiry*,1993,No.24;C.-C.J.Tang."A Note on Relativized SUBJECT for Reflexives in Chinese".*Syntactic Theory and First Language Acquisition*.B.Lust,M.Suner, and J.Whitman,eds.Hillsdale,N.J.:Lawrence Erlbaum,1994,pp.79-82.

Progovac 为解释各语言中反身代词受约束的现象,提出了相对化大主语(relativized SUBJECT)观点。[1] 反身代词在形态上存在着简单反身代词(simplex reflexives)和复合反身代词(complex reflexives)[2]的区别。这样,反身代词在受约束方面就需要 X-bar 的彼此兼容(compatibility)。她由此认为,汉语的反身代词"自己"在形态上属简单反身代词,即 X^0 反身代词,因此,这种反身代词只能接受 X^0 范畴作为其大主语。这一大主语也就是表示一致关系的 AGR[3]。同样,因为英语反身代词在形态上属复合反身代词,即 X^{max} 反身代词,所以只能接受属于 X^{max} 范畴的句子成分作为其大主语。根据相对化大主语的观点,大主语(即[NP IP],[NP NP],AGR)的概念依反身代词的 X-bar 状态而产生相对化。这样,复合反身代词对大主语的选择,只能限制于具有人称和数特征的 X^{max} 标志语(specifier)[4]。

简言之,不论是简单反身代词抑或复合反身代词,它们均受大主语[5]的约束,而这种大主语却是相对化了的大主语,在约束反身代词时需要在指代特征方面彼此匹配。

本文试图以相对化大主语说为视野,考察中国高级英语学习者习得英语反身代词的情况。假定普遍语法在第二语言习得中起作用,而且一个反身代词与作为约束者的大主语必须在 X-bar 方面彼此兼容,那么,对已经接收了大量英语输入的中国高级英语学习者习得英语反身代词,我们就可以做出以下假设:在习得过程中,他们会认识到英语反身代词必须近距离受约束,因为一个英语反身代词的最大投射(the maximal projection)是 X^{max},而 X^{max} 反身代词

---

① L.Progovac."Relativized SUBJECT:Long-distance Reflexives without Movement".*Linguistic Inquiry*,1992,No.23; L. Progovac. "Long-distance Reflexives:Movement-to-lnfl Versus Relativized SUBJECT".*Linguistic Inquiry*,1993,No.24.

② 汉语中的"自己"属简单反身代词,而英语中的"himself,themselves"等则属于复合反身代词。

③ AGR 表示动词与 NP 在人称、性和数等方面一致关系的词缀。关于其严格意义,请参看 Chomsky(1981,1986)。

④ 这里的 X^{max} 标志语是指[NP IP]和[NP NP]等。

⑤ 这里的"大主语"是指[NP IP]、[NP NP]或 AGR。譬如说,假如是 X^0 反身代词,那么它就必须受约束于唯一具有成分统制作用的 AGR。由于句子主语与 AGR 同标,X^0 反身代词也就因此受约束于与 AGR 同标的句子主语。

的相对大主语是[NP IP]或[NP NP]。因而,在习得像包含(4)、(5)和(6)句里的"himself"时,他们就会知道它必须受约束于(4)和(5)句里的近距离主语"Mr.Green",以及句(6)里的句子主语"Mr.Brown"或宾语"Mr.Green"。

其实,这一假设是基于这样一种先入之见:母语知识对第二语言习得不产生干扰作用。然而,"现有足够的证据表明,语言迁移现象的确存在,而且是一个重要问题,对第二语言习得的研究必须考虑这一现象和问题"①。这种现象和问题引发了本课题所要探讨的三个具体问题:一是普遍语法在第二语言习得中是否有效?假如有效,那么中国高级英语学习者在习得英语反身代词时,就会受到普遍语法中的原则和参数的指引;二是母语迁移现象在这些高级英语学习者中是否照样存在?如果存在,他们就会接受(4)和(5)两句中的"himself"的远距离约束,并会在句(6)中将句子主语当作"himself"的先行语;三是母语的参数值在第二语言学习的高级阶段能否得到重设?若能,他们就会接受(4)和(5)两句中"himself"的近距离约束,以及句(6)中句子主语和宾语对"himself"的约束。

三、实验

(一) 被试

有30位被试参加了本课题的实验。他们均是成年人,母语为汉语,是在加拿大麦吉尔大学不同系科的硕士或博士研究生。在接受实验之前,他们在该大学至少学习了两年以上,有些人已学习了四年。入学之前,托福成绩均在580分以上。尽管有些人的英语口语还不是十分流利,但书面表达能力比较强,在学术研究中都能用英语有效地表达自己的思想和观点。总之,他们已长期受到英语方面的训练,接受了大量英语知识,已达到英语高级水平。在此需要提及的是,本实验没有以英语为母语的人作为实验控制组,但White等②对

---

① S.M.Gass, L.Selinker. *Language Transfer in Language Learning*. Amsterdam: John Benjamins Publishing Company, 1992, p.108.

② L.White. "The Researcher Gave the Subject a Test about Himself: Problem of Ambiguity and Preference in the Investigation of Reflexive Binding". *Language Learning*, 1997, No.47.

作为控制组的 30 名英语母语者进行了类似的测试。她允许笔者在本实验中使用她们获得的实验结果。

（二） 测试

本测试是以图片为主的真假值判断。所有被试均单独接受测试,时间约20 分钟。这种测试的益处在于"能间接地提供语法判断,而无须注重于句子的句法形式;其实,被试根本就没有意识到自己是在作语法判断"①。

测试由 48 幅图片组成,每一幅图片的下方写有一个英语句子。图片上画有两个人物:Mr.Brown 和 Mr.Green,穿棕色衣服者为 Mr.Brown,穿绿色的为Mr.Green。如每一幅图片所示,这两人正在做各种不同的事情。每一位被试都有一张答题纸,根据测试要求,回答每一幅图片下面的句子的意思是否表达了该图片所反映的内容。如果句子正确地表达了图片的内容,就答"真",否则就答"假"。在测试之前,被试做三道预测试题,以保证他们真正理解了测试的各项要求。

在上方都画有图片的 48 个句子当中,有 24 个句子是关于对英语反身代词的理解,另 24 个句子关于对英语代词的理解。本课题仅聚焦于对反身代词的研究,所以关于代词的实验结果在此忽略不论。涉及反身代词的 24 个句子可分为三个类型:限定性双子句(biclausal finite sentence)、非限定性双子句(biclausal nonfinite sentence)和单子句(monoclausal sentence)。每个大类型中均有两个子类型。限定性双子句的两个子类型分别是远距离主语和近距离主语充当反身代词的先行语;非限定性的两个子类型也是远距离主语和近距离主语充当先行语;单子句的两个子类型是主语和宾语充当先行语。因而,共有六个子类型,而每个子类型都有与反身代词受约束有关的四个例句。各子类型及各例句在测试中的顺序均任意排列。

以下是这六个子类型及其典型例句:

A.限定性双子句中的远距离主语充当先行语(假),如:

---

① L. White. et al. "Effects of Instruction on Second Language Acquisition of the Japanese Long-distance Reflexive Zibun". *Canadian Journal of Linguistics*, 1996, No.41.

Mr.Green imagined that Mr.Brown painted himself.

B.限定性双子句中的近距离主语充当先行语(真),如:

Mr.Green dreamed that Mr.Brown shot himself.

C.非限定性双子句中的远距离主语充当先行语(假),如:

Mr.Green told Mr.Brown to look at himself in the mirror.

D.非限定性双子句中的近距离主语充当先行语(真),如:

Mr.Brown asked Mr.Green to paint himself.

E.单子句中的主语充当先行语(真),如:

Mr.Green asked Mr.Brown about himself.

F.单子句中的宾语充当先行语(真),如:

Mr.Green showed Mr.Brown a poster of himself.

显然,A 和 B 均是限定性双子句,在这类句型中,英语反身代词只能接受近距离主语的约束。C 和 D 均是非限定性双子句,其中的英语反身代词在约束关系方面与限定性双子句中的一致。在这两个类型中,如果被试让英语反身代词受约束于远距离主语,那就表明他们还未正确掌握在这类句型中英语反身代词的句法特性。E 和 F 均是单子句,内含一个主语和一个宾语。在这一句型中,倘若被试接受主语或宾语作为英语反身代词的先行语,那就说明,他们已正确掌握了在这一句型中英语反身代词的句法特性。

(三) 实验结果

这里,我们将从实验组和控制组给出的平均准确度反应来报告实验结果。所谓准确度,就是指对各子类型的正确判断。如果被试在 A、B、C、D 中准确地接受英语中近距离主语对反身代词的约束,并拒绝接受远距离主语作为先行语,在 E 和 F 中正确地接受主语或宾语对反身代词的约束,那么对这六个子类型的每一个类型所取得的最高平均分应是 4 分,因为就像上文已说明的,测试中的每一个子类型均有四个例句。

表1　实验结果

	子类型 A	子类型 B	子类型 C	子类型 D	子类型 E	子类型 F
实验组	3.75	3.65	3.45	3.4	3.5	1.05
控制组	3.929	4	3.929	3.857	3.071	1.643

通过 ANOVA 检验得知,对于子类型 A,实验组与控制组之间的差异在统计学意义上无显著性:$F(1,33)=1.258,p>0.05$;对于 B,这两组之间的差异有显著性:$F(1,33)=4.929,p<0.05$;对于 C,这两组之间的差异也有显著性:$F(1,33)=5.081,p<0.05$;对于 D,这两组有显著性差异:$F(1,33)=5.238,p<0.05$;对于 E,这两组无显著性差异:$F(1,33)=3.475,p>0.05$;对于 F,这两组也无显著性差异:$F(1,33)=3.071,p>0.05$。

在下一部分,我们将一一探讨实验组和控制组在这三个主要句子类型中对英语反身代词所指(referential)特性的准确反应所表现出的约束行为。

四、讨论

(一) 第一类型:限定性双子句

在与普遍语法一致的语法(UG-consistent grammar)中,这类句型里的远距离主语或近距离主语,均有可能成为反身代词的先行语。如同句(1)所示的汉语,远距离主语或近距离主语均有可能约束反身代词"自己",根据相对化大主语的观点,这是因为尽管汉语在形态上缺乏显性的 AGR,但这并不等于说汉语就没有 AGR,只不过这种 AGR 在形态上呈隐性而已,同样具有照应特性。[①] 换言之,在汉语的限定性句子中,形态上属隐性的 AGR 同样能起到照应的作用,它因此能与处于上层的另一 AGR 同标。当"自己"受约束于近距离的 AGR,而这一 AGR 在照应方面与上层的另一 AGR 连接在一起时,"自

---

① H.Borer."Anaphoric AGR".In O.Jaeggli & K.Safir(eds.).*The Null Subject Parameter*.Dordrecht:Kluwer.1989.pp.69-109.

己"就自然将远距离的主语当作先行语。AGR 链(AGR-chain)就因此而形成,所以,远距离主语或近距离主语均可约束"自己"。可是,如同句(4)所示,在类似的句型里,英语的反身代词却只能受近距离主语的约束,这是因为英语反身代词在形态上属复合结构,只能接受属于 X^{max} 范畴的句子成分作为其大主语。在此,由于作为大主语的标志语能界定约束域,所以,具有复合结构的英语反身代词只能近距离受约束。在本实验中,中国高级英语学习者所取得的平均高分可以说明,他们基本上能准确判断英语的这种约束关系。在准确地拒绝接受英语反身代词的远距离约束时,他们的平均分是 3.75;在准确地接受近距离约束时,其平均分为 3.65。尽管他们的平均分并不低,可为什么他们有时候还是错误地把远距离主语当做先行语,并错误地拒绝接受近距离主语作为先行语呢? 前文所述的第四假说认为,在第二语言习得过程中,母语知识会起作用。因而,在他们完全掌握英语之前,母语知识仍会在一定程度上干扰他们对英语反身代词的理解。他们极有可能有时候将在形态上呈复合结构的英语反身代词当作汉语里在形态上呈简单结构的反身代词。如上所述,由于汉语中远距离主语或近距离主语均可约束反身代词,被试在理解英语反身代词时有时可能会模棱两可:英语反身代词到底是近距离受约束还是远距离受约束? 这一问题反映在参数的重新设置上就是偶尔的游移不定。

(二) 第二类型:非限定性双子句

在句子结构上,第二类型与第一类型非常接近,因为这两个类型均是双子句。两者的区别在于前者是限定性,而后者是非限定性。我们的实验结果表明,在非限定性和限定性双子句中,被试对英语反身代词的理解行为是有差异的。在非限定性双子句中,他们所取得的平均准确分分别为 3.45 和 3.4。让人感兴趣的是,在限定性双子句中,控制组能准确地选择近距离主语,平均准确分是满分,可是在非限定性双子句中,他们所取得的平均分却低一些,降至3.857,尽管在限定性双子句中准确地拒绝远距离主语,控制组所取得的平均准确分与在非限定性双子句中所取得的平均准确分是一样的。在普遍语法里,非限定性双子句中的反身代词同样既可受约束于远距离主语,也可受约于近距离主语,如汉语中的"自己"、日语中的"zibun"和朝鲜语中的"caki"。因而在这类句子结构中,不论被试接受远距离主语抑或近距离主语对反身代词的约束,他们还是遵循普遍语法的原则的。然而,实验组与控制组在这类句子中对英语反身代词的理解所表现出的不同行为,很值得我们注意。需要提及的是,我们的这一实验结果与 Finer 和 Broselow①、Hirakawa② 在各自的实验中所得到的结果具有惊人的相似之处。

在 Finer 和 Broselow 的实验中,有 24 名朝鲜英语学习者作为被试参加了对双子句里英语反身代词的理解实验,其结果见表 2。

表 2　**Finer & Broselow 的实验结果**(1986)

	近距离主语	远距离主语	两者均可
限定性	22(91.7%)	2(8.3%)	0
非限定性	14(58.3%)	9(37.5%)	1(4.2%)

从表 2 可发现,在限定性双子句中,91.7%的朝鲜英语学习者接受近距离主语对英语反身代词的约束,可在非限定性双子句中只有 58.3%。

Hirakawa 采用句子理解这一测试方法,对日本学生如何理解英语反身代词做了实验。其结果显示(见表 3),在限定性双子句里,大多被试选择近距离主语对英语反身代词的约束,可在非限定性双子句里,被试接受近距离主语的准确率却比较低。

表 3　**Hirakawa 的实验结果**(1990)

	近距离主语	远距离主语	两者均可
限定性	247(77%)	55(17%)	19(5.9%)
非限定性	177(55%)	117(36.5%)	25(7.8%)

其实,还有与 Finer 和 Broselow、Hirakawa 的实验结果相似的其他相关研

① D. Finer & E. Broselow. "Second Language Acquisition of Reflexives Binding". *Linguistic Inquiry*,1986,No.25.

② M. Hirakawa. "A Study of the L2 Acquisition of English Reflexives". *Second Language Research*,1990,No.6.

究者,如 Cook① 等。

我们的实验结果与以上提及的各实验结果很接近,加之如前文所述,汉语中的反身代词与日语和朝鲜语中的反身代词具有相似的约束形式,因此可以认为,我们的实验结果是可信的。这里的关键问题是如何解释限定性双子句与非限定性双子句之间在约束形式方面的不对称性。Finer 和 Broselow 认为,英语学习者既没有采用母语参数,也没有采用第二语言参数,而是使用了介乎朝鲜语和英语之间的管辖语类参数(governing category parameter)的中间值(intermediate value),因为被试看来能区分限定性与非限定性之间的差异,他们由此在限定性双子句中,接受近距离主语对反身代词的约束,而在非限定性双子句中有时候不接受近距离主语。我们的疑问是,尽管中间值被界定为管辖语类参数里的一个参数值,可是在语言(第二语言)其他方面的习得,是否也会出现类似现象?譬如在邻接原则(subjacency principle)和主语省略参数(pro-drop parameter)等方面的第二语言习得中是否也会有中间值出现?至少迄今为止,在第二语言习得研究中尚未发现可资佐证的事实。Hirakawa 认为,被试可能使用了最为宽泛的管辖语类参数值,即他们母语里所需要的参数值。她声言,假如被试采用了像 Finer 和 Broselow 所声称的参数中间值,那么他们就不应该犯约束错误,譬如说,在限定性双子句里,他们错误地接受了远距离主语对反身代词的约束。

我们认为,本实验中的中国英语学习者已达到了中介语发展的高级阶段,他们应已基本上掌握了英语反身代词的句法特性。在限定性和非限定性双子句里,他们对英语反身代词约束行为的准确反应所取得的平均高分,可以说明这一情况(见表1)。然而,在理解英语反身代词的过程中,他们仍偶尔受到母语知识的影响。英语反身代词在形态上属复合结构 X^{max}。根据相对化大主语的观点,大主语的概念依反身代词的 X-bar 状态而得到相对化。这样,给具有复合结构的反身代词选择大主语,只能限于具有人称和数特征的 X^{max} 标志语。因此,由于句中作为大主语的第一个标志语能界定约束域,具有复合结构的反

---

① V.Cook. "Timed Comprehension of Binding in Advanced L2 Learners of English". *Language Learning*, 1990, No.40.

身代词不可能接受远距离约束。在限定性双子句中,中国的高级英语学习者能接受大主语(在此即指作为子句主语的[NP IP])对英语反身代词的约束。然而,在英语的非限定性双子句中,正是由于处于下层的子句为非限定性,其AGR 的形态呈隐性,从表面上看这类似于汉语的限定性句子,他们将汉语母语中的 AGR 特性迁移到英语中去,错误地认为在非限定性双子句中的英语反身代词可以远距离受约束,因为在这样的句子中,处于下层的 AGR 在照应方面看上去与处于上层的 AGR 同标,由此形成了一个虚幻的 AGR 链,所以被试有时会错误地将英语的非限定性双子句当作汉语的限定性句子。人们在此或许会问,即便受到母语的干扰,但汉语中的反身代词在限定性双子句和非限定性双子句里,既可近距离受约束,也可远距离受约束,为什么中国的英语学习者在非限定性双子句中不太接受英语反身代词的近距离约束呢? 这一问题的可能答案是,如同 Wang 所观察到的,在双子句里中国人有可能偏爱反身代词的远距离约束。① 他们的约束行为可能类似于 Hirakawa 和 White 等所发现的日本人的约束行为,比起反身代词的近距离约束,他们也更喜欢远距离约束。因而,不论在限定性双子句抑或非限定性双子句中,中国人在学习英语过程中都需要了解英语反身代词只能接受近距离约束这一句法特性。同时,他们需要知道,即便在英语的非限定性双子句中,处于句子下层的 AGR 在形态上并不等于零。

我们需要讨论的另一问题是,作为控制组的英语本族语者在接受反身代词的约束方面,为何在非限定性双子句中所取得的平均准确分会低于在限定性双子句中所取得的平均分? 在此我们能提供的可能答案是,英语本族语者可能像作为被试的中国人那样,有时候会被潜伏于非限定性双子句中下层结构里的隐性 AGR 所迷惑,错误地认为在此并不存在 AGR,因而,他们偶尔也会错误地选择反身代词的远距离约束。

(三) 第三类型:单子句

在探讨中国高级英语学习者对单子句中英语反身代词的理解表现出的约

---

① W.Wang."The L2 Acquisition of the Chinese Reflexive *Ziji*".Ms.McGill University,1997.

束行为之前,我们先来看看本实验中作为控制组的英语本族语者在这一句型中的约束行为。如句(6)所示,在单子句中,主语或宾语均可充当英语反身代词的先行词。由此可见,英语反身代词在这一句型中的约束关系是模棱两可的。问题是,英语本族语者缘何在准确地选择主语对反身代词的约束时,取得的平均分是 3.071,而在接受宾语的约束时取得的平均分却只有 1.643(见表 1)。对此,有许多相关的研究均得出了彼此相似的结果。我们在此仅举几例。

Thomas 发现,48%的英语本族语者接受主语或宾语的约束,但有 52%的人仅接受主语的约束。① 对于这种情况,她认为这表现了他们的选择倾向。Wakabayashi 的实验结果显示,作为控制组的英语本族语者中,有 43%既接受主语也接受宾语对反身代词的约束,但有 54%的人仅接受主语的约束,这同样表明了以英语为母语的人的选择倾向。② Eckman 也进行了类似的实验,发现有 65%的英语本族语者接受主语的约束,认为主语或宾语均可约束反身代词的有 35%。③ 由此可见,在单子句中,以英语为母语的人多半倾向于选择主语对反身代词的约束。

现在来看看中国高级英语学习者在这一句型中表现出的约束行为。他们选择主语对英语反身代词的约束所取得的平均准确分是 3.5,可是选择宾语所取得的平均分只有 1.05。

Hirakawa 在对日本英语学习者进行实验时发现,只有 20%的被试接受单子句中宾语对英语反身代词的约束,而约有 74%的人接受主语的约束。④ Finer 对日本英语学习者和朝鲜英语学习者在单子句中如何理解英语反身代词也做了实验。其结果是,78%的日本人接受主语的约束,22%的人接受宾语的约束。朝鲜人的约束行为也表现出惊人的相似,81%的人接受主语的约束,

---

① M.Thomas."Universal Grammar and the Interpretation of Refletives in a Second Language". *Language* 67,1991:pp.211-239.

② S.Wakabayashi."The Nature of Interlanguage:SLA of English Reflexives". *Second Language Research*,1996,No.12.

③ F.Eckman."Local and Long-distance Anaphora in Second Language Acquisition". *Research Methodology in Second Language Acquisition*.E.Tarone,S.Gass & A.Cohen,eds.Hillsdale,NJ:Lawrence Erlbaum,1994,pp.207-225.

④ M.Hirakawa."A Study of the L2 Acquisition of English Reflexives". *Second Language Research*,1990,No.6.

只有 19% 的人接受宾语的约束。①

上文已提及,汉语的反身代词与日语和朝鲜语中的反身代词在约束类型方面极为相似:在单子句中,简单反身代词只能接受主语的约束。根据相对化大主语说的观点,对大主语的选择是相对化的。这也就意味着约束的相对化,唯有 X^0 句子成分才能约束 X^0 反身代词。因而,由于 X^0 反身代词必须受约束于唯一具有成分统制(c-commanding)作用的 AGR,同时,由于句子主语在此与 AGR 同标,从而 X^0 反身代词总是受约束于与 AGR 同标的句子主语。然而,英语的反身代词在形态上属于复合结构,只能接受属于 X^{max} 范畴的句子成分作为其大主语。所以,对复合反身代词来说,其大主语可以是句子主语,即[NP IP],也可以是名词短语的领属语,即[NP NP]。尽管控制组在判断这一句型中反身代词的约束关系时,也表现出较大的差异,反映出明显的选择倾向,可在本实验中我们仍可发现,在选择主语对英语反身代词的约束,实验组所取得的分数是 3.5,高于控制组的 3.071;在选择宾语的约束,实验组的分数是 1.05,低于控制组的 1.643。我们认为,中国高级英语学习者也许同英语本族语者一样,对这一句型中反身代词的约束关系,具有选择倾向性,但可能性更大的是,他们在理解这一句型中的反身代词时依然受到母语的干扰,多半使用了自己的母语知识,错误地将在形态上属于 X^{max} 的英语反身代词当作在形态上属于 X^0 的汉语反身代词。他们由此让英语反身代词受约束于句子主语,因为他们会认为句子主语与 AGR 同标。Hirakawa 对日本英语学习者的考察和 Finer 对日本和朝鲜英语学习者的考察结果,也说明了这一情况。可是,因为普遍语法允准单子句中的反身代词受约束于句子主语,所以他们的约束行为仍然不背离普遍语法的原则。我们在此能观察到的是,对中国英语学习者来说,在这类句型中的相对化大主语需要重新设置,必须将主语照应倾向(subject orientation)②设置为这样一个大主语:既可以是句子主语[NP IP],也可以是名词短语的领属语[NP NP]。换言之,中国英语学习者需要培养对反身代词形态特征的正确认

---

① D.Finer."Binding Parameters in Second Language Acquisition".*Point Counterpoint:Universal Grammar in the Second Language.*L.Eubank,ed.Amsterdam:John Benjamins,1991,pp.351-373.

② 主语照应倾向,在此是指汉语中的反身代词"自己"有选择句子主语为先行词的倾向。

识:英语的反身代词属于复合结构,而汉语的反身代词则属于简单结构。

五、结语

本文已讨论了三个主要问题。第一个问题是普遍语法在第二语言习得过程中的有效性;第二个问题是关于由 Progovac 提出的相对化大主语的解释力;①第三个问题是中国英语学习者在其中介语发展的高级阶段仍然受到母语知识的干扰。在此我们能观察到的是,普遍语法制约着中国高级英语学习者对英语反身代词的理解。再者,我们可以发现,如本文探讨的第四假说所假定的那样,在第二语言习得过程中,参数的重设涉及普遍语法发挥的作用、第二语言的输入和母语知识。其次,许多征象表明,中国高级英语学习者对英语反身代词的理解仍然受到母语迁移的影响。然而,从总体上讲,参数重设还是可以实现的,这可以从他们在限定性和非限定性双子句中对英语反身代词约束特性的把握所取得的较高平均准确分得到证实。最后,相对化大主语这一观点看来能基本上解释中国高级英语学习者在理解英语反身代词时所表现出的约束行为。

这里需要指出的是,本实验中的被试人数还是不够多,因而在此所得出的仅仅是探索性的结论。此外,我们的研究仅集中于群体结果,而没有探讨被试的个体约束行为。如同 Thomas 所指出的那样,群体结果作为判断第二语言学习者对反身代词特性把握程度可能会起误导作用。② 因此,对这一方面的问题我们还需要作进一步的研究。

(本文原载《外语教学与研究》2000 年第 4 期;被《剑桥科学文摘》索引收录)

---

① L.Progovac."Relativized SUBJECT:Long-distance Reflexives without Movement".*Linguistic Inquiry*,1992,No.23;L.Progovac."Long-distance Reflexives:Movement-to-Infl Versus Relativized SUBJECT".*Linguistic Inquiry*,1993,No.24.

② M.Thomas.*Knowledge of Reflexives in a Second Language*.Amsterdam:John Benjamins Publishing Company,1993;M.Thomas."Acquisition of the Japanese Reflexive Zibun and Movement of Anaphors in Logical Form".*Second Language Research*,1995,No.11.

普遍语法与第二语言习得理论研究

——原则、参数、实验与方法

一、引言

Chomsky 在探究人类的语言能力(linguistic competence)时,主要关注以下三个基本问题:语言知识是由什么组成的? 语言知识是怎样习得的? 人们是怎样运用语言知识的?

在研究第二个问题时,Chomsky 主要考察儿童的母语习得情况。他发现,不论儿童出生和成长在何地,他们均能在不太长的时期内成功地习得当地的语言,并且最终所获得的语言知识远远超出他们在习得过程中所接触到的语言材料,即儿童在完成母语的习得以后,可以说出和理解他们以往从未听到过的话语、谈论并理解以往从未谈论过的问题。针对这一现象,即语言习得的逻辑问题(the logical problem)①,他提出,儿童的语言习得之所以可能实现,是因为受到某种与生俱来的语言机制的导引,这种语言机制就是由原则和参数(principles and parameters)构成的普遍语法(universal grammar)②。

---

① 也称"柏拉图问题"。柏拉图曾提出疑问,人的一生是有限的,可为何能获取如此多的知识?

② N.Chomsky."Principles and Parameters in Syntactic Theory".*Explanation in Linguistics*:*Its Nature*,*Origin*,*and Use*. N. Hornstein and D. Lightfoot, eds.London:Longman,1981,pp.123-146;N. Chomsky.*Knowledge of Language*:*Its Nature*,*Origin*,*and Use*.New York:Praeger,1986.这里的"普遍语法"不是指一般意义上的一部语法,而是指一系列的"原则"和"参数",用来限制人类语法的可能范围。"原则"为一切语言所共有,而"参数"则因语言而异。因此,人们也称"普遍语法"为"原则和参数"理论。我们不妨说,"普遍语法"实际上是指语法的语法。

为验证普遍语法的真正普遍性,学者们展开了对成人第二语言习得的理论研究。他们认为,假如普遍语法存在于母语习得,那么它应同样存在于第二语言的习得,因为第二语言习得也存在着逻辑问题:第二语言学习者在习得过程中所接触到的第二语言输入(input)实际上相当有限,但最后也常常照样能说出以往从未学到过的话语、谈论并理解以往从未谈论过的问题。为此,学者们作出了许多努力,采用各种方法,从第二语言习得的不同方面考察普遍语法在第二语言习得过程中的通达(accessibility)情况。如果说普遍语法具有真正的普遍性,在第二语言习得过程中也起作用,那么第二语言习得者的语法心理表征(mental representation)应该与母语习得者的语法心理表征一致,其中介语语法(interlanguage grammar)应该受到普遍语法中各项原则和参数的导引,否则普遍语法就不起作用。本文拟对这一领域所研究的问题及研究的方法作一番检讨。

二、普遍语法中的原则及在第二语言习得中的检验

普遍语法到底由哪些内容构成? Chomsky 在管约论(the government and binding theory)①中认为,普遍语法由两大系统组成:规则系统和原则系统。原则系统又由若干子系统构成②,这些子系统包括 X 标杆理论、论旨理论、格理论、管辖理论、约束理论、控制理论和界限理论③等,每个子系统均含有各种语言所共有的普遍原则,以及在原则范围之内允许出现的因语言而异的各种参数。参数可以实现为不同的值,儿童学习语言的过程主要是设置参数值的

---

① N.Chomsky. "Principles and Parameters in Syntactic Theory". *Explanation in Linguistics: Its nature, origin, and use*. N.Hornstein and D.Lightfoot, eds. London: Longman, 1981, pp.123–146.

② 指第二语言习得者在习得过程中产生的既不同于母语又不同于第二语言的过渡性(transitional)语法。

③ 关于这些理论的具体界定,参见[N.Chomsky. "Principles and Parameters in Syntactic Theory". *Explanation in Linguistics: Its nature, origin, and use*. N.Hornstein and D.Lightfoot, eds. London: Longman, 1981, pp.123–146.和徐烈炯:《生成语法理论》,上海外语教育出版社,1990 年版,第252—338 页。

过程,个别语法就是参数值设定后形成的一套系统。我们在此仅选择性地概述界限理论(the bounding theory)、作为其中心内容的临接原则(subjacency principle)以及这一原则和参数在第二语言习得中的有关情况,希望以此来介绍普遍语法在第二语言习得中的检验。

如上所述,界限理论是普遍语法中的一个子系统,其作用是界定句子成分移位的各种界限及移位的距离。这一理论的实质就是临接原则,它规定句子成分的每次移位不能超过一个以上的界限节点(bounding node),而界限节点是指 NP 或 S 或 S'。英语的界限节点是 NP 或 S,试比较句(1)、句(2)和句(3)①:

(1)［COMP1 What$_i$［$_s$ did Jane believe［COMP2 t$_i$ that［$_s$ Mary saw t$_i$］］］］

(2)*［COMP1 What$_i$［$_s$ did Jane wonder［COMP2 whether［$_s$ Mary saw t$_i$］］］］

(3)*［COMP1 What$_i$［$_s$ did Jane believed［NP the claim［COMP2 that［$_s$ Jane saw t$_i$］］］］］

在句(1),因为标句词 COMP2 的位置没有被 WH-词②占据,"what"可以首先从句尾越过一个 S 节点而移入 COMP2,然后再越过一个 S 节点移入句首标句词 COMP1,由此可见,"what"从 COMP 移到 COMP,每次的移位仅越过一个 S 节点,所以不违反临接原则。在句(2),"what"因受到 COMP2 位置中WH-词"whether"的阻隔,无法最终移入位于句首的 COMP1,否则就越过了两个 S 节点,违反临接原则,所以这一句子不符合英语语法。在句(3),因为"what"越过了两个 S 节点和一个 NP 节点,违反了临接原则,所以也不符合英语语法。

但是,界限节点因语言而异,即不同的语言具有不同的界限节点,这便是节点的参数,在此也可说是临接原则的参数。譬如说,法语、意大利语或西班

---

① 在这三个句子里的每一个 COMP 前面其实还有一个 S',而且句子成分的移位还牵涉到空语类原则(empty category principle)。

② WH-词(WH-word)是指引导嵌入句的 WH-关系词,如"what,when,whether"等。由WH-词引导的嵌入句则构成 WH-岛。参见 L. Haegeman. *Introduction to Government and Binding Theory*. UK: Blackwell,1995。

牙语这三种语言与英语不同,其界限节点为 NP 或 S'①,而不是英语中的 NP
或 S。因此,在法、意和西这三种语言里,与句(2)类似的句子是符合语法的,
而类似于句(3)的句子也不符合语法,因为在句(2),"what"可以越过一个
S'②界限节点而最终移入句首 COMP1,而在句(3),"what"越过了两个界限节
点:NP 和 S'。由此可见,法、意和西这三种语言就界限节点而言,其成分的移
位自由度比英语的要大。如果法国人、意大利人或西班牙人学习英语,那就需
要将自己语言的参数 NP 和 S'重新设置(resetting)为英语的参数 NP 和 S。假
若参数重新设置成功,这说明普遍语法是可以通达的,否则,这说明在他们的
英语习得过程中普遍语法不起作用。

    White③ 对法语本族语者如何习得英语的临接关系做了一次实验。实验
分三组:控制组④(14 人)、实验组 1(18 人,中等水平)和实验组 2(17 人,中偏
高水平)。控制组由以英语为母语的人组成,两个实验组全是以法语为母语
的成年英语学习者。实验方法为语法判断,内容类似于句(1)、句(2)和句
(3),包括合乎语法的句子和不合乎语法的句子。从复杂名词短语(complex
noun phrase)中抽取句子成分,这在英语和法语里都不符合临接关系,因为 NP
在这两种语言里均是界限节点。如果句子成分是从 WH-岛中抽取出来,这
不符合英语的临接关系,却符合法语的临接关系,因为英语是以 S 为界限节
点,而法语则以 S'为界限节点。对不符合英语临接关系的句子判断结果⑤
见表 1。

----

    ①   D.Sportiche."Bounding Nodes in French".*Linguistic Review*,1981,No.1;L.Rizzi.*Issues in Italian Syntax*.Dordrecht:Foris,1982;E.Torrego.*On Inversion in Spanish and Some of its Efects*.Boston:University of Massachusetts,1982.

    ②   S'的位置紧挨于 COMP 的前面。为节省篇幅,在此不再借用结构表达式来说明。关于
其树形图,请参见徐烈炯:《生成语法理论》,上海外语教育出版社 1990 年版,第 331 页。

    ③   L.White."Island Effects in Second Language Acquisition".*Linguistic Theory in Second Language Acquisition*.Dordrecht:Kluwer Academic,1988,pp.144-172.

    ④   在关于第二语言习得研究的实验中,使用控制组主要有两个目的:一是能与实验组形成
对照,二是保证语言学家对普遍语法某一原则的假设具有正确。性控制组一般由本族语者组成。

    ⑤   White 对符合和不符合英语临接关系的句子判断结果均作了实验统计。我们在此仅讨
论对不符合英语临接关系的句子的判断结果。

表 1　对不符合英语临接关系的句子的正确判断率(以百分比计算)

	控制组	实验组 1	实验组 2
复杂名词短语	96	80	81
WH-岛	91	65	80

由表 1 可看出,从复杂名词短语和 WH-岛中抽取句子成分,这违反英语的临接关系,以英语为本族语的控制组对此的正确判断率均达到 90%以上,这充分证明,临接原则在英语中的参数为 NP 和 S。实验组 1 和实验组 2 对从复杂名词短语中抽取成分违反英语临接关系的正确判断率均达到 80%以上,但这不能说明参数重新设置的成功与否,因为在英语和法语里从复杂名词短语中抽取成分都违反了临接原则。然而,从 WH-岛中抽取句子成分,这违反英语的临接关系,实验组 1 和实验组 2 对此的正确判断率却有相当大的差异:实验组 1 的正确判断率为 65%,而实验组 2 的正确判断率为 80%。这说明三个问题:一是法语本族语者在习得英语过程中,其中介语语法在一定程度上仍然受到母语以 S' 为界限节点的影响,这说明母语迁移现象在中级英语学习者中依然存在;二是说明随着第二语言习得的进一步推进,参数的重新设置是完全有可能的,因为实验组 2 的正确判断率高于实验组 1;三是说明普遍语法在第二语言习得过程中是可以被激活的(activatable)。

另外,White 等[1]对马达加斯加语本族语者如何习得英语的临接关系也做了一项实验。实验结果同样表明,普遍语法在第二语言习得中具有有效性。

Schachter[2] 为证明普遍语法在第二语言习得中的作用,对荷兰人、印度尼西亚人、中国人和朝鲜人习得英语临接关系的情况作了一次调查调查。调查的方法也是采用语法判断,要求被试在约 25 分钟内完成测试,共有 48 个英语测试句,其中 24 个句子合乎语法,而另 24 个句子不合乎语法。合乎

---

[1]　L.White,L.Travis & A.Maclachlan."The Acquisition of Wh-question Formation by Malagasy Learners of English:Evidence for Universal Grammar".*Canadian Journal of Linguistics*,1992,No.37.

[2]　J.Schachter."Testing a Proposed Universal".*Linguistic Perspectives on Second Language Acquisition*.S.Gass and J.Schachter,eds.Cambridge:Cambridge University Press,1989,pp.73~88.

语法的句子如句(4)(5)(6)和(7),这些句子是为了测试相关的英语句法知识;不合乎语法的句子如句(8)(9)(10)和(11),这些句子是为了测试关于英语的临接关系的知识;每一类句子都有相类似的 6 个测试句。(8)类句涉及句子主语,(9)类句涉及定语从句,(10)类句涉及复杂名词短语,(11)类句涉及嵌入式疑问句,所有这些句子都因为 WH-词的移位而违反了英语的临接关系。①

(4)That oil prices will rise again this year is nearly certain.

(5)The theory we discussed yesterday will be on the exam next week.

(6)There is a good possibility that we can obtain the information elsewhere.

(7)The dorm manager asked me who I wanted to have as a roommate.

(8)* Which party did [for Sam to join$_t$] shock his parents?

(9)* What did Susan visit the store [that had$_t$ in stock]?

(10)* Who did the police have evidence[that the mayor murdered$_t$]?

(11)* Who did the Senator ask the President [where he would send$_t$]?

共有 79 名被试参加了这一项实验,其中荷兰人 18 名、印度尼西亚人 20 名、中国人 20 名、朝鲜人 21 名,并有 19 名英语本族语者作为控制组参加了实验。所有被试都已达到相当高的英语水平。实验结果见表 2(实验结果的统计根据对合乎语法和不合乎语法的句子总数的平均正确判断分计算)。

表2 对合乎语法和不合乎语法的句子总数的平均正确判断分

	合语法的句子(24 个句子)	不合语法的句子(24 个句子)
控制组	21.6	21.2
荷兰人	22.2	21.9
印度尼西亚人	21.1	15.2
中国人	21.1	17.2
朝鲜人	19.8	12.4

① 句(8)(9)(10)和(11)中出现的方括号"[ ]"和语迹"t",在此是为了表明 WH-词移位受到阻隔的界限节点和 WH-词移位前的原先位置。在 Schachter 的测试中,这些符号并未出现。

从表 2 可看出,各实验组对合乎英语语法的句子的判断都达到相当高的准确率,但是,对不合乎语法的句子的准确判断,各实验组表现出较大的差异。Schachter① 认为,荷兰人的准确率最高,这是因为荷兰语的临接原则参数与英语的相同。印度尼西亚语在 WH-词移位方面与英语的相似,可汉语中没有 WH-词移位。根据 Huang 的看法②,汉语尽管不能从嵌入式疑问句中抽取成分,但可以从复杂名词短语和句子主语中抽取关系代词。③ 这说明,印度尼西亚语和汉语在临接关系方面与英语部分相似,这就是缘何印度尼西亚人和中国人的准确率比朝鲜人的高,因为朝鲜语不允许任何与临接关系有关的句子成分移位。换言之,朝鲜人的准确率低是因为朝鲜语在临接关系方面与英语完全不同之故。统观 Schachter 的分析,其观点就是普遍语法只能借助母语的作用才可以被激活,否则在第二语言习得中不起作用。

以上概述的 White 和 Schachter 通过实验来证明普遍语法在第二语言习得中的作用,典型地反映了第二语言习得理论研究中两种彼此对峙的观点:普遍语法可以直接通达和普遍语法基本上不可能直接通达。

三、研究的方法论问题

White 和 Schachter 均采用语法判断来证明普遍语法在第二语言习得中的存在,并且所考察的均是临接原则,可她们两人为何最终得出相反的结果? 这不禁让人对她们使用的语法判断这一方法和临接原则作为一个普遍原则能否成为一个很好的检验对象而感到怀疑。在这一部分,我们拟对这两个问题进行讨论。

(一) 语法判断存在的问题

目前在普遍语法与第二语言习得的理论研究中,一般通过被试在实验中

---

① J.Schachter."Testing a Proposed Universal".*Linguistic Perspectives on Second Language Acquisition*.S.Gass and J.Schachter,eds.Cambridge;Cambridge University Press,1989,p.73-88.

② C.J.Huang.*Logical Relations in Chinese and the Theory of Grammar*.Cambridge,Mass;MIT,1982.

③ 关于汉语中的临接关系问题,大家看法不一。对此,我们将在下文提及。

的行为来证明普遍语法的有效性,而实验的手段一般分以下几种:语法判断、图形识别、偏爱性选择(preference task)、诱导式书面表达或口头表达等。前三种方法牵涉到直觉作用和多种选择的问题,后两种方法牵涉到具体的诱导方式问题,如诱导的清晰度、诱导的速度、诱导的手段、诱导的环境和被试的语言表达能力等问题。这五种方法的共性问题是,在统计实验结果时,往往仅注意被试的群体结果,而忽视了被试的个体差异,而且被试人数的多寡,可能都会影响对实验结果的推断。针对本文已概述的 White 和 Schachter 的实验以及她们所采用的语法判断这一方法,我们在此仅探讨实验中语法判断存在的若干问题,况且语法判断是目前第二语言习得理论研究者最常用的实验方法之一,因此讨论这一方法或许具有典型意义。

所谓语法判断,就是研究人员根据所要调查项目设计测试题目,内容一般为针对调查项目的各种句子类型,有合乎语法的句子,也有不合乎语法的句子,要求被试对这些句子作出语法判断,并在规定的时间内完成测试。其目的是通过被试的语言直觉来揭示潜隐于被试心理的语言普遍性原则。这一方法的一个主要优点在于研究人员能在测试内容里添加违反普遍语法原则的句子,以便检测第二语言习得者是否也拒绝接受普遍语法不允准的句子。如果第二语言习得者拒绝接受这些句子,这就证实普遍语法在第二语言习得中起作用,否则,这证明普遍语法不起作用。另外,语法判断也包括合乎语法的句子,如果被试接受这些句子,这说明在第二语言习得过程中参数可以重设,否则,这表明参数不能重设。然而,语法判断至少存在着两个缺陷。

第一,语法判断的测试目的显得过于明显。语法判断这一方法本身,就是使被试明显地感觉到自己是在作语法判断,从而使他们在进行语法判断时显得过于理性,这明显有违语法判断这一方法的初衷,使研究者无法真正了解潜藏于被试心理的语言知识。

第二,语法判断过分元语言(metalanguage)①化。在语法判断中,研究者设定的句子,包括合乎语法的和不合乎语法的句子,往往仅是用来分析和描写的句子,在实际的语言使用中并不一定会经常出现,如句(8)(9)(10)和

---

① 元语言(metalanguage)在此是指语言学家用来分析和观察的语言。

(11)。这样,第二语言习得者,尤其是初习者和还不太识字的习得者,并不一定具备参加这种测试的能力。如果仅用二语水平已经较高或很高的被试作为实验对象,这不能全面地反映所有第二语言习得者的中介语语法,因此也无法综合地探视普遍语法在第二语言习得过程中的作用。

然而,这两个缺陷不是不可以弥补。最近,Duffield 和 White[1] 采用句子配对(sentence matching)和语法判断相结合的方式,对英语本族语者和法语本族语者习得西班牙语的接语配置(clitic placement)作了调查,避免了单一使用语法判断的不足之处,收到了较好的实验效果。至于语法判断过分元语言化的问题,可以在语法判断的基础上,采用被试口述、研究人员录音的方式加以补充。总之,单一地采用某一种方法来考察普遍语法在第二语言习得中的作用,并不一定全面或准确地反映实际情况,但如果几种方法并用,并对实验结果加以比较,或许能收到更好的效果。

(二) 用临接原则来验证普遍语法在第二语言习得中的作用的可行性

在进行跨语言的研究时有些所谓的普遍性原则是否具有真正的普遍性?换言之,有些所谓的普遍性原则能否检验普遍语法在第二语言习得中的作用?在这一小部分,我们将集中探讨用临接原则来验证普遍语法在第二语言习得中的作用的可行性。

上文提到的在普遍语法中现在业已发现的几项原则,如 X 标杆理论、论旨理论、格理论、管辖理论、约束理论、控制理论和界限理论等,并不全部单一地作用于语法的某一个结构层面。有些原则作用于深层结构,如 X 标杆理论、论旨理论;有些原则,如界限理论中的临接原则,则作用于语法的表层结构;有些原则作用于一个以上的结构层面,如约束理论;投射原则(the projection principle)则作用于语法的所有结构层面。针对本文所涉及的内容,我们仅聚焦于临接原则的普遍性问题。

----

① N. Duffield & L. White. "Assessing L2 Knowledge of Spanish Clitic Placement: Converging Methodologies". *Second Language Research*, 1999, No. 2.

临接原则规定,句子成分的移位每次不能超过一个界限节点,这是一个普遍性原则。界限节点的范围因语言而异,有的以 NP 和 S 为界限节点,如英语,而有的以 NP 和 S' 为节点,如法语,而且移位是在语法的表层结构进行,即在句法层面进行。但是随着研究的深入,研究者发现,在有些语言里特殊疑问句中的 WH-词并不在句法层面发生移位,如日语、朝鲜语和拉丁语。① 在这些语言里,WH-词的移位发生于逻辑式,即逻辑式移位(LF-movement),如日语句(12),WH-词并没有发生句法层面的移位。

(12)John-ga dare-o butta ka siranai

John   who   hit   Q know not

'I don't know who John hit'②

然而,有些语言,如汉语,其句子成分的移位两者兼而有之,③即有的句子成分在句法层面进行,如句(13):

(13)那个人ᵢ[s 我相信 [s 你认为 [s 大家都说 [s 没有人喜欢 tᵢ]]]]④

而有的句子成分是在逻辑式进行,如句(14):

(14)我想知道 [s 小李买了什么]

但不管怎样,只要是发生于句法层面的移位,都要受到临接原则的制约。在此的问题是,在 White 的实验中,两个实验组全是以法语为母语的成年英语学习者,得出的结论是普遍语法在第二语言习得中起作用,但是,尽管英语与法语在临接原则的界限节点方面存在着差异,可法语中的 WH-词移位同英语一样,一般在句法层面进行。在 Schachter 的实验中,被试人员有荷兰人、印度尼西亚人、中国人和朝鲜人,得出的结论是普遍语法在第二语言习得中不直接发生作用。但是,在临接原则方面,荷兰语与英语完全相同,印度尼西亚语和

---

① H.Riemsdijk & E.Williams. *Introduction to the Theory of Grammar*. Cambridge, Mass: MIT Press, 1986.

② L.Haegeman. *Introduction to Government and Binding Theory*. UK: Blackwell, 1995.

③ 见 Huang, 但 Xu 和 Langendoen 并不同意 Huang 的看法。他们认为,汉语中只有逻辑式移位,而没有句法层面的移位。Li 与 Huang 的看法一致,认为汉语存在句法层面的移位。谁是谁非,至今难以定论。

④ 根据 Huang 的看法,句(13)可以成立,是因为汉语中允许把一个成分从 COMP 移到 COMP,越过一个以上 S 节点,而不违反临接原则。

汉语与英语部分相同,朝鲜语则完全不同。由此可见,在临接原则方面,法语、荷兰语、印度尼西亚语、汉语和朝鲜语与英语存在着相同或不同程度的差异。我们因而在此不能不怀疑的是,White 和 Schachter 使用操不同母语的被试作为考察对象得出不同的结论,这是不是与以不同母语的被试有关? 从这些不同的被试中得出普遍语法在第二语言习得中的作用与否是否可靠? 换言之,这些实验结果到底有没有可比性? 临接原则本身是不是真正的普遍性原则? 如果是,那么在临接原则方面,法国人和荷兰人是否更容易习得英语的临接关系,印度尼西亚人和中国人则次之,而朝鲜人则是更次之? 如果这些回答是肯定的话,这又是不是又与这些人的母语同英语的相同或相异程度有关?

为证明普遍语法在第二语言习得中的作用,我们建议研究者宜采用一种在不同的语言中作用于同一个语法结构层面的原则,使用完全相同的实验方法和测试题,利用同样第二语水平但来自不同语言背景的被试,广泛地进行实验和取证。再者,对这些被试在其不同的中介语发展阶段,如初级、中级和高级阶段,分别进行不同形式的考察,详细记录并分析考察到的情况。这样我们或许能得到较为理想的结果。

四、结语

普遍语法与第二语言习得的理论研究只有近二十年的历史,在很多方面还不十分成熟。尽管如此,这一领域的研究在域外依然是方兴未艾,研究者们已作出了不懈的努力,以 Chomsky 的原则和参数为视野,对第二语言习得诸方面作了较为深入的探索。尽管在研究方法方面尚处于不断完善阶段,可这毕竟为 Chomsky 关于普遍语法的理论提供了许多正反两方面的例证,本文所探讨的临接原则与第二语言习得及其研究方法就是一个缩影。近年来,研究者们在继续探讨句法与第二语言习得①的同时,开展了对音位与第二语言习得

---

① 戴曼纯:《普遍语法可及性三假说》,《外语教学与研究》1998 年第 1 期;戴曼纯:《论第二语言词汇习得研究》,《外语教学与研究》2000 年第 3 期。

的理论研究。除此之外,研究者们对成熟效应(maturational effects)接近本族语者能力(near native-speaker competence)和中介语能力(interlanguage competence)等也展开了较为详细的讨论。这些研究的共同之处,就是从第二语言习得的情况看普遍语法的真正普遍性。我们相信,随着该领域研究的不断深入,研究的手段将会更加完善,对关于普遍语法在第二语言习得中是否起作用的观点也许会更趋一致。

　　需要提及的是,国内近年来虽也有学者涉足这方面的研究,但为数极少,况且,真正研究普遍语法与第二语言习得理论的则更少,以实验为手段来进行这方面研究的,更是微乎其微,但愿本文能为国内这方面的研究起到添砖加瓦的作用。

　　(本文原载《外国语》2001 年第 3 期;人大复印资料《语言文字学》2001 年年第 9 期全文复印转载)

从 Chomsky 的最简方案探解"对字句"

　　汉语中存在着一些特殊的句型,如"把字句"和"被字句"。关于这两个句型,国内外已有不少学者对此作了较为深入的研究。① 尽管至今依然智仁互见,可毕竟已从各个不同的角度揭示了这两个句型内在的语法关系、语义关系和语用目的。但是,汉语中的另一个特殊句型,即"对字句",似乎尚未引起人们足够的重视。

　　本文所要论讨的"对字句",是指介词"对"表示"对待"之义时所带的前置宾语是谓语动词的受事的句子,如"领导对这次会议已作了安排";在其他情况下"对"表示"朝""向"或"面对"之意的句子以及"对"表示"对待""对付"或"对抗"之意时所带的非前置宾语的句子,则不属本文讨论之列,如"窗户对着一个公园"和"我们的批评要对事不对人"等。虽然宋玉柱对"把字句""对字句"与"连字句"之间的异同作了许多有益的论述,②但未曾对"对字句"作过专题探究,对在"对字句"中缘何出现"对"字,更未曾从句法和语义的角度作深入的探讨。我们认为,"对字句"也是汉语中的一个特殊句型,具有特殊的表现形式和内在的复杂性,很值得再作进一步的考察。

---

　　① 吕叔湘:《被字句、把字句动词带宾语》,《中国语文》1965 年第 4 期;C. N. Li & S. A. Thompson. *Mandarin Chinese*; *A Functional Reference Grammar*. Califoania; University of California Press, 1989; A. Y. - H, Li. *Order and Constituency in Mandarin Chinese*. Netherlands; Kluwer Academic Publishers, 1990;张旺熹:《汉语特殊句法的语义研究》,北京语言文化大学出版社 1999 年版;郑定欧:《词汇语法理论与汉语句法研究》,北京语言文化大学出版社 1999 年版;程工:《语言共性论》,上海外语教育出版社 1999 年版;张伯江:《论把字句的句式语义》,《语言研究》2000 年第 1 期;张伯江:《被字句和把字句的对称与不对称》,《中国语文》2001 年第 6 期。

　　② 宋玉柱:《现代汉语语法论集》,北京语言学院出版社 1996 年版,第 21—59 页。

宋玉柱认为，"对字句"中作为谓语的动词①一般都是"不表示积极活动的非动作性动词"②，他将这些动词分为三类：一是表示思想感情活动的动词，如"他对祖国非常热爱"；二是表示感官活动的动词，如"儿子对母亲的话就容易听得进去"；三是表示言语活动的动词，如"学者们对翻译中的互文性问题讨论热烈"。我们发现，"对字句"中的动词其实不限于这三类，还存在着另一类较为普遍的动词，即"使某事物变得清楚、明确或有序"的动词。这类动词包括"调查、报告、评论、介绍、计划、记录、指示、检查、规划、实验、估计、演示、安排、规定、分析、表示、考察、探讨、表扬、解释、判决"等。这些动词具有共同的特性，在语音上均是双音节词，在形态上均是由"动词+动词"构成的复合动词，在语义上均表示"使某事物变得清楚或明确或有序"，而且作为构成成分的两个动词在意义上相近，如"记录"中的"记"和"录"，"解释"中的"解"和"释"。便于讨论的集中，本文仅以复合动词"调查"为聚焦点，分析其在"对字句"中的表现，而且仅聚焦于对宾语前置以后缘何插入介词"对"和轻动词"作"③的句法及其论元结构（argument structure）的分析上，其句式表现为"NP+对+NP+作+XP"④。试看句（1）（2）（3）（4）和（5）：

（1）委员会将调查这个问题。

（2）委员会对这个问题将作调查。

---

① 实际上，在"对字句"中能担当谓语的词不仅仅是动词，还可以是形容词，表示某种态度，如"他对这件事很认真、积极、热情、冷淡、消极"。本文对此暂不作讨论。

② 宋玉柱：《现代汉语语法论集》，北京语言学院出版社1996年版，第31页。

③ 在汉语里实际上还有另两个动词"进行"和"加以"，其句法功能在很大程度上类似于"作"。关于它们彼此之间的相同性和差异性，我们在此暂不展开探讨。在此的关键问题是，紧跟于这类"轻动词"后的动词不可再接宾语，而且必为意义相近的双音节动词。另需提及的是，汉语中意义相近的双音节动词往往具有名词化的倾向，如"报告"和"介绍"等都既可作动词也可作名词。

④ 其实"对+NP"也可以置于句首，如"对这个问题，委员会将作调查"。在此的问题是，一旦前置宾语置于句首，介词"对"也可以省去不用，如"这个问题委员会将作调查"。但是，如果前置宾语置于句子的主语与谓语之间，我们就必须要在前置宾语前嵌入介词"对"，这正是本文所要探讨的焦点，如我们不能说"委员会这个问题将作调查"，唯有"委员会对这个问题将作调查"才是合乎汉语语法的句子。我们认为，"对+NP"不论置于句首还是句中，纯然出于语用上不同程度的强调的需要。便于讨论的集中，本文仅考察"对+NP"出现于句中的句法现象。至于宾语出现于句首而不嵌入介词"对"，我们认为，这完全是一个"主题化"（topicalization）的句子，本文对此暂搁置不论。

（3）*委员会这个问题将调查。

（4）*委员会对这个问题将调查。

（5）*委员会这个问题将作调查。

从以上五个句子，我们可以发现，句（1）和句（2）都是合乎汉语语法的句子，而句（3）和句（5）却不符合汉语语法，句（4）的语法性令人怀疑。在此需要提出的问题是：在句（2），当宾语"这个问题"前置于动词"调查"时，缘何出现了原本在句（1）里所没有的介词"对"和动词"作"？即出现"对"和"作"的动因何在？若不嵌入"对"和"作"这两个词，缘何导致句（3）和句（5）的不合乎语法以及句（4）的可疑性？我们将这种现象称为"对字句"现象。针对这一现象，我们作了以下假设：第一，句（1）是汉语中的一个典型句子（a canonical sentence），而句（2）是出于语用的需要将宾语前置于动词；第二，"调查"一词的语类（category）是不确定的，它既可以是名词，也可以是动词，其特定的语类取决于它所出现的句子语境，故"调查"一词的语类暂设定为"XP"；第三，"对"是一个介词，其嵌入是起到给前置宾语"这个问题"指派格的作用；第四，"作"是一个"轻动词"（light verb），其嵌入是起到给"调查"指派格的作用，但并不给"调查"指派论旨角色（θ-role）；第五，前置宾语"这个问题"从由"作"和"调查"组成的复合谓语（complex predicate）中得到论旨角色的指派。

为证明这些假设，我们拟从 Chomsky[1] 最简方案中的"经济原则"（the principle of economy）、"充分解释原则"（the principle of full interpretation）和"核查理论"（the checking theory）来探解汉语"对字句"的特殊句法行为及其论元结构。

一、"经济原则""充分解释原则"及"核查理论"

"经济原则"是最简方案的核心内容，是普遍语法理论建设中的工作原则，认为语言结构的一切表达式以及产生结构的诸过程必须在语言体系允许

---

[1]　N.Chomsky.*The Minimalist Program.*Cambridge，Mass：MIT Press，1995.

的范围内做到尽可能的经济,在语音表达式(phonetic form)和逻辑表达式(logical form)中的各种推导过程中不能出现得不到解释的(uninterpretable)或冗余的(superfluous)成分。"充分解释原则"这一较为成熟的观点则最早出现于 Chomsky① 的《语言知识:其性质、来源及使用》一书,认为这一原则是一切自然语言的特性,提出语音表达式和逻辑表达式是句法和语言使用的两个接口(interface),所以出现在语音表达式和逻辑表达式中的每一个成分都必须得到合理的解释,也就是说,每一个成分的出现必须要有存在的价值,得到合理的允准(licensed),否则就得不到充分的解释,成为得不到解释的或冗余的成分。Chomsky② 以后又在《最简方案》一书中重申了这一原则,并进一步提出,"充分解释原则"的动因就是语言中的经济原则。随着研究的进一步深入,"充分解释原则"逐步演化为这样一种十分简明的思想,即"充分解释原则"受语言"经济原则"的驱动,语言表达式中的每一个成分必须得到充分的解释。"核查理论"是"最简方案"的重要句法操作技术,指出表达式中的各成分具有语法特征(grammatical features)和语义特征(semantic features)③,但这些特征在推导过程中必须得到核查,在逻辑式层面上任何因无法核查而得不到解释的语法特征或语义特征均会导致推导过程的崩溃(crash),即会导致表达式的不符合语法。④

既然句(2)合乎汉语语法,而句(3)和句(5)不合乎语法,句(4)的语法性具有可疑性,而且问题又是出在"对"字和"作"字在句子中的有无与否,那么我们应该相信这两个字必然有其存在的价值。根据"经济原则""充分解释原则"和"核查理论"的要旨,语言表达式中不能出现得不到解释的或冗余的成分,每一个成分一旦出现,就必须得到充分的解释,其语法特征和语义特征必须得到核查,那么我们就有必要究问在句(2)这一"对字句"中出现"对"字和

---

① N.Chomsky.*Knowledge of Language:Its Nature,Origin and Use*.New York:Praeger,1986,pp.98-102.

② N.Chomsky.*The Minimalist Program*.Cambridge,Mass:MIT Press,1995,pp.27-28.

③ A.Radford:*Syntax:A Minimalist Introduction*,顾阳导读,外语教学与研究出版社 2000 年版,第 170—274 页。

④ A.Radford.*Syntactic Theory and the Structure of English:A Minimalist Program*.Cambridge:Cambridge University Press.1997,pp.497-498.

"作"字的动因,说明这两个字之所以存在的合理性以及由此产生的一些语言现象。

二、对"调查"一词的语类检验

"调查"一词的语类是不确定的,它既可以是动词,也可以是名词。在句(1),"调查"的语类应是动词,而"这个问题"显然是名词短语,①这可以从句(6)(7)(8)(9)(10)(11)(12)和(13)中得到证实:

(6)委员会应该调查这个问题。

(7)*委员会调查应该这个问题。

(8)委员会不调查这个问题。

(9)*委员会调查不这个问题。

(10)委员会将调查这个问题。

(11)*委员会调查将这个问题。

(12)委员会将调查调查这个问题。

(13)*委员会将调查这个问题问题。

我们知道,在汉语句子里,凡是动词前面均可以出现能愿动词。如"应该"前,可以出现否定词,如"不",可以出现时态标记词,如"将"。如果是动词,就可以重叠,因"调查"是一个双音节词,所以其重叠的方式呈"ABAB"式,即"调查调查"。句(6)(8)(10)和(12)符合语法,便证实了这些情况。在句子中,名词前是不可能出现能愿动词或否定词"不"②或时态标记词的,而且名词一般是不能重叠的,③句(7)(9)(11)和(13)之所以不合乎语法,就是因为"这个问题"是名词短语。由此可见,"调查"在句(1)是动词,"这个问题"是

---

① "这个问题"应该属于"限定词短语"(determiner phrase,即 DP)。为方便讨论,我们在此不展开对"限定词短语"的分析,姑且称"这个问题"为名词短语。

② 但存在一些固定表达,如"人"和"鬼"在汉语里均是名词,在这两个名词前似乎均可出现否定词"不",如"人不人,鬼不鬼",但是,这只是一种固定的表达法,并不具有能产性。

③ 汉语在极少数情况下,名词也可以重叠,如"人人、家家、户户"等,表示"每一个"的意思,但在绝大多情况下,名词是不能重叠的,如我们不能说"笔笔、纸纸、书桌书桌"等。

名词短语。

但是,在句(2),当"调查"紧跟于"作"后面时,其句法功能已变为名词,可在语义上却依然保留着动词的特性。首先,我们先来证实"调查"在句(2)的句法功能是名词,试看句(14)(15)(16)(17)(18)和(19):

(14)委员会对这个问题将作一个调查。

(15)*委员会将一个调查这个问题。

(16)委员会对这个问题将作许多调查。

(17)*委员会将许多调查这个问题。

(18)委员会对这个问题将作他们的调查。

(19)*委员会将他们的调查这个问题。

句(14)(16)和(18)之所以合乎语法,是因为"调查"在这些句子中是名词,而在名词前可以出现数词、量词或所有格形容词(possessive adjective),可这些词是不可能出现于动词前的,因而句(15)(17)和(19)不合乎汉语语法。由此可见,在句(2),紧跟于"作"后面的"调查"在句法上是一个名词,同时也证明了"调查"在句(1)是一个动词,因为在动词前不能出现数词、量词或所有格形容词。

然而,在句(2),尽管"调查"在句法上是一个名词,可在语义上却仍然保留着动词的特性。试看句(20)(21)和(22):

(20)委员会已三次调查了这个问题。

(21)*委员会已调查了三次这个问题。

(22)委员会对这个问题已作了三次调查。

在汉语里,句子中的动词一般可以受频率副词(frequency adverbial)的修饰,而名词是不能接受频率副词的修饰的,这就是缘何句)合乎语法,而句(21)却不符合语法的道理。但是,在句(22)这一"对字句"中,"三次"仍然可以直接修饰"调查",这说明在"对字句"中的"调查"依然具有动词的特性。这可能类似于英语中的"动名词",在句法上是名词,可在语义上却仍然具有动词的特性,而且如果原先是及物动词的话,照样可以有自己的宾语,如句(23)中的 saying 一词:

(23)He left without saying goodbye to her.

如果这一推断正确,即在"对字句"中的"调查"在句法上是名词,在语义上依然保留着动词的特性,那么句(22)合乎语法是理所当然的事,而且这一点对我们在下文探讨"调查"仍然具有论旨角色的指派能力非常重要,也就是说,如果"调查"纯粹是一个名词,它就没有能力指派论旨角色。

三、对"作"一词的语类检验

如句(4)所示,如果没有"作",这一"对字句"是否合乎汉语语法很令人怀疑。① 又如句(2)所示,一旦在"对字句"中出现了"作",这一句子符合汉语语法就会毫无疑问。在此有两个问题需要回答:其一是为何需要嵌入"作"?其二是"作"在此充当什么样的句法功能? 在回答第一个问题之前,让我们先来回答第二个问题。我们在"引言"里已作了这样的假设:"作"在"对字句"里是一个轻动词,既然是轻动词,那么它就应该具有一个动词的特性。若这一假设正确,那么如同在检验"调查"是动词时那样,我们也可以借用能愿动词、否定词"不"、时态标记词和动词重叠的手段来检验在"对字句"里"作"是不是一个"动词"。试看句(24)(25)(26)和(27):

(24)委员会对这个问题应当作调查。

(25)委员会对这个问题不作调查。

(26)委员会对这个问题将作调查。

(27)委员会对这个问题应当作作调查。

不难看出,句(24)(25)(26)和(27)均符合汉语语法。从这四句可以发现,"作"前面可以出现能愿动词"应当"、否定词"不"、时态标记词"将",并且"作"可以重叠。因"作"是个单音节词,所以其重叠方式呈"AA"式:"作作"。然而,"对字句"中的"作"不是一个完全意义上的动词,而只是一个轻动词,它

---

① 需要指出的是,若"调查"后出现补语,即如果在像句(2)这样的"对字句"中出现"动补结构",那么轻动词"作"便可以省去不用,如"委员会对这个问题需调查清楚"。我们认为,在这种"对字句"中,由于"动补结构"的需要,"调查"的动词特性就会显强,便无须轻动词"作"的嵌入。关于其内在的句法特性,本文在此暂不作详述。

之所以嵌入于句(2)这一"对字句"中,是为了给"调查"指派格。我们将在下一节探讨这一假设。

四、"对字句"中格指派与格指派的方式

格理论①在"管约论"②中已得到了深入的阐发,并继续在最简方案中得到应用,其实质就是"格筛选"(the case filter),即"每一个在语音上得到实现的名词短语,必须被指派(抽象的)格"③。简言之,在语言表达式中,凡是名词短语,都必须接受格的指派。

"格筛选"对语言表达式中所出现的每一个名词短语的合法性提出了强制性的要求。凡是没有格位的名词短语,都会被"格筛选"过滤掉,也就是说,每一个名词短语在语言表达式中都必须具有格,否则,其存在就没有合法的地位。因而,"格筛选"能防止名词短语出现于一个因没有格而得不到解释的位置。

再者,格理论能起到规范语类分布的作用,其途径有三:一是具体规定能指派格的语言成分类型,根据这一理论,语言表达式中的一致(AGR)、动词和介词是格的指派者;二是具体规定必须得到格指派的语言成分类型,依据格理论,名词是格指派的接受者;三是具体规定格指派的方式。格理论里的"邻近

---

① "格理论"(the Case Theory)最早见用于 Chomsky 的"管约论"(Chomsky 1981,1982),是"管约论"中的一个重要理论模块,其操作原则在"最简方案"中没有发生很大的变化。顾阳(2000:F18)在给 A.Radford 所著的 Syntax: A Minimalist Introduction(2000)一书导读时提道:"最简方案的格理论认为,凡是名词短语,都要有格位"。这说明,"格理论"的基本内容仍见用于"最简方案"。

② N.Chomsky. *Lectures on Government and Binding*. Dordrecht: Foris, 1981; N. Chomsky. *Some Concepts and Consequences of the Theory of Government and Binding*. Cambridge, Mass: MIT Press, 1982; L.Haegeman. *Government and Binding Theory*. Oxford: Blackwell, 1995, pp.155-200.

③ 在此之所以称"抽象的格"(abstract case),而且将"抽象的"放于括号中,主要是为了包容有形态标志的格(morphological case)和无形态标志的格,因为在有些语言中,格通过形态得到表达,可在另一些语言中,格没有形态上的反映,表现为抽象,汉语就是一个明显的例子。Chomsky(*Knowledge of Language: Its Nature, Origin and Use*. New York: Praeger, 1986.)认为,不论有无形态的标志,凡是名词短语,均接受格的指派。

条件"(the adjacency condition)①提出,格指派者必须与格指派的接受者邻近,而且格指派的接受者必须直接紧跟于格指派者,这就是格指派的方式。在句(1)中,②名词短语"这个问题"与动词"调查"邻近,而且紧跟其后,因而"这个问题"从"调查"那里得到了格的指派,具备了格,其语法特征因此得到了核查,但在句(2)中,当"这个问题"前置于"调查"时,③尽管仍然与"调查"邻近,可不是紧跟其后,所以受"邻近条件"的制约,"调查"再也没有能力给"这个问题"指派格,也就是说"这个问题"在句(2)中不能从"调查"那里得到格的指派,因此就得不到语法特征的核查。在此种情况下,介词"对"的嵌入就是为了解救因前置以后而得不到格的指派的"这个问题"。换言之,"这个问题"前置以后,因从"调查"那里得不到格的指派,需要介词"对"的嵌入而得到格的指派,借此挽救自己在表达式中的存在的合法性,并能顺利通过语法特征的核查,因为介词也是格的指派者。从另一个方面,我们在此也能证明介词"对"在句(2)中存在的价值。最简方案中的"经济原则"告诉我们,语言表达式中不能出现得不到解释的或冗余的成分,唯有真正需要的成分才能在表达式中出现;"充分解释原则"则要求,出现于表达式中的每一个成分都需要得到合理的解释。介词"对"之所以在句(2)中出现,就是为了给前置宾语"这个问题"指派格,否则"这个问题"就得不到格,因此也就会处于一个没有格的位置,得不到语法特征的核查,导致表达式的崩溃,句(5)之所以不符合语法,就

---

① J.Ouhalla.*Introducing Transformational Grammar*:*from Principles and Parameters to Minimalism*.Edward Arnold Publishers Lt.,1999,pp.191–193.

② 在语言表达式中,凡是名词短语,均需要接受格的指派,所以出现于句(1)主语位置上的"委员会"也需要被指派格,因是主语,所以需要被指派"主格"(Nominative Case)。根据格理论,主格通常由"一致"来指派。为了讨论的集中,我们在此不涉及处于主格位置上的名词短语,仅聚焦于处于"宾格"(Accusative Case)位置上的名词短语。

③ 我们认为,句(1)是汉语中的一个典型句,句(2)是宾语"这个问题"前置于动词"调查"的结果。根据最简方案中的"拖延原则"(the Procrastinate Principle)(J.Ouhalla, *Introducing Transformational Grammar*:*from Principles and Parameters to Minimalism*. Edward Arnold Publishers Lt., 1999.pp.435–436.),"动不如不动",若没有特殊的原因,则不要轻举妄动,那么,移动总是有其特殊的原由的。依据金立鑫(《语法的多视角研究》,上海外语教育出版社 2000 年版,第 272 页)的看法,汉语中"把字句"的产生是为了实现某种语用价值,被移动的成分总是较没有移动的成分携载更多的特殊含义,其目的就是为了引起人们更多的注意。我们在此也认为,"对字句"中的宾语前置,也是为了引起人们对受事(patient)的更多的注意。

是这个原因。

如在本文第 2 部分所述,句(2)里的"调查"在句法上表现为名词,在语义上却依然保留着动词的特性。在此,我们先探讨"调查"的名词特性,它也必须接受语法特征的核查。我们将在本文的第 5 部分再讨论其动词特性。作为动词,它需要一个论元结构。

在探究作为名词的"调查"如何接受语法特征的核查之前,我们有必要先回答"调查"在句(1)中原是一个动词而在句(2)中是怎样成为一个名词这一问题。如前所述,在句(1)中,正因为"调查"是一个动词,而宾语"这个问题"又紧跟其后,所以它能给"这个问题"指派格。可是在句(2)中,由于"这个问题"前置,这使得"调查"作为动词而失去了指派格的对象,即没有格可以指派,其结果就是丧失了作为一个完全意义上的动词所需要的全部特性,在句法上因此表现出了名词的特征,句(14)(16)和(18)就反映了这一情况。既然在句(2)中"调查"在句法上表现为名词,那么它也必须经过语法特征的核查。也就是说,它必须处于一个有格的位置。在此的问题是,谁能给"调查"指派格呢?那就是在句(1)里没有出现而在句(2)中出现的动词"作"。如上所述,动词是格的指派者。"作"是动词,所以能给"调查"指派格。这样,"调查"作为名词就处于了一个具备格的这样一个合法的位置上,也因此能顺利通过语法特征的核查。这里同时说明了两点。一是动词"作"在句(2)的嵌入是为了解救在句法上表现为名词而急需格的指派的"调查",所以"作"的出现满足了"充分解释原则";二是"调查"在句(2)中作为名词需要格的指派,否则就通不过语法特征的核查。

然而,"作"在句(2)中不是一个完全意义上的动词,它只是一个轻动词。我们在此称其为"轻动词",是因为它"在语义上被冲淡"(semantically bleached)或者"在语义上轻量"(semantically light weight)①。作为动词,它应该具有一个论元结构,但"作"在句(2)中却不具备这样的能力。Grimshaw 和 Mester②指出,轻动词在论元结构方面是不完整的(thematically incomplete),

---

① D.J.Napoli.*Syntax: Theory and Problems*.Oxford University Press,Oxford,1993,p.98.

② J.Grimshaw & A.Mester."Light Verbs and θ-Marking".*Linguistic Inquiry*,1988,No.19.

它只是起到给宾语指派格的作用,却没有能力给宾语指派论旨角色。既然"作"只能指派格,而不具备论元结构,那么句(2)这样一个"对字句"里到底是谁具备了论元结构呢?我们将在下一节讨论这一问题。

五、"对字句"里的论元结构

我们在第 2 节已证实,"调查"在句(2)这样的"对字句"里依然保留着动词的特性,它照样可以受到频率副词的修饰。为再证明这一点,我们看一看句(28),并再来看一看句(1)和句(2)。为方便起见,句(1)和句(2)在此分别重复为句(29)和句(30):

(28)* 委员会将作调查。

(29)委员会将调查这个问题。

(30)委员会对这个问题将作调查。

句(29)是一个合乎语法的句子,而且是一个典型句。在这一句子中,"调查"是谓语,其论元结构表现为"委员会"是其外部论元,[①]"这个问题"是其内部论元,也就是说,"调查"给"这个问题"指派"受事"这样一个论旨角色。句(30)也是一个合乎语法的句子,而句(28)却不符合语法,这是为何呢?个中的缘由就是因为句(28)中的"调查"缺少一个内部论元,即缺少一个宾语。从句(30)这一"对字句"中,我们不难理解,"这个问题"尽管因语用的需要被前置,可仍然是"调查"的宾语。若没有这一宾语的出现,就会导致像句(28)那样的语法错误,这再一次说明,"调查"在"对字句"中依然具有动词的特性,需要有宾语。这就是说,即便"调查"在"对字句"中其句法行为基本上表现为名词,可其动词特性尚未完全消失,仍然需要一个论元结构。在句(30)中,"委员会"作为一个外部论元,这确定无疑,而"这个问题"尽管已前置,可依旧是

---

① 依照论元结构理论,在语言表达式中,每一个谓语(predicate)均根据自己的语义特性需要一个论元或一个以上的论元。处于句子主语位置上的论元被称为"外部论元"(external argument),而处于宾语位置上的论元被称为"内部论元"(internal argument)。我们在此仅聚焦于内部论元。

"调查"的内部论元。这至少能说明两点：一是在这一"对字句"中，"调查"仍有能力指派论旨角色，二是"这个问题"在句子结构上尽管已是介词"对"的宾语，可仍然接受论旨角色的指派。在此的问题是，在句（30）中，"这个问题"处于前置的位置，而"调查"是怎样给"这个问题"指派论旨角色的？答案是，当"这个问题"被前置以后，在原来的位置上留下了一个语迹（trace），"调查"就是给这个语迹指派论旨角色。这同样反映了两个情况：一是论旨角色是指派给论元的基位（base position）的，二是再一次证明"调查"在"对字句"中具有混合（hybrid）特性，即尽管在句法上具有名词的功能，可依然保留着动词的特性，具有指派论旨角色的能力。

但是，情况并非如此简单。根据 Grimshaw 和 Mester 的看法，带有轻动词的谓语论旨指派是一个融合的过程，即由轻动词与具有论旨指派能力的名词结合在一起组成一个论旨指派单位。在此具体地说，在句（30）这一"对字句"中，轻动词"作"与名词"调查"结合在一起组成一个复合谓语（a complex predicate），给作为内部论元的"这个问题"的基位或语迹指派论旨角色。在这种情况下，"调查"在句法上表现为名词，可在语义上表现为动词，所以仍然具有论旨指派的能力。简言之，在句（30）这样的"对字句"中，给作为内部论元的"这个问题"的基位或语迹指派论旨角色的，是一个由轻动词"作"与一个具有名词和动词混合特性的"调查"组合而成的谓语。

我们在第 4 部分已说明，在句（2）这一"对字句"中，介词"对"和轻动词"作"的出现是为了使"这个问题"和"调查"能顺利通过语法特征的核查，因此能满足充分解释的原则。同样，在同句（2）一样的句（30）中，"这个问题""作"和"调查"通过论元结构关系，能顺利通过语义特征的核查，满足充分解释的原则，使得整个推导成功地合并（converge）于逻辑表达式。

六、结束语

通过以上的讨论，我们可以从句（2）这样的"对字句"中得出以下结论。第一，介词"对"的嵌入，是为了给前置宾语"这个问题"指派格，使这一前置宾语能顺利通过语法特征的核查并能满足充分解释的原则。第二,"对字句"中,类似于"调查"这样的词具有名词和动词的混合特性。第三,"对字句"中,"作"是一个轻动词,其嵌入是为了给"调查"指派格,但由于在语义上被冲淡,没有能力指派论旨角色。第四,前置宾语"这个问题"是从由"作"和"调查"组成的复合谓语中得到论旨角色的指派,而接受论旨角色指派的,是论元的基位或语迹。前置宾语"这个问题"接受由"作"和"调查"组成的复合谓语的论旨角色的指派,是为了顺利通过语义特征的核查并能满足充分解释的原则。

(本文原载《外语学刊》2006 年第 2 期)

外语教育教学研究

高校英语教学个性的缺席与张扬

近几十年来,学英语的热潮一浪高过一浪,据说一些社区的老年人协会也在组织学英语,足以想见国人时下学英语的热情之高。在世界经济日益走向一体化的今天,这种热情无疑是一件大好事,显然进一步推动着我国的英语教学。目前,不论是综合性的高校,还是以人文学科为主的高校,或原本以理工学科为主的高校,已大多设立了英语系或英语学院。这是顺应现实需要的一个必然。在此迫切需要我们自问的是:我们的英语教学是否已达到了预期的效果? 毋庸置疑的是,我国各高校已培养出一大批高水平的英语人才,应急了各个领域的英语之需,应该说成绩斐然。然而,我们在英语教学过程中投入的人力、物力和时间也是惊人的,投入与产出之比并没有达到十分理想的程度,这也是一个毋庸讳言的事实。有些学生甚至说,在大学期间,大部分时间都花在英语上,可效果依然不佳。产生这种现象的缘由固然有多种,但一个比较明显的原因则是我国英语教学的范式化和一统化,缺少个性化的实践与张扬。这就是本文谓之英语教学个性的缺席与张扬的由头。

我国具有多种英语教学层次,如小学英语教学初中英语教学、高中英语教学、大专英语教学、大学本科英语教学、研究生英语教学等,本文将聚焦于普通高校的本科英语教学,而且主要是指公共英语的教学,就所存在的个性缺席的现状作一番剖析,并就如何填补这一缺席,张扬英语教学的个性实践,谈几点自己的看法。

一、个性缺席的现状

我们在此谈英语教学个性的缺席,并不意味着全国各高校在英语教学中完全缺少个性,各所高校以及各位教师在实施英语教学时,在教学方法、教学内容、教学要求、教学侧重点、教学时数等诸方面显然具有个体差异,教材选用也不是完全统一。但是,就总体而言,高校在英语教学的理念和实践中缺乏对个性的重视、关怀和张扬,大致表现在以下几个方面。

(一) 教学方法的一统化

在此所谓教学方法的一统化,并不是指来自上层领导部门所要求的某种教学方法的普遍实施,而是指在全国各高校中,相当一部分教师在自觉和不自觉地一直沿袭语法—翻译教学法(the grammar-translation method),这种教学法在有些地方可能至今还占主导地位。经过长期的操作和演变,这种教学法可能在今天已不完全是传统意义上的语法—翻译教学法,可在骨子里的,依然是语法—翻译教学,至少是这一教学法在不同程度或不同方面的具体体现,因为这一教学法的实质是注重语言形式的教学,要求学生机械地接受并死记硬背所学的语言材料,即便不理解也要先从形式上硬记语言规则。我们在此称之为一统化,可能有过激或以偏概全之嫌,但不管怎样,这种英语教学法在国内还是具有相当的普遍性的,也正因为这种相当的普遍性,我们在此姑且称其为一统化。

自 20 世纪 70 年代后期和 80 年代初期以来,随着对外改革开放的不断扩展和深入,各种现代英语教学法的主要流派被引介到了国内,如交际法、听说法、口语法和情景教学法、沉默法、暗示法、自然法、功能法、认知法、直接法等,一时间,国内的英语教学法似乎流派林立,高潮迭起,有好些关于英语教学法的专著面世,还有更多的论文见诸各学术杂志,对各教学法的优劣长短做了对比研究或探讨,对我国英语教学的现状献计献策,提出了许多极有见地的看法,但遗憾的是,传统的教学实践仍然根深蒂固,对各种新的教学法是讨论归讨论,研究归研究,但体现在行动上却是依然故我,造成理论与实践的脱节。目前盛行于许多高校的,仍然是语法—翻译教学法。这是一种十分传统的英语教学法,具体表现为教师在课堂上主要讲解词的拼写及词义、短语结构及短语意义、句子结构及语法表现、短语或句子乃至段落切合原意的互译、用课文中出现的某些词或短语造句等。这些授课内容在精读课中表现得尤其突出,教师始终处于主角的地位,充分体现了以教师为中心的教学方法,而学生则只是课堂教学的配角,处于被动接受知识的地位。尽管这种英语教学法在历史上曾起过较大的作用,使学生在英语的词法、句法等知识性方面的基本功比较扎实,但口语交际能力却相对低下;在英语的书面测试方面表现得比较出色,可在口头交谈方面却显得近乎"哑巴",木讷之状毕现。笔者曾在国外留学三年,常常看到来自欧洲非英语国家的留学生和南美洲的留学生在课堂上进行英语口语交流时,尽管句子结构有些破绽,可往往能十分自如、"口若悬河"地陈述己见,受到教师的赞赏;相形之下,中国学生在课堂上常常显得词穷才竭,或词不达意,或结结巴巴无法组词成句,难以长篇大论地发表自己的学术见解,只得三言两语草草结束自己的表达;在社交场合,常常要事先准备好自己想要说的话,一旦表述结束,就再也"无话可说",退避角落,成了社交场中的弃儿,即便有人主动前来攀谈,也往往只能穷于做一些"Yes""Good""Wonderful""You're right"或"I think so"等等的简单应答,极少根据话题表述自己的看法,或进一步延伸话题,这在无意中给人以"你不想和我谈话,或你想一个人待着"的感觉。

如果在观摩课上,有教师尝试使用新的教学法,侧重语言的口语交际,未将课文中出现的各个语言点放到教学的中心位置上,观摩后,评议组的一些成员在评议会上可能会指出这位教师对某一个语言点没有讲透或学生还没有很好地掌握某一个语言点云云。

即便有些教师采取了某种新的教学法,有时也会囫囵吞枣,对该教学法产生的哲学背景、心理学依据和受其他学科视点的影响未做深入的理解和消化,以致在教学中往往是机械地照搬某种方法,因此很难说有什么效果。再者,在国内一些条件比较好、师资力量比较雄厚的高校,各种新的教学法的确在试行,据说有些教学法已产生了令人满意的效果,如交际法、听说法、口语法和情景教学法等,与这些教学法相适应的一些教材也已出版。但仔细考察一下,却发现迄今为止,尚未有多少高校真正进入实验阶段,如将某一个班级或某一个年级的学生当作实验组,再将另一个班级或另一个年级的学生当作对照组,进行长期的教学实验,以实实在在的可信数据得出某种教学法的确行之有效的结论。正因为缺少有力的印证,许多教师对新的教学法将信将疑,只得又重新回到语法—翻译这一传统的教学法,只是在某种新的教学法的启发下,对这一教学法做某些方面的改良、充实或完善,但依然没有走出传统教学法的樊篱,本质上还是在践履语法—翻译教学法,注重语言形式或结构的教学,缺少具有个性并富有创新的英语教学实践和理论。

(二) 考试的一体化

在此所谓的考试一体化,是指全国许多高校围着"英语四级统考"和"英语六级统考"转,英语教学的内容及教学时数的安排均受限于这些统考,平时的作业和练习也是以这些统考的内容为焦点,教师的头脑里时时绷着统考这根弦,所思考的内容均以统考为中心。

有些高校为了迎考,提前一个月、两个月甚至大半个学期结束课文的学习,搞题海战术,要求学生做大量的统考样题,将考试的"指挥棒效应"发挥到了极致,有些地方将学生的考试成绩以及通过率作为衡量一个学校英语教学水平的标准,上至学校领导,下至学生,大多成为统考分数"拜物教"的奴隶。

不可否认,在现阶段,考试的确是衡量教师教学和学生学习结果的一个重要手段,但如果不适当地夸大考试的作用,就会适得其反。在我国,英语高分低能的现象不属鲜见,口语交际能力往往仅停留于涉及日常生活的会话,但达不到海阔天空地神聊,谈哲学、谈人生、谈社会、谈天文地理更是"束口无语"。况且,有些考题偏得出奇,在平时并不常用,甚至英美国家的人都不一定能答得出来。学生如果为了复习迎考,温故而知新,这无疑是一件好事,但如果仅仅是为了应对那些既怪又偏的考题,那么这只能迫使学生将过多的注意力转移到英语的精微毫末,而忘却英语的整体效应。再者,考卷中的各个考题的整体性是相对的,考题本身就具有离散的性质。因而,过多地搞题海战术,必定会使学生失去对所学语言的整体观照,见树而不见林。最后,英语的四级和六级统考,过去没有英语口语方面的考试内容,如果学生一味地追求这种考试的成绩,他们的英语怎么可能不成为"哑巴英语"呢?

(三) 大学英语教材的统编化

中国之大,地区差异在近阶段还比较明显,各省份、自治区和城市的实际英语水平、英语学习的环境和受重视的程度均不尽相同,这是一;二是全国各省份、自治区和城市中的高校以及高校与高校之间的师资力量不完全等量齐观;三是高校与高校之间的层次不完全一致,高考录取分数线因学校的层次而明显有别,这是一个不争的事实,所以全国各高校的学生并不都是站在同一条起跑线上;再说,学生还有英语学习的能力、动机、态度的差异。因此,对于大学英语来说,张扬个性化教材才是符合实际的。

(四) 课程设置的工具化

在此所谓的课程设置的工具化,是指目前在许多高校比较流行开设一些急功近利式的英语课程,希望学生能"现炒现卖",今天学明天派用场,一夜之间就能培养出能操一口流利英语的外向型人才。

目前在很多高校开设的所谓特殊用途英语有:"外贸英语""商务英语""函电英语""科技英语""保险英语""旅游英语""餐馆英语""护士英语""法律英语""出租司机英语""广告英语"等等。开设这些课程的基本理念是,学校必须紧贴社会的需要,社会需要什么样的学生,我们就要为社会培养什么样的学生。这是对"经世致用"的滥用,至少是一种肤浅的解读。个中原因有四。其一是,即便"外贸英语"(在此仅以一门课为例)学好了,并不等于英语就学好了。若要做大生意,成大气候,除了能使用外贸英语之外,还需要思想上的沟通。在真正的语言交际中,谈话内容不可能仅仅局限于某一个领域。让人在交谈中感到愉悦的,是思想上的共鸣。这样,交流者之间才能缩短地理上和思想上的距离。其二是,特殊用途英语的发源地应该说是 20 世纪 70 年代的英国,当时一些学者在研究英语文体学时探讨了英语在社会各特殊领域的独特表现,提出了英语中存在"法律英语""商务英语""科技英语"和"广告英语"等特殊用途英语的概念。这些概念提出以后,英国确实出版了这些方面的书，但据我们所知，至今未见英国多少高校将特殊用途英语作为一门独立的学科加以发展，更没有看到这一学科方面的硕士研究生或博士生培养出来。其三是，一个社会是由多个领域组成的，如果在英语课程设置中仅仅开设"法律英语""商务英语""科技英语"和"广告英语"等课，那是远远不够的，可能还需要开设"建筑英语""艺术英语""医药英语""政治英语""保姆英语"等等，但问题是学校不可能将社会各个领域所需要的各种英语都纳入英语课程的设置之中。在课程设置中只能是"提纲挈领"和"纲举目张"，这个"纲"就是英语的语言功底，以不变应万变。其四是，应该说，各语言具有共同的本质，既然有"函电英语""保险英语""旅游英语""餐馆英语""护士英语""出租司机英语""广告英语"等课程，那么外国人若要学汉语，是否也要学"函电汉语""科技汉语""保险汉语""旅游汉语""餐馆汉语""护士汉语""法律汉语""出租司机汉语""广告汉语"呢？20 世纪 50 年代和 60 年代以及在 70 年代后期和 80 年代初期，由许国璋教授编写的英语教程培养出了许许多多活跃在中国社会各行各业的英语人才，为国家的建设和发展、为提高中国在国际上的影响作出了重要贡献，可那时也未听说有哪些学校专门开设过"函电英语""商务英语"和"科技英语"等课程。我们作如是说，无意贬损各种新编的教程，也无意贬低学生学习"法律英语""商务英语"和"科技英语"等课程的意义，只是说明英语的基本功是一切英语课程之本。开设"函电英语""海运英语""保险英语"和"旅游英语"等课程，在某种程度上只是一种从众心理的反映，缺乏具有个性化的思考。

二、张扬个性的途径

以上谈了高校英语教学个性的缺席的诸种表现，可能有挂一漏万之嫌，也可能有偏激之词，但我们认为，这些现象还是具有一定程度上的普遍性的。针对这些个性缺席的现象，我们建议可从以下几方面来张扬英语教学中的个性。

（一）教学方法的个性化

在此所谈的个性化,不一定要求每一个教师都要有一种独特的方法,但至少可以做到集体个性化。鼓励各高校从实际情况出发,开展教学法本体论、认识论和方法论上的深入思考,群策群力,因地制宜,大胆实验,大胆创新,不囿于一个教派,博取各家所长,广泛阅读和研究与教学法有关的哲学、心理学、生理学等学科知识以及教学法方面的知识,既有继承又有开拓,经过相当长一段时间的实验,有对象、有对比、有讨论、有数据、有跟踪、有总结地探索出一种或几种行之有效的教学法。

目前世界上的教学法有许多,但每一种教学法都有利有弊,不可能十全十美。况且,每一种教学法的优点都是相对的,所以在采用某种教学法时,需要注意"度"的问题,一旦将某种教学法推向极端,那就势必走向方法论上的形而上,这样反而会放大这一教学法的不足成分,导致这种教学法的负面作用。

教学法更不能搞一统化,需要百花齐放,百家争鸣。如果全国各高校都使用同一种教学法,那未必是一件好事。其实,同一所高校里也没有必要搞"大一统",各教研组或各年级段均可使用或试验不同的教学法。若有善于创新的教师想尝试某种新的教学法,应得到充分的鼓励,即便是失败,其实也是一种收获。中国地大人多,多几种教学法应该是正常现象,不应该执拗于一法或二法而不放。

总之,教学法需要动态的教学法,不能搞死水一潭。我们需要不断探索,充分释放个性能量,不论这种个性是集体个性抑或是个体个性。

（二）考试的个性化

如上所述,考试是衡量教师教学和学生学习结果的一个重要手段。尽管不是唯一的手段,但在还未找到另一种更加理想的手段之前,目前在很多方面只能利用考试这一手段。然而,假如不恰当地夸大考试的作用,就会适得其反。

其实,考试也可以有张扬个性的空间。考试除了常见的词法和句法等内容之外,还有写作、即兴口语表达和翻译。各高校可根据学生的培养目标,在试题命题的内容上有所侧重。我们认为,写作、即兴口语表达和翻译是最能反映学生综合语言基本功的手段,所有的词法知识、短语知识、句法知识、语义知识、语用知识、搭配知识、文体知识,当然也包括逻辑思维能力等,均能在写作、即兴口语表达和翻译中得到昭示。这三者之间不同的是,写作是表现笔头能力,即兴口语表达是表现口头能力,而翻译则既可以是笔头翻译,也可以是口头翻译,或两者兼顾。我们提出这一建议,是因为一切的英语训练或学习,最终都将体现到笔头交际、口头交际或翻译之上,一个人英语水平的高低也会在这三个方面表现出来。

也许人们会说,这说起来容易做起来难,而且这些考试内容无法量化,全是主观题。情况的确如此,但我们不能因为难以操作就不去尝试。每次考试,可由若干教师组成一组,对每一名考生进行集体打分,这样便能尽量减少打分的主观性。

至于如何衡量各高校的英语教学水平,我们认为,应该由社会去评判,由毕业生的用人单位去评判。在招生,尤其是在吸收优秀生源日趋激烈的今天,几乎每一所高校都会十分重视学生的培养,希望自己培养出来的学生能得到社会的认可,得到社会的赞誉。一旦一所高校教学水平提高了,优秀的学生就自然会慕名而来。

(三) 大学英语教材使用的个性化

我国在教学上长期具有因材施教的优良传统,但因材施教首先需要做到因学生不同而使用不同的教材。这就是我们所谓的教材使用需要具有个性特点。

有条件的高校可以自己组织力量编写教材。教材并不一定就是要正式出版的教材,讲义也行。讲义经过长期的使用,效果确实比较好的,便可以联系出版。其实,许多好的教材都是在讲义的基础上经过长期的使用、修订、再使用、再修正这样多次反复以后才正式出版的。教材并不一定在全国范围内使用,可以在几所高校里使用,或可以在同类高校或同一层次的高校里使用,也可以在一个区域里使用。总之,要从学生的实际水平和培养目标出发,编写教材和使用教材。

（四）课程设置的个性化

英语教学,最后落到实处的,不外乎四个方面:听、说、写、译。我们一般都强调"五会"能力,即听、说、读、写、译。其实,"说"和"读"在目标上没有什么差异,"读"只是为了更好地"说",所以"读"充其量只是一种手段,其归属就是便于"说"得更好。鉴于此,各高校可根据学生的培养目标,有的放矢地在听、说、写、译这四个方面有所侧重,在课程设置上体现个性化。如果说特色是一所高校的灵魂,那么个性在很大程度上就是特色。唯有有个性的课程设置才能培养出有特色的学生。譬如说,以培养学生听力为目标的高校,那就需要在英语的听力方面做文章,总结出如何培养学生对英语语音的鉴别能力和敏感性方面的经验,再向其他高校推广。到目前为止,我们尚未在市面上看到就如何培养学生英语听力能力的有理论、有体系的论著。这不能不说是一个遗憾。

至于根据学生的培养目标,是否需要专门开设特殊用途英语方面的课程,我们认为基本上没有必要,因为只要学生的英语基本功扎实,到高年级再开设一门"英语语体学"的课程就能基本上解决问题,因为英语语体学所探讨的就是英语在某些不同情景中使用的语言变体。

在此需要附带提及的是,一切的课程设置都是借助课堂实现的。除了课堂之外,应加强第二课堂教学。记得笔者在瑞典访问时,曾向一名搬运工人问路,并随后跟他进行了交谈,其口语之纯正,令人惊讶。问他是怎样学得这一口流利的英语时,他回答说,瑞典每天能接收到英国3—4个电视频道,他就是每天晚上收看英语频道学会的。诚然,瑞典语与英语在语系上是近亲,这是事实,但近亲并不能说明学语言就非常容易,若果真是这样,同属吴方言的苏州话和宁波话应该更容易互学,可如果不下功夫,不具备方言的环境,苏州话还是苏州话,宁波话还是宁波话,要想地道地用两种方言进行交际还是很困难的。我们建议,学校给第二课堂提供英语环境,尤其是提供英语的视听环境。低年级学生可看大量英语原版的童话片或儿童片,语言清晰、简单、地道,到高年级再逐步过渡到看原版的故事片。

三、结语

我们在英语教学中的投入与所取得的成绩之间还有一段相当大的距离，在总体上缺少个性的张扬，缺少多样化，缺少对校情、学生情、专业情的深入研究，缺少异曲同工、殊途同归的释放个性能量的局面。所以，我们认为，在我国高校的英语教学中，应鼓励充分张扬个性。一个地方往往因特色而闻名于世，同样，英语教学也应该因具有个性而变得生机勃勃，多姿多彩。

（本文原载《中国外语》2004 年第 2 期）

提升学术理论自信，
推进我国高校英语专业教学理论本土化

一、引言

目前,我国高校英语专业教学领域存在一种现象,就是一味借用或套用国外教学理论来引导甚至实施教学实践,具有中国特色的教学理论明显缺失。英语专业教学大国在中国,可其理论研究及产出却基本在国外,这一局面需引起我们高度重视。我们认为,我国高校的英语专业教学界,有必要增强学术理论自信,提升教学理论的本土化。

在此所言"理论自信",是指对研究对象深度审视之后,根据已有知识,依凭抽象概括与推理、演绎等途径,进行具有逻辑性的系统观点阐述时,对自己所从事某项活动的能力具有积极的自我评价。在此所言的"本土化",是指我们应把握我国高校英语专业的教学实际,吸纳国外相关理论的有益成分,总结并提炼我国长期以来所积聚的教学经验,力图理论创新,提出切合我国高校现实的英语专业教学理论。须指出的是,在此的"本土化"并非指狭隘的地域之间的对立,而是指统揽国际全局,将英语专业教学理念深植于我国实际的过程。

下文我们拟对我国高校英语专业教学的重要性、英语专业人才培养的诸种不足、理论创新的困难和迫切性以及教学理论创新这四个方面做一简要探讨。

二、我国高校英语专业教学的重要性

自中华人民共和国成立,特别是改革开放以来,我国在经济、科技、军事、文化等领域吸纳了国外大量的先进经验,为国家的强盛、民族的腾飞和人民的富足做出了重要贡献。在此进程中,我国的外语教学尤其是英语专业教学所起的作用不可抹杀。近年,随着我国"一带一路"倡议的提出和实施,丝绸之路经济带和 21 世纪海上丝绸之路会贯穿欧亚大陆,东连亚太经济圈,西进欧洲经济圈,沿途所关联到的中亚、东南亚、南亚、西亚、东非、欧洲经贸和文化交流大通道中的各个国家,与我国的交往会更加紧密和频繁,而涉及这些国家语言的外语人才,无疑需要我们尽快培养,因为决定"一带一路"成败的因素固然众多,但语言无疑是其要素之一。语言能沟通心灵,能构筑我国与这些国家的联结,能进一步提升我国在世界上的影响力,无论在政治、经济、文化抑或在外交、军事、战略等方面,语言所起的作用不可小觑。鉴于此,进一步加强对这些国家所用语言的教学,应是当务之急。然而,据目前粗略统计,"一带一路"沿线有 79 个国家,所使用的语种达 61 个,其中非通用语有 56 个,可时下我国高校仅开设了其中的 13 个,对"一带一路"沿线国家的非通用语的语种覆盖率仅略超 23%,相关语种人才的短缺局面由此不难想见。面对此种局面,英语作为国际通用语言,至少可在短时期内帮助我们解困。况且,60 多年以来,英语教学在我国的外语教学领域,基本上居主导地位,不论教与学,均积累了丰富的经验。因此,在紧抓非通用语教学研究的同时,进一步加强英语专业的教学研究,无疑具有重要的现实意义。

三、英语专业人才培养的诸种不足

英语专业人才的培养虽已取得不可否认的成绩,但其所存在的问题也需要我们直面。在当下新的历史时期,外语人才培养模式存在的诸种不足备受社会关注,甚至诟病。英语人才的培养,在我国目前外语人才培养中规模最大,所遭受的质疑首当其冲,其中最让人担忧的是高校英语专业人才培养的教学问题,主要表现于理论和实践两个方面。在理论方面,大致体现为三点:一是过度倚重国外外语教学理论,对我国高校的英语专业教学实践引领乏力;二是英语专业教学理论在从事英语教学人数最多的国度里明显缺席;三是英语素养培养与英语工具性导向之争,至今未成定论。在实践方面,也主要表现为三点:其一,英语能力与英语知识发展不协调;其二,英语专业人才培养的目标和要求缺少多样化和个性化,统筹兼顾欠缺;其三,英语专业教学理论与实践严重割裂,尚未形成互动格局。正因如此,时下社会的诸种负面热议不绝于耳,如"高投入,低产出""费时低效""哑巴英语""高分低能"等等。之所以出现这一局面,其缘由固然有多种,但根本性的原因就是我国高校至今尚未形成切合国情实际并行之有效的英语专业教学理论。这一问题之所以长期延续并难以解决,其根由在于对探索属于我国自己所特有的英语专业教学理论尚未引起业界足够的重视,而且对理论的自我创新能力缺乏应有的自信,在有些情况下甚至是漠视。因此,该如何提升学术理论自信,重视学术理论创新,提炼我国长期以来所积累的英语专业教学方面的优秀经验,构建具有中国特色的英语专业教学理论,使我国由英语专业教学大国发展成为英语专业教学强国,使国家进一步走向世界并讲好中国故事,这是一个形势所致、迫在眉睫的理论研究大课题,值得我们高度关切并进行深度探究。

四、理论创新的困难和迫切性

众所周知,理论创新不易。英语专业教学理论创新也显然无法免难,势必遭遇多种困境。这需要学者具有深厚的理论积淀,宽阔的学术视野,敏锐的学术捕捉力,丰富的实践经验,对母语和目标语的本质和表征均具洞察力,对本专业具有丰实的造诣,并能超越学科本身而放眼其他相关学科,如哲学、心理学、教育学等。但是,在时下,我国高校英语专业教学理论创新的最大困难莫过于树立学术理论自我创新的自信。若没有自信,理论创新就无从谈起。我们唯有自信,才会去积极借鉴国外先进的外语教学理论,并结合我国高校英语专业人才培养的实际,将我国长期以来所累积的各种丰富而优秀的英语专业教学经验升华并抽象为系统的教学理念。总之,理论创新尽管困难重重,但我们必须要迈出第一步。没有第一步,就不可能有第二步,更没有未来的理论建树。

理论是为了建立一套连续完整的认识所产生的整体概念。我们在此之所以倡导学术理论自信,是因为理论对实践具有统摄和导引作用。大多的教学实践,一般均会处于某一理论学说的支配之下,对不同理论的信奉,会导致不同的实践方式和不同的目标追求,而且处于不同理论支配的人,其脑海中的教学图景并不完全一致。"问渠哪得清如许,为有源头活水来",理论便是教学实践的源头活水。只要我们具有中国特色的英语专业教学理论,我们就能切合实际,全面、系统、辩证地去考量诸种教学现实,排除教学方面片面、个别、教条性的思考,实践中就会变得实际、自如、果敢、准确。因此,教学理论的自信和创新极为重要,合乎我国本二实际的英语专业教学理论研究在当下尤为迫切。

在此值得一提的是,曾在我国高校英语专业教学实践中流行的国外各家教学法或教学理论,如"语法—翻译教学法""听说教学法""交际教学法"和"建构主义教学理论"等,实践证明没有任何一家是完美无缺的,均存在这样或那样的缺点,在许多方面显示出不同程度的负面效应,如学生专业学习的内在动机驱动不足、专业基本功浅层化、书面语表达不够地道等;教师的教学目标不够明确、教学手段机械、主导性教学理论阙如等。就总体而言,两点较为明显:一是英语专业教与学的效果依然低下,投入与产出之间失衡;二是英语专业师生对英语和汉语的本质特性的认知流于表层。因此,为适应我国社会经济发展的需要,我们迫切需要提升英语专业教学的学术理论自信,加强理论探究,寻求并创新真正切合我国高校英语专业教学实际的理论体系。

五、教学理论创新的几点建议

理论创新的根本目的在于超越,在批判现有理论的基础上,根据实际情况，提出系统的新概念，给人们指明实践的方向。一般而言，理论创新的特征主要有二：一是批判现存理论，不再满足于观念的狭隘和碎片，不愿停滞于失之无效的行为范式，力图构拟新的思想体系，以启示新的实践方式；二是突破同类命题，以新的眼光审度一切，以充分的事实为依据，描述研究对象的规律，诠释其意义，并对研究对象的发展轨迹做出预测。

根据理论创新的这两个主要特征，我们建议我国高校的英语专业教学界，需要关注以下三点。

第一，增强理论自信，强化理论研究和创新意识。我们应将高校英语专业教学理论研究放到十分重要的位置，抓紧诸种服水土的理论构建，定期开展理论专题研讨，开展头脑风暴，群策群力。需深刻理解两点：一是没有理论的导引，实践往往就会无的放矢，出现盲目性和随意性；二是理论建设必须植根于我国高校英语专业教学实际，融国际先进的教学理论元素与我国的教学思想元素于一体。

第二，眼睛不仅要向外看，还要向内看。我们不能仅单一地注重国外的教学理论，更需要关切我国本土学者所提出的各种教学理论或思想。这些理论或思想或许还存在种种不尽人意之处，但切勿求全责备，需要热情鼓励，肯定其长处。目前，我国高校英语教学界，已涌现出一部分积极自主探索教学理论的学者，如北外文秋芳教授提出了"产出导向教学法"和广外王初明教授提出了"学相伴用相随教学法"等。遗憾的是，这些理论在国内业界，就总体而言，尚未得到高度关注，更未得到广泛的应用和实践检验。更为遗憾的是，在全国范围内，英语专业教学法或教学理论的创新，至今未成大气候，明显存在理论自我创新意识不强和信心不足等问题。我们需要明了，举凡新理论的诞生，一般都需较长时间的验证、修正和充实等。乔姆斯基提出的转换生成语法理论，从 20 世纪 50 年代后期至今，已经历经多次修改，其实即便是其现今的最简理论（minimalism），依然并不完美，仍然处于争论和修补之中，连乔姆斯基本人也对自己的理论进行了多次的自我否定并向前推进。况且，乔氏的语言学理论，发展至今已不再是他个人的理论，而是集众多学者智慧于一身。因此，我们没有任何理由过分苛求我国本土学者所提出的理论，而是应热忱护惜，集体参与实践检验，逐步加以完善。

第三,注重差异领先战略,力图另辟蹊径。我们应强化理论研究的自主性,力避研究的依附性。应深刻领会差异是人类文明发展的动力和必然。如在 19 世纪之初,Noah Webster 为了强化美国身份的认同,借用词典编纂(*Webster's Dictionary*)构建了富有特色的美国英语。因此,应加强对国外各家教学理论的深度审视,包括其理论背景、理论动机、思想观点、教授对象、有效性等因素。以此为基础,立足我国高校英语专业教学的国情、发展和实践,揭示其特征和规律,提炼和总结我国高校英语专业教学的丰富实践经验,将其上升为系统化的中国当代高校英语专业教学理论。

六、结语

我们在本文所表述的各种看法,其根本目的在于与我国高校英语专业教学界共勉:能提升学术理论研究自信,强化理论研究意识,推进我国高校英语专业教学理论的本土化,将英语专业教学大国发展成为英语专业教学强国。

(本文原载《东北师大学报》(哲学社会科学版)2016 年第 3 期)

外语教学与外语教育、
工具性与人文性之我见

一、问题的缘起

每一门学科都有一套较为稳定的概念系统,而这一概念系统往往维系于一套业内人人能懂的术语。毫不夸张地说,术语的准确使用是一门学科成熟的重要标志之一。一门学科,其术语若使用混乱,或其所表述的概念混沌不清,那就难以开展有效的学术交流,也难以有效传播学术思想,难以迈入真正的学术殿堂,恰如孔子所说:"名不正则言不顺,言不顺则事不成。"然而,在我们外语界,有两个术语,即"外语教学"和"外语教育",常交替频现,纠缠不清,不但在学术会议上抑或在海量的学术论文中,这两个术语常相提并论,而且在外语类期刊、图书、出版社等名称中,这两个术语也常交叉出现,如期刊名称:《外语教学与研究》《外语教学》《外语与外语教学》《现代外语教学》《中国英语教学》《中国外语教育》《中国英语教育》等;书名:《中国外语教学理论研究》《外语教学改革:问题与对策》《中国外语教学理论研究》《中国外语教育年度报告》《英语教育新论》《以发展综合认知能力为目标的英语教育》《外语教育技术》《中国外语教育发展研究》《中国外语教育传统历时调查研究》等;出版社名称:"外语教学与研究出版社""上海外语教育出版社"。以上这些名称是当时出于避免名称重复还是在业务上的确各有所侧重而定? 至少从目前情况看,上文提及的期刊、书名抑或出版社,它们所从事的工作或研究对象基本上是共性大于个性,如"外语教学与研究出版社"与"上海外语教育出版社",这两家出版社所从事的业务范围及其定位几乎没有根本性的差异。我们常说,顾名可以思义,那么从以上这些"教学"或"教育"的不同名称是否能读出各自的意义偏重?

殊不知,即便在《大学英语教学指南》(以下简称《指南》)和《高等学校外语类专业本科教学质量国家标准》(以下简称《国标》)里,"外语教学"与"外语教育"也存在概念含混之处,如在《指南》的"前言"就提到:为了全面贯彻党的教育方针,进一步深化大学英语教学改革,提高教学质量……在总结大学英语课程建设和教学改革经验的基础上,特制订本指南。在此所提的全是"教学",当然其文件名就是《大学英语教学指南》,可在下文,《指南》提到"提高高等教育教学质量要求我们为高校大学生提供优质外语教育",而且在"课程定位"中提到:"大学外语教育是我国高等教育的重要组成部分……大学英语作为大学外语教育的最主要内容,是……"从中可见,"教学"与"教育"似乎各有所强调,但不明显,而且似乎在此的"教育"涵纳了"教学"这一概念。在《国标》里,虽然文件名也含"教学"一词,但在"培养目标"中提到"外语教育与学术研究"、在"总体框架"中提到"通识教育与专业教育、语言技能训练与专业知识教学"、在"教师发展"中提到"更新教育理念",而且全文专辟小节"教学要求"和"教学过程质量监控机制要求",但未辟篇幅专论"教育要求"和"教育过程质量监控机制要求"。从中可视,"教学"与"教育"概念有些隐晦,而且"教学"似乎能够包含"教育"。

再次,教育部高等教育司领导下的专家咨询机构,均命名为"某某专业教学指导委员会",如"高等学校外语类专业教学指导委员会""大学外语教学指导委员会"等。显然,在此所提的均为"教学",而非"教育"。

倒是在《国家中长期教育改革和发展规划纲要(2010—2020年)》(下文简称《纲要》)和教育部《关于全面提高高等教育质量的若干意见》(以下简称《意见》)这两个文件中,其文件名就指明"教育",而非"教学"。《纲要》第二章"战略主题"中提到"把德育渗透于教育教学的各个环节",在第四章提到"学校要把减负落实到教育教学各个环节",在第九章提到"全面提高教育教学质量",在第十一章提到"深化教育教学改革,创新教育教学方法""坚持教育教学与生产劳动、社会实践相结合""改进教育教学评价",在第十六章提到

"合作设立教育教学、实训、研究机构或项目",在第十七章提到"培养教育教学骨干"等,全文共 13 次提到"教育教学"。《意见》与《纲要》一致,也是以"教育"为主题,在文中 5 次提到"教育教学",如在"第(五)部分"提到"创新教育教学方法",在"第(六)部分"提到"着力解决人才培养和教育教学中的重点难点问题"和在"第(九)部分"提到"制订高校创新创业教育教学基本要求"等。① 由是观之,不论是《纲要》抑或《意见》,"教育"和"教学"是并列出现的,"教育"在前,"教学"随后,而且两个文件明显均以"教育"为挈领,统摄文件精神始终,是"教育"涵盖"教学"。况且,习近平总书记在"全国高校思想政治工作会议"(2016 年 12 月 8 日)上强调:"要把思想政治工作贯穿教育教学全过程",在此显然与《纲要》和《意见》的精神契合。《纲要》和《意见》是领统性文件,适用于各个不同的学科,外语学科也无疑概不能外。"教育"和"教学"在文件中反复并现,这说明两者不能相互替代。最近,上海外国语大学成立了"上海市英语教育教学研究基地",这一基地名称就是对以上两个文件的很好应和。

我在上文列举这些期刊、书和出版社等的不同名称,其用意不在于评判对与错、优与劣,况且这些在当时定名时无疑各有其理。我们在此仅想反映一个需要引起高度关切的现实:"外语教学"与"外语教育"在业界常常混用,有随意性现象,不利于学科的深入研究和发展。

术语是学科的科学语言,是学科形成和发展的产物,用来正确指称学科所研究对象的概念。术语是学科的细胞,其演化和增长与学科本身的演进同步。术语也是学科进步的一面镜子,必须具备精确性、单义性、系统性、简明性和稳定性等要素,否则,学科研究的迸发就难免会受到掣肘。简言之,术语的发展水平标志着学科的发展水平。而术语在很大程度上就是概念,是学术研究的专门用语,是反映研究对象特有属性的思维形式。

① 值得注意的是,《义务教育英语课程标准》(北京师范大学出版社 2016 版)有一处提到"教育教学"这一概念,即"加深对教育教学过程……的认识"(第 33 页),而且还有两处提到"英语教育"(第 5、7 页)。

二、外语教学与外语教育、工具性与人文性

"外语教学"与"外语教育"这两个概念,蔡永良在论及我国应该从外语教学走向外语教育时,曾甄别了两者之间的差异,特别强调外语教学是外语教育的一部分,后者包容前者,而前者不能取代后者。[①] 学界尽管有大量的研究成果探讨外语教学或外语教育,可将两者一并加以观审的,却极为少有,更谈不上有深度的研讨。而关于外语的工具性和人文性问题,学界倒是有较为丰富的研究成果,如张中载[②]、成镇权[③]、蔡基刚[④]和丁研、蒋学清[⑤]等。这些成果分别检视了工具性和人文性在外语人才培养中的作用,除蔡基刚较为强调工具性重于人文性之外,其余均反映了彼此需要协调的重要性,但对何谓工具性和何谓人文性的确切意涵却尚未做出严格界定。我认为,不仅需要定义"外语教学"与"外语教育""工具性"与"人文性",而且需要将这两对概念结合起来加以考量。其实,除了并合这两对概念之外,还需一并揆度"培训"与"培养"、"器"与"道"、"形而下"与"形而上"这三对概念,这是因为这些概念实际上存在不同程度的关联,均是同一对象不同侧面的反映,如同一枚银币,面目不同,本质一致,需要一并擘析。

(一)"外语教学"与"外语教育"

"外语教学"和"外语教育"这两个概念,虽有相同之处,但也存在明显区别,学界似乎人人都了然,可缘何频频出现上文所提的混用甚至混淆。看来学界对其还是有迷糊之处,对其进行讨论实有必要。

---

① 蔡永良:《从外语教学走向外语教育——新形势下我国外语教育转轨的思考》,《外语教学》2013 年第 1 期。
② 张中载:《外语教育中的功用主义和人文主义》,《外语教学与研究》2003 年第 6 期。
③ 成镇权:《工具性与人文性旳和谐统一——关于大学英语课程理念的思考》,《山东外语教学》2008 年第 5 期。
④ 蔡基刚:《全球化背景下外语教学工具与素质之争的意义》,《外国语》2010 年第 6 期。
⑤ 丁研、蒋学清:《大学英语的人文性与工具性之辩》,《学术探索》2015 年第 4 期。

"外语教学"，显然涉及外语的教和学，即倾力于教外语和学外语的人类活动，这无须多言。需要明了的是，在此教和学的对象是外语，明显具有特殊性。外语无疑属于语言范畴，与音、形、义三大语言要素相关。因此，外语教学关涉所教学语言的音素发音、词语发音和句子发音、词语的构形、句子的构形、语篇的构形以及这些音和形所表达的意义，而这些与外语的听、说、读、写密切关联。如是可见，外语教学所侧重的就是我们平常所说的外语基本技能和知识教学。因而，所谓外语教学，直言之，就是指对所涉及的某一外语的音、形、义的听、说、读、写进行教和学的活动。

"外语教育"，虽同样涉及外语，但"教育"不同于"教学"，其终极目标并不止于外语的基本技能和知识，而是在于教化，即依凭对外语的教学，达到知晓国外、开阔视野、文化互鉴、塑造人格、陶冶情操、提升格调、培养思维、养成良好行为方式等目的。古人说：教，上所施下所效也；化，教行于上，化成于下也。教与化两者并合，即为教化，通过上行而化成于下。而在此的教化，可等同于教育；在此的"上"和"下"若嫁接于外语教育，就是指通过教师这一"上"对外语知识的传授使学生这一"下"受到教化。由此可见，教育容纳教学，但超越教学，是教学在精神、素养、思维和行为层面的升华。简言之，外语教学是立足于语言基本技能和知识的教学，而外语教育是建基于外语教学之上的视野、包容、人格、情操、格调、思维和行为的教育。由此，外语教育可定义为借助对外语基本技能和知识的传授这一途径而使学生获取精神、素养、思维和行为的熏染。

通常情况下，外语教学的初级阶段，往往侧重于基本技能和知识，如对"A：What's this？ B：It's a book."这样注重语言知识的特殊疑问句的问答教学，一般就没有什么教育可言，但是，若是对以下特殊疑问句的回答句进行教学，就显然包含教育：

A：What's the meaning of the English proverb "A friend in need is a friend indeed"？

B：Its meaning is that a friend, when you are in need, is indeed a true friend.

这一回答对话尽管也涉及英语特殊疑问句的知识，但明显蕴含着对真假友谊的判断。在多数情况下，教学常关注语言的外在知识，如音和形等，而教育则更注重义以及义所催生的对自然、社会和人生的深度思考和关怀,即教育更关切外在知识所蕴含的内在思想。

毫无疑问,一般的情况是,任何语言都不是单纯的知识表达,而是蕴藏着丰富的思想和精神,语言是思想和精神的寓所,而思想和精神是语言的实质。语言与思想和精神彼此不可割裂。恰如《中国大百科全书——语言文字》(1988)对语言所做的定义:语言是人类特有的一种符号系统,当作用于人与人的关系时,是表达相互反应的中介;当作用于人和客观世界的关系时,是认知事物的工具;当作用于文化时,是文化信息的载体。在此所指的"认知事物"和"文化信息"无疑含纳着思想和精神。在外语教学与外语教育中,均不可避免地涉及语言教学及其所传达的思想教育和精神教育,往往彼此交集,难分难舍,即教学中体现教育,而教育中含有教学。概言之,教学往往具有教育性,教育往往包含教学性,只是在不同的阶段或不同的专业,各有所侧重而已。在此有一点需要明确,即外语教育含纳外语教学,但外语教学不一定彰显外语教育。

(二)"工具性"与"人文性"

《国标》虽未提"工具性",仅提及"人文与科学素养",而这也应属"人文性"之列,但不论在《指南》中还是在《义务教育课程标准》(以下简称《课标》)中,均强调了"工具性"和"人文性",这说明了二者在外语教育教学中的重要性。

《指南》在提到大学英语课程兼有工具性和人文性双重性质时,强调其工具性主要表现在听、说、读、写、译以及专门用途英语,而其人文性则主要体现在熟知国外的社会与文化,增进对不同文化异同的意识和理解,培养跨文化交际能力。《课标》在提及义务教育阶段的英语课程具有工具性和人文性双重性质时,强调其工具性主要表现在英语语言知识,发展基本的英语听说读写技能,形成用英语与他人交流的能力;而其人文性则主要体现在养成良好的意志品质和合作意识,学会正确处理人与人、人与社会、人与自然的基本关系,形成创新意识,发展科学精神,从而全面提高综合素质。可见,《指南》和《课标》对"工具性"和"人文性"的要求虽有区别,但基本相似。两者对"工具性"均强调英语的基本技能和基本知识,如听、说、读、写,只是《指南》所指的培养对象是大学生,强调了"专门用途英语";两者对"人文性"均强调了社会与文化,只是《课标》对此的强调更为详细,涉及人、社会、自然、创新意识、科学精神等。其实,"文化"一词就能涵盖"人文"的诸方面,涉及人审视和认知世界事物之后所凝定的明确的知识以及人点化、改造、重组世界事物的活动(称为人文活动),包括这些活动所产生的诸种结果,如思维方式、历史哲学、文学艺术、宗教信仰、精神图腾、风土人情、生活方式、审美情趣、价值取向、规章法制等。"文化"一词是"人文化成"一语的缩写,源出《周易贲卦象辞》:"观乎天文,以察时变,观乎人文,以化成天下。"由此可见,《指南》提及"文化",可几乎囊括人文的诸种现象。

至此,我们可以给"工具性"和"人文性"各下定义。我们认为,在此的"工具性",是指突显特定外语的基本技能和基本知识的外语教学活动。而在此的"人文性",是指突出特定外语民族所创造的文化诸种果实的外语教育活动。显然,我们在此是把"工具性"与"外语教学"挂钩,把"人文性"与"外语教育"关联,其道理有二:一是从上述可知,在此所谈的"工具性",基本上与外语教学的界定接近,均指涉外语的基本技能和基本知识的教与学;只要瞹重工具性,就必然注重教学性,而只要注重教学性,就必然瞹重工具性;二是也从上述可知,在此所言的"人文性",基本上与"外语教育"相通,均指人类文化的结晶,包括精神素养、思维方式和行为习惯等。因此,只要偏重于"人文性",就会突显"教育性",而只要侧重于"教育性",就会彰显"人文性"。这就是我们在上文所说的,"教学性"与"工具性"基本相通,而"教育性"基本与"人文性"相合。

譬如说,若教学中有"A:Is this a book? B:Yes,it is.",那就是关于英语一般疑问句的教学,仅牵涉英语的基本技能和知识,无关乎教育性和人文性,况且在现实的生活中,如此问句很少能用得上。但是,如果教学中有以下对话,那情形就不一样:

A:Do you like the Aesop's fable *The Father and His Sons*①?

---

① 这一寓言的全文,因篇幅有限,在此从略。请参阅《伊索寓言》英文版。

B：Yes，I do.It tells us that if we are united，we can stand，but if divided，we will fall.

若教学这一寓言《父亲与争吵的儿子们》，那么学生不仅学会关于英语一般疑问句及其他相关的基本技能和知识，而且同时会获得"团结就是力量"这一人生哲理的启迪：要像寓言中所说的木棒一样，凝心聚力，团结一致，就不易被敌人征服；可如果内讧，争斗不休，那只能耗损自己，就容易被敌人打垮。

由此也不难看出，教学性侧重于工具性、而教育性侧重于人文性。但是，教育性和人文性需寓于教学性和工具性，教学性和工具性是手段，而教育性和人文性是目的。

（三）"培训"与"培养"、"器"与"道"、"形而下"与"形而上"

我在前文提及，除了"外语教学"与"外语教育"、"工具性"与"人文性"这两对概念之外，还需一并审视"培训"与"培养"、"器"与"道"、"形而下"与"形而上"这三对概念。下文就这三对概念做一扼要的陈述。

所谓培训，简单地说，是指对技能或知识有组织的传授，在本文中就是指外语基本技能或知识的课堂传授。从这一定义可知，培训注重技能的操作层面或实践层面，这显然与上文所探讨的"教学性"和"工具性"在本质上具有相合性。所谓培养，简单地说，是指根据特定的目的进行长期的教育和培训。在此，有两个重要概念：一是教育，二是培训。前者表明培养就是教育，促使教育对象身心健康成长；后者表明培养包含培训，培训是培养的基础，培养是培训的目的。培训从根本上讲是以基本技能或知识为本，而培养则是以人的身心健康发展为根。在外语的培训过程中，学生更多是当作客体，依凭诸种外力和手段，被动地学习或模仿；而培养则始终强调以学生为主体，尽一切所能使学生成为能自我学习与成长的人，使其成为能从事技能和知识的自觉者、自信者和创造者。

扼言之，培训与教学性、工具性基本上属于同一范畴，而培养则与教育性、人文性也属于同一系列。若外语教学仅注重基本技能或知识的传递，那无疑就是培训。若外语教育着重于学生的能动性和主动性，那么这就是培养。

那么，何谓"器"？何谓"道"？"器"和"道"是中国古代的一对哲学范畴。

"器"是指有形的具体事物或可资使用的器物,而"道"是指无形的客观规律和准则。"器"和"道"的关系实则是具体事物与抽象道理两者之间的关系,或相当于物质与精神的关系。世界上的诸种具体事物,就是"器",表现于周遭世界,而"道"则往往存在于具体的事物中,没有"器"就没有"道","道"是"器"的本性,是"器"的神质,是"器"的灵魂所在,即"道"是"器"的发生和发展变化的自然规律和法则,而"器"是这种自然规律和法则的载体和展现。这就是平常所说的"道以成器,而器以载道"。朱熹曾说:"理也者,行而上之道也,生物之本也;气也者,行而下之器也,生物之具也。"(《朱文公文集答黄道夫》)显然,"器"与具体事物紧密相关,与人类活动中的基本技能或知识也密切关联,注重对事物实用性的关注,而"道"则超越"器",是对人类精神世界和灵魂世界的关切,是对事物本真、本性的追索,关乎人的精气神。而这又无疑与上文讨论的教学性与教育性、工具性与人文性、培训与培养密切相关,即"器"基本上属于教学性、工具性和培训范畴,而"道"则属于教育性、人文性和培养范畴。

《周易·系辞》说,形而下者谓之器,形而上者谓之道。可见,我在此所提的"形而下"就是"器","形而上"就是"道"。"形而下"是以把握现实诸种现象并有效解决诸种困难为旨归,审实度象,细究事物外在的结构、相互作用及其运动方式,睽重实际问题的解决,具有实用目的性和具体应用性,即偏重事物的实际效能和实际应用。而"形而上"是对宇宙、自然、社会、人生的终极关怀,探赜索隐,认知世界,以关怀自然、社会与人的属性与本质为宗旨,追问隐匿于事物形式背后的属性与内在本质。由此可观,"形而下"与上文所说的教学性、工具性、培训和"器"几乎一脉相承,而"形而上"则与教育性、人文性、培养和"道"也近无二致,因为前者均主要关切基本技能和知识,看重事物的实用性和应用性,而后者则主要关心对人、自然和社会的深度探究,关切外在知识所蕴含的内在思想,寻求人格、事物的规律和本质。

三、结语

术语及其概念的混用或混淆,不利于学科的健康发展。本文在分别界定上述各概念的基础上,析述了各概念之间的关系,指出"教学性""工具性""培训""器"和"形而下"在实际上其概念是大同而小异,而"教育性""人文性""培养""道"和"形而上"在概念上也是基本相通相合。在外语教育教学研究中,应该做并合思考,无须进行割裂而论。本文同时指出,"教育性""人文性""培养""道"和"形而上"应昔助"教学性""工具性""培训""器"和"形而下"才能得以体现。后者是前者的外在展现,前者是后者的归宿。后者是前者的条件,前者是后者的根据,往往通过后者而起作用,二者彼此互相联系、相互作用。总而言之,教学是教人如何做事,而教育是教人如何做人。在外语教育教学研究中,我们应该护养教育性,引领教学性。

(本文原载《中国外语》2018 年第 2 期)

"教学理论""教学流派"和
"教学方法"概念之辨

一、问题的缘起

术语是特定学科领域所使用的专门用语,用来表达该领域的特定概念,需具备语义上的精确性和单义性。总体来看,术语和学科,如影随形,须臾不可分离。学科内术语的统一,是学科独立的基础,也是学科发展的前提。若术语使用出现混乱甚或误用,不仅会成为学术交流的障碍,严重者更会阻碍整个学科的发展。①

在当今外语教学研究领域,对"教学理论""教学流派""教学方法"这三个基本术语的使用普遍存在混用或误用,主要体现于两个方面:一是国外文献中频现 style/approach/method,特别是后两者的混用(示例见表1);二是国内文献屡现"理论""方法"等相关概念的混用及其与英文术语对应的混乱(示例见表2)。在此需要交代的是,本文视术语为特定概念的名称,故对"术语"和"概念"暂不做严格的区分。

表1显示,与交际教学法相关的术语中,国外学者至少有 Communicative Style、Communicative Approach、Communicative Language Teaching、Communicative Teaching Method 四种不同的表达;听说教学法中亦存在类似情况。更有甚者,部分学者在同一著述相邻两行中也不区分"approach"与"method",如 Hadley 在标题中使用"The Grammar Translation Method",但在紧接的下一行正文中却使

---

① 余静:《论翻译研究中的术语规范与术语关联》,《中国翻译》2016 年第 1 期。

用了"The Grammar Translation Approach",①由此不难窥见国外在外语教学研究领域相关术语使用的混乱。那么,作为当代外语教学研究的发源地,欧美是否对"approach"和"method"本来就不作任何区分并将之视为同一概念的不同表述? 答案是否定的。文献显示,Anthony②、Celce-Murcia③、Kumaravadivelu④、Richards & Rodgers⑤、Cook⑥ 等著名外语教育专家均认为"approach"和"method"具有范畴上的上下义关系,但至于何为上义、何为下义,彼此的看法却并不一致。

表 1　国外外语教学研究文献中相关常用术语的使用现状

	Communicative Style	Cook,2011:236
交际教学法相关术语	Communicative Approach	Celce-Murcia,2006:8;Long & Richards,2006:49⑦; Richards & Rodgers,2008:15;Brown,2013:49⑧
	Communicative Language Teaching	Brown,2002:15;Richards et al.,2005:115 Richards & Rodgers,2008:244;Hadley,2009:116
	Communicative Teaching Method	Cook,2011:297
听说教学法相关术语	Audio-Lingual Style	Cook,2011:236
	Audiolingual Approach	Celce-Murcia,2006:5
	Audiolingualism	Brown,2002:95;Richards & Rodgers,2008:245
	Audio-Lingual Method	Brown,2002:70;Richards et al.,2005:50

① A.Hadley.*Teaching Language in Context*.Beijing:Foreign Language Teaching and Research Press,2009,p.106.

② E.Anthony."Approach,Method and Technique".*ELT Journal*,1963,No.2.

③ M.Celce-Murcia."Language Teaching Approaches:An Overview".*Teaching English as a Second or Foreign Language*.M.Celce-Murcia,ed.Beijing:Foreign Language Teaching and Research Press,2006.

④ B.Kumaravadivelu.*Understanding Language Teaching:From Method to Postmethod*.Mahwah,NJ:Lawrence Erlbaum Associates,2005.

⑤ J.Richards & T.Rodgers.*Approaches and Methods in Language Teaching*(2nd ed.)Beijing:Foreign Language Teaching and Research Press,2008.

⑥ V.Cook.*Second Language Learning and Language Teaching*(4th ed.).Beijing:Foreign Language Teaching and Research Press,2011.

⑦ M.Long & J.Richards,*Methodology in ESOL:A Book of Readings*.Beijing:Foreign Language Teaching and Research Press,2006.

⑧ D.Brown.*Teaching by Principles:An Interactive Approach to Language Pedagogy*(3rd ed.).Beijing:Tsinghua University Press,2013.

国外对"approach""method"等术语的混用,对我国产生了较大影响。例如,仅针对"approach"一词,就有"方法""理论""教学理论""教学法""教学理论和方法""路子""实验性教学法"七种不同的译法。表2显示,汉语的"方法"既可对应于英语的"methodology"①,也可指"approach"②,还可对应于英语的"method"③。这是国内相关术语的使用现状。

表2　国内外语教学研究文献中相关常用术语的使用现状

Theory	理论	陈坚林,2004
Methodology	方法	陈坚林,2004
	教学流派	文秋芳,2008:xvi
	教学法	王才仁,1996④;戴炜华,2007:522
Approach	方法	戴炜华,2007:59;文秋芳,2008:xvi
	理论	王才仁,2008⑤:xx
	教学理论	管燕红、唐玉柱,2005:38⑥
	教学法	王铭玉,2008⑦:82
	教学理论和方法	戴炜华,2007:59
	路子	束定芳、庄智象,2008:178
	实验性教学法	王才仁,1996
Method	方法	戴炜华,2007:521
	教学法	王才仁,2008:xx
	课堂方法	王才仁,1996

不同学者基于不同的学科背景、专业知识、研究重点等,所使用的术语不尽相同,各有其合理的使用理据和场景,但针对同一概念竟存在如此种类繁多

①　陈坚林:《现代外语教学研究:理论与方法》上海外语教育出版社2004年版。

②　文秋芳:《语言教学的流派》第二版导读,In Richards,J. & T.Rodgers.*Approaches and Methods in Language Teaching*,外语教学与研究出版社2008年版。

③　戴炜华:《新编英汉语言学词典》,上海外语教育出版社2007年版。

④　王才仁:《英语教学交际论》,广西教育出版社1996年版。

⑤　王才仁:《语言教学的流派》第一版导读.In Richards,J. & T.Rodgers.*Approaches and Methods in Language Teaching*,外语教学与研究出版社2008年版。

⑥　管燕红:《朗文语言教学与应用语言学词典(第3版英汉双解)》,唐玉柱译,外语教学与研究出版社2005年版。

⑦　王铭玉:《新编外语教学论》,上海外语教育出版社2008年版。

的术语表达和译法,足见术语界定及其翻译的复杂性和困难程度,也足见当下外语教学研究界术语使用的混乱。周有光曾强调,"名正言顺"中的"名正"就是术语的规范化问题。如何使术语有效地为文化的传播服务,是历史文化生活中的一个重大问题。① 此外,Jordan 也提出,外语教学的理论构建,应首先追本溯源,厘清教学理论、流派、方法等概念的内涵。② 唯有在此基础上,才能促进学科的深入发展。文秋芳,束定芳、庄智象,王才仁,Anthony,Kumaravadivelu,Celce-Murcia,Harmer 等③已注意到了这些术语的混用现状,均认为有必要对其进行区分。鉴于此,本文基于现有文献,首先聚焦于"外语教学理论""教学流派""教学方法"这三个概念的构成要素,然后对近百年来主要的外语教学理论、教学流派和教学方法进行梳理归纳,力图透视这三个基本概念的核心内涵,析清这三者的彼此联系和区别。本文的主要目的是力图对外语教学研究领域的这三个基本概念做出统一性阐释,助推外语教学研究的快速发展。

二、外语教学研究领域相关基本概念解析④

术语界定一般涉及两个步骤:一是将术语放入最为相近的类别之中;二是

---

① 周有光:《文化传播和术语翻译》,《外语教学》1992 年第 3 期。

② G.Jordan. *Theory Construction in Second Language Acquisition*. Amsterdam:John Benjamins,2004.

③ 文秋芳:《语言教学的流派》第二版导读,In Richards,J. & T.Rodgers.*Approaches and Methods in Language Teaching*,外语教学与研究出版社 2008 年版;束定芳、庄智象:《现代外语教学——理论、实践与方法(修订版)》,上海外语教育出版社 2008 年版;王才仁:《英语教学交际论》,广西教育出版社 1996 年版;E.Anthony. "Approach,Method and Technique".*ELT Journal*,1963,No.2;J.Harmer;B.Kumaravadivelu.*Understanding Language Teaching：From Method to Postmethod*. Mahwah,NJ:Lawrence Erlbaum Associates,2006;M.Celce-Murcia. "Language Teaching Approaches:An overview".*Teaching English as a Second or Foreign Language*.M.Celce-Murcia,ed.Beijing:Foreign Language Teaching and Research Press,2006;*The Practice of English Language Teaching*(4th ed.).Essex:Pearson Education Limited,2007.

④ 限于篇幅及研究重点,本文仅对"theory""approach""method"这三个常见且易混淆的术语进行区分;其他诸如"paradigm""principle""belief""hypothesis""methodology""procedure"等术语将另文探讨。此外,"technique"与这三个术语也紧密相关,但其概念比较明确,是指实际课堂教学中所采取的具体活动、行为等(如角色扮演、背诵等),不易混淆,因此亦未在文中讨论。

确定该术语与其他术语的不同特征。① 鉴于此,本文视理论、流派、方法为外语教学研究中紧密相关的概念群,并通过对比,揭示三者的关联性和差异性。由于学界对这三个概念的不同界定较多,文中一一呈现既不利于抓住问题的核心,也占用篇幅过多,因此本文采用了词云这一基于频次的可视化呈现手段,以便更清晰、更直接地析取相关概念的共核内涵。

(一) 理论(Theory)

对于"理论"这一概念,外语教学研究中鲜有明确界定。本文基于Richards et al.②、Harmer③、Hadley④、Long & Richards⑤、Sweeney⑥ 等的界定,生成了目前学界对"理论"这一术语的词云(图1)。

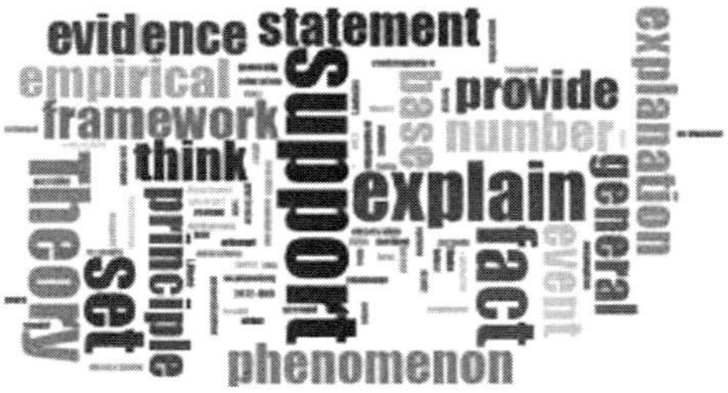

图1 现有文献中关于 THEORY 界定的词云

从图1可看出,理论是:(1)对现象(phenomenon)或事实(fact/evidence)的解释(explanation)或陈述(statement);(2)可被证实(empirical/support);

① [美]麦克伦尼:《简单的逻辑学》,赵明燕译,浙江人民出版社 2013 年版,第 45 页。

② J.Richards.et al.*Longman Dictionary of Language Teaching and Applied Linguistics*(3rd ed.)Beijing:Foreign Language Teaching and Research Press,2005,p.708.

③ J.Harmer.*The Practice of English Language Teaching*(4th ed.).Essex:Pearson Education Limited,2007,p.62.

④ A.Hadley.*Teaching Language in Context*.Beijing:Foreign Language Teaching and Research Press,2009,p.92.

⑤ M.Long & J.Richards.*Methodology in ESOL:A Book of Readings*.Beijing:Foreign Language Teaching and Research Press,2006,p.33.

⑥ L.Sweeney.Education.*Paradigms in Theory Construction*.La'Abate,eds.New York:Springer,2012,p.126.

（3）涉及语言教学的原则（principle）；（4）为教学提供理论框架（framework）；（5）具有一定的概括性或抽象性（general）。基于这些观察，本文认为戴炜华对"理论"的界定更接近词云的结果，即理论是"对一般原则或规则的陈述，这种陈述以推理的依据和证据作为基础，用来说明或解释某一事实、实践或现象"①。具体到外语教学，教学理论是对外语教学的本质认识，是对教学活动的高度归纳、概括和总结，其基本假设能在实践中予以验证；教学理论主要起框架性引导作用，不涉及教学程序的设计、教学方法的选择、教学活动的安排等具体问题。

（二）流派（Approach）②

流派是指在特定的理论框架下拥有相同的教学假设、理念和原则的一种实践取向。基于 Anthony③、Brown④、Richards et al.⑤、Celce-Murcia⑥、Richards和 Rodgers⑦ 等的界定，本文生成了关于"流派"这一术语的词云（图 2）。

从图 2 可看出，流派是：（1）教授（teach）语言（language）时所遵循的一系列（a set）原则（principle）、原理（axiom）、假设（assumption）等；（2）是开展教学活动的理论基础（theoretical basis）；（3）受对学习本质（nature of learning）认识的影响。可见，教学流派是指拥有相同教学假设、原则、理念等的一种教学价

---

① 戴炜华：《新编英汉语言学词典》，上海外语教育出版社 2007 年版，第 857 页。

② 目前对"approach"有多种译法，具体见表 2。本文首先排除了"理论""方法""法"等，因这三种译法易与"theory""method"的译名混淆。"路子"最接近"approach"的原义，但略显口语化，且作为术语稍显拗口，故本文将之译为"教学流派"或"流派"，当与其他词汇组合为术语时可简称为"派"，如"The Lexical Approach"可译作"语块教学流派/语块流派"，简称"语块派"。这样做的优势在于能更好地区别于"method"（"方法/法"），如"听说教学方法/听说方法""听说法"等。

③ E. Anthony. "Approach, method and technique". *ELT Journal*, 1963, No.2.

④ D. Brown. *Principles of Language Learning and Teaching* (3rd ed.). Beijing: Foreign Language Teaching and Research Press, 2002, p.158.

⑤ J. Richards. et al. *Longman Dictionary of Language Teaching and Applied Linguistics* (3rd ed.). Beijing: Foreign Language Teachingand Research Press, 2005, p.38.

⑥ M. Celce-Murcia. "Language Teaching Approaches: An Overview". *Teaching English as a Second or Foreign Language*. M. Celce-Murcia, ed. Beijing: Foreign Language Teaching and Research Press, 2006, p.5.

⑦ J. Richards & T. Rodgers. *Approaches and Methods in Language Teaching* (2nd ed.). Beijing: Foreign Language Teaching and Research Press, 2008, p.244.

图2　现有文献中关于 APPROACH 界定的词云

值取向,根据教学理论生成,统领教学方法,起到衔接教学理论和教学方法的作用。换言之,教学流派更多的是一种教学理念(belief)或教学假设,不仅能起到细化教学理论、使其更具操作性的功能,还能为教学方法的选择提供一些具体、可控的教学思想和理念。在此需指出的是,教学流派通常不涉及具体的教学步骤、程序、材料、活动等。

(三) 方法(Method)

基于 Anthony[1]、Brown[2]、Richards[3]、Richards 和 Rodgers[4] 等的界定,本文生成了"方法"这一术语的词云(图3)。从中可看出,方法:(1)有一定的系统性(systematic);(2)包括教学内容(content)、步骤(procedure)、技巧(technique)、材料(material)等;(3)基于(base)某一特定的(particular)理论(theory)或流派(approach);(4)涉及如何选择(select)和呈现(presentation)知识(knowledge);(5)涉及如何教授(teach)和学习(learn)语言(language);(6)是对课堂的总体(overall)设计(plan)。因此,本文将教学方法定义为基于特定教学理论或流派的具有系统性的教学实践。简言之,教学方法相对比较具体,涉及具体的教学步骤、程序、目标等。

---

① 　E.Anthony."Approach,Method and Technique".*ELT Journal*,1963,No.2.

② 　D.Brown.*Principles of Language Learning and Teaching*(3rd ed.).Beijing:Foreign Language Teaching and Research Press,2002,p.158.

③ 　J.Richards.et al.*Longman Dictionary of Language Teaching and Applied Linguistics*(3rd ed.).Beijing:Foreign Language Teaching and Research Press,2005,p.425.

④ 　J.Richards & T.Rodgers.*Approaches and Methods in Language Teaching*(2nd ed.).Beijing:Foreign Language Teaching and Research Press,2008,p.245.

图 3　现有文献中关于 METHOD 界定的词云

　　须指出的是,对外语教学研究领域相关术语进行梳理,难免遇到概念重叠问题,①这一方面缘于外语教学研究的跨学科属性(涉及教育学、心理学、二语习得等),同时也因为外语教学研究的理论构建始终未曾引起足够重视。② 教学理论、教学流派、教学方法这三个概念形成一个连续体,相邻概念之间难有清晰的边界,这就是 Anthony 为何提出从 approach/method/technique 三个层面进行理论构建,Kumaravadivelu 后来则主张从 principle/procedure 两个维度进行讨论。但是,Kumaravadivelu 自己也坦承,二维法未能完全解决范畴之间的重叠问题。本文依凭对现有各种界定的梳理,发现这三个术语中,教学理论含义最广,其次是教学流派,最小的是教学方法。下节将结合具体实例分析这三个术语的联系与区别。

三、常见外语教学理论、教学流派和教学方法的归类与梳理

　　术语混用、乱用甚或误用只是表象,其"背后的概念界定和系统梳理才是

---

　　①　B.Kumaravadivelu. *Understanding Language Teaching：from Method to Postmethod*. Mahwah, NJ：Lawrence Erlbaum Associates,2006,p.90.
　　②　A.Beretta. "Theory Construction in SLA：Complementary and Opposition". *Studies in Second Language Acquisition*,1991,No.4；G.Jordan. *Theory Construction in Second Language Acquisition*. Amsterdam：John Benjamins,2004.

关键"①。因此,本节在上文概念界定的基础上,对常见的教学理论、流派和方法展开较为深入的归类与梳理。

(一) 教学理论②

任一教学理论,必有其特定的语言观(nature of language)、语言学习观(nature of language learning)和语言教学观(nature of language teaching):语言观是教学理论存在的基础,每种教学理论对语言本质的看法不尽相同;学习观是教师对学习活动的本质认识,受语言观制约;教学观是教师对教学活动的本质认识,一般与语言观和学习观对应。宏观上看,外语教学理论主要可分为"以语言为中心的教学理论"(The Language-Centered Teaching Theory)、"以学生为中心的教学理论"(The Learner-Centered Teaching Theory)和"以学习为中心的教学理论"(The Learning-Centered Teaching Theory)三种。③

"以语言为中心的教学理论"总体遵循结构主义的语言观,认为语言是由语音、词汇、语法等构成的结构体系;每种语言都有其独特性,其结构模式在类型与数量上具有可穷尽性,重点关注其语言的形式特征。受此语言观影响,结合行为主义心理学,以语言为中心的教学理论认为语言学习的本质就是"刺激—反应—强化"的过程,具体学习观包括:(1)语言学习是有意识、成系统地积累知识的过程;(2)语言学习是经过大量(机械)重复养成习惯的过程;(3)语言学习是线性递增的过程;(4)教师应有序地将语言知识传授给学生。与之对应的教学观认为,教师的任务就是将语音、词汇、语法等知识体系有系统地呈献给学生(刺激),然后通过练习、提问、翻译等方法刺激学生的语言产出

---

① 余静:《论翻译研究中的术语规范与术语关联》,《中国翻译》2016 年第 1 期。

② 部分学者(如 Hadley)建议使用"methodology"作为"approach"和"method"的上位概念。从定义来看,"methodology"是指"a system of methods used in a particular area of study or activity",与具体方法的使用关系更加密切,未能凸显理论性的思考、假设、原则等。因此,本文沿用传统做法,将"theory"(理论)视为"approach"和"method"的上位范畴。

③ "以语言为中心""以学生为中心"和"以学习为中心"这三个概念源自 Kumaravadivelu,他从上述三个维度对常见的教学方法/流派(method/approach)进行了划分。本文借用了这一分类,但将之作为教学理论层面的范畴使用。

（反应），最后根据学生的产出给予及时的物质或精神奖励，从而强化学生对语言的模仿效果（强化）。① 其典型教学方法是语法—翻译法。

"以学生为中心的教学理论"主要基于 Halliday 的功能理论、Austin 的言语行为理论以及 Hymes 的交际能力观，重视学生的需求、意愿和交际情景，主张在提高学生语法准确性的同时，重点提高其交际流利性。其语言观主要包括：（1）语言是一套表意系统；（2）语言的基本结构不仅包括语法和结构单位，还包含意念（notion）和功能（function）；（3）语言的核心目的在于交际；（4）交际受制于特定语言社群所共有的社交文化规范。此教学理论将学习过程分解为五个目标：（1）交际目标，学生能在不同场景中表达自己的思想、感情、意见等；（2）文化目标，学生了解与文化密切相关的概念；（3）连接目标，学生能将课堂所学知识应用到课外场景中；（4）比较目标，学生通过比较了解本族语及文化与目的语及其文化的异同；（5）社区目标，学生具备在学校及其他社群环境中终生使用语言的能力。其教学观主要包括：（1）培养学生学会操控语言系统，使其能在交际中自然、灵活地传达交际意图；（2）培养学生了解语言形式与交际功能之间的联系与区别；（3）培养学生的语体意识和策略技巧，使其能在不同语境中更有效地从事交际活动；（4）培养学生对社交文化规范的了解，使其语言更加得体。② 其典型教学方法是交际法。

"以学习为中心的教学理论"受 Halliday 功能理论，特别是 Chomsky 的心智主义理论的影响，强调语言是认知自然发展的产物，语言的意义在于使用。其学习观主要包括：（1）语言发展具有附带性，而非有意识的行为；（2）语言发展以意义为中心，而非基于形式；（3）语言发展以理解为基础，而非基于产出；（4）语言发展具有迂回、平行性。其教学观包括：（1）教师应以意义为中心组织教学活动；（2）教师需提供可理解性输入；（3）教师在课堂中需整合各种语言技能；（4）教师需提供附带修正。③ 其典型教学方法是自然法。

---

① B.Kumaravadivelu.*Understanding Language Teaching：from Method to Postmethod*.Mahwah，NJ：Lawrence Erlbaum Associates，2006，pp.99-102.

② B.Kumaravadivelu.*Understanding Language Teaching：from Method to Postmethod*.Mahwah，NJ：Lawrence Erlbaum Associates，2006，pp.114-121.

③ B.Kumaravadivelu.*Understanding Language Teaching：from Method to Postmethod*.Mahwah，NJ：Lawrence Erlbaum Associates，2006，pp.135-144.

（二）教学流派

教学流派（approach）是指拥有相同教学假设、原则、理念等的一种教学价值取向。某一教学理论包含若干教学流派，某一教学流派往往由一个或数个教学方法构成；①当然，也存在教学流派尚未衍生出具体教学方法的情况，②因此表3中存有几处空栏。根据文献，本文在表3中梳理了语法、阅读、语块、交际等八种常见流派。囿于篇幅，下文仅以语块教学流派（The Lexical Approach）、人文教学流派（The Humanistic Approach）和认知教学流派（The Cognitive Approach）为例，析解教学流派与教学理论之间的联系与区别。

表3　主要外语教学理论、教学流派和教学方法梳理

教学理论	教学流派	教学方法
Language-Centered Teaching Theory 以语言为中心的教学论	Grammar-Based Approach 语法教学派	Grammar-Translation Method 语法—翻译法
		Situational Method③ 情景法
	Aural-Oral Approach 听说教学派	Direct Method 直接法
		Audio-Lingual Method 听说法
		Audiovisual Method 视听法
	Reading Approach 阅读教学派	
	Lexical Approach 语块教学派	

① 戴炜华：《新编英汉语言学词典》，上海外语教育出版社2007年版，第522页。

② J.Richards.et al.*Longman Dictionary of Language Teaching and Applied Linguistics*（3rd ed.）. Beijing：Foreign Language Teaching and Research Press，2005，p.105，p.127；J.Harmer.*The Practice of English Language Teaching*（4th ed.）.Essex：Pearson EducationLimited.2007，p.75.

③ 又名"Situational Approach""Structural-Situational Approach""Situational Language Teaching"。为与其他术语对应，本文采用"Situational Method"这一表达，并将之视为一种基于语法的教学方法。

续表

教学理论	教学流派	教学方法
Learner-Centered Teaching Theory 以学生为中心的教学论	Communicative Approach 交际教学派	Communicative Language Teaching 交际法
		Task-Based Instruction 任务法
		Cooperative Learning 合作学习法
		Activities-Based Method 活动法
	Humanistic Approach 人文教学派	Community Language Teaching 社团法
		Total Physical Response 全身反应法
		Suggestopedia 暗示法
		Silent Way 沉默法
Learning-Centered Teaching Theory 以学习为中心的教学论	Cognitive Approach 认知教学派	Cognitive Anti-Method 认知法
		Cognitive Code Method 认知符号法
		Content-Based Instruction 内容法
	Natural Approach 自然教学派	Natural Method 自然法①
		Whole Language Method 全语言法

　　语块教学流派最早由 Millis 于 1990 年提出,②其产生与语料库语言学密切相关。该流派认为语言使用的基本单位不是词汇和句法,而是预制好的语块;③

---

　　① "Natural Method"和"Natural Approach"这两个术语在外语教学研究史上均曾出现过。在此须说明三点:其一,"Natural Method"是指 19 世纪 60 年代 Lambert Sauveur 在美国波士顿地区推行的一种借助实物和动作解释词义的教学方法,但历时较短,其理念被后来影响力更大的"Direct Method"所继承、发扬并取代(Richards & Rodgers,2008:11-12),故而已淡出使用;其二,文献中的"Natural Approach"是指 Terrell(T. Terrell,"A natural Approach to the Acquisition and Learning of a Language".*The Modern Language Journal*,1977(7):pp.325-336.)提出的一种强调自然交际的教学法,涉及一系列具体的教学活动、步骤等,根据本文第二部分对教学流派和教学方法的梳理,本文认为 Terrell 的"Natural Approach"实则属于一种教学法,因而在表 3 中将原名改称为"Natural Method";其三,本表中的"Natural Approach",是指一种教学流派,泛指一切强调在自然环境中从事教学活动的理念或假设,包括自然法、全语言法等教学方法,包含但并不等同于 Terrell 提出的"Natural Approach"。

　　② J. Harmer. *The Practice of English Language Teaching*(4*th ed.*). Essex:Pearson Education Limited.2007,p.74.

　　③ M. Lewis. *The Lexical Approach*. Hove:Language Teaching Publications,1993,p.3.

学习者只要充分利用这些语块,便能创造性地运用语言,实现习得的目的。① 因此,教学过程应注重传授语块知识,重视短语教学。② 由此可见,该流派强调的是语块能力教学,这与强调语法能力的语法教学流派(The Grammar-Based Approach),强调听说能力培养的听说流派(The Aural-Oral Approach),强调通过阅读发展学生词汇、句法能力的阅读流派(The Reading Approach)明显不同;因此,语块流派、语法流派、听说流派和阅读流派是四个相对独立的教学流派。但是,这四者都强调有意识的语言学习,课堂组织也都围绕词汇、语法、语块等结构成分展开,都承认教师传授的重要作用,主张语言发展是线性递增的过程。因此,这四种方法均属以语言为中心的教学理论。

人文教学流派兴起于 20 世纪 70 年代末,是对语法和认知教学流派的扬弃,③其教学过程强调学习者的主体因素和心理需求,④注重营造相对轻松的课堂环境。这些主张与交际教学流派有一定差异。交际教学流派强调的是真实的、有意义的交际活动,只是交际活动的安排需要考虑学生的兴趣、爱好等因素。⑤ 因此,人文派和交际流派侧重点各异,属两种不同的流派。但是,彼此均受人本主义影响,在教学过程中均不同程度地考虑学生的需求、情感、偏好等;与之前提到的语法流派或语块流派相比,这两种流派都重视学习者个体因素,主张按照意念、功能组织课堂教学活动。因此,人文流派和交际流派均属以学生为中心的教学理论。

认知教学流派认为,外语学习与儿童母语习得类似,须在真实的交际过程中提供可理解性输入,鼓励学生创造性地使用语言。⑥ 与此类似,自然教学流

① 武和平、武海霞:《外语教学方法与流派》,外语教学与研究出版社 2014 年版,第 146 页。

② J.Richards.et al.*Longman Dictionary of Language Teaching and Applied Linguistics*(3rd ed.). Beijing:Foreign Language Teaching and Research Press,2005,p.138.

③ M.Celce-Murcia. "Language Teaching Approaches:an Overview". *Teaching English as a Second or Foreign Language*.M.Celce-Murcia, eds.Beijing:Foreign Language Teaching and Research Press,2006,p.7.

④ 傅瑞屏:《英语课程与教学论》,广东高等教育出版社 2014 年版,第 77 页。

⑤ A.Hadley.*Teaching Language in Context*.Beijing:Foreign Language Teaching and Research Press,2009,p.116.

⑥ A.Hadley.*Teaching Language in Context*.Beijing:Foreign Language Teaching and Research Press,2009,pp.115-116.

派(The Natural Approach)也是基于 Krashen 的可理解性输入假设,但强调让学生参与真实的自然交际过程,并在此过程中注重学生语言的实际运用能力。① 由此可见,认知流派强调学生认知能力的自我发展,而自然流派更侧重教学过程中设计自然的交际场景,因此两者属于不同的流派。但是,两者均主张学习者知识内化能力的发展,强调语言习得具有附带性或偶发性,提倡可理解性输入的重要作用。若说以语言为中心的教学论强调的是语言成分,以学生为中心的教学论强调的是学习者个体因素,那么认知流派和自然流派则强调的是学习过程中学习者认知能力的自我发展。因此,认知派和自然派都可归为以学习为中心的教学论。

(三) 教学方法

本节拟重点分析教学方法(method),各具体教学法见表 3。限于篇幅,不一一详述,在此仅选取语法—翻译法(The Grammar-Translation Method)与情景法(The Situational Method)、交际教学法(Communicative Language Teaching)与任务教学法(Task-Based Instruction)分别作为语法教学流派和交际教学流派的样例,目的有二:一是借助实例说明教学方法的具体内涵,二是辨析教学方法与教学流派之间的差异。先看语法—翻译法和情景法。前者可追溯至16 世纪的拉丁语教学。从有据可考的文献看,自 19 世纪 40 年代至 20 世纪40 年代,该教学法在外语教学中一直占据统治地位,②所强调的是语法和词汇教学,教师通常针对某一例句先进行语法知识讲解,然后把句子译成母语,或将母语译成目的语。③ 后者流行于 20 世纪 40 年代至 60 年代,主张按照情景(如银行、超市)有选择、有次序地呈现词汇、语法等知识,也是一种基于语法的教学方法。④ 因此,本文将语法—翻译法和情景法均归入语法教学流派。

---

① J.Richards.et al.*Longman Dictionary of Language Teaching and Applied Linguistics*(3rd ed.). Beijing:Foreign Language Teaching and Research Press,2005,p.455.

② J.Richards.et al.*Longman Dictionary of Language Teaching and Applied Linguistics*(3rd ed.). Beijing:Foreign Language Teaching and Research Press,2005,pp.5-6.

③ 傅瑞屏:《英语课程与教学论》,广东高等教育出版社 2014 年版,第 44 页。

④ J.Richards.et al.*Longman Dictionary of Language Teaching and Applied Linguistics*(3rd ed.). Beijing:Foreign Language Teaching and Research Press,2005,p.628.

与语法教学流派不同,交际教学法和任务教学法都不强调语法知识的传授,而是更侧重课堂教学的交际性。从定义看,交际法是一种以功能—意念为理论基础,以意义为中心,强调角色扮演、辩论等课堂交际活动的教学法。[①]任务教学法是对交际教学法的继承和发展,也主张有意义的教学活动,但与交际法不同,任务法:(1)更强调真实的日常交际活动;(2)更强调交际过程,而交际法则更侧重教学结果;[②](3)任务法主张一切交际活动围绕任务安排,交际法的教学活动类型则丰富多彩;(4)任务法的主要理论基础是社会建构理论和互动假说,而交际法的理论基础则主要是交际能力及人本主义理论(武和平、武海霞,2014),但整体来看,无论是交际法还是任务法,都强调课堂的交际性,主张按照功能—意念组织有意义的课堂活动,因此均属交际教学流派。

四、结语

本文从目前外语教学研究领域的术语混用现象谈起,指出术语使用的混乱必定带来概念的混淆,这既不利于学科的健康有序发展,也不利于更具成效并更具针对性的教学实践指导。基于此,本文首先根据相关文献对教学理论、教学流派和教学方法进行了重新界定,尝试厘清诸概念之间的逻辑关系。本文主体部分梳理了三种教学论,并据此尝试对相关的教学流派和教学法进行了分类。须指出的是,这些讨论是尝试性的,尚存不少有待改进之处,也难免存在争议,如 Bergeron 调查发现,仅对"Whole Language"这一术语,有 34.4%的学者认为这是一种教学流派,有 23.4%的学者认为这是一种教学观点,有 14.1%的学者认为这是一种教学理念,还有 6.3%的学者认为这是一种教学方

---

① 傅瑞屏:《英语课程与教学论》,广东高等教育出版社 2014 年版,第 58—69 页。

② 傅瑞屏:《英语课程与教学论》,广东高等教育出版社 2014 年版;J. Richards. et al. *Longman Dictionary of Language Teaching and Applied Linguistics*(3rd ed.).Beijing:Foreign Language Teaching and Research Press,2005,p.224.

法,①对外语教学研究领域相关术语进行爬梳的难度由此可见一斑。② 然而,问题的复杂性和困难程度不应成为学科发展的绊脚石,只有摆出问题,距离解决的终端才不会太远。③ 本文旨在抛砖引玉,希望借此引起学界对相关术语及其概念的重视,从而推动外语教学研究的进一步发展。

(本文原载《中国外语》2016 年第 3 期)

---

① S.Bergeron."What does the Term whole Language Mean?"*Journal of Reading Behavior*,1990,No.4.

② B.Kumaravadivelu. *Understanding Language Teaching：from Method to Postmethod*. Mahwah,NJ：Lawrence Erlbaum Associates,2006,p.90.

③ 王才仁:《英语教学交际论》,广西教育出版社 1996 年版。

创建外语教育学学科时机已成熟

　　《国家中长期教育改革与发展规划纲要（2010—2020年）》明确提出培养"大批具有国际视野、通晓国际规则、能够参与国际事务和国际竞争的国际化人才"以及"各种外语人才"等目标，加之随着"一带一路""中国文化走出去"等国家倡议的实施，我国外语教育适逢前所未有的机遇，也面临巨大的挑战。培养能服务国家的高质量国际化外语人才，是外语教育目前必须担当的一项伟大使命，而高质量人才的培养，有赖于学科的健康全面发展。由于各种历史及现实原因，外语教育的学科属性始终未曾明确，在我国整个学科体系中因此尚未获得应有的地位，这已在较大程度上阻碍了外语相关人才的有效培养。为更好地落实国家教育目标、服务国家发展战略、同时满足个人和社会的发展需求，我们认为迫切需要构建外语教育学的学科地位，加强顶层设计，强化理论创新，统摄外语实践，提升外语教育质量。

一、外语教育学成立的必要性

　　学科的形成具有其内在的科学性和规律性，针对某一对象的研究累积到一定程度，便会发展成学科。同时，学科的形成还具有主观性和任意性，是根据科学规律和现实需求人为划分的结果。当现行的学科体系不再能满足学科发展或实践需求时，人们可以发挥主观能动性，创建新学科。当下，在我国确立外语教育学的学科地位，既是对外语教育战略作用的一种考量，也是基于强烈的理论和现实需求。很多国家都历来重视外语教育工作。澳大利亚早在

1987年就颁布了《国家语言政策》，将日语、汉语等14种语言列为"优先语言"，要求国民学习除英语之外的一门外语。美国1994年颁布的《2000年目标：美国教育法》中，正式把外语列为小学8门核心课程之一。从2014年开始，英国把汉语在内的6种外语列为从小学三年级开始的必修课程。此外，日本、韩国、新加坡等国家也历来重视外语教育工作。与之类似，新中国成立以来，外语在我国教育体系中一直占有重要地位。从2001年开始，我国教育部规定从小学三年级起开设外语课，外语教育已涵盖从小学到博士的各阶段学习。从作用看，外语教育不仅有助于我国全面深入地参与全球一体化进程，而且对增强国家语言能力、扩大国际话语权和影响力、落实国家发展战略等均具有重要支撑作用，也是培养国际化高端人才的重要途径。

我国外语教育成绩显著，困难犹存。成绩主要包括：开设外语专业的高校数量增长明显；外语种类与布局逐步完善；学科体系日益健全；教学方法与技术不断革新；学生外语水平明显提高；为国家培养了大批高质量的外语人才等。所面临的困境有：外语政策与规划不足，大中小学缺乏有效衔接，语种分布比例失衡；教育目标定位不清，人才培养千校一面，难以满足社会多元需求；学科定位不够明确；课程设置不尽合理，职业功利取向明显，学科特性不足；高质量、成体系、有特色并被教学实践证明行之有效的外语教材相对匮乏；教学方法和技巧随意性明显，跟风现象普遍，理论创新滞后；学生外语水平与社会实际需求尚有差距，高端外语人才尤其稀缺。当下我国外语教育所面临的这些困境，与我国长期注重西方教学理论引进、缺乏符合中国国情的理论建设有关。时下，我国的外语教育从属于二级学科"外国语言学及应用语言学"，尚未取得独立的学科地位。从研究范畴看，现有的外语教育研究更多是狭义应用语言学的同义词，仅强调对外语教和学的研究，对其他教育环节统筹兼顾不足，缺乏对外语教育实践活动的系统梳理、设计与指导。

从研究体系看，现有的外语教育研究多以某些特定的议题为中心展开，缺乏宏观设计，各议题之间碎片化明显，逻辑关系不够明确，尚未形成全面统一的、合乎逻辑的学科体系。我们认为，要解决外语教育发展所面临的理论和现实问题，满足社会发展需求，须加强学科顶层设计，明确构建外语教育学的学科地位，架设外语教育学的学科体系，通过创设良好的学科发展环境，促进学科的快速和高效发展,避免长时间的无序或随机徘徊,为学科发展争取时间。

二、构建外语教育学的可能性与意义所在

作为一个学科,应至少具备三个要素:具有特定的研究对象、具有系统的研究方法和具有完整的学科体系。根据这三个要素,我国外语教育研究成为独立学科的条件已经具备。第一,外语教育学有特定的研究对象。研究对象是一个学科区别于另一学科的主要依据,外语教育学的研究对象是整个外语教育活动,涵盖外语教育目标的制定、教学材料的选择、教学方法的设计、教学活动的安排等环节。第二,外语教育学有系统的研究方法。外语教育学已拥有一套完整有效的研究方法,如课堂观察法、访谈法、问卷法、有声思维法、实验研究等。这些方法目前已广泛见用于外语教育研究。第三,外语教育学有完整的学科体系。学科体系是对特定的研究对象、在划定的研究范围内、运用一系列研究方法所得的结果。外语教育学的学科体系尽管目前尚未确立,但实际上已相对完整,包括外语教育目的研究、外语政策与规划研究、外语课程研究、外语教材研究、外语传授研究、外语学习研究、外语测评研究、外语教师研究和元外语教育研究九项要素。这一体系能较为全面地涵盖整个外语教育过程以及对这一研究过程进行的科学研究,即元外语教育研究。因此,从研究对象、研究方法和学科体系三个维度看,结合我国目前外语教育的理论和实际需求,成立外语教育学的时机已经成熟。

由于我国外语教育长期注重听说读写译等基本技能培养,理论构建不足,从事外国语言文学本体研究的学者对此往往热情不足,外语教育一直未曾获得应有的学科地位。我们倡议确立外语教育学的学科地位,至少有以下三点意义:(1)促进外语教育研究的深度发展。以外语教育学的学科体系为参照,对现有外语教育研究进行系统梳理,从学科全局层面审视外语教育研究现状,明确成绩、锁定缺陷,这必将能有效地促进外语教育研究的系统、全面、深入发展。(2)提高教学质量,改进教学效果。外语教育学学科体系的创立,必将增强对外语教育实践的指引,外语教学的效果因此必能得到明显的提高,其质量

内涵也必能得到明显的提升。（3）提高外语人才培养质量，更好地服务国家发展战略。我国外语教育"碎片化"现象明显，人才培养缺乏系统设计。外语教育学这一学科的创立，将对整个外语教育过程进行系统审视和科学规划，这必能进一步夯实外语办学水平，提升外语人才培养质量，满足社会多元化需求。人才质量的提升，又将能助推"一带一路"等国家倡议的顺利实施。

（本文原载《光明日报》2016 年 10 月 18 日）

论外语教育学的学科建构

一、外语教育学科发展面临的机遇与挑战

我国正在实现从"中国制造"到"中国创造"的历史转型,社会各领域面临着巨大的机遇与挑战。在这一关键时期,人文社科领域面临理论原创力不足的焦虑与困惑,强烈呼吁建构具有中国特色、体现中国风格和展现中国气派的学科理论体系[1],摆脱对西方理论的依附,打造具有中国特色和普遍意义的学科体系,实现从"跟着走"到"领着走"的历史转轨。这既是一项责无旁贷的时代使命,也是一个千载难逢的历史机遇,不仅是对当今我国学者责任与担当的考验,也是对我国学者经验与智慧的挑战。能否抓住这一风云际会,开拓基础理论建设工作,不仅关系到我国学科体系的发展水平与趋势,而且对学科走向世界的路径与水平也具有重要影响,[2]更是高校落实"双一流"政策、建设一流学科的必要途径。

作为建构中国特色学科体系的重要组成部分,外语教育学科建设工作也须提上日程。外语教育是国家语言发展战略的重要组成部分,也是国家软实力的重要指标,在全球化日益深化的今天,对国家政治、外交、经济、文化、教育、军事等各领域的作用与价值日益凸显。外语已成人生成功的资本,国家发展的利器,增进国与国之间了解、促进世界和平的润滑剂[3]。然而,与当下外语教育的重要性不相匹配的,是外语教育在我国整个教育体系中的学科地位。

---

① 周宪:《文学理论的创新问题》,《中国社会科学》2015 年第 4 期。
② 瞿林东:《关于当代中国史学话语体系建构的几个问题》,《中国社会科学》2011 年第 2 期。
③ 李宇明:《当代中国语言生活中的问题》,《中国社会科学》2012 年第 9 期。

一方面,国家对人文社科的支持力度持续加大,创建符合我国国情的学科体系的呼声日益高涨,中国文化"走出去""一带一路""参与全球治理"等国家倡议和战略正在整体推进,所有这些都为外语教育学科的发展提供了历史性契机;但另一方面,我国外语教育长期注重听、说、读、写等基本技能培养,实践取向明显,理论指引不足,尚未取得独立的学科地位。由于缺乏学科理论的有效指导,我国外语教育顶层设计阙如,整体规划不足,学科属性不明、目标定位不清、过于注重教学技术与方法、课程设置功利取向明显、人才培养质量整体不高,外语高端人才尤其匮乏①。这些问题,与我国外语教育长期忽视理论建设工作,尚未形成符合我国国情的外语教育学科体系不无关系。因此,学界不少有识之士呼吁加强外语教学理论体系建构工作,破解当下外语教育困局②。为顺应我国外语教育发展需要,提升外语教育能力,增强学科发展理论自觉,优化学科顶层设计,本文在现有相关研究基础上,借鉴其他相邻学科的理论体系与模型架构,倡导建构符合我国国情的外语教育学学科。

二、外语教育学科建构的现实必要性与理论自觉

(一) 现实必要性

外语不仅可以拓展人们的视野,增加人们观察、了解、认识和表达世界的方式,而且有利于国家安全和发展,也有助于增强不同民族间的交往和理解,促进世界和平。西方国家一直注重外语教育工作。比如,澳大利亚早在 1987 年就号召国民学习包括汉语在内的外语语种;美国 1994 年就把外语列为中小

---

① 王文斌:《提升学术理论自信,推进我国高校英语专业教学理论本土》,《东北师大学报(哲学社会科学版)》2016 年第 3 期。

② 戴炜栋、王雪梅:《建构具有中国特色的外语教育体系》,《外语界》2006 年第 6 期;戴炜栋:《中国高校外语教育 30 年》,《外语界》2009 年第 1 期;束定芳、华维芬:《中国外语教学理论研究六十年:回顾与展望》,《外语教学》2009 年第 6 期;庄智象:《我国外语专业建设与发展的若干问题思考》,《外语界》2010 年第 1 期;王文斌、李民:《创建外语教育学学科时机已成熟》,《光明日报》2016 年 10 月 18 日;庄智象、陈刚:《我国英语专业教育的问题及对策思考》,《外语界》2017 年第 3 期。

学阶段的核心课程;英国从 2014 年开始也将外语列为自小学三年级起的必修课程;欧盟、日本、新加坡等国家或地区也大力支持外语教育工作。

从 2001 年开始,我国教育部也规定从小学三年级起开设外语,有条件的地区可调至一年级,加上各类城市数量不等的双语幼儿园,外语学习实际上已贯穿我国幼儿园至博士各学段,学习和使用外语的人数高达 3 亿。① 仅就大学教育而言,我国开设外语专业的普通高等院校近千所,涉及语种 80 余个,在校生规模约 70 万。外语教育基础性之强、牵涉面之广,要求我们加强学科建设,切实提高外语教育能力,寻求外语教育发展的新动力。同时,也要求我们充分考虑改革的"蝴蝶效应",在深入论证的基础上,按计划、分步骤、有理有据地审慎实施外语教育改革和推进外语教育学科建设。

此外,我国外语教育实践中所面临的现实困境也促使我们需要深度思考外语教育的学科建设工作。毋庸置疑,我国外语教育在人才培养数量、学生外语基础技能、教学方法与技术等层面已取得巨大成就,但不可否认,我国外语教育也面临着外语专业语种设置不尽合理、外语教育在工具性与人文性之间摇摆不定、外语专业人才培养趋同化明显、外语知识"碎片化"严重等方面的不足。我国外语教育面临的这些难题,与长期缺乏顶层设计和理论探讨、忽视合乎我国国情的外语教育学科体系建设有关。

(二) 理论自觉

1. 学术学科的重要性

汉语中"学科"这一术语有两层含义:一是指特定科学领域或一门科学的分支,是一种学术的分类,对应英语的 discipline(为行文方便,下称"学术学科");二是指按照一定逻辑顺序和学生接受能力,组织某一科学领域的知识与技能而构成的课程,是"教学科目"的简称,对应英语的 subject(为避免混淆,下称"教学科目")②。从二者的关系看,学术学科是教学科目的理论基

① 桂诗春:《我国英语教育的再思考—实践篇》,《现代外语》2015 年第 5 期。
② J. Pearsall, P. Hanks, C. Soanes & A. Stevenson. *The New Oxford English - Chinese Dictionary* (*2nd Edition*) . Shanghai:Shanghai Foreign Language Education Press,2013;夏征农、陈至立:《辞海》(第六版缩印本),上海辞书出版社 2010 年版。

础,揭示其研究对象的本质与规律,描述其科学探索的对象、范围和目标,对教学科目能起到指导、规范和引领作用。教学科目是学术学科的具体教育形态,其知识内容受学术学科统摄,在实践中又能进一步丰富、完善和发展所涉及领域的知识,从而推动和促进学术学科的深化和发展。从历时的视角看,只有当某一科学领域的知识累积到一定程度,才有可能成为学术学科。同时,只有在学术学科已经确立的情况下,才能更好地指导教学科目的发展。若学术学科尚未完全确立(关于学术学科确立的条件,请参见本文第三部分),人们仅将之当作教学科目,其结果往往是教学科目缺乏系统的理论建设和科学的整体规划,不仅难以实现预期的目标,而且易致学科知识在低水平重复、学科教学于浅层次徘徊、学科发展后续乏力等问题,轻则掣肘重则阻滞学术学科的健康发展。

时下,我国外语教育就面临着教学科目属性与其学术学科属性不相适应的尴尬现状。从实践来看,外语教育是我国教育体系的重要组成部分,外语教育对国家、社会和个人的发展具有重要影响,在从小学到博士各学段教学体系中也占有重要地位,但教育界大多将其简单地视为一门教授听、说、读、写、译的课程,教学科目属性明显。而外语教育的学术学科属性一直未曾引起学界的高度关切,也一直未被充分接受,更未曾获得其应有的学术地位,学术学科属性湮没于其教学科目属性之下。学术学科属性研究的薄弱,已严重制约教学科目的深入发展,成为外语教育实践进入瓶颈期的主要诱因。因此,若要解决我国外语教育实践中面临的诸种问题、推动外语教育实践的健康发展,须加强对外语教育学术学科属性的探讨,强化理论研究对外语教育实践的巨大指导和引领作用。

2. 学科归属的重要性

认识到建构外语教育学术学科地位的必要性之后,便须讨论外语教育研究的学科归属问题,即外语教育该属于哪一学科。为什么一定要讨论学科归属?因为其学科的归属能圈定与外语教育相关的诸种学术活动,如学科建设与评估、课题申报与管理、职称评定、岗位聘任、人才培养、课程设置、教材开发、学术出版、专业协会等,一切均在学科范围内展开。因此,确立外语教育的学科归属极为重要。

若要明确外语教育的学科属性,首先应确定所构拟的外语教育理论处于何种层面。从内部构造看,理论可分为总体性理论(亦称宏观理论)或局部性理论(亦称微观理论)两类。其中,总体性理论对学科发展路径的影响更大,其重要性也更为突出。① 具体到外语教育而言,现有研究主要集中于分科层面,如二语习得研究、外语教师发展研究、外语测试研究等。倘若以整个外语教育实践为参照,这些研究属于局部性理论。局部性理论是科学研究高度学科化和专业化的必然结果,不仅加深了我们对外语教育过程多样性、复杂性的认识,而且为建构更加宏观或更具整体性的理论提供了条件。但是,若仅拘泥于局部性理论,则容易限制研究者的视域,约束人们的研究兴趣,窄化研究者思考的空间和思路,捆束自由思想的张扬(同上)。当局部性理论发展到一定程度,若不适时建构更加宏观、更具统摄性的总体性理论,轻则钳制学科的快速、健康发展,重则湮塞学科研究的全面深化。但遗憾的是,目前尚无能统领外语教育各层面研究的总体性理论,这对外语教育研究的壅闭日益凸显。随着研究对象的扩大、研究范围的延伸、研究方法的拓展、研究内容的掘深、分科研究的深化以及外语教育价值的彰显,目前外语界对聚焦中国现实,建构符合中国国情、破解中国难题的外语教育学这一统领性学科的呼声正日益高涨。

三、外语教育学科建构的新尝试:外语教育学

(一) 外语教育学的概念内涵

外语教育学是一门系统探究外语教育过程以及影响这一过程的诸多因素、提高外语教育能力、揭示外语教育的规律和本质的学问。

那么,外语教育学是教育学还是语言学的辖属学科? 本文赞同辛广勤的观点,认为"外语教育学"这一术语的正确语段切分是"外语教育│学"(其对应的英语为 Foreign Language Education Studies),而非"外语│教育学"(其对

---

① 周宪:《文学理论的创新问题》,《中国社会科学》2015 年第 4 期。

应的英语为 Foreign Language Educology）。① 也就是说，从学科本质看，本文构拟的外语教育学仍属于外国语言文学或语言学一级学科②，而非教育学。理由有三：（1）学科分类的依据。学科分类一般遵循两类标准，一是基于特定的角度研究自然或社会现象，如物理学、历史学等；二是多角度分析特定领域的现象，如农业科学、社会科学等。③ 外语教育学即属于后者，是在综合语言学及应用语言学、教育学、心理学等学科知识的基础上对外语教育这一社会活动进行的多维度分析，其理论视角的多元性不应成为学科归属问题的羁绊。比如，外语教育研究中经常用到统计学的相关知识（如抽样、回归分析、t 检验等），但不会有人因此便认为外语教育应属于统计学。同理，外语教育研究固然会汲取教育学和心理学的营养，但并不能因此断定外语教育学必须属于教育学。这犹如心理统计学属于心理学而非属于统计学一样，名词短语的中心语不是判定学科归属的应然标准。④ （2）学科实践的主体。从研究现实看，外语教育学的实践主体仍然是从事外语教育的广大教师和科研人员，其专业背景多为外语专业毕业生，外国语言文学专业特征明显。若将外语教育学作为教育学的辖属学科，则失去了在外国语言文学或语言学门类下开展活动的合理性，与从事外语教育一线教师及研究人员的认知也相去甚远，与外语教育研究实际不符。此外，由于我国教育学建立时间相对较晚、学科教育学也尚未成

---

① 辛广勤：《大学英语是不是一门学科——大学英语学科属性的宏观思考及其他》，《外语界》2006 年第 4 期。

② 目前，我国有两套学科分类系统：一是《学位授予和人才培养学科目录（2011 年）》，该目录中"外国语言文学"是一级学科，其辖属的与外语教育有关的二级学科是"外国语言学及应用语言学"。因涉及人才培养、学位授予、学科评估等因素，因此分类影响较大。第二套分类是《中华人民共和国学科分类与代码简表（国家标准 GBT13745-2009）》，该表中与外语教育有关的一级学科是"语言学"，相关的二级学科是"应用语言学"。这一分类系统常用于基金课题申报，影响力不及前者。限于篇幅及研究重点，本文不讨论以上分类的合理性，仅在讨论学科归属时尽量兼顾两套分类系统，具体请参见王文斌、李民（《外语教育属于什么学科？——外语教育学构建的必要性及相关问题探析》，《外语教学》2018 年第 1 期，pp.44-49。）。

③ 曾湘泉：《我国高校设立劳动科学一级学科势在必行》，《光明日报》2009 年 11 月 12 日。

④ 参见《中华人民共和国学科分类与代码简表（GBT13745-2009）》。该表中其他类似例子还有：古生物学不属于生物学而是属于地球科学；科学心理学、艺术心理学不属于心理学而是分别属于管理学和艺术学；建筑经济学不属于经济学而是属于土木建筑工程；科学社会学不属于社会学而是属于管理学。

为独立学科,加之教育学从业人员的语言学知识目前相对不够深厚以及外语水平整体不高等因素,我国教育学现阶段也尚不具备接纳外语教育学作为其辖属学科的现实条件。(3)学科归属的判定。学科种类的划分,既有一定的逻辑依据,也有一定的主观性和时代性。经过一定的学术积累,人们可以根据时代的发展需求以及学科发展的现状,发挥主观能动性,将某一研究方向调整为独立学科,从而加速学科的成熟、促进其良性发展,比如我国翻译学的确立就是如此。翻译研究原属于应用语言学下的一个研究方向,但经过几十年的发展,已逐步走出应用语言学的框限,获得了独立学科的学术地位,开设了相应的本科和硕士专业,拥有了更为广阔的学科发展空间。① 此外,随着研究的深入和拓展,部分学科的跨学科特征也越来越明显,某一研究领域横跨两个或以上学科的情况已是常事。比如在我国现行的《学位授予和人才培养学科目录(2011 年)》中,统计学既可置入理学,也可设于经济学。翻译研究独立学科地位的获得以及统计学横跨两个学科的实践现状,都证明了学科归属的判定是在遵循一定逻辑理据的前提下,根据时代和学科发展需求,人们因时因实因理划分的结果,具有一定的主观性。从这个层面来看,将外语教育学归入语言学或外国语言文学而非教育学并无不可。

(二) 外语教育学的成立条件

一门独立的学科,应至少具备三个条件:独特的研究对象、完整的研究方法和系统的符合逻辑的学科体系。②

第一,研究对象是学科成立的基石,是一门学科区别于其他学科的最根本依据。③ 学科应有自己特有的、不可替代的研究对象,或针对同一研究对象,具有特定的研究视角。外语教育学的研究对象,是外语教育活动本身,涉及外语教育活动的方方面面,如课程设置、教法设计、教材编撰、学习研究等。无论是应用语言学,还是教育语言学,虽含纳对外语教育活动的研究,但均不以其为唯一或特有的研究对象,对外语教育研究所涉层面的讨论也有待细化和完

---

① 孙艺风:《翻译学的何去何从》,《中国翻译》2010 年第 2 期。
② 陶本一:《学科教育学》,人民教育出版社 2002 年版。
③ 周光礼:《反思与重构:教育法学的学科建构》,《高等工程教育研究》2007 年第 6 期。

善。因此,外语教育学以外语教育活动为研究对象,从学科角度看具有不可替代性。

第二,学科需要具备一套行之有效的研究方法。外语教育学常见的研究方法(如课堂观察法、有声思维法、访谈法、问卷法、实验法等),主要来源于其母学科(如语言学与应用语言学、教育学、心理学等)。外语教育学,就是结合自身的研究特点与研究议题,在综合运用各种研究方法的基础上所形成的结果。需要说明的是,学科须有一套完整的研究方法,但未必是特有的研究方法,因为研究方法本身并无学科之分,同样的研究方法可用于多门学科,同一学科也可采用多种研究方法。在学科创设时期,特别是在跨学科或超学科研究范式日益盛行的今天,尤其如此。

第三,学科建设,还须有一套完整的符合逻辑的学科体系。这一体系,是对特定研究对象、在划定的范围内、运用一系列方法进行系统研究所得的结果。① 本文认为,外语教育学的学科体系,包括外语教育目的研究、政策与规划研究、学习研究②、传授研究③、教师研究、课程研究、教材研究、测评研究、教育技术研究、教育史研究、元外语教育研究等 11 个层面(参见 3.5 节)。尽管外语教育学尚未取得独立的学科地位,但其分支学科已相对较为成熟(如外语学习研究)或日趋成熟(如外语教育政策与规划研究)。各分支学科的完善与发展,为外语教育学成为独立的学科提供了必要条件。

---

① 陶本一:《学科教育学》,人民教育出版社 2002 年版。

② 本文不详细讨论中国语境下的外语教育究竟应该使用"外语"还是"二语""学习"还是"习得"等术语(其复杂性可参见胡壮麟:《习得与学得》,《中国外语》2007 年第 2 期)。但这起码说明,外语教育研究领域的术语亟须统一和进一步规范。术语规范的目的,在于统一表述,破除交流障碍,而非统一思想。相反,只有在实现统一表述的基础上,才能进一步促进学科的繁荣和发展。

③ 我国外语教育研究一直未对"教学"和"学习"这两个常用术语进行有效区分:有时"教学"包含"教"和"学"两种性质的活动;有时又仅指教师的"教",与学生的"学"相对。结合文献,我们尝试厘清三个相关概念:"教育"是指以影响人的身心发展为直接目的的一切社会活动,对应英语的 education,涵盖(但不限于)传授和学习两种行为;"传授"是指教师把知识、技能等教给学生的过程,对应英语的 teaching;"学习"是指学习者因经验而引发的行为、能力和心理倾向的比较持久的变化,对应英语的 learning(王文斌、李民:《我国外语教育研究的理论框架:构建与解析》,《外语教学》2017 年第 1 期)。

（三）外语教育学的理论基础

外语教育学的理论基础主要源于语言学及应用语言学、教育学和心理学。

外语教育学最重要的理论来源是语言学及应用语言学。语言学是研究语言规律和本质的一门科学。应用语言学是一门研究如何应用语言学理论、方法和成果来阐释其他经验领域遇到的语言问题的科学,尤指第二语言和外语的教和学的科学。① 外语教育学,是关于外语教育的科学,一切关于语言的规律、本质以及外语教和学的规律、性质、特征的科学认识,均对外语教育学科建设具有重要指导意义。教育学亦是外语教育学的重要理论来源。教育学是一门研究教育现象及其规律的社会科学。它通过对教育现象及教育问题的研究来揭示教育的一般规律,其任务就是要探讨、揭示各种教育规律,阐明各种教育问题,明确教育目的,建立教育学的理论体系。② 教育学的相关理论和研究成果,特别是课程与教学论、教育政策研究、教育目的研究、教育技术研究等,对外语教育学具有重要的参考价值。

心理学是外语教育学的另一重要理论来源。心理学是一门研究心理事实、规律、结构和机能的科学,其主要任务在于描述心理事件、揭示心理规律、探明心理结构和确定心理技能,③研究范畴涉及心理的生物和环境基础、意识、动机、注意、感觉、知觉、学习、记忆、思维、情绪、意志、智力、人格等。其中,心理学中关于学习的讨论,已成为一门独立研究分支,称为学习论或学习科学。从定义看,学习论是一门对学习规律和学习条件进行系统考察的学问,主要探究人类与动物的行为特征和认知心理过程。学习论能提供学习领域的知识,并对有关学习的知识进行系统化、条理化概括,其目的旨在说明学习是怎样发生的,以及为什么有的学习有效,有的学习无效。④ 学习论,连同其他心理学理论,能为研究外语教育活动提供理论支持,对课程设置、教材编撰、教法设计、学习研究等议题具有极大的指导价值。因此,心理学也是外语教育学的

---

① ［英］克里斯特尔编:《现代语言学词典》,沈家煊译,商务印书馆 2011 年版。
② 雎文龙、廖时人、朱新春:《教育学》(修订本),人民教育出版社 1994 年版。
③ 黄希庭、郑涌:《心理学导论》(第三版),人民教育出版社 2015 年版。
④ 施良方:《学习论》,人民教育出版社 2001 年版。

主要理论来源。

本文认为,外语教育学的理论基础没有必要过于庞杂,现阶段可仅强调语言学及应用语言学、教育学和心理学三个部分。其主要原因在于,作为理论基础之一的应用语言学已具备跨学科性质,诸如社会学、修辞学、文体学等理论可通过应用语言学为外语教育学提供滋养。另一原因,在于教育学、心理学等学科体系已比较完善,且容含若干跨学科研究分支,能为外语教育学提供充足的理论支撑。

(四) 外语教育学的典型特征

外语教育学具有超学科性、主题导向和应用与实践取向等典型特征。

外语教育学最为典型的特征是其超学科性(trans-disciplinary)。所谓超学科性,是指采用整体的视角,融合不同学科的理论和方法,旨在解决实际问题的一种研究范式。现有的外语教育研究往往强调其跨学科性或多学科性,注重从不同的学科视角审视同一问题。尽管这种跨学科或多学科视角使我们对事物的认识更加深入和全面,但终归摆脱不了学科之间的主次问题,对问题的讨论难以跳出学科的界限。超学科研究则不同,超学科研究者具有整体和大局意识,以某一主题(事件、问题)作为研究起点,然后利用相关学科的方法论和分析工具进行深入调查和研究,统筹兼顾,重塑人们对认知实践和社会实践的认识。① 超学科性研究,能突破学科的制约和界限,更强调学科之间的有机融合,是一种以问题为中心的研究范式。外语教育学以解决外语教与学这一实践问题为主线,融合语言学与应用语言学、教育学、心理学等知识,多维度、全方位解决外语教育中面临的课程、教材、教师、测评等诸种问题,超学科性是其典型特征。

外语教育学的另一主要特征是主题导向。外语教育学是以外语教育中遇到的实际问题为出发点,以主题或议题为研究中心的一门学问,具有明显的主题导向特征,所遵循的是一种"自下而上"的研究范式。

外语教育学的第三个特征是应用与实践取向。外语教育学研究的目的,

---

① 胡壮麟:《系统功能语言学家的超学科研究》,《外语与外语教学》2013 年第 3 期。

就是聚焦外语教育,为外语教育存在的实际问题提供解决方案和措施,将研究成果尽快应用于外语教育实践,提高外语教育能力,具有明显的应用与实践性特征。

(五) 外语教育学的学科体系

学科须有其完善的学科体系,由若干相对独立的分支学科构成。这些分支学科,均围绕特定主题或实践中面临的实际问题而展开,是学科内容的具化。外语教育学以外语教育实践为出发点,以语言学及应用语言学、教育学、心理学为理论基础,涵盖外语教育目的、政策与规划、课程、教材等 11 个分支学科(图 1)。这 11 个分支学科,可构成现阶段外语教育学的学科体系。①

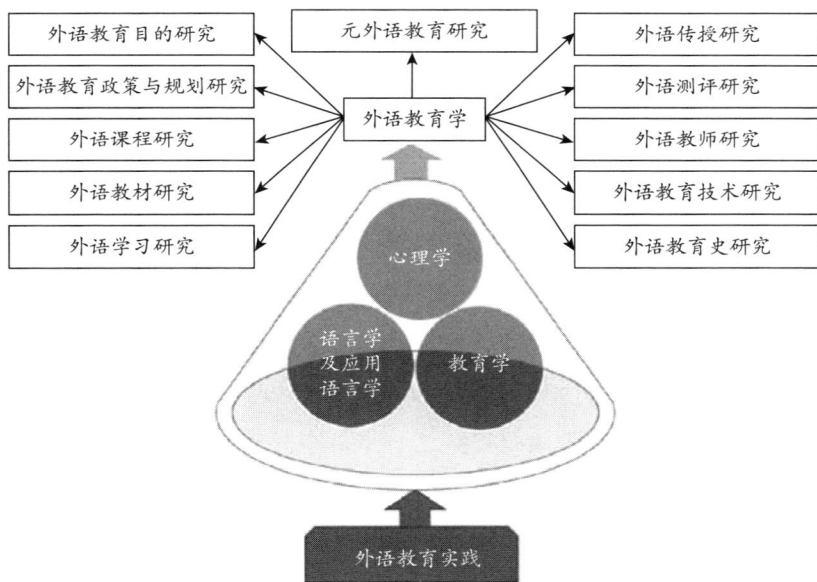

图 1 外语教育学的理论基础及其学科体系

---

① 学科体系是一个动态的、开放的系统。随着研究的深化、实践的发展,可能会有新的分支学科产生,现有的分支学科也可能合并甚或消亡。此外,本文认为,该学科体系同样适用于二语及多语教育、民族语文教育、汉语国际教育等。限于研究重点,并从有利于外语教育发展的角度出发,本文将外语教育单独讨论,主张构建外语教育学这一学科,且将之与其他类型的语言教育分离。

其中,外语教育目的研究旨在讨论培养什么样的外语人才这一议题,如当前关于批判性思维能力和跨文化交际能力培养的讨论、外语教育的"工具性"与"人文性"之争等,均属此类研究范畴。外语教育政策与规划研究主要讨论外语教育政策的制定、专业发展的调控、外语人才的需求分析、区域发展的协调、外语种类的合理布局等议题。外语课程研究主要讨论外语课程目标的设定、内容的选择、课程的实施、管理、开发和评价等议题。外语教材研究,是一门考察外语教材或其他形式教学材料的规律、特点、趋势以及教学材料编撰的原则与技巧的科学。外语学习研究主要涉及外语学习的性质、过程、方法、动机等议题。外语传授研究,即传统意义上的教学法研究,是一门研究外语传授活动的规律与特点的学问,内容涵盖外语教育的任务、原则、方法、手段等议题。外语测评研究,主要讨论外语测试的开发与设计、量具的制定、信度与效度的分析等议题。外语教师研究是对外语教师的素养、能力、角色、话语特征等进行考察的学问。外语教育技术研究,就是以教育技术为基础,以语言学、教育学、心理学、教育技术学等学科为理论指导,"通过创造、使用、管理适当的技术性的外语教学过程和教学资源,将外语教师、学生、教材、课程、环境等要素与教育信息技术有机整合起来,达到促进和提高外语教学绩效目标的实践探索与理论研究"[1]。外语教育史研究主要通过探究外语教育的发展历史,判析外语教育的经验与教训,为更好开展外语教育实践与研究提供参考。元外语教育研究主要探讨外语教育学的研究内容与边界、发展轨迹与趋势、研究方法与范式等议题,是对外语教育学这一学科本身进行研究的学问。限于篇幅及研究重点,本文在此不展开讨论,具体可参见王文斌、李民的相关论述。[2]

四、结语

长期以来,我国外语教育一直以教学实践的形式出现,深入的理论研究相

---

①　胡加圣:《外语教育技术——从范式到学科》,外语教学与研究出版社 2015 年版。

②　王文斌、李民:《我国外语教育研究的理论框架:构建与解析》,《外语教学》2017 年第 1 期。

对匮乏,顶层设计不足,学术学科属性一直未曾引起学界的广泛关注与充分讨论。外语教育研究多以二语习得、课程论、教学法、教师发展等具体分科形态存在,"碎片化"现象明显,缺乏能含纳外语教育各研究层面的整体性学科体系。由此产生的弊端有三:一是外语教育研究缺乏全局性视野,各分支学科发展不均衡,大格局观念欠缺,对整个学科的成长已产生牵制作用;二是研究视野偏狭,各分支学科缺乏有效互动,对外语教育的复杂性和多样性讨论不够充分;三是,对外语教育研究的必要性和重要性缺乏有效认知,外语教育实践缺乏合宜的理论关怀,易致我国外语教育长期在低水平、浅层次徘徊,难以实现纵深发展或取得重大突破。基于上述考虑,本文提倡建构符合我国国情的外语教育学学科。①

建构外语教育学这一学科,主要具有以下四点意义:第一,进一步明确外语教育的学科属性,强调理论研究与实践活动的同步发展,突破人们将外语教育仅仅囿于实践层面的藩篱;第二,促进我国外语教育研究的进一步系统化、理论化,坚定理论自信,发现新问题,提出新观点,建构新理论,打造具有中国特色的学科体系;第三,有利于对外语教育过程进行多维度、全方位的考察,从而进一步提升外语办学水平,增强外语教育能力,提高外语人才培养质量,更好服务国家语言发展战略;最后,有益于确立外语教育的学科定位,具化学科内涵,明晰学科目标,深化学科发展,有效落实"双一流"建设中创建"一流学科"的关键目标。

建构外语教育学是一项系统工程,难以在一篇文章中完全述清,加之作者知识有限,文中谬误在所难免。然而,本文意在抛砖引玉,引起学界对外语教育学科性质的重视,促发学界思考,从而有力助推外语教育学科体系建设。文中观点粗浅不一、未必中肯,诚待各位专家、同仁批评雅正。一个理论,只有经过长期的批评、辩论和修正,才有可能得以完善,成为站得住脚的理论。也只

---

① 本文拟构建的外语教育学,与张正东(《外语教育学》,重庆出版社 1987 年版)、章兼中(《外语教育学》,浙江教育出版社 1992 年版)等倡导的外语教育学,在研究对象、研究范畴、学科体系、学科归属等维度具有本质性差异。对此,我们将另文专述,读者亦可参考王文斌、李民:《外语教育属于什么学科? ——外语教育学构建的必要性及相关问题探析》,《外语教学》2018年第 1 期。

有当我们的理论研究真正契合、切近我国外语教育的社会现实时，外语教育学的学科建构才算完成了思想方面的准备。

（本文原载《外语教学与研究》2017 年第 5 期）

外语教育属于什么学科？

——外语教育学构建的必要性及相关问题探析

一、引言

从 1862 年京师同文馆算起，我国现代意义上的外语教育已逾 150 年，在许多方面实现了重大发展，已取得显著成绩。但是，有一个问题尚未引起学界充分重视，那就是：外语教育属于什么学科？尽管我国有世界上规模最大的外语学习者群体，也有数量庞大的外语研究队伍，在外语研究方面也已取得不错的成绩，但对此问题的答案恐怕莫衷一是：有人认为外语教育属于二语习得，有人认为属于应用语言学，也有人认为是教育语言学，还有人认为属于教育学。更有甚者，认为外语教育并非独立学科，仅是理论语言学知识的实践应用而已。那么，外语教育到底该辖属于什么学科？

这一问题的逻辑前提，是我们须先弄清楚，有无必要讨论外语教育的学科归属问题。本文认为，确立外语教育的学科归属，不仅必要，而且迫切。加强外语教育学科建设，既是落实国家相关政策、繁荣发展哲学社会科学的有机部分，也是提升外语教育理论研究水平、夯实外语人才培养质量的必要措施。从宏观层面看，加强学科建设，是我国教育界的历史担当。2016 年 5 月 17 日，习近平总书记在哲学社会科学工作座谈会上指出，要构建具有中国特色、中国风格、中国气派的哲学社会科学学科体系，全面推进我国的哲学社会科学建设。2017 年 1 月 10 日，国务院《国家教育事业发展"十三五"规划》，明确提出实施以育人育才为中心的高校哲学社会科学整体发展战略，构筑学生、学术、学科一体的综合发展体系,深入实施高校哲学社会科学繁荣计划。2017 年 3 月 5 日,李克强总理在《2017 年国务院政府工作报告》中,再次明确提出实施"双一流"战略,建设世界一流大学和一流学科。学科建设因此又站到了一个新的历史舞台。学科建设,是继续随步于西方还是独步于自主而创新具有中国特色的学科体系? 这一问题,在我国学界,特别是外语界,迫切需要深度思量。

就外语教育而言,我国外语教育理论研究起步较晚,研究水平有待进一步提高。从目前情况看,借用或套用国外教学理论来引领并实施教学实践明显,合乎我国国情的独立思考和学科创新有所缺失,具有中国特色的教育理论鲜少,外语教育实践更是罕有系统的理论支撑。① 我国学者自主提出的外语教育理论本就稀缺,但即便如此,每当我国产生一种新的理论或主张,不是引不起学界的充分重视,就是一味批评、求全责备,冷静分析、理性思考、积极建设者少见。与此形成鲜明对比的是,但凡国外某种新的理论或学说产生,往往立即引起我国学界的广泛引介与紧步跟进,②呼应者甚众,赶时髦者不少,对理论是否真正切合我国外语教育现实常常缺乏理性考量。我们该承认,国外的有些理论确有其先进之处,但我国学者提出的理论未必就不科学。比如,文秋芳教授自 2007 年起就提出了"产出导向法",经十余年的发展,现已形成相对完善的理论体系,③并有明确的实施步骤与方法,也已获得一线教师的积极实践,国际应用语言学期刊 *Language Teaching* 也有专文介绍。然而,这一新生的教学思想却依然未曾引起国内学界的广泛共鸣。试想:若其倡导者是西方学者,那么国内对此是否也是如此漠然?

在我国构建外语教育学④的独立学科地位,也存在类似现象。早在 20 世纪 80 年代末、90 年代初,张正东⑤、章兼中⑥等就曾提出与构建外语教育学有

———————————

① 束定芳:《中国外语教学改革与发展:顶层设计与无形之手》,《山东外语教学》2016 年第 2 期。

② 庄智象:《我国外语专业建设与发展的若干问题思考》,《外语界》2010 年第 1 期。

③ 文秋芳:《构建"产出导向法"理论体系》,《外语教学与研究》2015 年第 4 期。

④ 关于外语教育学的概念、内涵、内容体系等,可参见王文斌、李民:《外语教育属于什么学科? ——外语教育学构建的必要性及相关问题探析》,《外语教学》2018 年第 1 期。

⑤ 张正东:《外语教育学》,重庆出版社 1987 年版。

⑥ 章兼中:《外语教育学》,浙江教育出版社 1992 年版。

关的诸种想法,但响应者甚少,至今尚未引起学界充分重视。学科建设,从来就不是一蹴而就,而是一个不断完善和发展的过程,我们不能因一个新思想存在某些不足就对其嗤之以鼻。而作为新思想的提出者,则需要勇气和定力,倾力于自己的专业研究,在同行的护惜下不断地进步和完善。本文就是本着这一想法,强调构建外语教育学学科的必要性,期待同行批评指正。具体来说,本文旨在回答如下三个问题:

(1)在我国创建外语教育学有何必要性?

(2)外语教育学与应用语言学、教育语言学等学科有何关系?

(3)外语教育学属于语言学还是教育学?

二、构建外语教育学的独立学科地位符合时代的发展需求

(一) 国家发展之需

构建外语教育学是国家发展之需。随着全球一体化进程的加快,特别是"一带一路""沟通中国与世界""参与全球治理"等国家发展倡议的深入实施,我国外语教育的社会价值愈发凸显,在整个国民教育体系中的地位也愈加重要。因此,如何基于国家发展战略,结合国际化发展需求,聚焦外语人才培养,完善其理论框架,丰富其实践探索,在外语开设的语种数量、培养规模、人才规格、培养目标、课程体系、教学方法、测评方式、教师发展等问题上强化科学论证,优化设计,合理布局,夯实办学质量,提升师生素养,切实提高师生的外语教与学的能力与水平,实现《国家中长期教育改革与发展规划纲要(2010—2020年)》中"培养各种外语人才"的重要目标,是摆在我国外语教育工作者面前的一项重任,须将之放在学科的高度,缜密思考与通盘规划、科学论证与谨慎实施。总之,国家发展的需要为外语教育学的学科创建提出了现实需求。

（二）社会发展之需

构建外语教育学是社会发展之需。自改革开放以来,我国已取得举世瞩目的成就:世界第二大经济体、世界第一大贸易国、外汇储备量世界第一、世界最大出境旅游消费国及第四大入境旅游接待国;几乎所有的世界 500 强企业都在中国开设了业务,我国企业海外投资也呈井喷之势。我国与国际接轨日益深入,正在从国际规则制定的旁观者向国际规则制定的参与者迈进,实现从"本土型国家"向"国际型国家"的转型。[①] 所有这些发展,对外语教育既提供了难得的发展机遇,又提出了更高的要求和挑战。外语作为一门工具,在我国从未像今天这样举足轻重。[②] 因此,如何培养"具有国际视野、通晓国际规则、能够参与国际事务和国际竞争的国际化人才"(《国家中长期教育改革与发展规划纲要(2010—2020 年)》),满足社会对外语人才的需求,是我国外语教育需要思考的一个大课题。

从外语教育的效果来看,尽管我国外语教育在教学理念、教学内容、教学方法、教学手段乃至学科建设、专业设置等方面均已取得明显进步,[③]但"聋子英语""哑巴英语""费时低效"等现象依然明显,同时尚存专业性质不明、人才培养层次不清、与社会发展需求不相适应等弊端。学界有识之士认为,我国外语教育所面临的困境,并非简单地源于市场需求的变化,也不能完全归咎于教学理念或教学方法过于陈旧,[④]而是学科性的问题,更主要是与外语教育长期注重语言技能培养,忽视学科知识体系建设有关。本文支持这一看法,并认为困境的突破,有赖于增强对外语教育的理论思考。只有在理论的指引下,外语教育改革才能具备顶层设计,才不会出现盲目性和随意性。[⑤] 因此,外语教育

[①] 李宇明:《中国外语规划的若干思考》,《外国语》2010 年第 1 期。

[②] 曲卫国:《国家标准能让英语学科走出困境吗?——谈谈英语专业改革与英语学科建设的关系》,《外国语》2016 年第 3 期。

[③] 庄智象:《我国外语专业建设与发展的若干问题思考》,《外语界》2010 年第 1 期。

[④] 曲卫国:《国家标准能让英语学科走出困境吗?——谈谈英语专业改革与英语学科建设的关系》,《外国语》2016 年第 3 期。

[⑤] 王文斌:《提升学术理论自信,推进我国高校英语专业教学理论本土化》,《东北师大学报(哲学社会科学版)》2016 年第 3 期。

需要展开理论探讨,需要明确外语教育研究的层次与向度,勾勒出结构完整、内容清晰、逻辑科学的理论体系,明确外语教育的学科属性,而这正是外语教育学所能解答的问题。

(三) 分科统合之需

构建外语教育学是分科研究统合之需。中华人民共和国成立以来,经过近 70 年的发展,我国已积累丰富的外语教育实践经验,在其理论研究方面也进行过广泛的探讨,这为外语教育学的创立奠定了学科基础。[①] 但是,当前关于其理论性探讨,多半散见于二语习得、教学法、课程研究、测试研究等分科层面,彼此割裂严重,有效互动不足,外语教师缺乏对外语教育的整体把握。分科层面的研究虽加深了我们对外语教育的认识,也利于对特定问题形成较为深刻的见解,但同时存在约束研究兴趣、窄化研究视野、捆束自由思想的锋芒、技术的考量压倒思想的张扬等弊端。[②] 因此,从学科发展角度看,宏观性研究对学科发展意义更为重大。本文认为,唯有从学科统合的角度出发,将二语习得、外语教师、教材等各科层面的研究统筹规划,有效整合,形成学科合力,彰显外语教育的学科属性与理论价值,突破人们将外语教育圈于实践层面的藩篱,才能更有效提升其在整个教育体系中的学科地位,更好地为国家发展服务。

(四) 专业调整之需

构建外语教育学是专业结构调整之需。现行的外语人才培养体系,语言培训色彩浓厚,理论特性不足,不利于培养学生的思维能力与人文素养。在现行体制中,本科人才培养主要依据《普通高等学校本科专业目录(2012 年)》进行。在该目录中,英语连同俄语、德语、商务英语、翻译等 62 个专业,从属于外国语言文学。而外国语言文学并列于中国语言文学和新闻传播学,构成文学门类,具体见表 1。

---

① 胡加圣:《外语教育技术——从范式到学科》,外语教学与研究出版社 2015 年版。
② 周宪:《文学理论的创新问题》,《中国社会科学》2015 年第 4 期。

表 1 《普通高等学校本科专业目录(2012)》

05		学科门类:文学	
0501	中国语言文学类	0502	外国语言文学类
050101	汉语言文学	050201	英语
050102	汉语言	050202	俄语
050103	汉语国际教育	050203	德语
050104	中国少数民族语言文学	(略)	(略)
050105	古典文献学	050260	拉丁语
050105T	应用语言学	050261	翻译
050107T	秘书学	050262	商务英语

注:两位代码代表学科门类,四位代码代表专业类,六位代码代表专业,T 代表特设专业。

横向对比,方能显示我国外国语言文学的专业特质。以同属文学门类的中国语言文学为例,其下辖汉语言文学、汉语言等 7 个专业,其中两个(汉语国际教育和应用语言学)与语言教育研究相关。而外国语言文学类专业则是依语种分类,下设专业多达 52 个。随着"一带一路"倡议的推动,现已增至 84 个。从专业名称看,外语专业设置语言培训色彩浓厚,学科性质不强,理论色彩单薄,专业发展表面繁荣,实则芜杂。这固然与中文与外语的地位差异有关,但外语以语种为标准开设专业值得商榷。外国语言文学类的这种专业划分方式,容易导致教师在课程标准的制定、课程体系的设置、教学大纲的撰写等方面侧重听、说、读、写等具体技能培养,对学生的学科或理论规训不足,外语专业教学无法与大学外语教学以及基础和中等教育中的外语教学有效区分,不利于高质量外语人才的培养。我国研究生层次的人才培养,其主要依据是《学位授予和人才培养学科目录(2011 年)》(表 2),这也是我国学科建设与评估的主要依据。从表 2 可看出,研究生层次的人才培养,与本科层次基本类似,仍以语种分类为主,但有适当归类(如欧洲语言文学、亚非语言文学等)。其主要不同在于,"外国语言学及应用语言学"作为专业单独设置。这一培养标准与本科人才培养标准均具类似的弊端,且将"外国语言学及应用语言学"与"英语语言文学"等同置为二级学科,内容难免有诸多重合之处。此外,从学科名称看,"外国语言文学"这一名称中的"外国"是修饰语,"语言"和"文学"是并列的中心语。"文学"具备学科的性质,蕴含系统性知识,有其学术性取向。而"语言"则是一种技能或者说是一种研究对象,学术特征不明显,难与常规意义上的学科等同。① 因此,无论是本科还是研究生的外语人才培养目录,在国家建设初期,固然有其必要性、合理性和优越性,但随着改革开放的深入、科学研究的深化以及人才质量的整体提高,目前这种以语种进行专业分类的模式,已难以适应时代的发展需求,限制了我国外语教育的发展。

表 2 《学位授予和人才培养学科目录(2011 年)》

05			文学
0501	中国语言文学	0502	外国语言文学
050101	文艺学	050201	英语语言文学
050102	语言学及应用语言学	050202	俄语语言文学
050103	汉语言文字学	050203	法语语言文学
050104	中国古典文献学	(略)	(略)
050105	中国古代文学	050208	阿拉伯语语言文学
050106	中国当代文学	050209	欧洲语言文学
050107	中国少数民族语言文学(分语族)	050210	亚非语言文学
050108	比较文学与世界文学	050211	外国语言学及应用语言学

注:本表主要适用于研究生(硕士、博士)的学位授予、招生和培养,并用于学科建设。

专业设置有待优化的问题,已引起学界的充分关注。2017 年"两会"期间,全国政协委员石定果、李蓝等提出将语言学设为独立的学科门类,并建议下设汉语语言学、外国语言文字学、理论语言学、应用语言学等七个一级学科,②已引起学界反响。

鉴于语言学与文学为两种性质不同的学科,本文赞同将两者剥离,但语言学能否成为独立的学科门类或一级学科,主要取决于其内部辖属学科的发展程度及各辖属学科之间的逻辑关系。就这一层面而言,外语教育学的学科构

---

① 曲卫国:《国家标准能让英语学科走出困境吗? ——谈谈英语专业改革与英语学科建设的关系》,《外国语》2016 年第 3 期。

② 李蓝:《国家应及时调整、统一学科分类体系——李蓝在政协社科界联组谈论会上的发言》,2017 年 3 月 14 日。

建,能丰富语言学的研究体系,有助于语言学成为独立的学科门类,破解我国外语教育困局,提升我国外语教育的学科地位,更好地促进外语教育事业的发展。

（五）学科优化之需

构建外语教育学是学科优化之需。现行的学科体系已对外语教育研究发展产生了一定的制约。我国的科学研究(如各类基金课题的申报)基本遵循《中华人民共和国学科分类与代码简表(国家标准 GBT13745-2009)》。根据此标准,外语教育研究从属于语言教学(三级学科),其二级学科为应用语言学,一级学科为语言学,具体可参见表3。

这一套学科体系也存在诸多弊端,如心理语言学与应用语言学是否应为平行学科?若属平行学科,那么数理语言学、计算语言学等为何属于应用语言学的辖属而非平行学科?普通语言学、应用语言学与外国语言是平行学科吗?如是,那么外国语言这一学科应包含哪些研究内容?具体到本文而言,外语教学属于"语言教学"(三级学科)的辖属学科,在该学科分类与代码简表中尚无独立的学科地位,与我国的外语教育研究的重要性、规模和所取得的成绩不符。此外,作为学科名称,"语言教学"的实践取向明显,未能充分体现其理论属性,缺乏对学科性质的明确所指,不利于学科形象和学科建设,不宜作为学科名称使用。①

表3 《中华人民共和国学科分类与代码简表(国家标准 GBT13745-2009)》

代码	学科名称	说　明
740	语言学	
74010	普通语言学	语音学;语法学;语义学;词汇学;语用学;方言学;修辞学;文字学;语源学;普通语言学其他学科
74015	比较语言学	历史比较天方夜谭学;类型比较语言学;双语对比语言学;比较语言学其他学科
74020	语言地理学	

① 辛广勤:《大学英语是不是一门学科?——大学英语学科属性的宏观思考及其他》,《外语界》2006 年第 4 期。

续表

代码	学科名称	说　明
74025	社会语言学	
74035	应用语言学	语言教学;话语语言学;实验语音学;数理语言学;计算语言学;翻译学;术语学;应用语言学其他学科
74040	汉语研究	普通话;汉语语音;汉语音韵;汉语语法;汉语词汇;汉语训诂;汉语修辞;汉字规范;汉语史;汉语研究其他学科
74045	中国少数民族语言文字	蒙古语文;藏语文;维吾尔语文;哈萨克语文……(部分略)中国少数民族语言文字其他学科
74050	外国语言	英国;德语;瑞典语;丹麦语、挪威语……(部分略)外国语言其他学科
74099	语言学其他学科	

注:本代码简表中三位数代码为一级学科,五位数代码为二级学科,"说明"中的为三级学科(无代码)。

因此,我们需要正视外语教育现实,创建外语教育学的独立学科地位,这既能满足国家和社会发展的需要,而且对现有分科研究的深化、专业结构的调整以及学科结构的优化,也具有重要意义。

三、外语教育学的独立学科地位与相邻学科的关系

(一) 外语教育学与应用语言学

部分学者认为,外语教育学属于或等同于应用语言学。其实,从定义看,应用语言学有广义和狭义之分。广义的应用语言学是指对实际生活中与语言有关的问题的理论和实证进行研究,包括心理语言学、神经语言学、计算语言学、文体学、词典学、翻译等。[①] 可见,其范围远远大于外语教育的研究范畴。狭义的应用语言学,是指关于第二语言和外语的教和学的学问,[②]但其侧重

---

① J.Richards & R.Schmidt.*Longman Dictionary of Language Teaching and Applied Linguistics* (*4th Edition*).Harlow:Pearson Education Limited,2010,p.29.

② K.Johnson & H.Johnson.*Encyclopedic Dictionary of Applied Linguistics:A Handbook for Language Teaching*.Oxford:Blackwell,1999,p.9.

点在教。① 其实,狭义的应用语言学是否包含外语学习②、外语测试研究、外语课程研究等也有一定争议。③ 本文认为,外语测试、课程、教材等研究,直接关涉外语教育的成败,是外语教育研究不可或缺的重要组成部分。因此,狭义的应用语言学,其含涉范围小于外语教育的研究实际与应有范畴。显然,外语教育学并不等同于狭义的应用语言学。

此外,从术语学的角度分析,应用语言学不宜作为术语使用。术语一般须具备单义性(没有同义词、一个术语对应一个概念)、简洁性(避免累赘)、理据性(尽量做到"望文生义、顾名思义")等特征。④ 从这个维度看,应用语言学的广义和狭义之分,指代含糊,不符合术语的学术标准。

(二) 外语教育学与教育语言学

教育语言学最早由美国墨西哥州立大学的 Spolsky 于 1972 年在第三届国际应用语言学大会上提出,是一门研究"一切涉及语言与教育的问题"的学问。⑤ 其主要议题包括:教育中的话言发展和使用;受教育者的语言权利和文化身份;语言教学的方法、手段和评价;语言学习的认知心理问题;双语及多语教育;方言教育;濒危语言教育;教师教育;国家语言政策规划;语言生态多样性及传承问题等⑥。教育语言学虽为外语教育研究提供了广阔的视角,深化了我们的认识,但与广义应用语言学类似,教育语言学过于宽泛的研究范畴与相对丰富的研究议

---

① 桂诗春:《关于我国外语教学若干问题的思考》,《外语教学与研究》2010 年第 4 期。

② 限于研究重点,本文不对"外语学习"与"二语习得"这两个概念进行区分。

③ 例如,Henry Widdowson、Barbara Seidlhofer、Michael Sharwood Smith 等认为,二语习得并不属于应用语言学;Gabriele Kasper 则认为,测试也不属于应用语言学(K.de Bot,A History of Applied Linguistics:*from* 1980 *to the Present*.Routledge,2015)。

④ 冯志伟:《现代术语学引论》(增订本),商务印书馆 2011 年版,第 29—41 页。

⑤ 梅德明:《教育语言学的学科内涵及研究领域》,《当代外语研究》2012 年第 11 期。

⑥ N.Hornberger."The Continua of Biliteracy of the Bilingual Educator:Educational Linguistics in Practice".*International Journal of Bilingual Education and Bilingualism*,2004,No.7;B.Spolsky.Introduction:"What is Educational Linguistics".In B.Spolsky & F.M.Hult(eds.).*The Handbook of Educational Linguistics*.New York:Blackwell,2010,pp.1—9;M.Bigelow & J.Ennser-Kananen.*The Routledge Handbook of Educational Linguistics*.London:Routledge,2015;俞理明、袁平华:《应用语言学还是教育语言学——对二语习得研究学科属性的思考》,《现代外语》2004 年第 3 期;邹为诚:《教育语言学——我国外语/二语教师的精神家园》,《外语与外语教学》2016 年第 3 期。

题,容易湮没外语教育研究的独特性,既不利于厘清外语教育研究与相邻议题的关系(如外语与母语、外语与祖籍继承语之间的关系),也不利于外语教育研究自身系统性的梳理与考察。此外,教育语言学学科内部诸要素之间的逻辑层次不甚清晰,议题之间的逻辑联系不是非常明确,这从一定程度上制约了教育语言学的深入发展。因此,本文认为,外语教育学并不等同于教育语言学,二者的具体关系有待于这两个学科在明确自身研究体系的基础上进一步厘清。

（三）外语教育学与二语习得

还可能有学者认为,外语教育属于二语习得的研究范畴。从定义来看,作为一个学科,二语习得是一门探究人们在掌握一语(通常是母语)之后,再习得一种或多种新的语言的过程与规律的学问。其常见的议题包括:中介语的特征;二语习得的认知、心理过程,学习者个体差异,社会因素、教学方式等对习得的影响,听说读写等技能学习,母语对二语的影响等。① 从中可以看出,二语习得重点关注的是"学"或"习",其主要研究对象为学生,较少讨论教学问题(尤其是教学法),课程、教材、测试等外语教育的必要环节并非其研究重点。因此,本文认为,外语教育学并不等同于二语习得研究。

（四）外语教育学与 TESOL

TESOL,其全称为 Teaching English to Speakers of Other Languages,可译为"他语人英语教学"。其常见的研究议题包括:外语教学中的认知、社会因素,测试与评估,教师发展,课程,教学方法、材料与技巧,听说读写技能培养,语音、词汇、语法、语篇知识教学等。② 本文认为,TESOL 是与外语教育学概念最为接近的学科。但本文不赞同用 TESOL 或"他语人英语教学"来指代外语教育研究,原因有二:其一,TESOL 重点关注的是"教",很少讨论学生的"学",而

---

①　R.Ellis.*The Study of Second Language Acquisition*(*2nd Edition*).Oxford:Oxford University Press,2008;S.Gass & A.Mackey.*The Routledge Handbook of Second Language Acquisition*.London:Routledge,2012.

②　D.Nunan.*Teaching English to Speakers of Other Languages:An Introduction*.New York:Routledge,2015.

"学"是外语教育的核心议题之一;其二,从术语的角度考虑,TESOL 为英文,不适合做学科名称;其汉语译名"他语人英语教学"则略显累赘,不符合术语对简洁性的要求。因此,TESOL 并不能取代外语教育学。

(五) 外语教育学与外语课程与教学论[①]

还有学者将外语教育研究视为教育学的辖属学科,其名称有"英语课程与教学论"[②]"英语教学论"[③]"外语/英语(学科)教育学"[④]等。从具体情况看(见图 1),目前此类研究大多偏重具体语言技能的培养(如听力、口语、阅读、写作),强调教材、教学流派、测评、教育技术等内容,但尚存三个主要问题:(1)对影响外语教育的诸种要素缺乏统筹兼顾,不同结构成分之间的逻辑关系有待进一步加强(如将听说读写等具体技能培养与教学法、课程论等并列讨论是否符合学科逻辑?);(2)以"教"为主线设计学科内容,偏重外语师资培养,学生的主体地位不够彰显;(3)对二语习得、外语教育史、外语政策与规划等理论的汲取不够充分,学科内容不尽完整,逻辑主线不甚明确。因此,本文认为,不宜将外语教育研究视为外语课程与教学论。更为可行的办法,是根据现有相关研究,确立外语教育学[⑤]的学科地位,构拟新的学科体系。

综上可观,我国的外语教育研究,既不等同于或辖属于应用语言学,亦不能与教育语言学、二语习得和 TESOL 直接画等号,更不应该失去其在外国语言学下开展独立活动的合理性,成为(学科)教育学的辖属学科。一个能指

---

① 本节的"外语课程与教学论",兼含"外语教学论""外语(学科)教育学"等学科内容。因这些学科从本质上看偏重师资培养,更像课程与教学论的内容,故为简洁和避免歧义,本文将之统称为"外语课程与教学论",以示与本研究的区别。

② 章兼中:《英语课程与教学论》,福建教育出版社 2016 年版。

③ 张正东、李少伶:《英语教学论》,陕西师范大学出版社 2008 年版;蔡蓓、孙庆:《英语教学论》,高等教育出版社 2015 年版。

④ 舒白梅:《现代外语教育学》,上海外语教育出版社 2013 年版;章兼中:《小学英语教育学》,福建教育出版社 2016 年版。

⑤ 本着"如无必要、勿增实体'的奥卡姆剃刀原则,结合研究的重点,本文所拟构建的学科,仍称之为"外语教育学",但与现有研究在学科内容方面已有较大差异,具体可参考王文斌、李民:《外语教育属于什么学科? ——外语教育学构建的必要性及相关问题探析》,《外语教学》2018 年第 1 期,及本文图 2。

图 1 现有外语课程与教学论研究范畴的词云图①

（外语教育研究），众多所指（应用语言学、教育语言学、外语课程与教学论等），本身就说明了外语教育作为一门学科的不成熟性。② 因此，本文主张根据我国外语教育实际，进一步聚焦外语教育的内涵，同时明确其外延，确立外语教育学的独立学科地位，以满足我国目前加快外语人才培养的需要。

本文认为，外语教育学是一门对外语教育的过程与规律进行科学研究的学问，涵盖外语教育目的、外语教育政策与规划、外语课程、外语教材等 11 大研究议题（详见图 2）。限于本文重点及篇幅，我们在此不展开讨论，具体可参考王文斌、李民的论述③。

图 2 外语教育学研究议题体系图

---

① 该云图主要基于林立、杨传纬等（2001）、秦杰、田金平（2008）、舒白梅（2013）、章兼中（2016b）等著述中的一级目录生成。

② 辛广勤：《大学英语是不是一门学科？——大学英语学科属性的宏观思考及其他》，《外语界》2006 年第 4 期。

③ 王文斌、李民：《我国外语教育研究的理论框架：构建与解析》，《外语教学》2017 年第 1 期。王文斌、李民：《论外语教育学的学科建构》，《外语教学与研究》2017 年第 5 期。

四、外语教育学学科归属的判定

外语教育学的独立学科地位,势必涉及学科的归属问题。那么,外语教育学是否应属于教育学？这颇值得商榷。本文所拟建构的外语教育学,是一门关于外语教育的学问(即外语教育+学),而非一门关于外语的教育研究(即外语+教育学)。[①] 语段切分不同,则重点不同:前者强调外语教育的理论属性,是对外语教育实践的理论性思考和框架性规划,不单单探讨听说读写等具体技能的培养;后者的实践特征明显,侧重对听、说、读、写、课程、教学方法等的探讨。现有外语课程与教学论类研究多属于后者,本文则属于前者。

很多人一看到"外语教育学"这一术语,则认为这是教育学应关心的对象,不关乎语言学。这恐怕有失偏颇。外语教育学的理论来源不仅有教育学,还有语言学及应用语言学、心理学等。学科归属的判定,有其科学依据,但跨学科或超学科研究,一般应遵循靠近原则,以确定其归属,如古生物学属于地球科学而非生物学、艺术史论属于艺术学而非历史学、科学心理学属于管理学而非心理学等等。这些学科都体现了靠近的原则。从这一维度看,将外语教育学归入语言学当无不可。

本文未将外语教育学归入教育学的另一原因,是"教育学不能承受之重"。在高等教育体系中,几乎每门学科都涉及学科教育问题,若关于学科教育的研究都纳入教育学门类,无疑将对教育学本身构成巨大负担。根据《普通高等学校本科专业目录(2012年)》,我国目前有92个专业类,506种专业。比如,外国语言文学只是92个专业类中的一个,而外国语言文学又包括英语、俄语、德语、商务英语、翻译等62个专业。若每一专业或专业类都成立特定的学科教育学(如力学教育学、翻译教育学),则仅学科教育学就会变得非常庞大,而学科教育学又仅是教育学的一个研究方向而已。[②] 可以想象,若每门学

---

① 《大学英语是不是一门学科？——大学英语学科属性的宏观思考及其他》,《外语界》2006年第4期。

② 陶本一:《学科教育学》,人民教育出版社2002年版,第13页。

科的教育研究均纳入教育学范畴,那么教育学这门学科就不堪重负。本文认为,教育学(包括学科教育学)的主要任务,在于揭示一般性教育规律,为教育实践或具体学科的教育研究提供理论指导,而非褫夺其他学科的存属。这是教育学不应该,也不可能完成的任务。

五、结语

　　教育是国家发展的基础,是国家的未来和希望。作为教育的重要组成部分,外语教育承载着培养各种外语人才、增强国际交流与合作、促进不同文化之间的理解与交流。为更好地培育外语人才,提高外语教育能力,满足国家和社会的发展需求,正确面对外语教育现实,推进分科统合、专业调整、学科优化等趋势,有必要构建外语教育学这一学科。现有的应用语言学和教育语言学,其范围相对较广,缺乏对外语教育针对性的引领。二语习得、TESOL 这两个学科,或侧重于"学",或偏重于"教",尚未形成外语教育中相关要素的有机统合。而现有的外语课程与教学论,则偏重语言技能的培养,研究范畴之间逻辑关系不甚明晰。因此,构建外语教育学的学科,势在必行。在构建外语教育学过程中,宜以问题为导向,以切实提高学生的外语能力为主旨,以外语教育过程为主线,科学设计、谨慎论证,在汲取相关学科研究成果的基础上,基于外语教育的实践需求,构拟外语教育目的、政策与规划、课程、教材、传授、学习、测试、教育技术、教育史等要素之间的逻辑关系,形成外语教育学的学科体系,为深化外语教育改革,有效培养外语人才,形成具有中国特色的外语教育理论体系,奠定学科理论基础。

(本文原载《外语教学》2018 年第 1 期)

我国外语教育研究的理论框架:构建与解析

一、引言

在全球经济一体化以及中国日益崛起的今天,外语(尤其是英语)在中国从未像现在这样举足轻重。然而,颇具讽刺意味的是,外语专业和外语教育[①]也从未像现在一样面临如此明显的生存危机。[②] 一方面,我国外(合)资企业无论是数量还是规模上发展迅猛,我国企业海外投资也呈井喷之势,加之随着我国在经济、政治、社会、文化、教育等领域国际交流的常态化,对外语人才的需求日益增大,外语教育对国家"走出去""讲好自己的故事""拥有国际话语权"等国际化发展的作用与价值愈发凸显。另一方面,我国外语专业毕业生规模庞大,总体质量不理想,外语能力与外语知识脱节,外语教育中"高投入、低产

---

① 我国外语教育研究领域一直未对"教学"和"学习"这两个术语进行严格区分,概念模糊:有时"教学"包含"教"和"学"两种性质的活动[夏征农、陈至立:《辞海》(第六版缩印本),上海辞书出版社 2010 年版,第 913 页];有时又仅指教师"教"的活动[中国社会科学院语言研究所词典编辑室:《现代汉语词典》(第六版),商务印书馆 2015 年版,第 657 页],与学生"学习"活动相对。结合文献,本文尝试厘清三个相关概念:"教育"是指以影响人的身心发展为直接目的的一切社会活动[夏征农、陈至立:《辞海》(第六版缩印本),上海辞书出版社 2010 年版,第 913 页],对应于英语的"education",涵盖(但不限于)传授和学习两种行为;"传授"是指教师把知识、技能等教给学生的过程,对应于英语的"teaching";"学习"是指"学习者因经验而引起的行为、能力和心理倾向的比较持久的变化"(施良方:《学习论》,人民教育出版社 2001 年版,第 5 页),对应于英语的"learning"。

② 曲卫国:《国家标准能让英语学科走出困境吗? ——谈谈英语专业改革与英语学科建设的关系》,《外国语》2016 年第 3 期。

出""费时低效""聋子英语""哑巴英语""高分低能"等现象明显,学生外语应用能力难以满足国家社会发展的需求,造成高水平人才不足、就业困难等现象。我国外语教育及专业建设当下面临的这些困难,与过度倚重国外外语教育理论、缺少立足中国实际的理论创新①、外语教育缺乏整体规划②、学科建设与梳理不足③、过度强调教学方法④等诸种因素有关。总之,就整体情况看,我国外语教育尚缺少理论的顶层设计。因此,要解决我国外语教育面临的问题,须明确目标、科学规划,从课程、教材、传授、学习等层面全方位、立体化、系统性审视我国的外语教育研究,并在科学研究与系统梳理的基础上构建符合我国国情的外语教育理论框架。唯有如此,才能从根本上解决我国外语教育所面临的困境。

鉴于此,本文通过调查《外语教学与研究》《外国语》《外语界》《中国外语》《外语教学》《外语教学理论与实践》等国内外语类核心刊物 2010 年以来的发文情况,并参考教育学相关论述,尝试构建我国外语教育研究的理论框架,对外语教育研究进行较为全面的梳理与系统归类。本文认为,外语教育研究理论框架的构建,至少具有五个层面的意义:其一,确立外语教育的研究范畴,明确外语教育的研究内涵,加深人们对外语教育学科知识的系统认识,加强理论的引领作用,避免外语教师和研究者"不明方向、盲目实践"⑤;其二,析解外语教育的主要议题,明确外语教育的研究层面,加深人们对外语教育研究多维性的认识,扩大外语教师或研究者的学科视野,避免外语教师和研究者"目光短浅、视角狭

---

① 戴炜栋、王雪梅:《建构具有中国特色的外语教育体系》,《外语界》2006 年第 4 期;庄智象:《我国外语专业建设与发展的若干问题思考》,《外语界》2010 年第 1 期;王文斌:《提升学术理论自信,推进我国高校英语专业教学理论本土化》,《东北师大学报(哲学社会科学版)》2016 年第 3 期。

② 李宇明:《中国外语规划的若干思考》,《外国语》2010 年第 1 期;胡文仲:《关于我国外语教育规划的思考》,《外语教学与研究》2011 年第 1 期;束定芳:《关于我国外语教育规划与布局的思考》,《外语教学与研究》2013 年第 3 期;张绍杰:《我国外语教学整体指导框架的缺失与建构》,《外国语》2016 年第 3 期。

③ 魏立明、隋铭才、何梅蓉:《从语言到教育:九十年代外语教学发展的走向——兼论在我国确定外语教育学学科地位的必要性》,《外语界》1998 年第 1 期;戴炜栋、吴菲:《我国外语学科发展的约束与对策》,《外语教学与研究》2010 年第 3 期。

④ 蔡永良:《从外语教学走向外语教育——新形势下我国外语教育转轨的思考》,《外语教学》2013 年第 1 期。

⑤ 章兼中:《英语课程与教学论》,福建教育出版社 2016 年版,第 3 页。

窄……低层次的重复、费时、低效或无效的实践操作"①；其三，归纳外语教育研究的视角、性质与维度，为相关外语教育研究的开展与评价提供参考；其四，确立外语教育研究的归属参照框架，便于对现有外语教育研究进行定位和梳理，明确学科发展态势，促进学科全面、均衡发展，以便更好地指导外语教育实践；其五，立足中国，借鉴国外，构建合乎中国国情的外语教育理论体系。

二、外语教育研究理论框架的构建

本文基于外语教育现状，结合教育学相关知识，提出从外语教育目的、外语政策与规划、外语课程、外语教材、外语学习等九个层面构建外语教育研究的理论框架。同时，借鉴王荣生②的论述，本文立足学派立场和多元视野两类研究视角，主张从描述性、评价性和规范性三种性质对现有研究进行划分。此外，本文还确定了"何是""何故""何状"等五个研究维度（具体见表1）。

表1　外语教育研究的理论框架

两类视角		学派立场			多元视野	
三种性质		描述性研究			评价性研究	规范性研究
五个维度		何是	何故	何状	何样	何如
九个层面	外语教育目的研究					
	外语政策与规范研究					
	外语课程研究					
	外语教材研究					
	外语传授研究					
	外语学习研究					
	外语教师研究					
	外语测评研究					
	元外语教育研究					

---

① 章兼中：《英语课程与教学论》，福建教育出版社2016年版，第3页。
② 王荣生：《语文科课程论基础》，教育科学出版社2014年版，第6页。

三、外语教育研究理论框架的解析

(一) 两类视角

视角,是观察问题的角度或立场。基于王荣生①的观点,本文从学派立场和多元视野两类视角对外语教育研究展开分析。

学派立场类研究,是"研究者站在某一特定的立场来认识所研究的问题,对事实,是'我看到';对价值,是'我主张';对规范,是'我制定'"②。也就是说,研究者采取的是一种特有的学派理论或自我观点,在论述问题时有特定的立场,基本属于"我认为"或"我们认为"式的研究范式。例如,戴炜栋、王雪梅③关于建构具有中国特色的外语教育体系的论述,就属此类研究范畴。

多元视野类研究,是"对别人的既成理论、既有研究进行阐释,将别人的'看到'、别人的'主张'、别人的'制定',放在它们自身的框架内去梳理、去剖析、去把握、去评价"④。这类研究基本采取"他认为""他们认为"式的研究范式,对现有文献展开归纳梳理工作。多元视野类研究,既可以是针对不同学派立场的对比研究(如对交际教学法和任务教学法的比较研究),也可以是对同一学派的流变研究(如对外语专业通识教育研究的历时考察)。例如,周频⑤对王初明和文秋芳关于"写长法"辩论的考察,就属于多元视野的研究范畴。

从现存研究看,现有外语教育研究主要集中于学派立场式表述,"我主张""我认为"式的研究占绝大多数,而多元视野类研究则相对不足。这一现状产生了至少三个后果:其一,缺乏对不同学派或不同观点之间的比较研究,无法对现存文献或观点进行全面、系统、科学的耙梳和评判,导致"我主张"或

---

① 王荣生:《语文科课程论基础》,教育科学出版社 2014 年版。
② 王荣生:《语文科课程论基础》,教育科学出版社 2014 年版,第 9 页。
③ 戴炜栋、王雪梅:《建构具有中国特色的外语教育体系》,《外语界》2006 年第 4 期。
④ 王荣生:《语文科课程论基础》,教育科学出版社 2014 年版,第 10 页。
⑤ 周频:《论理论的"内部批判"与"外部批判"——以王初明与文秋芳关于"写长法"之争为例》,《中国外语》2008 年第 1 期。

"我认为"式的研究过多,表面繁荣,教学一线教师及科研人员实则无所适从;其二,对同一学派的历时研究相对不足,忽视学派理论的历史与延承,导致某一学派理论更像无根之木、无源之水,学科发展脉络不清,后续乏力;其三,易导致重复论证,费时耗力,外语教育研究钟摆式发展。比如当下学界关于外语教育"人文性"与"工具性"的争论,是在"重复近三十年同样的问题,这是对时间和资源最大的浪费"①。诸如此类问题,应在学界广泛讨论的基础上,采取多元研究视角,先在相关教学指导委员会内部达成共识,然后以国家教育政策的形式固定下来。除非教育环境发生重大改变,否则目标不宜随意变动。

(二) 三种性质

结合研究现状,本文主张从描述性、评价性和规范性三种性质对外语教育研究进行分析与透视。

所谓描述性研究,是指对外语教育现状进行描写、叙述、分析的研究。综合来看,这种性质的研究"尽量不让个人的偏好和预期影响研究的过程和结论,研究者所持的态度是客观的、中性的,目的是求真,以绘制一幅真实的图景"②。这类研究既可以是理论性或思辨性的,如对特定教学方法的阐释;③也可以是实证性的,如内容依托式教学对学生阅读能力发展的影响研究。④

评价性研究,旨在对所述的外语教育议题展开价值判断,属于"做得怎么样"类的研究。例如,韩宝成通过调查国内常见的中小学英语教材,指出了现行教材在趣味性、系统性、知识性等方面存在的不足,就属于本文所述的评价性研究范畴。⑤ 同样是对教材的研究,刘正光、莫婷、稂建中细致陈述了《综合教程》这一教材的编写理念、目标与特色,则属描述性研究之列。⑥ 这是评价

---

① 胡壮麟:《对中国外语教育改革的几点认识》,《外语教学》2015 年第 1 期。

② 王荣生:《语文科课程论基础》,教育科学出版社 2014 年版,第 7 页。

③ 文秋芳:《构建"产出导向法"理论体系》,《外语教学与研究》2015 年第 4 期。

④ 常俊跃、刘晓囊、邓耀臣:《内容依托式教学改革对英语专业学生阅读能力发展的影响因素分析》,《中国外语》2009 年第 3 期。

⑤ 韩宝成:《从一项调查看中小学英语教科书存在的问题及编制原则》,《外语教学理论与实践》2014 年第 2 期。

⑥ 刘正光、莫婷、稂建中:《"新目标大学英语"〈综合教程〉:理念、目标与特色》,《外语界》2016 年第 2 期。

性研究与描述性研究的主要区别。

规范性研究,旨在对特定的外语教育行为、实践、政策等提供规范,主要涉及"应当做什么—怎么做""为什么应当做什么—怎么做"的问题。① 例如,王树槐对汉英翻译教材编写原则的讨论,就属于本文所述的规范性研究范畴。②

需要指出的是,这三种性质的研究可以单独展开,如文秋芳关于"产出导向法"的阐述;也可以结合使用,如韩宝成首先调查了国内多套中小学英语教材的现状(即描述性研究),进而指出了现行教科书在趣味性、系统性、知识性等方面的不足(即评价性研究),最后提出英语教科书编纂应遵循"有趣""有意"和"有理"的选材原则(即规范性研究)。因此,具体性质的判定须依文章研究重点及所占篇幅而定。

(三) 五个维度

外语教育研究可从"何是""何故""何状""何样""何如"这五个维度做进一步划分。

"何是",回答"是什么"的问题,是对命题的定义性、解释性研究,大多发生于课题研究的起始阶段。例如,文秋芳③从教学理念、教学假设和教学流程三个方面,对"产出导向法"理论体系进行了细致阐述,即属于本文所提的"何是"类研究。

"何故",是回答"为什么"的问题,是对议题理论或实践意义的阐释与说明,以理论性或思辨类研究为主。例如,金虹对英语教学中引入中国文化教学意义的论述,④就属于"何故"类研究。需要指出的是,任何外语教育研究均有一定的理论和(或)实践意义,一般在文章的开头或结尾均会述及,但本文所指的"何故"类研究,是指文章主体部分是关于所述议题意义的研究,仅在文章开头或结尾部分提及研究意义的研究不属于"何故"类研究的范畴。

"何状",是回答"怎么做的"或"什么样的"问题,是对议题现状的描写或

---

① 王荣生:《语文科课程论基础》,教育科学出版社 2014 年版,第 9 页。
② 王树槐:《论汉英翻译教材的编写原则》,《外语教学理论与实践》2011 年第 2 期。
③ 文秋芳:《构建"产出导向法"理论体系》,《外语教学与研究》2015 年第 4 期。
④ 金虹:《论中国文化在英语教学中的意义》,《课程·教材·教法》2013 年第 8 期。

者对议题应然状态的描述。例如,黄坚、李梅基于过程体裁法,对实用英语写作课进行了宏观和微观的过程设计,①就属于"何状"类研究。此类研究是外语教育研究的主体,诸如对教育政策的考察②、对教材的分析③、对教学方法的研究④、对教师的分析⑤等,均属"何状"类研究范畴。

"何样",是回答"做得怎么样"这一问题,是对现行教学或研究的评价性考察,常见议题包括外语教育目标是否科学、外语教育政策是否合理、外语规划是否到位、外语课程设置是否全面、外语教学或学习方法是否有效、外语教师是否合格等等。例如,戴炜栋、吴菲对我国外语学科发展不足的论述,⑥即属于本文所述的"何样"类研究。

"何如",是回答"应当如何"这一问题,是对外语教育进行的规范性描述。这类研究可以独立存在,如王树槐对翻译教材编写原则的讨论;也可以与上面提到的其他四个维度结合,如束定芳对我国外语教育规划布局的思考,就兼具"何样"和"何如"两种维度。本文所述的"何如"类研究,是指文章主体部分为此类内容的研究;至于某些研究在"结论与启示"部分所做的"应当如何"类论述,因其所占篇幅比例较少、非文章论述重点等因素,故不属于此类研究的范畴。在进行具体研究类型的判定时,须基于文章的研究重点,并考虑所占篇幅等因素,综合判定。

本文所述的"何是""何故""何状""何样""何如"这五个维度的研究,从议题发展角度来看,是基本遵循从"何是"到"何如"的次序(见图1)。

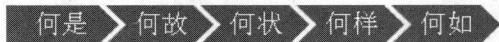

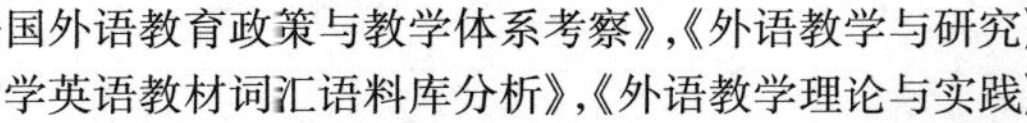

何是 ▷ 何故 ▷ 何状 ▷ 何样 ▷ 何如

图1 外语教育研究的五个维度

---

① 黄坚、李梅:《过程体裁教学法在实用英语写作课中的应用研究》,《外语教学理论与实践》2012 年第 2 期。
② 戴冬梅:《法国外语教育政策与教学体系考察》,《外语教学与研究》2010 年第 1 期。
③ 谢家成:《中学英语教材词汇语料库分析》,《外语教学理论与实践》2010 年第 1 期。
④ 徐锦芬、寇金南:《大学英语课堂小组互动策略培训实验研究》,《外语教学与研究》2011 年第 1 期。
⑤ 李颖:《高校优质双语/EMI 课程的教师教学能力研究》,《外语界》2015 年第 2 期。
⑥ 戴炜栋、吴菲:《我国外语学科发展的约束与对策》,《外语教学与研究》2010 年第 3 期。

（四）九个层面

九个层面，即外语教育研究的九类议题，是从话题角度对外语教育研究进行的划分。

1. 外语教育目的研究

教育目的①，旨在回答培养什么样的人的问题，是教育实践活动的起点和归宿，②也是"确定教育目标、选择教育内容、决定教育方式、评价教育效果的基本依据"③。教育目的取决于国家的宏观教育方针，并可具化为若干切实可行的培养目标。④ 在确立我国的外语教育目的时，须摆脱英本主义的桎梏，⑤须符合国家的总体教育方针，须充分考虑我国的经济、政治、社会、文化、科技等现实因素，须与受教育者的身心发展规律相适应。例如，胡文仲、孙有中⑥、蔡基刚⑦、王守仁⑧等的讨论，均旨在解决大学阶段外语教育目的这一问题，就属于此类研究范畴。

2. 外语政策与规划研究

外语教育目的一经确定，便涉及外语教育政策制定、外语教育规划等问题。从定义来看，教育政策是"政府在一定时期为实现一定教育目的而制定的关于教育事务的行动准则"⑨。我国外语政策与规划尚处于起步阶段。⑩

---

① 限于篇幅，本文对"目的"（aim）、"总体目标"（goal）和"教学目标"（objective）不作详细区分，感兴趣的读者可参考 J. Richards, *Curriculum Development in Language Teaching*. Cambridge University Press, 2011, pp.120-128；龚亚夫：《英语教育新论：多元目标英语课程》，高等教育出版社2015年版，第5—6页等。本文中的教学目的，指外语教育的宏观目标，不依赖于具体的课程、教材和教学方法。

② 睢文龙等：《教育学》，人民教育出版社1994年版，第119页。

③ 邵宗杰、卢真金：《教育学（第5版）》，华东师范大学出版社2010年版，第57页。

④ 冯文全等：《现代教育学》，北京师范大学出版社2011年版，第66页。

⑤ 龚亚夫：《英语教育新论：多元目标英语课程》，高等教育出版社2015年版。

⑥ 胡文仲、孙有中：《突出学科特点，加强人文教育——试论当前英语专业教学改革》，《外语教学与研究》2006年第5期。

⑦ 蔡基刚：《从日本高校大学英语教学看我国外语教学目标调整》，《外语教学理论与实践》2012年第3期。

⑧ 王守仁：《坚持科学的大学英语教学改革观》，《外语界》2013年第6期。

⑨ 吴志宏等：《教育政策与教育法规》，华东师范大学出版社2003年版，第4页。

⑩ 程京艳：《我国外语政策与规划的研究现状及发展趋势》，《外语教学》2015年第5期。

2010 年前,我国一直未设专门机构从事外语教育政策研究,国外相关研究也一直未曾引起国内学者的广泛重视,导致我国的外语教育政策制定缺乏科学的指导,①带有一定的盲目性,②甚至失误。③ 与外语教育政策相关的另一个议题,是外语教育规划。外语教育规划是在社会成员间分配"外语文化资本"④的方式,涉及外语语种数量与布局、教育层次的设立与衔接、区域的分布与协调、外语人才的数量与规模等。⑤

3. 外语课程研究

外语课程研究,基本属于课程论⑥的范畴,研究议题涵盖外语课程设计、课程目标、课程内容、课程组织、课程实施、课程管理、课程开发、课程评价等(Richards 2001)⑦。对外语课程进行研究,是"实现教育目的、完成教学任务的基本保证"⑧,也是整个教育研究的中心。⑨ 比如,孙有中、金利民对英语专业知识类课程设置的讨论,⑩就属于本层面的研究范畴。

4. 外语教材研究

外语教材研究,旨在析解外语教学材料的规律与特点、考察教材编纂的原则与技巧等,可从教材内容(content)、教材消费(consumption)和教材产出

---

① 曹迪:《全球化时代我国的外语教育政策研究——国家文化利益的视角》,《西安外国语大学学报》2012 年第 4 期。

② 王克非等:《国外外语教育研究》,外语教学与研究出版社 2012 年版,第 1 页。

③ 李娅玲:《中国外语教育政策发展研究》,北京大学出版社 2012 年版,第 101—102 页。

④ 梁砾文:《外语教育规划与教育公平——Bourdieu 的文化资本理论透视》,《西安外国语大学学报》2013 年第 3 期。

⑤ 李宇明:《中国外语规划的若干思考》,《外国语》2010 年第 1 期。束定芳:《关于我国外语教育规划与布局的思考》,《外语教学与研究》2013 年第 3 期。张绍杰:《我国外语教学整体指导框架的缺失与建构》,《外国语》2016 年第 3 期。

⑥ 教育学领域对"课程论"与"教学论"之间的关系存在四种不同认识:一种是认为课程包含教学,即大课程观;第二种是教学包含课程,即大教学观;第三种观点认为二者并列,即分离观;还有一种观点认为二者为有机整体、不可分割,即融合观(钟启泉:《课程论》,教育科学出版社 2007 年版;章兼中:《英语课程与教学论》,福建教育出版社 2016 年版,第 3 页)。本文认为,我国外语教育研究尚处于学科发展初期,宜采取分离观,以便对相应议题展开深入、细致、全面研究。

⑦ 钟启泉:《课程论》,教育科学出版社 2007 年版。

⑧ 邵宗杰、卢真金:《教育学》(第 5 版),华东师范大学出版社 2010 年版,第 173 页。

⑨ 冯文全等:《现代教育学》,北京师范大学出版社 2011 年版,第 148 页。

⑩ 孙有中、金利民:《英语专业的专业知识课程设置改革初探》,《外语教学与研究》2010 年第 4 期。

（production）三个宏观层面进行分析。① 教材研究是学科教学的重要组成部分，对学科建设意义重大。此类研究日益增多，甚至有人断言"外语教育教材研究的时代正在到来"②。比如，谢家成、王树槐、韩宝成、徐锦芬等人的研究③，就可归入此类范畴。

但需要指出的是，可能受国内社会文化影响，我国对外语教材的研究目前仍以对某部或某系列教材的正面评价为主，而对国内不同外语教材之间的对比分析非常少见，这对整个外语学科以及外语人才的培养质量起到了一定的限制作用。

5. 外语传授研究

本文所说的外语传授研究，与传统的教学论研究同义，指研究外语传授活动及其规律的学问，是实现教育目的的基本途径，④其研究范围包括外语传授的目的、任务、原则、内容、方法、形式、手段、技术等议题。⑤ 比如，文秋芳对"产出导向法"的论述，⑥就属于此层面的研究。

6. 外语学习研究

外语学习研究，⑦对应于教育学和心理学中学习论的相关内容，涉及学习的性质、过程、方法、策略、动机、迁移以及学习者个体特征等议题，⑧是对教育

---

① N.Harwood.*English Language Teaching Textbooks*.New York：Palgrave Macmillan，2014.

② S.Rixon & R.Smith."Survey Review：The Work of Brian Abbs and Ingrid Freebairn".*ELT Journal*，2012，No.66.

③ 谢家成：《中学英语教材词汇语料库分析》，《外语教学理论与实践》2010 年第 1 期；王树槐：《论汉英翻译教材的编写原则》，《外语教学理论与实践》2011 年第 2 期；韩宝成：《从一项调查看中小学英语教科书存在的问题及编制原则》，《外语教学理论与实践》2014 年第 2 期；徐锦芬：《德国英语教材思辨能力的体现及对我国英语专业教材编写的启示》，《外语教学》2015 年第 6 期。

④ 邵宗杰、卢真金：《教育学》（第 5 版），华东师范大学出版社 2010 年版，第 215 页。

⑤ 邵宗杰、卢真金：《教育学》（第 5 版），华东师范大学出版社 2010 年版；睢文龙等：《教育学》，人民教育出版社 1994 年版，第 119 页；冯文全等：《现代教育学》，北京师范大学出版社 2011 年版。

⑥ 文秋芳：《构建"产出导向法"理论体系》，《外语教学与研究》2015 年第 4 期。

⑦ 限于篇幅及研究重点等因素，本文不详细讨论究竟应使用"外语"还是"二语""学习"还是"习得"等术语，其复杂性可参见胡壮麟：《对中国外语教育改革的几点认识》，《外语教学》2015 年第 1 期。本文中的外语学习研究，意即目前的二语习得研究。

⑧ R.Ellis.*The Study of Second Language Acquisition*（2nd Edition）.Shanghai：Shanghai Foreign Language Education Press，2013；施良方：《学习论》，人民教育出版社 2001 年版，第 1—5 页。

过程中实践主体的研究。① 自 20 世纪 90 年代以来,对外语学习展开的研究蓬勃发展,成果丰硕,是目前外语教育研究的主流。例如,张萍②对我国英语学习者心理词汇语义加工的考察,即属于此类研究范畴。

7. 外语教师研究

针对外语教师的研究,亦是外语教育研究的重要组成部分。教师是教育活动的责任主体,③是"学生智力的开发者和学生个性的塑造者。在教育过程中,教师处于教育者、领导者和组织者的地位"④,是教学过程顺利进行的保障,也是取得良好教学效果的关键。因此,对外语教师这一主体展开研究,具有极为重要的理论和现实意义。外语教师研究的常见议题包括教师素养研究、教师能力研究、教师角色研究、教师发展研究、教师行动研究、教师话语研究等。比如,许悦婷对教师身份转变的讨论,⑤以及朱彦、杨红燕、束定芳对外语教师话语的考察,⑥均属于此层面的研究。

8. 外语测评研究⑦

外语测评是外语教育活动的主要组成部分,是按照一定的教育性质、教育目的,采用定量或定性的手段对教育客观事物进行测量、分析或价值判断的教育活动。常见的外语测评研究议题包括测试的开发与设计,量具的制定,项目分析,信度、效度、分数的报告等。在外语教育领域,测评的种类主要有:按测评主体划分,包括自我测评和他人测评;按测评功能划分,包括诊断性测评、形

---

① 邵宗杰、卢真金:《教育学》(第 5 版),华东师范大学出版社 2010 年版,第 193 页。
② 张萍:《中国英语学习者心理词汇语义加工中的同译效应》,《外语教学与研究》2016 年第 3 期。
③ 邵宗杰、卢真金:《教育学》(第 5 版),华东师范大学出版社 2010 年版,第 191 页。
④ 冯文全等:《现代教育学》,北京师范大学出版社 2011 年版,第 107 页。
⑤ 许悦婷:《大学英语教师在评估改革中身份转变的叙事探究》,《外语教学理论与实践》2011 年第 2 期。
⑥ 朱彦、杨红燕、束定芳:《外语课堂教学话语有效性的多维度评析——试析第四届"外教社杯"全国高校外语教学大赛教学案例》,《外语教学》2016 年第 1 期。
⑦ 九个层面中的"外语测评研究"易与三种性质中的"评价性研究"混淆。二者的主要区别是:(1)"外语测评研究"是针对测评本身的研究,涉及测评的构思、设计等内容;(2)"评价性研究"是对外语教育各层面研究议题的评价性考察。例如,有关大学英语四、六级考试的研究均属于"外语测评研究"层面;其中,评价大学英语四、六级考试信度、效度、有用性等方面的研究,则具备评价性研究的性质。二者有交集,但不等同。

成性测评和终结性测评；按测评对象划分，包括学生测评和教师测评。比如，刘建达对外语考试体系的论述，①就属于此类研究的范畴。

9.元外语教育研究

所谓元外语教育研究，是对外语教育研究这一学科本身的科学研究。"元"（meta），意指更高级形式的或二级层次的事物。② 例如，"元语言"（metalanguage）是用于描述和分析目标语言的语言，③"元语言学"（metalinguistics）就是研究元语言的科学。④ 据此，元外语教育研究，可以界定为对外语教育研究自身所开展的科学研究，内容含外语教育研究的目的、性质、任务、内容、方法、意义等议题。比如，魏立明、隋铭才、何梅蓉关于确立外语教育学学科地位的论述，⑤就属于此类研究范畴。

需要强调的是，本文在此所尝试构建的外语教育研究理论框架，采用的是纵横交合的矩阵模式，特定研究既可以在横断面上找到自己的位置（九个层面），也可以在纵切面上寻找立足点（视角、性质与维度的划分）。例如，文秋芳的《构建"产出导向法"理论体系》一文⑥，从层面上看属于外语传授研究，从维度上看属于"何是"类研究，从性质上看属于描述性研究，从视角上看属于学派立场类研究。

四、结语

外语教育研究，对培养学生的外语素养、提高教师的传授水平，提升外语教育质量具有举足轻重的作用。我国外语教育研究一直存在系统规划缺乏、

① 刘建达：《基于标准的外语评价探索》，《外语教学与研究》2015 年第 3 期。

② J.Pearsall.et al.*The New Oxford English-Chinese Dictionary*（*2nd Edition*）.Shanghai：Shanghai Foreign Language Education Press，2013，p.1378.

③ J.Richards & R.Schmidt.*Longman Dictionary of Language Teaching and Applied Linguistics*（*4th Edition*）.London：Pearson Education Limited，2010，pp.361-362.

④ 戴炜华：《新编英汉语言学词典》，上海外语教育出版社 2007 年版，第 518—519 页。

⑤ 魏立明、隋铭才、何梅蓉：《从语言到教育：九十年代外语教学发展的走向——兼论在我国确定外语教育学学科地位的必要性》，《外语界》1998 年第 1 期。

⑥ 文秋芳：《构建"产出导向法"理论体系》，《外语教学与研究》2015 年第 4 期。

研究范畴不清、议题层次不明、话题过于集中等问题,一直没有形成符合我国国情的外语教育研究框架。有鉴于此,本文基于教育学相关理论,从两类视角、三种性质、五个维度和九个层面,尝试构建了我国外语教育研究的理论框架,明确外语教育的研究范畴,析清外语教育研究议题的所属层次,为全面构建具有中国特色的外语教育理论体系提供参考。

需要指出的是,我国外语教育长期聚焦于外语教学具体层面,从宏观维度讨论外语教育发展的研究相对匮乏。① 本文在总结归纳现有研究的基础上,参考教育学相关理论与议题,提出了我国外语教育研究的参照框架。限于篇幅,具体研究性质、维度、层面等无法深入解析,相关概念难免有不清之处,加之作者知识与水平有限,其合理性与科学性尚待进一步检验。

(本文原载《外语教学》2017 年第 1 期)

---

① 戴炜栋、吴菲:《我国外语学科发展的约束与对策》,《外语教学与研究》2010 年第 3 期;蔡永良:《从外语教学走向外语教育——新形势下我国外语教育转轨的思考》,《外语教学》2013年第 1 期。

统　　筹:张振明　孙兴民
责任编辑:周　颖
封面设计:徐　晖
版式设计:王　婷
责任校对:张世琪

图书在版编目(CIP)数据

语言和外语教育研究春华秋实二十载/王文斌 著. —北京:人民出版社,2021.8
(新时代北外文库/王定华,杨丹主编)
ISBN 978－7－01－023628－5

Ⅰ.①语… Ⅱ.①王… Ⅲ.①外语教学-教学研究-文集 Ⅳ.①H09-53

中国版本图书馆 CIP 数据核字(2021)第 148173 号

语言和外语教育研究春华秋实二十载
YUYAN HE WAIYU JIAOYU YANJIU CHUNHUAQIUSHI ERSHI ZAI

王文斌　著

人民出版社 出版发行
(100706　北京市东城区隆福寺街 99 号)

北京新华印刷有限公司印刷　新华书店经销

2021 年 8 月第 1 版　2021 年 8 月北京第 1 次印刷
开本:710 毫米×1000 毫米 1/16　印张:29.75　插页:1 页
字数:469 千字

ISBN 978－7－01－023628－5　定价:106.00 元

邮购地址 100706　北京市东城区隆福寺街 99 号
人民东方图书销售中心　电话 (010)65250042　65289539